科学出版社"十四五"普通高等教育本科规划教材

金融科技学

Introduction to Financial Technology

主　编　王定祥　王小华　李沁洋

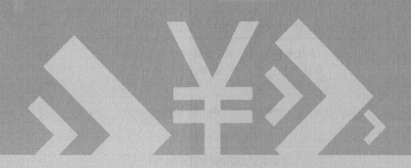

科学出版社
北　京

内 容 简 介

本书为普通高等学校金融学和金融科技本科专业核心课程教材之一，全书理论联系实际，力求全面系统地介绍金融科技学的基础知识和基本理论，着力阐释近年来金融科技领域出现的新理论、新技术、新观点、新现象和新应用。本书首先从理论角度系统阐述了金融科技的产生与发展，金融科技发展的基础设施，以及金融科技的理论基础、核心技术、新兴技术；其次从微观应用角度全面介绍了金融科技对银行业、证券业、保险业、基金业、互联网金融的影响；最后从宏观应用角度深入阐述了金融科技对货币、货币支付，货币供求，货币政策的影响，并探究了金融科技风险及其管理、金融科技创新与金融监管等。全书内容上下紧扣、层层推进，具有很强的逻辑联系。

本书适合作为高等学校金融学和金融科技专业的核心课程教材，也可供经济学类专业教学使用以及金融机构从业人员做金融科技培训时使用。

图书在版编目（CIP）数据

金融科技学 / 王定祥，王小华，李沁洋主编. —北京：科学出版社，2024.8
科学出版社"十四五"普通高等教育本科规划教材
ISBN 978-7-03-077022-6

Ⅰ. ①金… Ⅱ. ①王… ②王… ③李… Ⅲ. ①金融－科学技术－高等学校－教材 Ⅳ. ①F830

中国国家版本馆 CIP 数据核字（2023）第 222294 号

责任编辑：陶 璇 / 责任校对：贾娜娜
责任印制：张 伟 / 封面设计：楠竹文化

科 学 出 版 社 出版
北京东黄城根北街 16 号
邮政编码：100717
http://www.sciencep.com

北京华宇信诺印刷有限公司印刷
科学出版社发行 各地新华书店经销
*
2024 年 8 月第 一 版 开本：787×1092 1/16
2024 年 8 月第一次印刷 印张：24 1/4
字数：575 000

定价：78.00 元
（如有印装质量问题，我社负责调换）

编 委 会

前　言

　　科技的发展正在深刻地改变着这个世界，以 IT（information technology，信息技术）为核心的网络技术与经济社会各领域的深度融合，对互联网生态体系、创新体系、产业形态乃至社会治理结构都产生了革命性的影响。信息技术中的人工智能（artificial intelligence，AI）技术、大数据（big data）技术、区块链（blockchain）技术、云计算（cloud computing）技术、物联网技术、支付技术、互联网（internet）技术等核心技术给社会各方面带来的影响，每个普通民众都有切身的感受。在制造业领域，工业 4.0 的提出、《中国制造 2025》的出台都是信息技术影响的体现，而消费互联网、工业互联网、电子商务的飞速发展，第三方支付的普及，共享经济的产生，均建立在信息技术基础之上。在金融领域，金融与科技的结合，尤其是与信息技术的结合，不仅产生了以 P2P（peer-to-peer，个人对个人）、众筹、第三方支付等为代表的基于互联网的新型金融模式，而且对传统金融服务模式与管理结构产生了颠覆性的影响，金融互联网化、智能化、数字化已成为一种必然趋势。也正是在这种情形下，出现了改变人们日常生活的诸多创新，淘宝网、支付宝、微信、移动支付等每天都在无形中影响着人们的生活和工作方式。所有这些变化，都是依托科技的力量。金融与科技的深度融合产生的金融科技（financial technology，FinTech）正日益改变着金融业的生态，也改变着传统的货币政策与金融监管模式，并日益为诸多科技人员提供广阔的就业舞台，也对高校金融学专业的人才培养提出了新的需求。自 2017 年 5 月中国人民银行成立金融科技委员会以来，加强金融科技工作的研究与统筹协调、推进数字人民币进程就提上议事日程。党的二十大报告指出：必须坚持科技是第一生产力、人才是第一资源、创新是第一动力，深入实施科教兴国战略、人才强国战略、创新驱动发展战略，开辟发展新领域新赛道，不断塑造发展新动能新优势[①]。以金融科技为核心的金融教育改革、人才培养与创新应用正是金融领域贯彻落实党的二十大精神的重要体现，这表明金融科技的发展与应用将迎来一个新的时期。

　　长久以来，各行业的发展相对独立，金融业从业人员对科技的关注较少，科技人员对金融业的关注也不多。但是互联网深刻地改变了这种局面，把各行各业都连接起来，行业之间的界限变得越来越模糊和微小。这种行业界限的缩小，使得跨界发展和创新得以实现。要想在金融科技领域有所创新与发展，就必须了解金融背后的科技，了解科技的金融应用方向与趋势。深刻了解和掌握金融科技形成及运行与应用规律，已成为新时

---

　　① 《党的二十大报告学习辅导百问》，党建读物出版社，学习出版社，2022 年，第 25 页。

代普通高校金融学专业学生的一门必修课。鉴于这种情形，我们邀请了国内一流科研院校的专家学者，编写了这本《金融科技学》教材。

本书的特点在于系统、全面。本书首先从理论角度系统阐述了金融科技的产生与发展，金融科技发展的基础设施，以及金融科技的理论基础、核心技术、新兴技术；其次从微观应用角度全面介绍了金融科技对银行业、证券业、保险业、基金业、互联网金融的影响；最后从宏观应用角度深入阐述了金融科技对货币、货币支付，货币供求，货币政策的影响，并探究了金融科技风险及其管理、金融科技创新与金融监管等。

本书兼顾金融科技知识更新、学科前沿进展和教学对象的接受能力，对内容体系进行科学设计。全书共 16 章，各章均附有本章复习思考题。

本书的编写得到了西南大学、中国农业大学、北京工商大学、东南大学、云南财经大学、西南政法大学等单位的大力支持。本书编写的具体分工如下。

第 1 章为绪论，由西南大学的王定祥教授负责完成。

第 2 章为金融科技的产生与发展，由西南大学的李沁洋教授负责完成。

第 3 章为金融科技发展的基础设施，由西南大学的袁琳老师和中国农业大学的何婧教授负责完成。

第 4 章为金融科技的理论基础，由西南大学的贺红权副教授和北京工商大学的张正平教授负责完成。

第 5 章为金融科技的核心技术，由西南大学的陈思洁博士负责完成。

第 6 章为金融科技的新兴技术，由西南大学的陈思洁博士负责完成。

第 7 章为金融科技与银行业，由西南大学的王小华教授负责完成。

第 8 章为金融科技与证券业，由西南大学的沈冰教授负责完成。

第 9 章为金融科技与保险业，由西南大学的邹新阳教授负责完成。

第 10 章为金融科技与基金业，由西南大学的李沁洋教授负责完成。

第 11 章为金融科技发展中的互联网金融，由西南大学的罗春玲老师负责完成。

第 12 章为金融科技与货币、货币支付，由西南大学的彭欢教授负责完成。

第 13 章为金融科技与货币供求，由西南大学的王定祥教授和东南大学的尹威教授负责完成。

第 14 章为金融科技与货币政策，由西南大学的贺红权副教授和西南政法大学的鲁钊阳教授负责完成。

第 15 章为金融科技风险及其管理，由西南大学的张林教授负责完成。

第 16 章为金融科技创新与金融监管，由西南大学的王小华教授和云南财经大学的熊德平教授负责完成。

本书最后由王定祥、王小华、李沁洋共同修改、整理并统稿，由熊德平教授、张正平教授审定,在最后的修改过程中得到了刘达、余珊、李洁、寇顺萍、胡茜茜、玉国华等老师的大力帮助和支持。

本书是西南大学金融学国家级一流专业建设开发的系列教材之一,本书的出版得到了西南大学教务处、西南大学经济管理学院、西南大学智能金融与数字经济研究院等单位的共同资助,还得到了国家社会科学基金一般项目"金融科技增强金融普惠性的理论逻辑与路径优化研究"(21BJL086)的资助。

为了方便读者更好地理解相关内容,作者团队就部分重点章节梳理、制作了案例,欢迎选用本书的授课教师向出版社索要(jingguanfa@mail.sciencep.com)。

王定祥、王小华、李沁洋等

2024 年 5 月

目　录

第1章 绪 论

本章学习的内容有经济社会发展中的金融与科技、金融科技与科技金融的概念辨析、金融科技发展的战略意义、金融科技学的学科属性与结构框架、金融科技学需要把握的三个问题和教学中应注意的问题。

1.1 经济社会发展中的金融与科技

1.1.1 经济社会发展中的金融

1. 金融业发展的历史

金融业的起源最早可以追溯到公元前 2000 年巴比伦寺庙和公元前 6 世纪希腊寺庙的货币保管与收取利息的放款业务,在公元前 5 世纪,雅典出现了有着现代商业银行雏形的银钱商。在金融业的历史中,最早出现的银行是 1580 年意大利的威尼斯银行;1694 年英国建立了第一家股份制银行——英格兰银行,标志着现代金融组织发展的基本形式得到了确定。到了近代,资本主义国家金融业的迅速发展,加速了资本的产生和集聚,极大地推动了资本主义国家的发展。

由于长期的封建统治,现代金融业在中国出现得较晚,1897 年中国人盛宣怀创办了第一家自己的银行——中国通商银行。随着中国革命的发展,革命根据地纷纷建立了农村信用合作社和银行,中国的银行业得到了较快的发展,推动了民族工商业的繁荣发展,对国民经济产生了重要作用。1948 年 12 月 1 日中国人民银行在河北石家庄成立,革命根据地和解放区的农村信用合作社和银行并入到了中国人民银行。1979 年,中国开始对金融体制进行改革,中国人民银行不再经营商业信贷业务,开始行使中央银行的职能,之后政策性银行、国有商业银行、股份制银行和地区性银行相结合的银行体系逐渐形成,证券公司、信托公司、资产评估公司、农村信用合作社、中外合资银行等金融机构开始迅猛发展。到了 21 世纪,我国形成了一个以商业银行为主体、中央银行为核心、各种银行和非银行金融机构并存、资本市场为补充的现代化金融体系。

2. 金融在现代经济中的地位

金融是指货币的发行、流通与回笼,贷款的发放与收回,存款的存入与提取,汇兑往来以及证券交易等经济活动。具体来讲,金融是把货币作为经营标的,通过资金融通实现资源的最优配置,进而带来货币增值的经济活动。从本质上来看,在现代经济运行中,金融是通过分离资源的所有权与使用权而实现资源的跨时间、跨空间配置及其风险管理的一种经济活动。它由金融对象、金融方式、金融机构、金融市场、金融制度与调控机制五大要素构成。金融对象一般是指货币（资金），金融方式有直接融资和间接融资，金融机构分为银行和非银行金融机构，金融市场包括资本市场、货币市场、外汇市场等，金融制度与调控机制是指对金融活动进行监督和调控的法律规章及作用关系的总称。现代金融业经过漫长发展，已经从古代较为单一的货币经营形式，发展成为具有多种门类的金融体系。人们的日常生活与金融有着十分密切的联系，常接触到的金融机构有商业银行、证券公司、保险公司、信托机构、基金公司等，金融产品有存贷款业务、证券交易、保险产品、信托产品、投资基金等，通过这些产品的交易，可以实现资源配置、风险管理、财富管理等，促进居民收入增长和经济发展。

现代几乎所有经济活动都离不开金融，金融的核心地位越发凸显。金融能够以货币资金为媒介促进投资、商品生产、交换与消费，因而金融成为整个经济生活的命（血）脉。在市场经济中，金融是资金配置的重要手段，金融活动能够引导货币资金配置到需要的行业，促进经济社会的发展。在宏观经济中，金融是经济调节的重要工具，通过金融手段能够间接地实现宏观调控，对资金配置起到基础调控作用。随着经济社会的迅速发展，未来金融的发展趋势也呈现自由化、国际化、科技化等特征，金融与现代科技的结合，势必会把未来金融发展带入一个新时代——智能金融时代。

1.1.2 经济社会发展中的科技

1. 科技发展的历史

科技是科学技术的简称，科学解决理论问题，技术解决实际问题，二者密切联系，统称为科技。从古至今，人类社会的每一项进步，都离不开科技的进步。从古希腊罗马的天文学、数学、物理学等科学探索，再到欧洲中世纪的日心说、万有引力定律、微积分等近代自然科学的诞生，科技的发展推动着人类文明进步。到了近现代，科技得到了迅猛发展。18世纪60年代，英国蒸汽机的发明和使用，创造了巨大的生产力，标志着第一次科技革命的开始；1866年，德国人西门子制造了发电机，使电力、电气设备得到广泛使用，人类社会因此进入第二次科技革命——电气化时代；20世纪50年代，随着计算机、能源技术、航天技术、合成材料、生物工程等新兴技术的兴起，科技的发展极大地推动了社会生产力发展，这就是第三次科技革命，不论在规模还是深度上都远远超过前两次科技革命。历次科技革命都推动着生产方式的不断变革，极大地提高了劳动生产效率，为经济社会发展提供了强大动力，推动着人类社会不断进步。

2. 科技发展的前沿与趋势

当今世界，科技作为第一生产力的作用日益凸显，科技的迅猛发展对经济社会的影响不断深入，也给人类社会带来了深刻的变化。随着信息技术、智能制造、生物科技、清洁能源、新材料等颠覆性的科技不断涌现,新一轮(被称为第四次)科技革命带动产业革命兴起,推动生产方式和产业结构发生重大变革,为社会生产力的新飞跃提供了可能。20 世纪 90 年代以来,在不断兴起的科技变革中,信息技术革命是最为突出的。信息技术涵盖计算机技术、通信技术、显示技术、光电技术、微电子技术等,且不断往网络化、数字化、高速化和智能化方向迅速发展。当前,大数据、云计算、区块链、物联网、人工智能等信息技术得到深度普及和广泛应用,对以往的通信、交通、医疗、物流、金融等生活方式产生了深刻的变革,更为人类学习、生产和生活带来了巨大的便利。信息技术的蓬勃发展将会深刻改变经济社会,引领人类社会由工业社会向信息社会转变,推动人类文明迈向"信息化"的新时代。

1.1.3　经济社会发展中的科技与金融融合

1. 科技与金融融合的历史阶段

纵观我国金融业的发展历史,科技与金融的融合大致经历了三个主要阶段:金融电子化阶段、互联网金融阶段、金融科技阶段。金融电子化阶段兴起于 20 世纪下半叶,金融电子化随着信息技术的发展而兴盛,通过采用现代通信技术、计算机技术、网络技术等,实现了金融业基础设施、办公和业务的电子化、线上化和自动化,极大地提升了金融业的服务水平和管理效率。互联网金融阶段开始于 2013 年,随着电脑以及智能手机的普及,移动端的用户迅速增加,互联网金融业应运而生。在互联网金融阶段,金融机构搭建了在线业务平台,对传统的金融业务和服务渠道进行了变革,部分互联网企业也通过线上渠道进入金融领域,在这个阶段,互联网技术渗透到了金融服务的各个环节。金融科技阶段是金融与科技深度融合的一个阶段,金融科技一词最早于 2011 年在美国硅谷提出,主要是指金融机构和科技公司相互合作,通过大数据、区块链、云计算、人工智能等技术对传统的金融服务进行创新和优化,大幅提高了传统金融的经营效率,破除了传统金融的难点和痛点。

2. 科技与金融的结合点与未来展望

随着大数据、区块链、云计算、人工智能等新技术的发展,科技与金融的深度融合发展是金融业未来重要的发展方向。科技与金融相结合的方向有两个:一是金融科技方向,金融科技就是依靠科技的进步来改造传统的金融业,运用科学前沿技术推动金融业不断进步变革;二是科技金融方向,科技金融就是通过金融制度安排引导资本投入科技行业,实现前沿核心技术的突破,更好地服务于经济增长。自从区块链技术引发金融科技热潮以来,全球金融科技公司如雨后春笋般涌现,金融科技正逐渐成为当下最大的风口。随着科技与金融的深度融合,现代科技必将颠覆和重塑传统金融业,同时也要关注新技术应用带来的风险挑战,推动金融和科技在风险把控中深度融合,更好地服务于实体经济发展。

1.2   金融科技与科技金融的概念辨析

1.2.1   金融科技范畴的形成

1. 金融科技的定义与涵盖范围

金融科技，英文简称 FinTech，可以理解为金融与科技的结合。简单来说，金融科技是借助各种先进的科技手段，对传统金融业提供的产品和服务进行改革与创新，提升金融业的运行效率，并降低运营成本和风险。金融稳定委员会（Financial Stability Board，FSB）给出了国际通用的标准定义，金融科技主要是指大数据、区块链、云计算、人工智能等新兴前沿技术，对金融市场以及金融机构产生重大影响的新型业务模式、新技术应用、新产品服务等。

在金融科技的覆盖范围与领域方面，巴塞尔银行监管委员会提出了四个核心的应用领域：存贷款与融资服务、支付结算与清算服务、投资管理服务、金融市场基础设施服务[①]。其中，存贷款与融资服务涵盖众筹、P2P 网贷、征信等产品；支付结算与清算服务包括移动支付、P2P 汇款、数字货币等内容；投资管理服务的典型代表是高频量化交易、智能投顾、智能投研等；金融市场基础设施服务的内容最为广泛，包含大数据、区块链、云计算、人工智能、安全技术等。

2. 金融科技的关键技术与典型应用

金融科技涉及的技术范畴十分广泛，只要是能够对金融业产生广泛影响的技术，都可以被纳入金融科技的范畴。目前发展较为成熟的关键技术包括互联网、大数据、云计算、区块链、人工智能、安全技术等，这些技术具有迭代快、跨界、混业等特点。这些技术将给金融服务行业带来实质性变化，或者将全面颠覆传统金融服务的技术基础和商业流程，促使金融机构选择新的战略发展方向。金融科技的发展正在重塑传统的金融业，产生一系列的新兴金融业态。

金融科技的典型应用技术主要包括人工智能金融、大数据金融、移动互联网金融、区块链金融。具体来说，人工智能金融借助人工智能技术，在智能客服、远程身份认证、智能化运维、智能投顾、智能理赔、反欺诈与智能风控、网点机器人服务等场景中进行应用，从而加快产品创新的周期，节约系统建设和运维成本，实现系统的快速迭代与升级等。大数据金融借助新兴的大数据技术，广泛收集各种渠道信息进行分析应用与风险管理，运用大数据进行精准营销与获客，通过大数据模型为客户提供精准授信，进而辅助各项业务决策等。移动互联网金融以二维码支付、电子银行、直销银行等移动支付业务为代表，在促进电子商务及零售市场的发展、满足消费者多样化支付需求方面正发挥

[①] 分类来源于巴塞尔银行监管委员会 2017 年发布的"Sound practices: implications of FinTech development for banks and bank supervisors"（稳健实践：金融科技发展实践对银行业和银行业监管部门的启示）。

着越来越重要的作用。区块链金融基于区块链技术,可以在金融机构之间构建互联互信的联盟链网络,并采用共享账本记录核心数据,避免数据被篡改、被伪造或产生一致性差异,进而显著降低金融交易成本和改善金融生态环境。

1.2.2 金融科技与科技金融的关系

1. 科技金融的定义

科技金融是近几年出现的新名词,对它的定义尚未统一,赵昌文在《科技金融文集》一书中的表述为,科技金融是促进科技开发、成果转化和高新技术产业发展的一系列金融工具、金融制度、金融政策与金融服务的系统性、创新性安排,是由向科学与技术创新活动提供融资资源的政府、企业、市场、社会中介机构等各种主体及其在科技创新融资过程中的行为活动共同组成的一个体系,是国家科技创新体系和金融体系的重要组成部分。

在科技部发布的《国家"十二五"科学和技术发展规划》中,科技金融是指通过创新财政科技投入方式,引导和促进银行业、保险业等各类金融机构为科技研发而创新金融产品,改进服务模式,搭建服务平台,实现科技创新链条与金融资本链为科技研发而创新金融产品,为初创期到成熟期各发展阶段的科技企业提供融资支持和金融服务的一系列政策和制度的系统安排。简而言之,科技金融就是要落脚于金融,利用金融创新,高效、可控地服务于科技创新创业的金融业态和金融产品。加强科技与金融的结合,不仅有利于发挥科技对经济社会发展的支撑作用,也有利于金融创新和金融的持续发展。

2. 金融科技与科技金融的区别

从概念上来说,金融科技是利用包括人工智能、区块链、云计算、大数据、移动互联网等前沿科技手段,为提升金融效率而形成的科技体系,而科技金融落脚于金融,利用金融创新和金融产品,高效、可控地服务于科技创新创业。因此两者虽然看着很像,但实际有很大区别,主要体现在以下几点。第一,落脚点不同。金融科技的落脚点是科技,指在金融领域中应用科技,具有为金融服务提供物质技术基础设施的属性;科技金融的落脚点是金融,通过金融创新更好地服务科技创新发展。第二,目标不同。发展金融科技的目标在于利用科技手段提高金融整体效率;发展科技金融的目标在于以金融服务推动科技创新,进而促进实体经济发展。第三,参与主体不同。金融科技的主体是科技企业、互联网企业、偏向技术驱动的金融企业;科技金融的主体是以传统金融机构、互联网金融为代表的金融业。第四,实现方式不同。实现金融科技创新的方式是技术的突破;实现科技金融创新的方式是金融产品的研发。第五,具体产品不同。金融科技的具体产品包括第三方支付、大数据、金融云、区块链、人工智能等;科技金融的具体产品包括投贷联动、科技保险、科技信贷、知识产权证券化、股权众筹等。

1.3　金融科技发展的战略意义

金融科技是技术驱动的金融创新，旨在运用现代科技成果改造或创新金融产品、经营模式、业务流程等，推动金融发展提质增效。在新一轮科技革命和产业变革的背景下，金融科技蓬勃发展，人工智能、大数据、云计算、物联网等信息技术与金融业务深度融合，为金融发展提供源源不断的创新活力。坚持创新驱动发展、加快金融科技战略部署与安全应用，已成为深化金融供给侧结构性改革、增强金融服务实体经济能力的内在需要和重要选择。金融科技发展的战略意义主要体现在以下几个方面。

1. 金融科技成为推动金融转型升级的新引擎

金融科技的核心是利用现代科技手段优化或创新金融产品、经营模式和业务流程。借助机器学习、数据挖掘、智能合约等技术，金融科技能简化供需双方交易环节，降低资金融通边际成本，开辟触达客户的全新途径，推动金融机构持续优化盈利模式、业务形态、资产负债、信贷关系、业务渠道等，不断增强核心竞争力，为金融业转型升级持续赋能。

在国家政策的大力支持下，信息技术和互联网技术迅速发展，科技不断融入金融领域，金融科技公司不断兴起，传统金融机构面临严峻的挑战，需要顺应时代要求做出相应的改变升级。例如，广发银行建立 24 小时智能银行，通过技术对客户进行远程操作指导；招商银行融入区块链、生物技术、人工智能等技术，不断更新"手机银行"，上线"摩羯智投"产品，完善"掌上生活"客户端，实现客户服务向个性化、智能化的初步转型等。在发展过程中，金融科技公司优先抢占市场先机，这促使金融业在金融科技创新背景下加快创新转型。

2. 金融科技成为金融服务实体经济的新途径

发展金融科技能够快速捕捉数字经济时代市场的需求变化，有效增加和完善金融产品供给，助力供给侧结构性改革。运用先进科技手段对企业经营运行数据进行建模分析，实时监测资金流、信息流和物流，为资源合理配置提供科学依据，引导资金从高污染、高能耗的产能过剩产业流向高科技、高附加值的新兴产业，推动实体经济健康可持续发展。例如，在社会主义市场经济深化发展之后，实体经济也面临着转型和结构调整的更为迫切的需求，僵尸企业、产能过剩、碳减排、清洁生产、环境治理等诸多问题也亟待转变金融支持方式，而这些都需要发挥金融科技服务实体经济的作用，通过线上有效配置资源推动实体经济与金融之间的良性互动。

3. 金融科技成为促进普惠金融发展的新机遇

科技与金融的深度融合已成为金融业的重要发展方向。依托金融科技对数据的运用能力，金融新生业态快速诞生与迭代，以科技创新促进金融变革、以数据运用推动行业发展，在普惠金融领域做出积极探索并已形成先发优势。金融业亟须借助科技力量解决传统普惠金融运营成本高、风控难度大、专业人才少、基础环境差等痛点。科技赋能支撑下的线上小微融资作为支持实体的金融服务，不仅是简单的监管考核问题，更是内部经营转型需求，是未来商业银行形成差异性和综合性竞争优势的重要支撑。金融科技同时也正在重塑普惠金融的服务模式。例如，中国建设银行（简称建设银行）推出的"小微快贷"一站式金融平台，以生物识别、人工智能、大数据等新兴技术为支撑，为小微企业提供"一分钟"融资、"一站式"服务、"一价式"收费的信贷体验；以东方微银为代表的金融科技公司则利用大数据技术缓解信息不对称问题，破解抵押难、担保难的问题，显著提升了普惠金融的效率。金融科技不断缩小数字鸿沟，解决了普惠金融发展面临的成本较高、收益不足、效率和安全难以兼顾等问题，助力金融机构降低服务门槛和成本，将金融服务融入民生应用场景。运用金融科技手段实现滴灌式精准扶持，缓解小微企业融资难融资贵、金融支农力度需要加大等问题，为实施乡村振兴战略和区域协调发展战略提供金融支持。

4. 金融科技成为防范化解金融风险的新利器

高收益通常伴随着高风险。技术风险、市场风险、财务风险等各类风险贯穿于各金融机构创新活动的始终，对金融业的发展和技术的进步会产生较大阻碍。金融科技基于多主体能够对市场风险进行分散，是包含多个不同类型主体的综合体系，不同投资主体的性质、特点及其风险收益偏好各不相同，金融机构可以根据自身的发展情况，利用金融科技手段，合理选择金融组合，能有效转移和分散资本市场与货币市场的非系统性风险。基于人工智能与大数据的交易，有利于增强金融市场的稳健性，提高金融市场价格发现的效率，促进金融市场的流动性。监管机构在占有大数据的基础上，运用科学的决策方法，可以分析、预警金融交易的系统性风险，预防"黑天鹅"和"灰犀牛"等事件的发生。此外，金融科技通过运用大数据、人工智能等技术建立金融风控模型，有效甄别高风险交易，智能感知异常交易，实现风险早识别、早预警、早处置，提升金融风险防控能力。运用数字化监管协议、智能风控平台等监管科技手段，推动金融监管模式由事后监管向事前、事中监管转变，有效解决信息不对称问题，消除信息壁垒，缓解监管时滞，提升金融监管效率。

1.4 金融科技学的学科属性与结构框架

1.4.1 学科属性

金融科技学是一门将金融学、传统金融理论与现代科技深度融合的新兴学科。金融科技学将大数据、云计算、区块链、互联网等底层技术运用于金融领域的金融科技作为研究对象，发现金融与科技的内在逻辑和外在联结关系，形成理论总结，从而为未来金融业的发展提供有限的指导和无限的可能，是对现有金融学科的进化与升级，也是学科建设的决定条件，势必对金融业的发展产生颠覆性变革。

这就需要我们培养具有全球视野，系统掌握经济金融学和现代信息科技理论知识，熟悉金融实务操作，熟练掌握信息科技、数据科学、算法和智能技术，具有较强的实践能力和创新精神，能够适应银行科技、智能投顾与程序化交易、保险科技、监管科技等领域的金融精英人才。

金融科技学不仅是对现有的金融路径进行技术上的创新发展，更是结合现实情况，发掘和满足经济生活中潜在的金融需求的一门学问。在现代社会，市场经济主体的金融需求会随着经济社会的快速发展而不断变化，而金融需求也会随着经济社会的快速发展而不断变化。这就需要不断发展金融科技帮助我们去发现需求、满足需求、挖掘生活场景中各式各样的金融需求。

智能家居、无人超市、VR（virtual reality，虚拟现实）影像的相继出现使我们感叹仿佛一切事物皆可数字化，人们通过网络与一切数字化的事物相连，再通过数字化的语音和操作来控制一切。物联网的出现极大地方便了我们的生活，也给了我们诸多意想不到的惊喜，物联网与其他技术相结合，让世界在网络中连接在一起，让我们在日常生活中就对世界触手可及。

研究金融科技学有利于金融科技的应用开发，有利于加强金融业的适应性、竞争力和普惠性，极大地提高金融机构识别和防控风险的能力和效率，推动我国金融供给侧结构性改革，增强金融服务实体经济的能力，守住不发生系统性风险的底线，加快建设我国现代化金融体系，增强金融国际竞争力，助力由金融大国到金融强国的转变。

1.4.2　结构框架

经济的发展与金融创新紧密相连，不断满足经济发展的金融需求，需要通过金融创新提供与之信用禀赋和风险状态相匹配的金融服务，而金融创新又与科技进步紧紧绑在一起。以计算机和互联网技术为代表的信息革命，创造出能驱动传统金融业态深刻变革的金融科技，而研究和传播金融科技发展、变化、运用规律的学科就成了金融科技学。

金融科技的显著特点，就是金融与科技两大领域的融合将进一步加深，而不再像互联网和金融一样，仅仅是两种元素的简单相加。经历了移动互联网时代的洗礼后，人们的行为方式和行为习惯发生了深刻的改变。网络化、科技化、电子化已成为当今时代最为鲜明的特征，科技对人们生活的改变已经悄无声息地开始了。金融业作为与我们生活每一个环节都息息相关的行业，它的发展需要进行同样的科技化，才能跟得上人们生活科技化的步伐。

为了顺应金融科技快速发展与运用的新形势，适应高等学校金融学专业和金融科技专业人才培养的新需求，本书主体内容包括三个板块。

一是金融科技基础理论与技术板块，具体包括：第1章绪论；第2章金融科技的产生与发展；第3章金融科技发展的基础设施；第4章金融科技的理论基础；第5章金融科技的核心技术；第6章金融科技的新兴技术。这一板块的主要目的是让学生牢固掌握金融科技学的基本理论与基本技术，为后续内容的学习奠定良好的理论与技术基础。

二是金融科技的微观应用板块，具体包括：第7章金融科技与银行业；第8章金融科技与证券业；第 9 章金融科技与保险业；第 10 章金融科技与基金业；第 11 章金融科技发展中的互联网金融。这一板块主要涉及金融科技在传统微观金融领域的运用实践，以及如何运用和改造传统金融业务，提升金融效率，降低金融运行成本和风险。

三是金融科技的宏观应用板块，具体包括：第 12 章金融科技与货币、货币支付；第 13 章金融科技与货币供求；第 14 章金融科技与货币政策；第 15 章金融科技风险及其管理；第 16 章金融科技创新与金融监管。这一板块主要探究金融科技在宏观金融领域的应用场景、运用规律及经济金融影响等，旨在促进学生加深金融科技对现实货币制度、货币理论、货币政策、金融监管等的影响的认识和探索，引导学生科学客观地分析金融科技的宏观效应和风险。

1.5 金融科技学需要把握的三个问题

随着金融科技行业的快速发展，金融业有了新的创新体现。21 世纪中国的金融业在迎接机遇的同时，也面临着日新月异、各种类型的挑战。近年来，中国的金融改革和发展提出了一系列新的课题，需要有适应中国国情、顺应中国金融业发展规律的学科研究，金融科技学应运而生，而金融界关于金融科技学的讨论主要集中在以下三个方面。

1.5.1 法律与规制问题

金融科技在发展过程中会产生许多风险，其中，法律风险最主要。金融的发展过程是金融创新的表现，因此其可能不受现有法律监管体系的约束，法律框架需要与之同步，增强法律约束的时效性。金融监管政策具有滞后性，其产生往往出现在创新服务之后。随着金融服务模式的创新，金融监管也应该不断进行调整。我国互联网金融具有"跨界混业""技术密集"等特征。正是以上特点，使金融服务得到了形态各异的创新，随之而来的就是风险外溢，为此也给金融监管带来了诸多的困境。

1. 监管套利

目前，金融科技有较多跨境业务和综合业务，而我国分业监管的框架一直未发生变化。不同的企业经营相类似的业务，因其监管部门不同，接受的监管强度也大有差异，这种监管状态下很容易出现跨市场套利的情形。金融科技企业多为综合经营企业，在金融的多个领域都持有金融牌照，没有确定到底哪个监管部门应该来监管其行为和业务。这为我国金融科技行业的健康发展埋下了巨大的风险隐患。例如，某筹款平台具有极大的市场规模和社会影响力。这个网络平台上的主要板块，分别经营着与慈善事业、保险和融资相似的业务，但是却始终没有一个明确的监管部门对其各个方面实施合法合规性的监管，特别是缺乏对这种网络平台沉淀资金的使用和去向等的监管，可能导致金融风险不断聚集。2017 年，该平台所属公司被约谈整改，是由民政部门依据《中华人民共和国慈善法》做出的行动，但是监管职责到底应该归属于哪个监管机构，依旧没有明确告知。这充分暴露出分业监管框架下难以有效监管这种综合平台的问题。

2. 监管沟通机制不畅

以中央政府为中心的集中式监管缺乏交流互动，金融监管部门和新兴企业之间的沟通不到位，导致在金融科技刚刚暴露出风险和问题时，无法及时将其解决。例如，e租宝事件恶化，使众多金融消费者权益受损，很重要的一个原因就在于监管机构没能及时掌握该企业的状况，尤其是在事前没有审核该平台进行网络销售的规范性，以至于事件大规模恶化，冲击了整个金融市场的秩序，也在很大程度上打击了金融消费者对新兴金融科技的信心，不利于金融科技的发展。

3. 重事后治理而轻事前预防

金融科技的应用已进入高速发展期，但依旧遵循着"问题出现—解决问题"的监管方式。这种思路完全无法跟上金融科技业态迅猛发展的节奏。等到问题发生后再做出管制，也凸显了我国现有法律制度、政策规定相对滞后和缺乏前瞻性的问题，并且其中一些制度规定在一定程度上限制了金融科技的发展，细化的成文法规定无法涵盖金融创新的内容。

4. 鼓励创新与防控风险的平衡尺度难以把握

为了鼓励和支持小微企业的发展，P2P 行业的市场准入门槛极低，再加上监管规则不足等原因，使得 P2P 行业经营混乱，各种风险逐渐暴露，直到 2020 年不得不进行全面取缔。可以看出，先发展后规范甚至取缔，并非适合互联网金融的创新。金融科技的发展提高了金融服务的效率，在很大程度上促进了金融市场的繁荣发展，受到了来自社会各界的关注。在支持金融创新的过程中，必然要包容其创新失败带来的后果，但要以保护金融消费者的权益和防范金融风险为前提。因为以牺牲金融消费群体的权益为代价换取的创新，不仅无益于金融创新本身的顺利进行，而且还会扰乱市场秩序，危及金融市场的稳定和安全。所以，金融科技的监管要在防范风险和鼓励创新中寻求适度平衡。

有效监管金融科技是金融监管机构的职责所在。金融科技并没有改变金融的功能与风险属性。金融科技的发展必然也要遵循金融的基本规律。金融科技监管，一方面要包含传统金融监管的延续性，另一方面也要有金融科技时代的包容性和适应性。要想避免过严的金融监管完全扼杀金融创新的活力，就要拿捏好金融科技监管的力度。金融科技法律规制的重要目标之一是为创新保留足够空间、促进新业态的发展。因为过严的金融监管会限制金融创新，相对宽松的监管环境是金融科技发展的一个重要的因素。通过法律规制的方式监管金融科技，既要提高金融效率又要维护金融安全。在法律规制的过程中要在保留创新空间和保证安全合规之间寻找平衡点。互联网金融能够兴起并快速发展，正是因为在其发展的初期没有出台相关的法律、法规和政策来严格地进行监管。而后，要对互联网金融加强监管，进行有效的法律规制，主要是防控金融风险，维护整个金融市场秩序的稳定。在金融科技发展的整个历程中，都会存在着平衡金融监管和金融创新的问题，法律规制的最终目标就是能达到这两者的平衡点。

1.5.2 伦理与道德问题

金融业新型道德风险是传统道德风险随着金融科技的运用而产生的，两者产生的原因均基于信息数据的不对称和资本逐利行为的不正当使用，一旦风险发生，会导致金融业的巨大波动，造成巨大损失。传统道德风险因信息不对称产生的欺诈行为极具隐蔽性，而新型道德风险则因金融科技的使用致使各主体掌握大量数据信息，若披露不到位、监管不到位，尽管金融科技的运用在很大程度上能防范与化解金融业传统意义上的道德风险，但还是可能会产生新型道德风险。

1. 作为金融科技研发者的金融科技公司可能产生新型道德风险

金融科技公司拥有技术优势，而金融科技本身具有专门性和专业性，如果金融科技公司试图在金融科技工具中设置漏洞，非专业人士将难以察觉。金融科技的研发与应用，很大程度上是在信息数据、程序代码、算法系统等基础上进行的，而这些技术对于投资者和金融消费者而言又明显缺乏可理解性，由此形成的"技术黑箱"会给金融科技的研发主体和应用主体创造更多的不透明空间，从而形成滋生和放任道德风险的土壤。2019 年 8 月，美国和英国等国家政府要求科技公司在其加密设备上设置后门，从而让执法部门能够访问其中的数据。虽然这只是为了满足政府的监管要求，但由此可知科技公司对于科技的控制性非常强，一旦其试图在金融科技的研发过程中设置后门，从而窥探隐私，或者未经许可收集数据、设置不公平算法，就会侵犯金融业其他主体的合法权益。金融消费者的隐私具有财产属性，金融机构掌握着大量的用户数据，有将数据进行滥用、不正当使用的可能，因此存在道德风险。

2. 作为金融科技应用者的金融机构可能产生新型道德风险

金融机构可能与普通投资者在使用金融科技时产生利益冲突，从而产生不良后果。适用于金融投资服务领域的信义义务是比适当性义务要求更为严格的受托人义务标准，目的是促进受益人利益最大化。然而，智能投顾由于网络的虚拟性、不同算法产生的投资组合的复杂性，形成了新的信息不对称。智能投顾的信息透明度主要体现在服务交易记录、留存数据信息、持续性信息披露、账户存管和收费模式等方面，而现今监管机构并没有对智能投顾这类特殊的理财工具提出更为严格的信息披露标准，也缺乏相应的技术来加强信息披露，从而产生了一些灰色地带。普通投资者在使用这类智能理财工具时，由于信息披露不到位，智能投顾运营者可能会利用这些信息差异做出违反信义义务的行为。一般情况下，投资者接受智能投顾服务时会与提供服务的智能投顾运营者签订合同，但由于双方在市场上所处地位不同，提供服务者占有极大的主导权且一般签订的是电子化格式的合同，因此这种合同极易导致双方权利义务不平等。同时由于互联网的快节奏性，投资者一般也难以认真研究、准确理解合同的条款内容，因此有些智能投顾运营者为了自身利益最大化，提供的智能投顾服务并不是针对投资者的需求所设计的，而是服务于机构利益，给出的投资建议并不科学理性，或者极力忽视风险鼓励投资者交易，对投资者的正当权益造成损害，从而产生道德风险。

3. 新型交易方式可能引发的新型道德风险

金融科技的广泛应用，可能会对传统金融交易的标的、定价、流程和对价等产生巨大的冲击。证券无纸化和电子化交易是信息网络技术发展给传统金融业带来的第一轮冲击，基于区块链技术的新型金融产品形态不断涌现，同时金融交易的自动化也不断发展。典型的由金融科技衍生的新型交易方式包括 ICO（initial coin offering，首次币发行）融资，ICO 融资已成为区块链公司在发展早期的主要筹资方式，根据加密货币报道媒体 CoinDesk 在 2018 年发布的全球区块链现状报告，截至 2017 年第四季度，ICO 融资 50 亿美元，增长速度非常快，但是 ICO 的投资风险非常大，由于代币的法律属性不确定，ICO 融资项目权益往往得不到保障，且许多创业公司在只有一个模糊的项目书和网站的情况下便进行 ICO，发展看似神速，实则缺乏基础资产支撑。另外，大部分 ICO 项目无法提供真实的回报预期，又由于这些项目的投资资金管理的披露没有明确的要求，可能造成信息披露不及时、不全面。为了募集资金，ICO 团队往往会夸大其词，撰写不合事实的项目书，更有甚者将 ICO 项目演变成非法集资或是庞氏骗局，如越南加密货币公司 Modern Tech 以 ICO 方式融资，而无任何产品，并于 2018 年 4 月携款潜逃，涉及金额 6.6 亿美元。这也体现了 ICO 在披着金融科技应用外衣下的新型筹资方式带来的巨大道德风险。金融科技的发展被寄予着以技术理性缓释金融业道德风险的厚望，而事实上更加客观化和程序化的金融科技应用也确实能够在很大程度上减少市场主体对金融交易过程的不当干预，从而减少道德风险对金融市场的危害。然而金融科技能够按照何种价值取向和运行规则发挥作用，答案却又不可避免地建立在研发者和应用者自身的动机之上。简而言之，程序和算法如何设置、数据在何种范围内搜集并按何种规则使用、交易的流程如何规范等问题，都可能使金融科技在降低传统道德风险的同时，诱发新型道德风险。

1.5.3 技术的边界问题

现阶段，云计算、大数据、区块链和人工智能等新技术，使得金融技术日益成熟，而未来的趋势虽然没有被绑定成单一的一根线，但应趋向于融合，不同技术边界将因技术的交叉和融合创新而减弱，越来越多的技术创新产生交叉。新一代信息技术将形成融合生态，从而推动金融科技进入发展新阶段。但是在技术不断发展的同时，技术的适配性与应用问题也应引起人们的重视。

1. 金融科技产业应用创新场景仍有待丰富

目前，以云计算、大数据、区块链和人工智能为代表的新兴技术在金融领域的应用成为发展潮流，金融科技产业的发展正吸引着越来越多的关注和投入。然而，从实际应用场景来看，各类技术的应用程度参差不齐，与金融业务的融合应用水平仍有较为明显的不足，面对金融业个性化需求的相关技术开发设计仍有待加强。一方面，云计算和大数据技术本身成熟度较高，但在金融领域的应用仍存在覆盖范围不足、应用场景单一和应用效益不高等问题，金融机构面临的传统信息系统改造升级压力较大，因为大数据平台在系统稳定性和实际使用效益方面均面临挑战。另一方面，人工智能和区块链等技术仍处于快速演进中，对金融业的巨大应用价值还没有得到很好的体现。

需要关注的是，底层重大技术，包括人工智能、大数据、互联网技术（移动互联网、物联网）、分布式技术（云计算、区块链）、安全技术（密码技术、量子技术、生物识别技术），还有一些尚在发展的前沿技术，如边缘计算、数字孪生、脑机结合、增强现实（augment reality，AR）等，以及有向无环图、哈希图等下一代分布式技术，都需要从基础研发、金融应用层面予以高度重视。典型的金融需求场景也可能向城市治理、公共服务等领域进一步拓展，如金融安全与金融监管、支付结算、融资产品与服务、智能营销与服务优化、身份认证与风控、保险服务、智能投顾与财富管理、信用服务等。

2. 商业银行在科技开发应用中面临诸多挑战

由于商业银行在国民经济中处于核心地位，监管部门对其信息系统保持稳定运行提出了严格要求；信息系统的稳定依赖银行业务系统和产品的稳定可靠性。这意味着核心业务系统等关键的信息系统，需要采用成熟技术，以最高的可靠性要求进行维护和管理，并以相对保守的管控策略加强管理，避免引起连锁反应和风险事件。但从科技发展的趋势和业务要求看，银行需要大胆尝试运用新技术，同时快速应对市场变化和消费者需求，快速迭代。

从技术视角看，商业银行在运用一些计算机系统的同时，也必须运用诸如移动互联网、大数据、云计算、人工智能等最新技术，技术部门需要在保证原系统不出现大的偏差，又能转换成新系统的前提下运用先进技术，加快银行系统提升。与金融技术公司相比，商业银行接受和使用这些新技术的速度相对缓慢，尤其在智能化系统和设备逐渐引入的情况下，如何使智能技术在客户需求体验方面获得先机，是商业银行面临的一个挑战。既要有开放性的平台生态，又要严控信息安全等一系列条件，这是新兴互联网和金融科技公司不会面临的状况。就银行目前的核心业务系统和其他信息系统而言，是否具有后发优势取决于许多因素，如商业银行采用新技术的决心、投资以及技术能力。

1.6 教学中应注意的问题

金融科技学新颖而实用，紧跟时代的进步潮流，因此该领域的学生有着广阔的就业前景。学好金融科技学，不仅可以胜任传统金融岗位职务，如银行、证券、保险及其相关政府部门；也能适应新兴互联网金融企业的要求，如第三方支付企业、互联网金融平台等；当然，学好金融科技学，还可以自己掌握机会进行创业。由于金融科技学的新颖性和特殊性，在金融科技学的教学中，应当特别注意以下几个现实问题。

1.6.1　注重理论教学与现实发展的融合

首先，金融科技学作为一门新兴学科，其理论教学发展的基础是落后于实业发展的。现代金融科技更新迭代的速度远超人们预期，往往才发生的金融科技变革形成的背景、过程和规律还没来得及被总结，下一个新兴金融科技变革就来了，所以理论教学的滞后性需要得到改善和调整。

其次，金融科技学和金融学等专业课程在教学方面有一定的重复性，课程包括微观经济学、金融市场学、发展经济学等基础性金融发展相关知识，内容相对重复。对于金融科技学这门课程而言，一定需要将理论教学和现实发展相结合，通过列举的形式详细阐述金融科技的变迁与发展历程。与此同时，因为金融科技行业对人才的专业性要求较高，相关人才不仅需要对金融产品、业务流程、风险掌控等有清晰的认识，还要了解甚至掌握信息技术、数据分析、网络安全等技术知识。所以，当前的理论教学中还应有所改进和提高。

最后，金融科技所归属的互联网金融，本身就具有高度实践性，其在业界的创新层出不穷。实际上，目前市场上开发互联网科技实践教学软件的公司很少，可供需求方选择的余地很小。在金融科技、大数据金融方面，由于获取费用昂贵、建设成本较高，教学过程中数据滞后及数据更新方面的问题严重，在传统金融授课过程中形成的教学惯性，很难适应高速发展背景下金融科技人才的培养要求。

在此基础上，教学内容上的优化，关键在于把握金融科技的发展逻辑。在金融互联网大命题下，有哪些层次逻辑、涉及哪些机构行业、会有哪些商业机遇、未来有哪些发展前景，这些问题都需要系统且全面地进行阐释。作为系统性探讨和讲述这一新生事物的权威性教材，应该更加具有包容性和普适性，才能带来更有效的结果。同时，由于互联网金融领域发展迅速，知识更新速度非常快，在教学内容上要更多地结合现实发展，以实用为出发点。在梳理各种互联网金融工具发展的基础上，掌握其基本原理，以应用中遇到的问题为研究主线，顺应互联网金融科技创新发展的趋势，不断更新课程内容。课程内容配套案例也需要关注时效性，可以建设案例库，以季度为单位进行案例更新，通过案例结合理论的方式进行授课，这些案例能更好地结合时效性，体现金融科技的发展态势。

1.6.2　强调实验与实践教学

金融科技人才的核心竞争力主要体现在"手脑并用"。"手"就是通过对信息技术的运用、通过实践来解决实际问题的能力；"脑"就是合理运用金融科技思维进行创新的能力。在金融科技创新的背景下，金融业的传统就业岗位将逐渐缩减；同时，金融机构、电商企业、传统企业在产品开发和销售渠道方面又发生了新的变化，出现了新的岗位。这就要求学生能以崭新的面貌和全面的技巧来适应环境变革带来的岗位变革，需要学校充分进行实验教学和实践教学。

在实验教学中，需要全面扎实地熟悉金融理论知识并加以运用。将金融理论知识与现代科技创新相联结，深入学习金融科技理论及发展历程，熟悉演进过程，掌握背后的原理和革新背景。如今的时代发展极为迅速，金融的内涵与外延得到了扩大，金融与经济的关系得到更深的融合，金融的本质与特征不断变化，金融的功能不断丰富，金融的地位与作用不断升级，实体经济与虚拟经济也将逐渐成为关注的焦点。因此，牢固理论知识、扎实研究基础、培养创新思维才是当今金融科技人才的前进之路。

在实践教学中，可以进行模块式的训练。教学内容模块可以分成业务模块和技能模块两部分：业务模块需要关注金融业务本身，训练基本操作能力，进行如众筹、电子支付、股票交易、互联网理财等方面的练习；技能模块注重对金融信息科技的运用，包括大数据金融、数据挖掘、风险监控、信用评估等方面的深入训练，并根据市场需求和行业发展的实际情况进行动态平衡的调整，只有全面掌握实践要求，懂得灵活变通，运用相应技术来解决实际问题，才能在未来占据一番天地。

1.6.3　加强经济学与理工技术科学的综合运用

经济学是研究人类社会在各个发展阶段的各种经济活动和各种相应的经济关系及其运行发展规律的学科，隶属于社会科学的范畴。理工技术科学作为自然科学和工程技术间的桥梁，也是现代科技知识体系的重要组成部分。近年来，自然科学、技术科学和社会科学相互渗透的趋势加强，导致了社会科学研究的精确化和定量化不断加深，直接催生了社会技术科学的繁荣。金融科技学应归属于社会技术科学的范畴。

在当前的大数据时代，无论金融科技是以 P2P、互联网保险、智能投顾，还是以征信、消费金融等模式存在，数据的价值都体现在能从多维的角度去评估偿还意愿、信用状况、还款能力等。因此，风控的核心是数据 + 模型，如果没有数据，空有模型将是空中楼阁；而没有模型，只有数据也将是一潭死水。这就好比当今的经济学和理工技术科学一样，空有经济学的基础就像只有数据没有模型一样，死气沉沉；而空有理工技术科学也如同只有模型没有数据一样，英雄无用武之地。唯有将两门学科进行有机融合，才能在理论和现实领域驰骋疆场，把握未来发展机遇，使金融科技学这门课程成为真正有用的实用性教学课程。

本章重要概念

金融　科技　金融科技　科技金融　金融科技学　实体经济　经济学　理工技术科学

本章复习思考题

1. 金融在现代经济社会中有哪些具体作用？请举例说明。
2. 谈谈人类历史上的四次科技革命的具体内容及影响。

3. 金融科技与科技金融有什么联系和区别？

4. 促进金融科技发展的战略意义是什么？

5. 金融科技学有哪些教学内容？

6. 金融科技学中有哪些问题需要探究？

7. 金融科技学教学中应注意哪些问题？

第 2 章　金融科技的产生与发展

本章将重点介绍和学习金融业的科技进化史、从互联网金融到金融科技、科技赋能金融的逻辑、金融科技的演进历程、金融科技发展的驱动因素等内容。

2.1　金融业的科技进化史

2.1.1　冶金术与贵金属货币

伴随着冶金技术的提升和商品经济活动的日益频繁，商品交换进一步扩大，具备体积小、价值大和易于分割等优势的金属开始进入人们的视野。冶金术是指包括冶炼黄金在内的各种金属的技术。新石器时代晚期，人们已经能利用高温陶窑烧制陶器，同时对木炭的性能逐渐熟悉，这一时期具备了镕铸、锻打和冶金的基本条件。采石时不断发现的各种金属矿石、高温陶窑又为金属冶铸提供了高温炉及在炉内冶炼矿石的技术，中国的冶金术最早是从采石与烧陶工艺中发展起来的。人类最早冶炼的金属是铜，许多史学家将铜器的出现作为人类进入文明时代的标志之一，人类从石器时代进入青铜时代、铁器时代。冶金技术的产生使得人类生产出金属工具，有了金属工具，人类才有了大规模的战争、大规模的农业开发，以及大规模的工程建设，从而也产生了金属货币。

金属货币一般会经历从"贱金属"向"贵金属"的过渡期，早在秦始皇时期，铜钱就开始充当交易媒介，进入商品和劳务市场进行流通。到了宋朝，白银和黄金等贵金属开始充当货币。1816 年，英国通过了《金本位制度法案》，以法律的形式承认了黄金作为货币的本位来发行纸币。1821 年，英国正式启用金本位制，英镑成为标准货币单位且规定了英镑与纯金的兑换比例。世界上首次出现的国际货币制度是国际金本位制，在这种制度下，黄金充当国际货币，各国货币之间的汇率由它们各自的含金量比例决定，黄金可以在各国间自由输出输入，在黄金输送点的作用下，汇率相对平稳，国际收支具有自动调节的机制。

2.1.2　印刷术与信用货币

印刷术是中国古代四大发明之一，最早的印刷术采用的是雕版印刷的方式，源于古代的石刻、印章。雕版印刷术一般认为出现于唐代，比欧洲开始用雕版印刷圣像要早 700 多年。北宋的统一、科举制的发展、造纸业的兴盛，为宋代雕版印刷事业的发展奠定了雄厚的物质基础，因而宋代雕版印刷事业较唐代有了长足的发展，成为我国古代印刷史中雕版印刷的黄金时代 [图 2-1 (a)]。纸币印刷是印刷术应用的一个重要领域。

交子作为纸币印刷的开端，充分体现了印刷术尤其是雕版印刷术在两宋时期的普遍发展和运用，纸币的印刷也是社会经济和印刷技术发展到较高水准的标志。而后由于历代王朝都把发行纸币［包括北宋交子（图 2-1）、钱引和后来出现的会子］当成增收的手段，不设准备金，可以随意增发，造成了恶性通货膨胀，使得纸币丧失了信用。到明中叶弘治年间（1488～1505 年），鸦片战争之前中国使用的最后一种纸币——大明通行宝钞已在市场上停止流通，铜钱和白银再次主宰流通市场，中国的纸币逐渐消亡。纸币作为一种信用符号，只有当它代表了货币信用的时候，才具有价值，才能够流通，才能够极大地便利和促进市场经济的发展，交子的兴起，正是商业信用大发展的成果，而会子和其他中国古代纸币的衰亡，也正源自封建统治者对货币信用的破坏性掠夺。

(a) 雕版印刷　　　　　　　　　　　(b) 北宋交子

图 2-1　雕版印刷与北宋交子

2.1.3　电子技术与电子货币

计算机的出现是人类信息记载与传播的革命性变革，电子计算机在银行的应用催生了电子货币，网络发展极大地加速了电子货币的成长，货币发展进入一个新时代，金融业开始迈向虚拟化。

1952 年，美国富兰克林国民银行（简称富国银行）率先推出了全球第一张信用卡，一种新型的金融交易中介——电子货币开始进入商品经济市场。电子货币时代首先表现为银行记账系统的电子化。1958 年第一台电子计算机在美洲银行用于储蓄业务，20 世纪 60 年代自动柜员机（automated teller machine，ATM）开始逐步代替银行出纳业务。而后随着国内商品交易的扩大以及各国间国际贸易往来的频繁，电子通信开始用于银行间的资金传输与结算。1973 年成立的环球同业银行金融电讯协会（Society for Worldwide Interbank Financial Telecommunications，SWIFT）是国际银行同业间的国际合作组织，SWIFT 系统通过不断扩展服务对象范围逐渐为全球大多数国家大多数银行所使用，使其成为全球最大的银行间电子结算网络。SWIFT 系统的应用为银行结算提供了安全、可靠、快捷、标准化、自动化的通信服务，降低了金融信息的费用，大大提高了金融通信与金融机构业务处理的效率，通过自动加核密押，高安全性与保密标准为银行间交易提供了有效的安全措施和风险管理机制。20 世纪 80 年代，用户持有银行卡或信用卡就能在计算机系统上完成转账业务。香港作为全球金融中心之一，在 1980 年已广泛使用面向终端用户的电子金融服务系统或自动出纳机，用户只需持有银行卡、信用卡等就可以在电子计算机系统上完成转账业务，这种新型货币形态被称为电子货币。电子货币支付比传统支付节省 30%～50%的交易成本。1993 年日本的电子货币支付已经占到日常支付的 78%，瑞士则达到 97%。

计算机的出现催生了电子货币，互联网技术的开发应用又将电子货币的发展向前推进了一大步。1990 年，互联网开始快速商业化。1994 年 10 月斯坦福联邦信用合作社成为首个在互联网上提供在线银行服务的金融机构。一些基于互联网的电子货币相继出现，如国民西敏寺银行（National Westminster Bank）开发的电子钱包 Mondex 是世界上最早的电子钱包系统，于 1995 年 7 月首先在有"英国的硅谷"之称的斯温顿（Swindon）市试用。1996 年，中国银行率先建立网上银行服务，同年中国互联网用户为 10 万户；到 1999 年中国互联网用户增至400 万户，同年 9 月，招商银行全面启动国内首家网上银行"一网通"，网络银行服务体系逐渐完善，电子支付在中国开始萌芽。1999 年，第一家 C2C（consumer to consumer，用户对用户）网站易趣网成立，同年马云在杭州成立阿里巴巴，8848 等 B2C（business to consumer，企业对用户）网站也正式上线，网上购物开始进入民众视线。银行在初期几乎引领着电子支付产业，大型企业与银行之间的支付仍占据着主要的网络支付份额，但随着中小型电子商铺的支付需求增加以及第三方支付平台的加入，电子支付开始呈现多元化。

中国现代化支付系统（China National Advanced Payment System，CNAPS）是中国人民银行按照中国支付清算需要，利用现代计算机技术和通信网络自主开发建设，并进行运行维护、管理的，能够高效安全地处理金融机构之间以及金融机构与中国人民银行之间的支付业务并提供最终资金清算的重要核心业务系统，是各商业银行电子汇兑系统资金清算的枢纽系统，也是金融市场的核心支持系统，是全社会资金流动的"大动脉"，对中国经济金融运行发挥了重要作用。经过不断地建设和发展，中国现代化支付系统现可以分为中央银行支付清算系统、第三方服务组织支付清算系统、金融市场支付清算系统、银行业金融机构行内支付清算系统四大模块，主要包括大额实时支付系统、小额批量支付系统、网上支付跨行清算系统、同城清算系统、境内外币支付系统、银行业金融机构行内支付系统、银行卡跨行支付系统、城市商业银行汇票处理系统和支付清算系统、农信银支付清算系统、人民币跨境支付系统、网联清算系统等。

2.1.4　互联网与移动支付

电子计算机在银行的应用、互联网的普及推动了电子支付的快速发展，移动互联网的应用、移动通信技术的发展、移动终端的普及又促成移动支付应用的落地。移动支付是指通过移动通信设备（包括智能手机、平板电脑等在内的移动工具），利用无线通信技术完成信息交互并转移货币价值以清偿债权债务关系的支付行为，是电子货币形态的表现形式。移动支付的实质是电子货币的流转而非货币本质的改变，基础是移动终端的普及与移动互联网的发展。

移动支付技术主要包括远程支付与近场支付技术。远程支付以网络支付为主，主要基于互联网，通过网上银行或者第三方支付平台实现支付功能。Wi-Fi、4G 等技术的发展使得互联网与移动通信网络的融合进程不断加快，移动支付日益成熟。目前尚处于初步应用阶段的 5G 移动通信技术将更大程度上推进远程支付创新。近场支付依赖近场通信交互技术，其技术实现主要包括条码支付技术、刷脸支付、近场通信（near field communication，NFC）、声波支付等，并以条码支付为主。NFC 是由恩智浦和索尼公司在 2002 年联合开发的新一代无线通信技术，被国际标准化组织（International Organization for Standardization，ISO）与国际电工委员会（International Electrotechnical Committee，IEC）等接收为标准。之后，为推动 NFC 技术的发展，2004 年，恩智浦、索尼和诺基亚公司创建了 NFC 论坛，2013 年该论坛在全球拥有超过 140 个成员，其中包括许多知名企业，且发展态势相当迅速。2013 年 10 月，中国国家标准化管理委员会发布了《信息技术 基于射频的移动支付》国家标准，其中包括了移动支付射频接口、卡片、设备、多应用管理和安全、测试方法等技术内容。中国人民银行于 2015 年 12 月发布的《非银行支付机构网络支付业务管理办法》以及 2017 年 12 月印发的《条码支付业务规范（试行）》等各项技术标准与业务规范，促进了我国移动支付产业的进一步健康发展。

依托于移动支付技术的发展成熟，移动支付工具开始被开发和应用。1998 年第三方移动支付工具——PayPal（贝宝）在美国正式上线，于 2002 年在纳斯达克上市并被 eBay 收购，后成为 eBay 的主要支付通道，充当电子商务结算工具的角色。作为全球化支付平台，其服务范围超过全球 200 多个国家和地区，拥有超过 2.86 亿个活跃支付账户，支持全球 100 多种货币交易，2012 年支付规模已经达到 145 亿美元。由于成立时间较早，PayPal 有"移动支付鼻祖"之称。但由于一方面美国有着成熟的银行体系，信用卡拥有率较高，其便捷支付结算需求通过信用卡与 ATM 就能得到解决，另一方面其电信基站由以营利为目的的私营通信公司建设，导致作为移动支付基础的移动网络覆盖率并不高，再加之移动支付的推进对其现有金融业格局的改变，以及对于移动支付带来的信息泄露问题，美国人对移动支付的需求普遍不高，导致其移动支付发展缓慢。研究机构瞻博网络的数据显示，2012 年仅 2%的美国智能手机用户使用 NFC 支付方式购买商品。

在 20 世纪 90 年代，二维码支付技术就已经形成，韩国与日本是使用二维码支付较早、移动支付普及率较高的国家，其移动支付产业已具有较成熟的商业模式。2018 年日本市场超过一亿用户使用移动支付业务，其主流的移动支付技术是索尼公司研发的非接触式感应技术（FeliCa），简称非接触式 IC，都科摩公司（NTT DoCoMo）为日本最大的移动通信运营商，占据日本移动支付市场的主导地位。在韩国，移动支付产业主要由运营商和银行主导，2001 年韩国 SK 推出了名为 MONETA 的移动支付业务，后通过与威士国际服务组织（Visa International Service Association）等信用卡机构合作，MONETA 多功能卡可取代信用卡、公共汽车卡及地铁卡等支付工具。2014 年韩国移动消息应用领军企业 Kakao 集团就已经推出自己的移动支付服务 Kakao Pay，允许用户通过 NFC 技术或二维码进行在线或移动支付。经过多年发展，Kakao Pay 已经成为一个综合性的金融服务平台，除支付功能外，还提供汇款、发票等多种服务。截至 2018 年 10 月，Kakao Pay 月交易量已经超过 20 亿美元。2017 年，阿里巴巴旗下蚂蚁金融服务集团（简称蚂蚁金服）宣布对 Kakao Pay 投资 2 亿美元。2015 年，作为韩国的电子科技巨头三星公司推出 Samsung Pay，截至 2019 年 4 月 Samsung Pay 累计交易量已经超过 330 亿美元,注册用户超过 1400 万户。

尽管移动支付业务最早在欧美展开,但真正将移动支付发展推向高潮的是中国的支付宝与微信支付业务。2003 年 10 月,支付宝上线,拉开了网上支付的帷幕。支付宝通过资金第三方托管,解决了互联网购物的信任危机,很快在电子商务行业中脱颖而出,成为中国最大的第三方支付平台。2005 年,随着阿里巴巴董事局主席马云喊出"电子支付元年"的口号,电子支付产业迎来了百花齐放的盛世,网上支付逐渐成为消费者网络购物的首选方式。在 2009 年之前,尽管国内运营商、商业银行以及第三方支付机构就尝试探索移动支付业务,但是因各方面条件尚未具备,移动支付业务及应用范围并未实现数量上的飞跃,市场规模难以大幅扩大。2010 年,中国人民银行发布了《非金融机构支付服务管理办法》,规定非金融机构应当取得支付业务许可证,依法接受中国人民银行的监督管理。2011 年 6 月,中国人民银行下发了第三方支付牌照,银联、支付宝和财付通等 27 家公司获得许可证,成为国内首批持牌支付机构。中国人民银行的监管介入,明确了移动支付企业的运营门槛,移动支付也由此从边界属性模糊的行业逐渐进入金融监管范畴。

2013 年微信 5.0 版本正式上线,新增的微信支付功能向一家独大的支付宝发起挑战。为抢占移动支付市场,各大厂商不断进行技术革新,进而提升了移动支付的多元化安全性以及便捷性,移动支付的发展呈现出势不可挡的态势。同年支付宝推出了"余额宝"项目,开启从移动支付走向普惠理财的先河。2014 年微信又推出微信红包功能,推动微信支付进入快速发展通道。自 2014 年以后,中国移动支付交易规模与交易量均呈现出飞速发展趋势(图 2-2)。2020 年,中国银行业金融机构共处理移动支付业务 1232.20 亿笔,交易金额 432.16 万亿元,同比分别增长 21.48%和 24.50%。目前中国已发展成为全球移动支付第一大市场,在移动支付用户规模、交易规模等方面都处于大幅领先地位。截至 2020 年 12 月,中国网络支付用户规模达到 8.54 亿户,其中,手机网络支付用户规模达到 8.53 亿户,占手机网民总体的 86.5%。

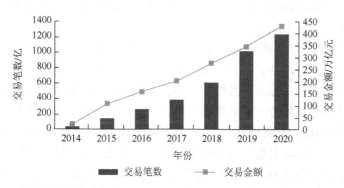

图 2-2　中国银行业金融机构 2014～2020 年移动支付业务交易金额与交易笔数

资料来源:根据中国人民银行各年《支付体系运行总体情况》整理得到

移动支付的出现不仅是支付方式的更迭,而且逐步实现了对消费者消费习惯的改变,催生了新消费形态、新商业模式与产业链条,更有力地推动消费升级与经济高质量发展,并为普惠金融提供了重要基础,助力金融更有力地推动实体经济的发展。

2.1.5　区块链与加密货币

移动支付的快速发展以及其与相关技术和商业模式的不断融合创新，支付安全性的提升，不仅为人们提供了便捷、安全、丰富的消费方式，还实现了客户服务渠道的延伸，消费支付范围的拓展，提高了金融服务效率与可及性，但移动支付本质上只是电子货币的流转，其发展既离不开移动通信技术的革新，又离不开银行等传统金融机构的配合。传统金融机构在移动支付过程中一是为海量的用户以较低的成本创建银行账户，二是为海量的线上转账提供结算业务。离开传统金融机构基础工作的支撑，移动支付的发展将难以为继。在移动支付业务中，互联网产品更多是起到前端流量入口的作用，而后端与资金流动相关的工作主要还是由银行来完成。支付过程的全面电子化，实际上相当于在数字世界里形成了价值流通的网络。只有基于这个网络之上，才有可能发展出高频率的线上商品流和服务流。基于金融基础设施不完善、推行成本过高、传统金融机构不配合等原因的不配合，移动支付在部分国家和地区并未得到充分发展。

区块链技术的出现在一定程度上绕过了移动支付业务发展面临的阻碍。首先，在账户创建方面，在数字钱包上创建数字账户的成本极低，便捷度更高，即便是中心化的交易平台，其对账户持有人的强化审查效率也比较高，开立账户与维护流程速度更快，很多国家的银行卡审查制度甚至都无法比拟。其次，与移动支付需要依赖银行转账网络的支付接口不同，去中心化的区块链网络是开放的。除非有人工审查的存在，否则任何用户都可以在区块链网络上自由地进行价值转移。更为重要的是，区块链技术不可篡改的特性，对于账户信息的记录具有天然的可信度和公信力。这几大优势使得依托区块链技术的加密货币，即便在传统金融机构配合度不高或者金融基础设施相对不够完善的情况下，也有足够的发展空间。

区块链技术的基础理论由来已久。1982 年，被誉为数字货币之父的大卫·乔姆（David Chaum）在 *Advances in Cryptology*（《密码学进展》）上发表了开创性的研究论文 "Blind signature system"（《盲签名系统》），首次提出在网络上利用盲签名技术匿名传递价值的方式，来实现货币流通，并且可以完全保护用户的隐私权。1993 年，由大卫·乔姆成立的 DigiCash 公司推出 Ecash。当然，严格意义上讲，Ecash 并不是一种数字货币，但其仍旧是数字货币历史上的一个重要里程碑，以隐私为核心，将传统货币以完全数字化的形式在网络上自由、匿名地传递，为未来几十年的大量创新和研究奠定了基础。1998 年 11 月，在"密码朋克"运动中建立的经过加密的密码朋克邮件列表里[①]，戴维发布了 B-money 货币的文章。"数字加密货币"的概念由此而生。去中心化的结算架构、匿名交易、点对点网络等，在 B-money 中已经全部显现。自 B-money 以后，密码朋克邮件列表中，先后诞生了数十种数字货币。然而，所有的数字货币先驱，都没能解决一个问题——如何实现数字货币的初始发行。直至 1997 年亚当·巴克（Adam Back）提

---

① "密码朋克"运动主要研究密码学如何为商业所用，为民众所用，提倡使用强加密算法为个人隐私提供保护。1992 年作为"密码朋克"运动发起人之一的蒂姆·梅（Tim May），在网络上发起了加密的密码朋克邮件列表。

出最初用来解决垃圾邮件泛滥问题的哈希现金算法。2004 年,密码学家哈尔·芬尼(Hal Finney)将哈希现金算法改进为"可复用的工作量证明机制"(reusable proofs of work),被用于比特币出现之前的一系列数字货币实验。

在 2008 年世界金融危机大背景下,中本聪发布了比特币的论文——*Bitcoin: A Peer-to-Peer Electronic Cash System*,其精神内核来自 Ecash 和 B-money,工作量证明机制等核心技术则来自亚当·巴克和哈尔·芬尼等。在这篇论文中,中本聪将哈希现金算法改造成比特币的发行机制——用户贡献算力,进行哈希运算,作为回报,比特币网络将比特币赠予矿工。它成为新一代数字货币网络运转的基石,而区块链这一概念也作为比特币的技术解决方案被首次提出。

2015 年 9 月,由区块链科技初创企业 R3CEV 发起的 R3 区块链联盟正式成立,致力于为区块链技术在银行业中的使用制定行业标准和协议,吸引了包括富国银行、花旗银行等在内的多个国家主流银行加入,拉开了金融机构探索区块链技术的序幕。依赖于金融业的推动,区块链技术正式从"比特币"的概念中分离出来,成为独立的研究方向。从 2015 年底开始,全球各大金融机构纷纷成立区块链实验室,进行区块链技术的探索,由此掀起了全球范围内讨论区块链技术伟大意义的热潮。《经济学人》杂志将区块链称为信任的机器,麦肯锡在研究报告中将区块链称为继蒸汽机、电力、信息和互联网技术之后,最有潜力触发第五轮颠覆式革命浪潮的核心技术。在 2016 年 10 月 18 日我国工业和信息化部信息化和软件服务业司发布的《中国区块链技术和应用发展白皮书(2016)》中,明确将金融业定为区块链技术的第一个应用领域。

区块链实质上是一个通过分布式共识机制形成的,可信共享的,公开、透明、可追溯、不可篡改的开放式总账系统。数字加密货币作为区块链的第一个应用,被广泛运用在汇款转账、支付清算以及跨境贸易等领域。数字货币的核心特点在于,首先,它通过互联网实现了在全球范围内的点对点支付,极大地提高了货币在全球范围内的流通效率。其次,它的发行和运行完全依靠计算机程序自动实现,且总量恒定。不同于电子货币只是现有法定货币的信息化过程,数字货币本身就是货币且不仅仅是支付工具,具备货币的基本属性和主要职能。根据发行者的不同,由中央银行等国家机关发行的数字货币是法定货币,是强制使用的价值符号。数字货币自诞生以来,发展势如破竹,Coin Market Cap(简称 CMC)统计显示,仅截至 2016 年 3 月,全球就共有 656 种数字加密货币,总市值高达 81.43 亿美元,虽然相对于全球广义货币量(M2)还很小,但是相比 2015 年 3 月的 63.46 亿美元的累计总市值,增长幅度高达 28.32%。比特币(Bitcoin,BTC)、以太坊(Ethereum,ETH)、瑞波币(Ripple,XRP)和莱特币(Litecoin,LTC)四种数字货币的市值之和超过了总市值的 95%。由此,货币发展正式进入数字时代,实现了从信用形态向数字形态的跨越。

2.2　从互联网金融到金融科技

2.2.1　互联网金融发展态势

互联网金融的发展并非一蹴而就,其诞生离不开金融业与信息技术的融合。从 20 世纪50年代开始，金融电子化进程就已拉开大幕。20世纪60年代，第五次信息技术革命中计算机应用开始普及，同时其与现代通信技术的结合极大地提高了信息存储、传递和处理的能力。金融业正是通过电子化手段才实现飞速发展，并逐渐成为现代经济的核心，支撑日益全球化的世界经济平稳运行。从1970年前金融后台业务电子化到1980年后金融前台业务电子化，从1990年后网上办理金融业务到21世纪互联网金融的出现，再到金融科技的发展热潮，金融业与信息技术的融合程度不断加深，科技的应用不仅提高了金融业的运行效率，降低了业务处理成本，催生出大量新业务模式，更引发了金融业的内生性变革。

"互联网金融"这一概念最早于2012年由中国投资有限责任公司的谢平等在中国金融四十人论坛年会上提出。以互联网为代表的现代信息科技，特别是移动支付、社交网络、搜索引擎和云计算等，对人类金融模式产生了颠覆性影响。可能出现既不同于商业银行间接融资，也不同于资本市场直接融资的第三种金融融资模式，即"互联网直接融资市场"或"互联网金融模式"。作为一种区别于传统金融的新型金融业态，互联网金融并未形成完全统一或一致的定义。而后，中国人民大学的吴晓求教授又将互联网金融定义为"第三金融业态"。互联网金融指的是以互联网为平台构建的具有金融功能链且具备独立生存空间的投融资运行结构，能够体现互联网精神的连续金融。尽管不同学者对互联网金融内涵的表述不一，但基本形成一个共识性的理解，即互联网金融是建立在以互联网技术为代表的现代信息科技基础上的新型金融业态。

2013年被普遍认为是中国的互联网金融元年，互联网金融的异军突起似乎就在一夜之间。其标志性事件为2013年6月13日，阿里巴巴旗下的支付宝公司与天弘基金联合推出了一款基金理财产品余额宝，互联网巨头正式进入基金销售市场。出乎业界意料的是，余额宝一经发布，就受到广大个人投资者的热捧。上线不到六天，余额宝用户数即突破100万人，仅用一个月的时间，余额宝资产规模便突破100亿元大关，顿时掀起一股全民理财的潮流。令人更为震惊的是，仅用了不到一年的时间，在2014年2月17日，余额宝的用户规模甚至突破了8100万人，资产规模超过4000亿元，而2014年初，整个货币基金行业总规模也只有9000亿元。余额宝的快速走红同时也使得天弘基金迅速成长为国内公募基金市场规模排名第一的基金。截至2019年6月30日，历经六年的发展，共有6.19亿人持有天弘余额宝，个人投资者所占比例达99.97%，且有一亿以上的客户来自乡村，其便捷性与小额理财的特点，顺利实现了市场下沉。余额宝取得巨大成功的原因正是在于其创造性地嫁接了随时随地可接入的互联网技术，使得投资便捷化，高黏性的线上场景渠道、一万元以内"T+0"转换机制的高流动性、一块钱也可投的超低门槛以及收益的相对稳定性等优势，使余额宝成为投资者非常信赖的小额理财工具。余额宝的爆发式增长极大地吸引了全社会对互联网金融的关注，也掀起了互联网金融的发展高潮。

当然，互联网金融并非在2013年才突然出现的。在此之前互联网金融就开始有了一些零星的雏形式的发展。早在2005年P2P网贷平台Zopa在英国诞生，紧接着在美国相继出现Prosper、Lending Club等P2P网贷平台以及Kickstarter众筹平台等互联网金融公司，互联网思维继变革新闻媒体、音乐、出版和零售行业之后，开始触及现代经济的核心——金融业。在余额宝成功热潮的推动下，互联网金融开始步入快速发展阶段。2013 年 10 月，国内首家互联网保险公司——众安在线财产保险股份有限公司（简称众安保险）成立。2014 年 2 月，业内第一款互联网消费金融产品"京东白条"上线。2014 年两会期间，"促进互联网金融健康发展"被写入政府工作报告。在此之后，国内起源于 2007 年的 P2P 网贷平台和 2011 年的众筹平台异军突起。在互联网金融快速发展的同时，金融风险也在迅速累积，尤其是 P2P 网贷平台。2015 年 6 月，P2P 问题平台数量首超新增平台，行业拐点出现。相对应地，如图 2-3 所示，P2P 网贷增速也在 2015 年达到顶峰，之后迅速下降。2017 年开始 P2P 网贷成交量也达到顶峰，之后成交量大幅下跌。进入 2016 年，互联网金融风险集聚爆发，"规范发展互联网金融"被写入政府工作报告。2016 年 7 月，以十部委联合发布《关于促进互联网金融健康发展的指导意见》为标志，互联网金融业开始步入规范化发展的轨道。随后各部委又相继下发多个监管文件，第三方支付、网络借贷、股权众筹、互联网保险、互联网资产管理、现金贷、虚拟货币、互联网金融交易所等业务模式及平台，都被纳入互联网金融风险专项整治范畴，行业发展的混乱局面逐步得到整顿与肃清。由于 P2P 网贷平台蕴含巨大的金融风险，到 2020 年底，P2P 网贷平台全部"清零"。

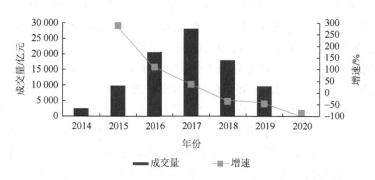

图 2-3　2014～2020 年 P2P 网贷成交量与增速

2.2.2　金融科技发展态势

相比具有强烈中国特色的互联网金融，"金融科技"一词是不折不扣的舶来品。2016 年起，随着国内蚂蚁金服、京东金融、众安保险、宜信等几家巨头开始定义自己为金融科技公司，这一名词才逐渐进入了国内大众的视野。与此同时，它以惊人的速度流行开来，逐渐成为中国主流语境的热词。2016 年 3 月，全球金融治理的核心机构——金融稳定理事会发布了《金融科技的描述与分析框架报告》，第一次在国际组织层面对金融科技做出了初步定义：金融科技是指由大数据、区块链、云计算、人工智能等新兴前沿技术带来的金融创新，它能创造新兴业务模式，新技术应用、流程或新产品服务，从而对金融市场、金融机构以及金融服务的提供方式造成重大影响。金融科技是金融服务与技术领域交互作用下的动态区块，它是一个复杂产业生态系统，不仅给金融业的发展带来巨大的动能，而且可使传统价值链遭到破坏。而后，美国国家经济委员会（National

Economic Council，NEC）指出，金融科技涵盖了不同种类的技术创新，这些技术创新影响各种各样的金融活动，包括支付、投资管理、资本筹集、存贷款、保险、监管合规以及金融服务领域里的其他金融活动。

金融科技和互联网金融既有联系，又有区别。两者都是建立在科技与金融深度融合的基础之上，都是对运用各种新技术手段提供、优化、创新金融服务等行为的概括，区别在于：①侧重点不同，金融科技强调科技对于金融的支持作用，而互联网金融则更突出"互联网＋"背景下金融的创新；②从技术层面上看，金融科技不仅应用互联网、移动互联网技术，而且以大数据、区块链、云计算、人工智能、生物识别等前沿技术为应用基础，从而促使金融业利用科技产生内生性的改变，而互联网金融则主要运用互联网技术开辟新的金融业务渠道；③从科技与金融的融合及影响程度上来看，互联网金融主要创新了金融销售及获取渠道，而金融科技更加侧重于技术在金融领域的应用，进而改变了金融业的商业模式、供给主体、风险构成和监管方式，给金融业带来了深远影响。随着先进技术的引入，比如，利用区块链精准记录与分析、利用生物技术进行验证、利用人工智能提供个性化服务、利用大数据分析研发产品等，互联网金融一词已经不能全面概括金融科技发展和应用的现实态势，金融科技要比互联网金融涵盖的范围更为广泛。互联网金融具有高科技性、革命性、民主性和合作共赢性，与金融科技的本质特征极为接近，而金融科技涵盖的范围更为广泛，互联网金融只是金融科技的一个组成部分，或者说是金融科技的一个发展阶段。

金融科技的产生不仅使与用户对接的前端产业发生变革，而且使后台系统的应用技术也进行了创新，它的发展一方面提升了金融业的整体效率，降低了金融交易成本，优化了金融资源配置，另一方面，拓展了金融发展的广度与深度，促进了普惠金融的发展，提高了综合竞争力。金融业融合大数据、区块链、云计算、生物技术、人工智能等前沿技术，在借贷业务、支付业务、财富管理、保险等领域迅速发展，改变了传统的投资决策过程、信息收集方式、风险定价模型、信用中介角色等，金融产品和服务主要以数字化的形式呈现，因此可以大幅提升金融业的效率，提高服务质量，提高用户体验。金融科技在中西方的发展是存在差异的，金融科技在西方的发展是对金融危机做出的反应，而在亚太地区的发展则是因为经济发展的需要。在这一阶段的代表应用有大数据征信、智能投顾等。

传统征信是由专业机构通过固定的模型定向采集财务和金融交易信息并对信息进行加工、处理、报告的专业化信用管理服务。传统征信在美国以 1933 年成立的邓白氏集团（Dun & Bradstreet）为代表，在我国主要以中国人民银行征信系统为代表，传统征信是目前我国乃至全球范围内普遍存在的征信业态。我国征信机构的设立和征信业务的开展受《征信业管理条例》的约束，并且需要申请相应的牌照。大数据征信是指对海量的、多样化的、实时的、有价值的数据进行采集、整理、分析和挖掘，并运用大数据技术重新设计征信评价模型算法，多维度刻画信用主体的"画像"，向信息使用者呈现信用主体的违约率和信用状况。大数据征信利用大数据、云计算等技术，重新设计征信评价模型和算法，使得征信数据来源更加多元化、多维化和非机构化，实现个人征信数据的广覆盖和实时更新，很大程度上填补了中小民营企业在个人征信建设领域的空白。早期的征信服务主要聚焦于线下尽职调查和反欺诈，2014 年以费埃哲（FICO）和益佰利（Experian）为代表的美国征信服务商加入征信系统，开始提供风控模型服务。与此同时，国内商业征信服务商也以合作制或会员制的方式与互联网金融公司开展合作实现数据共享，例如，北京安融惠众创建的"小额信贷行业信用信息共享服务平台"、上海资信有限公司搭建的"网络金融征信系统"。除此之外，中国人民银行向社会放开个人征信市场，2018 年 2 月，百行征信有限公司获得我国首张个人征信业务牌照。基于此，我国逐步形成以中国人民银行征信系统为中心，以市场为导向，各类征信机构互为补充的征信行业格局。

智能投顾（robo-advisor）利用云计算、智能算法、机器学习等技术，将现代资产组合理论（modern portfolio theory，MPT）应用到模型中，结合投资者的个人财务状况、风险偏好和收益目标，为用户提供最终的投资参考，并根据市场动态对资产配置再平衡提供建议。在美国，Wealthfront（财富前沿）和 Betterment（机器人投资顾问公司）两家智能投顾初创企业以各自不同的策略成为智能投顾领域的先驱。从 2013 年开始，两家公司的资产管理规模呈现了惊人的增长，截至 2015 年底，Wealthfront 的资产管理规模约 29 亿美元，而 Betterment 则超过了 30 亿美元。2017 年全球智能投顾管理资产达到 2264 亿美元，年同比增长率达到 78%。预计到 2027 年，全球智能投顾管理资产将达到 4.5 万亿美元；全球用户数量将达到 2.343 亿户。同时，国内市场在智能投顾领域也取得突破，同花顺先后与泰达宏利、大成基金合作推出大数据基金产品，是我国首款智能投顾落地产品。2017 年我国智能投顾的市场规模达到 397.5 亿元，未来几年一直保持快速增长的态势。

除此之外，如智能投研、智能营销等一系列应用也逐渐落地并在金融科技的支持下走向成熟。科技与金融密切结合的金融科技，正在以如火如荼之势对传统金融业态进行深刻改造，强化金融服务与实体经济的跨界融合应用，提升金融服务实体经济发展的支撑能力。

2.3　科技赋能金融的逻辑

金融创新一方面需要科技的支持，另一方面又从科技进步中汲取动力。科技赋能是促进金融业发展形态演变、金融业发展模式创新与金融制度完善的关键。科技的发展推动金融形态由货币化、信用化到证券化、虚拟化不断演变；促进金融模式由传统金融发展模式向网络金融、互联网金融模式演变，并推动智能金融的发展，提升金融效率；推进金融制度建设，提高金融制度的适应性、效率性与完备性，实现金融管理水平的提升。

2.3.1　科技改变金融形态

金融形态是指某一实际资产（含实物资产）经过金融手段处理后所能达到的权益状态，这些状态随着金融手段的逐步发达而日益多样化。金融手段的发展使得资产权益的实现方式多样化，资产可以因出售而转化为货币化形态，可以因借贷而转化为信用化形态，可以因证券化处理而转化为证券化形态，可以因金融工程化或金融电子化处理而转化成更为虚拟化的形态。金融形态的演进经历了从货币化、信用化、证券化到虚拟化的过程，其核心是资产权益凭证的状态。在金融形态的演进过程中，金融工具的虚拟性越来越强，且每一阶段的演进都离不开科技的支撑。

货币化金融形态演进的内在依据是信用关系的不断扩展,货币逐步信用化和社会化;货币形态演进的外在形式是不断地脱离具体物质形态的束缚,货币逐步地抽象化或虚拟化。一旦货币脱离具体物质形态的束缚,技术将前所未有地不断改变有形货币的基础元素。从本身有价值、能充当抵押品的实物货币,到冶金技术发展下产生的依赖国家信用的标准化金属铸币,并伴随现代金属冲压、铣削硬币边缘等技术的发展,金属铸币不断规范化、美观化;再到造纸术的完善、高级凹版印刷和光学墨水发明,以及纸币内层包含金属、塑料和隐性图像的方法等技术的发展,纸币防伪性进一步提高,简化验证为货币供应提供了保障,使有形货币得到极大发展。以国家信用为基础的纸币的出现、以银行中介功能为基础、以货币为交易对象(即借贷)的金融合约或金融凭证的创新推动了信用化金融形态的发展。计算机技术、通信技术、网络技术等现代化技术手段的发展,使得金融业务处理效率得到提升,金融交易范围扩大,信用化金融形态得到前所未有的发展。在信用化金融形态下,实际资源突破绝对所有权的束缚,开始按照效用原则和效率原则进行自由流转,整个社会经济资源的配置效率得以提高。伴随信用活动的进行,风险开始产生,收益与风险的对应性从此成为金融业经营不可动摇的信条。从信用化金融形态开始,金融业才找到它真正的发展方向。

证券化金融形态的本质是通过提供标准化、细分化与非人格化的交易契约,使得融资活动摆脱狭隘的人格关系的影响,促进资本和信用的社会化,使资本可以在更广泛的领域内寻找获利机会,使更多的个人资源转化为社会资本。工业革命的进行使得机器大工业取代传统手工业,机器制造业在工业体系中逐渐取得优势地位。生产力的极大提高和资本主义经济的发展使得股份公司也有了极大发展。为解决资本供求矛盾与资本结构调整的难题,证券交易市场开始发展并初具规模,20世纪后半叶资本主义国家经济快速恢复与发展,证券交易日益活跃,证券市场高度繁荣。在以计算机为基础的网络技术的推动下,证券市场网络化快速推进,网上交易发展突飞猛进。证券市场开始走向国际化,证券融资技术日新月异,金融创新不断深化,浮动利率债券、可转换债券、复合证券等新的证券品种陆续涌现,金融期货与期权交易等衍生品种迅速发展,证券市场进入全新发展阶段。在证券化金融形态中,证券市场的重要性日益提升,金融为人类经济发展与自身发展提供了更多可能性。

虚拟化金融形态从金融工具的虚拟化开始。1952年美国的富国银行作为金融机构首先发行了银行信用卡,但此时信用卡仅仅是一种信用凭证,并未成为虚拟金融工具。到20世纪70年代,微处理器技术被吸纳进计算机制程,通过引进先进技术,银行研制出了磁卡,背后嵌有磁条,用于记忆与识别信息,信用卡开始成为虚拟金融工具。随着金融市场的发展,风险转移与信用创造需求产生,金融虚拟化衍生工具不断发展。20世纪90年代互联网的快速商业化,使得利用互联网传送和融通资金有了很大发展,在线金融交易与在线银行服务兴盛,电子金融时代开启。到了21世纪,电子商务的发展推进网络支付系统完善,电子货币与信用卡成为主要的支付工具,支付工具多样化、无卡化。而后,移动互联网的应用、移动支付技术的发展又促成移动支付的普及;以大数据、云计算、人工智能、区块链技术等为代表的新兴金融科技正推动金融进一步走向虚拟化、数字化。

从货币化金融形态、信用化金融形态到证券化金融形态再到虚拟化数字化的金融形态，每一阶段的发展都离不开科技的创新与其在金融业的应用，金融形态的演进与技术发展紧密共生，科技的发展推动着金融形态的不断创新演变。

2.3.2　科技创新金融模式

自 20 世纪 60 年代金融后台业务大规模电子化到 20 世纪 80 年代金融前台业务电子化以来，网络信息技术的快速发展与成本的大幅降低为其在金融业的广泛应用提供了有利条件。金融业务处理效率显著提升，且极大地避免了人工失误带来的损失，自助银行、电子收款机等便捷性金融服务逐步替代传统金融服务模式，新兴金融业务模式兴起，有效提升了金融机构的经营效益，扩大了金融服务范围。到 20 世纪 90 年代，互联网技术大规模商用，个人计算机加速普及，互联网技术与传统金融业务融合并不断创新，网络金融模式正式步入飞速发展阶段。

网络金融模式是以互联网技术为代表的现代信息技术与金融业有机结合的产物，具有高度交互性与创新性，在金融信息数字化、金融产品与服务电子化的基础上，推进金融交易网络化与金融市场无形化。网络金融具有虚拟性、开放性、透明性、对称性等特征，虚拟性体现在服务机构的虚拟化、金融业务的虚拟化与交易媒介货币的虚拟化。开放性主要是指经营环境的开放性，金融交易的开展突破了时空限制，可以在任何时间、任何地点，以多种方式为客户提供金融服务。透明性是指市场运行的透明性，主要包括信息传递、交易指令执行、清算程序及市场价格形成的透明性。市场的透明性对于市场主体选择有利价格、提高对市场的监督能力具有重要的作用。对称性则是指交易双方不需要银行或交易所等中介机构撮合，即可通过网络平台自行完成信息甄别、匹配、定价和交易，交易双方之间信息沟通充分，交易透明，定价完全市场化，风险管理和信任评级完全数据化。利用交易数据库，能够较为全面地获取交易对象资产与信用状况等信息，降低信息不对称带来的损失，且进一步加速了金融脱媒。

科技发展带来网络金融模式的创新，相较于传统金融发展模式，网络金融模式创新主要体现在网络金融业务模式创新、网络金融经营模式创新与网络金融盈利模式创新等方面。一是网络金融业务模式创新。网络金融业务模式除在虚拟网络空间模拟传统金融业务的流程，如网上银行、网上证券、网上保险等业务外，还衍生出大量新兴金融业务，例如，网络金融服务中存在大量的交易与结算，由此滋生了网上支付结算业务，形成网络支付模式；网络金融交易中存在着大量的金融信息，对此进行整合和筛选由此推出了网络金融信息服务平台等。二是网络金融经营模式创新。利用互联网技术，网络金融服务提供商的成本显著降低，行业进入门槛下降，竞争更加激烈，客户可选择性大大增加。为更高效地满足消费者多样化、个性化的需求，金融服务提供商以消费者需求和便利为经营导向，不仅提供银行、保险、证券等金融业务，还增加了生活缴费、手机充值、城市服务等便民业务，且这些业务均提供价格比较服务，注重用户体验，提高了用户黏性。三是网络金融盈利模式创新。传统的金融业务大致可以分成对公业务、对私业务，盈利模式有利息收入、保险金，以及各种中介费、代理费等。网络金融服务对象更加广泛，重点在个人用户，这就形成了以收取个人服务费与中介费为主的盈利模式。网络金融平台汇集了大量用户，使得少量资金具备了流动价值，通过平台运营资金，形成个人、平台、企业的流动生态圈，大大提高了资金使用效率，并由此获利。

随着网络金融的发展，移动互联网、大数据、云计算等技术发展成熟，技术与金融业的融合更加深入，互联网金融这一新兴金融服务模式快速发展。在互联网金融模式下，资源配置的去中介化、信息对称性以及金融资源的可获得性进一步增强，加速了金融脱媒，提升了资源配置效率，缓解了金融排斥现象，有力地支持了实体经济发展。互联网金融模式有三个核心部分，即支付方式、信息处理和资源配置。在支付方式方面，移动通信技术与设备的发展推动移动支付的普及，云计算技术保障了移动支付所需的存储和计算能力，保障移动支付的效率。在信息处理方面，将地方信息和私人信息公开化，将分散信息集中化，将软信息转化为硬信息。信息通过社交网络的资源分享与共享机制传播，云计算保障了海量信息的高速处理能力，资金供需双方的信息通过社交网络揭示和传播，被搜索引擎组织化和标准化，最终形成时间连续、动态变化的信息序列。由此可以给出任何资金需求者的风险定价或动态违约概率，且成本极低，使得金融产品的风险定价更加直观和简易。在资源配置方面，资金供需双方可以直接联系和交易，信息充分透明，定价完全竞争，"交易可能性集合"大为拓展，便利了资金供需匹配，形成了"充分交易可能性集合"，资源配置效率大大提高。

在互联网金融模式下，风险管理与监管形态也呈现出新的特征。风险管理包括市场风险管理、信用风险管理、风险转移与风险分担。在互联网金融模式下，证券的个体风险能被充分分散掉，市场风险以系统性风险为主；相对于集中型贷款组合，分散型贷款组合更不易遭受信用风险造成的极端损失；信息不对称程度的降低使风险识别、计量和定价更有效率，且风险被充分分散，风险对冲需求减少，衍生品市场简单化、标准化，市场透明度与有效性提高；而保险的风险分担商业模式仍成立，但其具体组织形式可能发生变化。由于金融市场运行高度互联网化，金融机构的中介作用弱化，金融机构破产或遭受流动性危机而产生的负外部性变小，针对金融机构的审慎监管随之淡化，互联网金融模式下的监管形态将以行为监管和金融消费者保护为主。

在互联网金融飞速发展的同时，区块链、人工智能、移动通信技术加速渗透金融业，使金融科技对金融发展的支撑作用较之互联网技术更为突出。金融科技带来了金融的内生性改变，金融业商业模式、资源配置方式、风险构成与监管方式等将进一步演变，金融发展将衍生出更为多样化、智能化、个性化的金融模式。

2.3.3　科技促进金融制度建设

金融制度是经济社会发展中重要的基础性制度，从广义上讲，金融制度即有关金融交易的全部制度安排或规则的集合。这些制度安排和规则，制约、支配和影响着金融交易这一特定的经济模式与经济关系，并趋动着金融发展与演进轨迹和方式的形成。金融制度本身并不是独立存在的，它必须有实际的承载体，如金融机构、金融资产、中央银行和金融法规等。其最上层是法律、规章制度和货币政策，即一般意义上的金融活动和金融交易规则；中间层是金融体系的构成，包括金融机构和监管机构；基础层是金融活动和金融交易参与者的行为。金融制度存在的目的就是对社会金融活动进行规范、支配和约束，以减少金融行为中的不可预见性与投机欺诈行为，协调与保障金融行为当事人的利益，润滑金融交易过程，从而降低金融交易成本，提高金融交易效率，促进金融管理水平提升，协调金融发展与经济社会进步的进程。

金融管理制度的完善与否是一国对金融发展重视程度的表现，而一国金融制度是否完善与健全，其衡量标准主要有三个。

一是适应性标准。适应性标准即金融制度与经济发展水平或阶段的适应程度、与经济体制性质的适应程度以及与经济调节方式的适应程度。科技的发展推动金融制度创新，从而不断提高金融制度与经济发展的协调性、适应性。在 20 世纪 80 年代初期，为适应我国改革开放初期以经济建设为核心的基本方针，提出要将银行建设成为发展经济、革新技术的杠杆，1984 年中国工商银行（简称工商银行）率先突破传统业务领域，正式开办科技开发贷款业务，以支持科技创新推动经济建设与金融发展。

二是效率性标准。效率性标准即特定的金融制度结构能使金融交易活动低成本地顺利进行，以及使储蓄向投资顺利转化。效率高低的表现主要包括：金融制度提供的金融交易规则和工具是否具有节约交易费用的功效，金融制度中激励功效的大小，金融制度的组织安排中是否具有多元化的、合理的储蓄-投资转化渠道，金融制度中是否尽可能地体现了鼓励竞争和限制垄断的精神。科技的创新促进金融交易工具不断革新，从而提高金融交易效率，降低金融交易成本。例如，计算机技术的发展使得网上交易成为可能，20 世纪 80 年代电子金融服务系统的广泛应用使得用户在电子计算机系统上便可完成转账业务；移动互联网的快速发展使得移动支付业务量猛增，非现金支付逐渐替代现金支付，极大地降低了人力、运钞设备成本，同时减少了假钞、抢劫等的社会治理成本，并提高了金融交易的准确性、实时性程度，促进金融交易效率提升。

三是完备性标准。金融制度的完备可以降低金融机构的市场风险，促进金融机构稳健经营，并能在一个完整的金融市场体系中实现生产要素的优化配置，提高资金的运用效益，提高货币政策实施的有效性，实现宏观调控目标。科技创新进程的加快导致大量新的金融衍生工具、新的金融业态出现，原有的金融制度根本无法对其加以规范和约束。要保证这些金融衍生工具的科学应用及金融业态的健康发展，就必须创新金融制度，促进金融制度建设的完备性，提升金融管理水平。2013 年以来在大数据、云计算、移动互联网等技术发展的支持下，互联网金融异军突起。互联网基金销售、P2P 网贷、互联网众筹等新兴业务迅速发展，同时伴随着互联网金融风险的集聚爆发。2014 年"促进互联网金融健康发展"被写入政府工作报告，2016 年"规范发展互联网金融"被写入政府工作报告，2017 年"高度警惕互联网金融风险"被写入政府工作报告。金融监管部门制定的《非银行支付机构风险专项整治工作实施方案》《通过互联网开展资产管理及跨界从事金融业务风险专项整治工作实施方案》《P2P 网络借贷风险专项整治工作实施方案》《股权众筹风险专项整治工作实施方案》《互联网保险风险专项整治工作实施方案》《关于开展"现金贷"业务活动清理整顿工作的通知》《人民银行等七部门关于防范代币发行融资风险的公告》等相继发布，互联网金融的多种业务模式与平台均被纳入金融监管范畴，金融制度的完备性不断提高，金融市场风险大大降低，促进了金融机构稳健经营。

科技的发展促进金融交易工具的更新、交易规则的变化，从而改变了金融制度基础层中金融活动与金融交易参与者的行为；金融活动、交易行为的改变促使金融机构不断推出创新型的金融工具、金融产品与服务来满足客户更多元化与更高层次的需求，并使金融市场的功能得以不断完善。金融产品、服务的创新又推动监管机构监管方式的变革和监管规则、法律法规的更新，从而促进金融制度建设，不断提高金融制度的适应性、效率性与完备性。

2.4　金融科技的演进历程

广义的金融科技是指以金融业的应用需求为导向，利用一切科技（包括但不限于信息通信科技）为金融业的发展提供科技能力支撑，进而提升金融服务能力，降低金融服务成本。现阶段，引起广泛讨论和重点关注应该是相对狭义的维度的金融科技，金融科技主要聚焦在互联网、物联网、云计算、大数据、人工智能和区块链等一系列新型信息通信技术在金融领域的创新应用。其中，云计算、大数据、人工智能和区块链等属于当前金融科技应用的关键技术领域。20 世纪 90 年代，互联网的普及应用与快速商业化开启了金融科技 1.0 时代，实现了对传统金融渠道的变革；随着云计算、大数据技术的成熟以及区块链技术的出现和人工智能等技术的发展，数字革命、通信革命与金融革命相结合，金融科技进入 2.0 时代。互联网金融的爆发式增长伴随金融风险的集聚，监管的完善将推动未来金融科技步入更加智能化、合规化的 3.0 时代。

2.4.1　金融科技 1.0

尽管金融科技概念的出现只有 30 年的时间，但是科技与金融的结合并推动金融不断创新发展，却已经历了一个漫长的过程。1866 年，第一条跨大西洋海底电缆铺设成功，实现了欧洲和北美金融市场之间信息的即时传输，现代信息技术开始作为通信工具出现，并逐步取代了传统通信方式，金融全球化随之迅速发展。金融全球化带来资金流动、交易结算等金融业务需求的增加，金融业务处理效率成为制约金融交易进一步扩大的重要因素。而后，伴随计算机技术的发展、电子计算机的产生以及其在金融领域中的运用，20 世纪 50 年代起金融业开始迈入电子化阶段。1967 年世界上第一台 ATM 的安装使用与手持式计算器的发明成为现代金融服务数字化的主要标志。电子化技术开始为金融机构广泛使用，金融服务效率大幅提高。当然此时的信息技术相关部门仍属于后台支撑部门，信息技术应用的主要目标是实现业务管理和运营的电子化与自动化，从而提高金融机构的业务处理效率，强化内部管理支撑能力，信息技术尚未参与到金融业务本身环节。

各国经济的迅速发展，贸易往来与金融交易需求的增加，现代电脑、通信与网络技术的进一步发展应用促成了 1971 年纳斯达克在美国的成立，纳斯达克成为当时第一个完全电子化的股票市场。如今的高频自动算法交易实际上也是源自最初的纳斯达克以及之后几十年证券市场数字化的过程。同时 1973 年成立的 SWIFT 运营着世界级的金融电子通信系统，并在之后几十年的发展中逐渐成为全球支付体系的支柱。可以说，20 世纪 70 年代的数字化发展为如今的金融科技发展奠定了坚实基础。发展至 20 世纪 90 年代，互联网开始在全球兴起，并在短短几年的时间快速商业化，金融信息化，即金融科技 2.0 时代随之到来。

2.4.2　金融科技 2.0

经过金融科技 1.0 阶段的发展，金融与科技的融合程度日渐加深。从 1967 年到 2008 年，随着数字技术的不断发展，金融逐渐从模拟工业转化为数字产业，这个时期的金融科技主要由传统金融机构来主导，它们利用科技提供金融产品服务，这一阶段称为金融科技 2.0，其开始的标志是 1967 年计算器和 ATM 的出现。

作为金融科技 2.0 的早期形式，部分银行业金融机构在互联网应用推广前期，便注重金融业务网络化的发展，代表性的产品就是网上银行。1992 年，美国富国银行开始建设网上银行，网上银行成为网络银行的第一种模式，即在现有商业银行基础上，利用公共互联网服务，开设新的电子服务窗口，开展传统银行业务交易处理服务；1995 年 10 月，美国安全第一网络银行正式开业，成立全球第一家无任何分支机构的纯网络银行，即网络银行的第二种模式，完全依赖互联网发展起来的全新网络银行，几乎所有的业务交易都依靠互联网进行，全新网络银行也叫虚拟银行。在我国，1996 年，中国银行开始在互联网上建立银行主页，在国内银行业率先通过互联网发布银行信息。1999 年，招商银行在北京、广州、深圳、上海等大中城市全面启动网上银行服务 “一网通”，开始建立起由网上企业银行、个人网银、网上证券、网上商城、网上支付等在内的网络银行服务体系。2000 年，招商银行在国内推出首家 “移动银行” 服务，通过手机短信平台向 “全球通” 手机用户提供个人银行理财服务。网络银行通过无纸化网络运作，大幅提高了服务的准确性和时效性；降低了银行业的金融服务成本，提高了业务处理效率；打破了时间与地域限制，实现了对传统金融机构结构与运行模式的优化，全天候金融服务模式扩展了银行的服务范围与服务能力。2001 年中国网络银行用户仅为 215 万户，五年之后，2006 年底，中国网络银行用户便激增至 7495 万户。随着网络银行的普及化，为满足客户需求，在传统银行业务需求的基础上，银行业金融机构不断进行业务功能与服务创新，建立了网银综合业务管理系统，并提供了更为强大的安全保障手段，建立了良好的信用赔偿风险防范机制。

除银行业金融机构的积极探索外，其他领域金融科技的发展形式也更加多样化。1996 年，全球第一家第三方支付公司在美国诞生，随后逐渐涌现出 Amazon Payments、Yahoo、PayDirect、PayPal 等一批第三方支付公司，其中，以 PayPal 最为突出，PayPal 成为目前使用范围最广的第三方支付公司。在国内，1999 年，中国第一家第三方支付企业——首信易支付成立并开始运行，作为互联网金融重要形式的第三方支付在国内开始起步。2004 年，阿里巴巴投资成立支付宝公司，更是推动了国内第三方支付的发展。网络支付或第三方支付的出现，标志着互联网与金融业的结合开始从简单的技术手段领域上升到金融业务领域。而后，2010 年中国人民银行制定的《非金融机构支付服务管理办法》开始颁布施行，2011 年中国人民银行对第三方支付机构实施牌照管理，互联网金融规范化发展提上了日程。

与此同时，部分网贷平台开始出现，使得互联网金融进入探索成长期。2005年，全球第一家P2P网贷平台Zopa在伦敦上线，首次提出"摒弃银行"的交易概念，通过信用等级制定借款利率，网贷平台作为信息中介依靠手续费盈利。2006年，中国国内首家P2P信贷平台——宜信诞生；2007年，拍拍贷在上海正式创立，成为中国首家小额无担保的P2P网络贷款平台；2010年，阿里巴巴小额贷款股份有限公司成立，标志着互联网金融正式涉足（小微企业）信贷领域。2011年，国内网贷平台数量已增长至近百家，贷款余额首次破亿，有效投资人达到一万人左右。

借助互联网的流量红利，金融科技2.0将用户对金融产品的消费从线下拓展到线上，并将互联网作为流量入口，在同一平台上聚合了多场景的金融服务；同时借助互联网和移动通信技术，实现了金融产品用户体验的突破和提升；提高了资金端的对接效率，通过商业模式的创新精减中间业务环节，从而提高了效率。金融机构通过搭建在线业务平台，利用互联网或者移动终端汇集海量用户和信息，对接金融业务中的资产端、交易端、支付端、资金端，实现任意组合的互联互通、信息共享和业务融合。通过改变金融机构的前台业务处理方式，依托互联网实现金融从销售到服务，再到资金收付的前台、中台、后台整个业务流程的再造及渠道的变革。

从这个意义上来说，在金融科技2.0阶段，科技和金融表现为较为简单的嫁接关系，两者之间并未发生更深层次的融合，更多地聚焦于前端服务渠道的互联网化，本质是对传统金融渠道的变革，无法触及资产端和金融业底层技术的革新。在诸如风险控制与定价、信息不透明、收益难保障、监管难实现等问题上，金融科技2.0显现出了自己的局限性。作为金融科技发展的重要阶段，其依靠互联网的特性，较好地完成了资金端的创新连接与渠道变革，培养了用户习惯，并孕育出大批优秀的金融科技企业，推动了传统金融机构的不断革新。随着大数据、云计算、人工智能、区块链等新兴技术越来越多地应用于金融业的各个细分领域，金融与科技的融合程度日益加深，金融科技开始迈向新的3.0发展阶段。

2.4.3　金融科技3.0

2008年金融危机之后，新兴科技（大数据、云计算、人工智能和区块链等）的进步将数字革命、通信革命和金融革命结合起来，给金融创新提供了新动力，从商业模式、业务模式、运作模式全面变革金融业，掀起了金融新一轮的创新浪潮。此时，金融科技初创公司强势崛起，传统金融机构主导优势渐失，两者从竞争颠覆走向协同合作，金融服务的边界日益模糊，此阶段称为金融科技3.0时代。

2010年，国外主流运营商开始规模化地建设第四代移动通信技术（4G）；2013年12月，中国工业和信息化部正式发放4G牌照，随后开始大规模部署4G网络，移动互联网时代正式到来。移动互联网的普及推动了大数据、云计算技术的迅速铺开，信息技术逐步渗透到金融业务核心部门，机器成为金融决策的重要辅助。借助新兴技术的应用，金融业改变了传统金融信息采集来源、风险定价模型、投资决策过程和信用中介角色，大幅提升了传统金融的效率，解决了传统金融的痛点。以蚂蚁金服旗下余额宝产品的推出为标志，2013 年成为中国的互联网金融元年。随后越来越多的互联网公司与金融机构进军互联网金融市场，持续推动了互联网金融的发展。2013 年 8 月，微信 5.0 版本正式上线，增加了微信支付的功能；10 月百度金融宣布理财计划"百发"上线；11 月由阿里巴巴、平安保险、腾讯集团联手发起成立的国内首家互联网保险公司——众安保险正式揭牌。2014 年 7 月，京东众筹上线运营，此外京东还在供应链金融、消费金融、财富管理及支付领域开展业务；2014 年 10 月，阿里巴巴旗下的阿里小微金融服务集团更名为蚂蚁金服，阿里巴巴拥有了支付宝、支付宝钱包、余额宝、招财宝、蚂蚁小贷等涵盖互联网金融全部领域的金融产品。在互联网金融支付领域，2013 年中国各类第三方支付业务总体交易规模达到 17.9 万亿元，其中，第三方互联网支付交易规模为 5.37 万亿元，同比增长 46.8%，整体市场持续高速增长。2015 年，第三方互联网支付交易规模突破 10 万亿元大关，高达 11.87 万亿元。在网络借贷方面，国内 P2P 运营平台更是"野蛮生长"，2014 年至 2015 年，平台数量达到 5%的月均复合增长率。2015 年底，全国 P2P 运营平台注册数量达到 3858 家，正常运营的有 2595 家，同时，累计成交量从 2013 年末的 1057.74 亿元骤增到 2015 年末的 1.365 万亿元。此外，在股权众筹融资方面，2013 年全国正常运营的众筹平台仅有 29 家，2015 年激增至 283 家。众筹平台的筹资金额也从 2013 年及之前的 3.35 亿元快速增长为 114.24 亿元。在互联网基金销售市场上，截至 2015 年 4 月，仅余额宝和理财通对接的五只货币市场基金规模合计就超过了 7600 亿元，有效客户数突破 9000 万户。第三方支付、移动支付、网络借贷、互联网基金销售、众筹等多种形式的互联网金融以眼花缭乱的态势出现在人们的视野之中，互联网金融呈现出爆发式的增长与扩散趋势。

　　互联网金融在快速发展的同时，金融风险也在迅速累积。2015 年 6 月，P2P 问题平台数量首超新增平台，行业拐点出现；12 月，总成交量超 740 亿元的 e 租宝平台因涉嫌犯罪被立案调查，成为 P2P 网贷风险集聚爆发的标志。互联网金融风险专项整治阶段同时开启，2015 年 7 月 18 日，中国人民银行等十部委联合发布《关于促进互联网金融健康发展的指导意见》，不仅给出了互联网金融的定义及七大业态，而且从金融业健康发展全局出发，提出了健全制度、规范互联网金融市场秩序的具体要求。2016 年 10 月，国务院办公厅印发《互联网金融风险专项整治工作实施方案》。2017 年两会期间，"高度警惕互联网金融风险"被写入政府工作报告。2017 年 7 月，互联网金融风险专项整治工作领导小组办公室印发《关于对互联网平台与各类交易场所合作从事违法违规业务开展清理整顿的通知》。2017 年 9 月，中国人民银行等七部门发布《关于防范代币发行融资风险的公告》。至此，第三方支付、网络借贷、股权众筹、互联网保险、互联网资产管理、现金贷、虚拟货币、互联网金融交易所等业务模式及平台，都被纳入互联网金融风险专项整治范畴，同时在其他国家，金融风险的监管也不断趋严。英国金融行为监管局（Financial Conduct Authority，FCA）成立专门部门，对金融科技进行产业政策支持和引导，同时大力推动监管科技应用，提出"监管沙盒"理念，积极利用金融科技提升金融监管能力。美国国家经济委员会发布《金融科技框架》（*A Framework for FinTech*）白皮书，提出从推进金融科技规范发展的角度制定相关政策，在金融科技创新中提高竞争优势。

　　在对金融风险的强力监管下，中国飞速发展的互联网信贷受影响最大。中国互联网信贷交易规模在 2017 年前呈迅猛增长态势发展，2018 年后交易量骤减。如图 2-4 所示，2011 年中国互联网信贷交易规模为 96.7 亿元，而到了 2017 年已经增长到超过 20 000 亿元，增长 206 倍。随着互联网信贷监管力度的不断加大，2018 年互联网信贷交易规模缩减至 14 000 亿元左右，2020 年绝大多数网贷平台完成清退，头部平台加速转型。而在移动支付和互联网理财领域，仍呈现出持续快速增长态势。2020 年中国移动支付用户规模达到 7.9 亿人，交易规模达到 432.16 万亿元，居全球首位。在互联网理财领域，资产管理规模同样飞速提升，截至 2020 年 6 月，中国购买互联网理财产品的网民规模达到 1.5 亿人，网民使用率为 15.9%。金融科技在经历前期的爆发式增长后，行业发展规范化与标准化方面滞后性越发突出，导致金融风险的不断累积。从野蛮增长到监管严冬，各国不断强化对金融科技领域的监管，风险监管不断加强，金融科技步入规范化发展阶段，与之相对应的监管科技将逐步成为金融科技应用的重点方向。

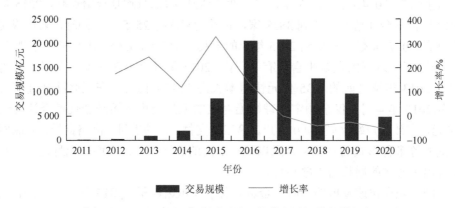

图 2-4　2011～2020 年中国互联网信贷交易规模与增长率

综上可见，金融科技 1.0 时代的主导者是传统金融机构，信息技术还只是用于提升金融机构办公和服务效率，并没有参与到金融业务本身的环节中，其发展特征可以概括为"信息技术＋金融"阶段；相较于金融科技 1.0 时代，金融科技 2.0 时代可以概括为"互联网＋金融"阶段，最典型的特征是互联网金融从野蛮增长到监管严冬，其中，2013 年被称为中国互联网金融元年。从本质上来说，互联网金融是对传统金融渠道的变革和拓宽，并没有改变金融的本质。金融科技 3.0 时代的典型趋势是智慧金融逐渐成为可能，核心是以人工智能技术的广泛应用为代表，尝试重构金融业务体系、商业模式和风险防控体系，传统金融机构与金融科技公司逐渐走向深度融合，从而大大提升金融服务效率和推动普惠金融发展，因为金融科技 3.0 时代可以概括为"智能＋金融"阶段。

2.5　金融科技发展的驱动因素

金融科技从悄然兴起到迅猛发展，短短 30 年时间便对传统金融机构的服务方式、业务模式等产生了巨大影响，其驱动因素主要有以下五个方面。

2.5.1　制度因素

金融科技的发展、金融创新可以冲破金融监管形成的"金融抑制"，而突破旧监管方式的金融创新又推动着金融监管的发展变革。面对金融科技的迅猛发展，各国政府积极调整监管策略，将金融科技置于金融监管内涵之中展开研究，一方面通过督促初创的金融科技企业加强自身合规与内控工作，组织行业协会统一服务和技术标准；另一方面采取"柔性监管"策略以及与"金融科技"相对应的"监管科技"（RegTech），在对金融科技本质进行深刻理解与把握的基础上开展有效监管。

首先是实行金融科技政策的先行者——英国，自 2013 年起，原本作为英国金融投资服务行业中唯一监管机构的英国金融服务管理局（Financial Services Authority，FSA）的监管职责被金融行为监管局与审慎监管局（Prudential Regulation Authority，PRA）取代，其中，金融行为监管局是原金融服务管理局法律实体的延续，既负责银行、证券公司、保险公司等金融机构的行为监管，也负责不受审慎监管局监管的金融服务公司的行为监管和审慎监管。2014 年金融行为监管局设立了创新项目，并增设创新中心，旨在为金融科技企业创新提供各种支持。此外，创新中心还被赋予探索监管如何适应金融科技发展以及投资者保护的使命。在创新中心设立一年后，由于实验效果良好，又因英国政府科学办公室提议，金融行为监管局开始研究"监管沙盒"的可行性，并公开征询意见，最终于 2015 年设立"监管沙盒"制度，并增设相应部门。英国财政部于 2014 年 8 月提出金融科技振兴策略，又在 2017 年提出"监管创新计划"，旨在研究监管如何适应并鼓励变革性的业务模式，以及如何利用新技术减轻金融业务的监管负担。

其次是金融科技发展同样处于领先位置的美国，美国货币监理署（Office of Comptroller of Currency，OCC）的创新办公室是联络金融科技企业、拓展服务和提供技术协助的机构，负责监管金融服务创新并与国内外监管者展开合作。2016 年 3 月，美国货币监理署发布文件，提供其对金融服务行业创新的观点，并概述指导金融创新方法的原则；2016 年 11 月，美国证券交易委员会（Securities and Exchange Commission，SEC）在华盛顿特区证券交易委员会总部举办论坛，讨论了诸如区块链技术、数字化投顾或机器人顾问、在线贷款等金融服务行业创新问题；2017 年 1 月，白宫国家经济委员会发布《美国金融科技监管框架》，在该文件的第四部分，提供了由十条总体原则构成的框架，便于政策制定者及监管层思考、参与及评估金融科技生态圈，从而实现相应的政策目标。

此外，诸如新加坡、澳大利亚等国家也积极投入到金融科技发展支持政策以及金融监管的变革中。从 2015 年下半年开始，新加坡将建设"智慧国家"作为重点发展任务。在此背景下，新加坡结合自身的金融业基础，推动金融科技企业、行业和生态圈的发展。2015 年 8 月，新加坡政府在新加坡金融管理局（Monetary Authority of Singapore，MAS）下设立金融科技和创新团队（FinTech & Innovation Group，FTIG），建立支付与技术方案、技术基础建设和技术创新实验室三个办公室，推进"金融领域科技和创新计划"（Financial Sector Technology & Innovation Scheme，FSTI），鼓励全球金融业在新加坡建立创新和研发中心，全面支持地区金融业发展。2016 年 6 月，新加坡提出了"监管沙盒"制度，为企业创新提供一个良好的制度环境。澳大利亚同样于 2015 年设立创新中心（Innovation Hub），以帮助金融科技企业适应其监管体系，规定符合条件的企业可以申请适用澳大利亚证券和投资委员会关于许可程序和关键监管问题的非正式指引。

从国内来看，在中国金融科技的发展初期，由于其业务属性与风险轮廓均不明晰，制定成熟的监管规则和实施规范监管存在一定困难，所以在 2015 年之前对互联网金融监管采取"先发展后规范"的思路，这在一定程度上被视为包容型监管的典型。2015 年中国人民银行、工业和信息化部等十部委联合印发了《关于促进互联网金融健康发展的指导意见》，明确提出对互联网金融要有包容的态度，"要制定适度宽松的监管政策，为互联网金融创新留有余地和空间"。宽松的监管模式带来的成果显而易见，我国的金融创新蓬勃发展，在世界金融科技方兴未艾的时候走在了前列，同时伴随着金融创新的快速发展，金融风险也开始大量积累，2015 年末 e 租宝等事件对投资者权益带来的损害暴露了这种监管思路的弊端，我国监管当局不得不审慎行事。2016 年，中国政府以"鼓励合法、打击非法"为核心原则，开展了为期一年的互联网金融专项整治。因此，2016 年也被称为互联网金融的监管元年。2017 年"穿透式"监管全面落地，银行理财、保险资金等诸多领域已经正式发文，以促进金融市场的资金规范。2017 年 5 月，中国人民银行成立了金融科技委员会，一方面将完善中国金融科技发展战略规划与政策指引，另一方面将促进相关标准研究，积极推进云计算、大数据、生物识别等标准研制和完善工作，支撑金融科技创新有序发展。随着各类政策的不断出台，金融科技行业在严格监管的主基调中发展，曾经鱼龙混杂、良莠不齐的局面已经开始蜕变，金融科技发展逐步迈向正轨、走向合规。

纵观各国政府对于金融科技发展的支持引导政策与金融风险的监管，尽管其具体措施、特点、施行方式不同，但重点均为营造兼顾金融创新与风险防范的良好监管环境，实现鼓励创新与控制风险之间的平衡。监管包容是应对金融科技风险的基础，监管科技则是提升监管效率、实现智能监管的重要手段。各国应进一步以包容、积极的态度支持金融科技创新，在鼓励金融科技创新的基础上通过政策法规推动市场秩序建设和行业健康发展，将科技尤其是信息技术运用在监管、监控、报告以及合规的场景中，推进技术驱动型监管创新，探索出适合其自身金融发展模式的金融监管之路，最终以金融监管的规范为金融科技的发展提供空间，推动金融科技的再一次创新。

2.5.2　技术因素

金融科技是金融领域与高新技术深度融合的产物，金融科技产业则是典型的技术导向型产业，其核心内容之一便是科技。金融科技的发展离不开技术的进步与投入的增加，随着时间的推移，大数据、云计算、区块链、人工智能等技术的发展愈加成熟。高新技术在金融领域的运用，使得网络支付、网络融资、网络借贷、网络理财、网络保险等多样化平台与应用场景不断涌现，支付宝、电子银行等移动应用软件不断推陈出新，金融业务得以拓展，金融服务更加优化，金融产品更加多样。

近年来，全球科技创新更是空前密集与活跃，新一代信息技术加速革新与应用，数字经济呈现出快速发展态势，并逐渐成为全球经济增长的核心动力。在金融信息化深入发展的基础上，随着数据资源的积累、理论算法的演进和计算能力的提升，以第五代移动通信技术（5G）、云计算、人工智能、大数据为代表的新技术将开启新一轮产业革命，并以前所未有的程度与金融业紧密融合，实现金融功能实现形式、金融市场组织模式与金融服务供给方式的革新。金融业开始步入与信息社会和数字经济相对应的数字化新时代，呈现出更加广阔的发展前景。以中国为例，2016 年中国的数字经济规模为 22.58 万亿元，2017 年提高到 27.17 万亿元。发展至 2018 年，中国的数字经济规模已突破 30 万亿元大关，达到 31.3 万亿元，占其 GDP（gross domestic product，国内生产总值）的比重为 34.8%。据上海社会科学院测算，2016 年到 2018 年，中国数字经济对 GDP 增长的贡献率分别达到了 74.07%、57.50% 和 60.00%。

进入 21 世纪以来，随着通信设备与技术的创新和移动互联网技术的发展，智能手机与掌上电脑等智能终端逐渐普及，移动支付技术得到极大的提高，从而带动了移动支付业务的井喷式发展。大数据技术为互联网金融提供了信息基础。大数据技术的引进使得时间序列的动态风险评价成为可能，在大数据的前提下，金融机构以极低的成本为资金需求者提供动态违约概率，一定程度上解决了信息不对称问题，颠覆了商业银行传统的风险定价方式，促进新的竞争形式与新的价值的产生，再加上云计算技术具有提高运算效率与节约服务器资源等优势，对服务需求时间分布不同的企业可以通过合理配置使用时间以提高服务器的使用效率，降低企业成本；而无法预测未来对服务器需求量的企业可以按需购买服务，而不用投入巨额硬件成本，优化企业成本支出；需要对数据进行批量分析的企业能通过使用"成本结合性"云计算功能来提高分析效率。网络通信的发展、数据信息的数字化以及计算能力的不断提升，使得金融供求双方得以自由匹配，降低信息不对称程度、创新风险管理模式、提高资源配置效率与节约交易成本，推动金融"下沉"与"普惠"。

人工智能在金融领域的应用则依赖金融产业链，涉及从资金获取、资金生成、资金对接到场景深入的资金流动全流程。人工智能机器人背后承载的图像识别和语音识别等人工智能算法的进步广泛应用于智能风控、智能投顾、智能投研、智能支付等解决方案，促进银行、证券、保险等金融业态的创新。区块链技术最早是作为比特币的底层技术为人们所熟知，在发展初期并未引起太多关注。其与生俱来的分布式、去中心化、安全性高以及不可篡改等技术特性，正巧命中了贴满中心化、中介化、媒介化标签的传统金融根深蒂固的顽疾，使它最有可能成为重建金融信任的关键手段，并逐步为大家所认识。区块链从概念走向应用，有利于重构信用机制，助力个人隐私保护，重构金融业的发展模式。

2.5.3　需求因素

金融科技的兴起与快速发展离不开各国政府的支持引导与有效监管和信息技术的加速革新应用，更离不开金融需求的爆发与充分挖掘。以余额宝为例，其实质只是一款基于互联网渠道销售的货币基金，但一经推出便取得了巨大成功。究其原因，除了创造性地利用互联网技术、投资便捷化以及收益相对稳定等优势外，更为重要的是，它实现了对中国普通民众长期被压抑的小额理财需求的挖掘，余额宝低门槛与高流动性的特征一改以往银行理财产品高门槛、低灵活性的弊端，从而深受用户青睐。

从个人的金融需求角度看，随着经济的不断发展，个人财富规模增加，社会财富的积累、闲置资金的增加有效刺激了社会整体对金融服务的需求。以中国为例，在建设银行联合波士顿咨询公司（The Boston Consulting Group，BCG）发布的《中国私人银行2019：守正创新 匠心致远》报告中显示，截至2018年底，中国个人可投资金融资产总额达到147万亿元人民币，个人可投资金融资产600万元人民币以上的高净值人士数量达到167万人。预计到2023年中国个人可投资金融资产有望达到243万亿元人民币，年均复合增长率约为11%。居民收入的快速增长与积累推动个人可投资金融资产的增加，庞大的金融服务需求召唤着金融机构产品与服务的创新。面对日益旺盛的金融需求，传统金融机构对于金融服务的供给力度明显不足，特别是中低净值个人和小微企业的长尾金融需求一直以来未被有效满足，"服务真空"的存在为金融科技提供了巨大的发展空间。此外，随着"千禧一代"逐渐崛起并成为社会主流消费群体，其需求开始集中在新兴的线上金融服务。由图2-5可看到，自2008年来中国互联网普及率与网民规模均呈快速上升态势。2015年中国互联网普及率突破50%，发展至2020年中国网民规模达到9.89亿人，互联网普及率提升至70.4%。网民规模中以中青年群体为主，并持续向中高龄人群渗透。其中，20～49岁群体占整体网民的57.1%，以30～39岁年龄段的网民占比最高，达到20.5%。随着"千禧一代"逐步成为消费主力军，互联网金融用户增速将远超互联网用户增速，线上金融消费习惯的养成又将成为金融科技发展的又一项需求红利。

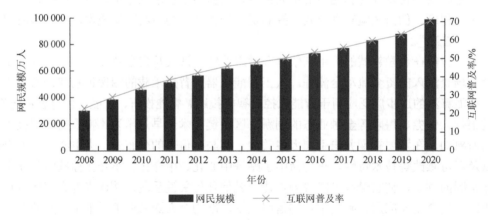

图2-5　2008～2020年中国网民规模与互联网普及率

资料来源：根据《中国互联网络发展状况统计报告》整理得到

小微企业庞大的金融需求与传统金融机构金融供给的不匹配使得金融科技大有作为空间。首先，金融科技企业充分利用大数据、云计算等信息技术，创建了基于社交、交易信息、企业主个人信息等风控模型，完全有别于传统金融机构基于财务数据、抵押物和担保物的信用风险控制模型，有效解决了信息不对称问题以及消除了对贷款发放安全性的担忧。其次，利用金融科技手段构建的风控模型和贷款审批流程，特别适合"期限短、频率高、需求急、金额小"的小微企业的融资需求，风控模型和审批流程建立后，单笔贷款或融资服务的边际成本几乎为零，大大降低了传统金融机构贷款审批成本，提高了效率。以基于互联网的网贷机构服务小微企业为例，2013 年到 2017 年末网贷机构服务的小微企业累计业务成交量超 2 万亿元。2013 年末网贷机构小微企业借款成交量仅 124.32 亿元，到 2018 年已达到 8722.8 亿元，有效弥补了传统金融机构金融服务能力的不足。

相对高昂的经营成本以及微薄的利润，导致传统金融机构为小微企业和低净值客户提供服务的动力较低；同时传统金融机构的风控手段较为单一，无法对部分长尾用户进行风险定价，从而也没有能力提供与其风险相匹配的金融服务。信息获取难度的增加、信息不对称影响了传统金融机构对长尾客户金融服务的供给。传统金融机构在服务上的缺失导致大量长尾需求尤其是普惠金融需求未得到满足，而金融科技在资源配置精准化、业务流程自动化、风险管理实时化、决策支持智能化等方面的优势，可以有效地弥补信息不对称、安全性问题、时空限制等传统金融的短板，更好地满足新经济时代企业与个人的金融需求。

2.5.4　资本因素

从资本投资层面来说，金融科技是大数据、云计算、区块链、人工智能等新型技术在银行、证券、保险、众筹与支付等各类金融服务业态层面的创新应用，具有附加值高、创新性强、迭代周期快等特点。金融科技在全球范围内的快速发展离不开投资主体的资金支持，自 2013 年以来金融科技投资无论是从投资金额还是从融资项目数上均呈现出快速发展态势。2013 年全球金融科技投资金额仅为 189 亿美元，融资项目数为 1132 个（图 2-6）。2013～2017 年，全球金融科技投融资额增长近两倍。发展至 2019 年，全球金融科技投资金额达到 1680 亿美元，较 2017 年的 592 亿美元激增 184%，涉及 3472 次交易。2020 年尽管受到新冠疫情影响，投资金额有所下降，但仍保持较高水平。特大并购与收购交易是推动金融科技投资发展的主要因素，大幅推进了金融科技发展进程。不断增长的交易规模、更高级别的并购活动以及交易地域的多样性，表明金融科技发展在全球范围内走向成熟。

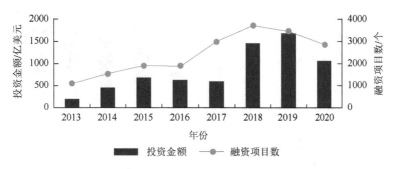

图 2-6　2013～2020 年全球金融科技投资活动

资料来源：KPMG

1）国内外大型金融机构投资金融科技情况

针对金融科技领域的投资，专业的金融科技公司是主要推动力量，以机构为管理主体的股权投资逐渐成为主流模式。在金融科技的冲击下，传统金融机构没有故步自封，而是积极拥抱金融科技，主动寻求变革，促进自我革新。传统金融机构与金融科技公司既互相渗透又互为补充，共同促进了金融业的加速转型发展。

根据金融科技投资主体的商业策略划分，股权投资主要包括财务投资和战略投资两种细分模式。财务投资者多以获利为目的，通过持有被投资公司的股权，在适当的时候进行套现来取得相应的利润分成；财务投资者倾向于投资初具业务规模、现金流较稳定的公司，通常不参与被投资公司的商业运营；财务投资主要包括对创业项目的风险投资（venture capital，VC），也包括 B 轮、C 轮的私募股权投资（private equity，PE）。对于金融科技领域的风险投资，风险投资者主要关注被投资公司的未来发展潜力，而私募基金管理人主要对其基金持有人的利益负责，通常以被投资金融科技公司的周期性经营指标、未来融资计划为判断依据，选择合适的时机退出、变现，以获取预期的投资收益。

战略投资是以投资主体自身的深层次、多元化发展为重点进行的投资活动；在投资标的选择上，相对于短期的财务性数据，投资主体更看重投资标的与自身主营业务领域、未来业务发展方向的契合度；投资主体主要是与金融科技相关的、资金实力较雄厚的大型机构，具有周期长、规模大的特点；大型机构通过战略投资获取目标金融科技公司的股权后，通常会组建专项团队进行投后管理，并根据被投资公司的运营状况（产品、技术、组织架构等），在资金、数据、市场等方面给予不同程度的资源支持，逐步引导被投资公司步入既定战略轨道，通过各细分业务模块的协同促进效应，以期在未来获得持续的高额投资回报。目前来看，发展成为独角兽的金融科技公司，多数获得过大型机构的战略投资，并在对接战略投资方的资源后，逐步进入关键性的高速发展阶段，最终为战略投资方带来多层面的高额利益回报。由于金融科技的独特属性以及传统金融业中的商业机会，大企业投资机构在金融科技领域的作用相比其他行业都显著，2020 年投资金额达到 216 亿美元，比 2016 年的 116 亿美元增长了近一倍，大企业参与的金融科技投资案例连年增加（图 2-7）。由于战略上的需要，除了传统金融机构，传统的高科技企业同时也在积极投入。常见的战略投资形式主要包括成立金

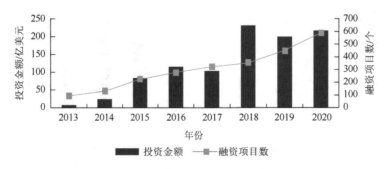

图 2-7 2013～2020 年全球金融科技投资活动中大企业参与情况

资料来源：KPMG

融科技公司、入股金融科技领域相关公司、收购金融科技领域相关公司以及政府主导的金融科技项目投资。

一是成立金融科技公司。部分金融科技专业程度较高的新型金融业态,进入门槛较高,往往需要投入大量资源并获取相关金融牌照。因此,在此类细分领域进行战略布局的大型机构,往往选择直接出资成立相应的金融科技公司,快速填补目标市场空白、获取市场份额、建立优势地位,以确保能够在激烈的市场竞争中获胜,保障未来经营利益的稳定。案例如,2013 年 10 月,阿里巴巴、平安保险、腾讯集团联合出资成立中国首家互联网保险公司——众安保险,它有效融合了平安集团的保险资源优势、腾讯集团的海量网络用户积累、阿里巴巴的网络渠道优势。经过四年的快速发展,2017 年 9 月 28 日,众安保险成功登陆香港交易所主板市场,公司总市值快速突破千亿港元,获得了客户、资本市场的多方认可,被誉为"金融科技第一股"。

二是入股金融科技领域相关公司。直接成立专业的金融科技公司,需要大量的资源投入以及较长的市场培育期,潜在的商业风险不容忽视。因此,多数投资主体通常选择市场已有的金融科技公司进行战略投资入股,以获取长期、稳定的投资收益。除直接出资入股目标公司外,部分具有高度影响力的投资主体也会牵头成立专项产业基金对目标领域进行战略投资。与一般私募股权基金相比,专项产业基金对资金供给方的门槛要求更高,具有资金募集规模大、项目运营周期长等特点。例如,软银集团 2016 年发起成立的愿景基金(Vision Fund),定位于金融科技领域的战略性投资,基金的初期募集规模高达 1000 亿美元,投资人包含苹果公司、富士康等行业巨头以及沙特王国公共投资基金在内的国家资本,堪称有史以来最大的金融科技投资基金。

三是收购金融科技领域相关公司。投资主体收购金融科技领域相关公司,通常希望获得目标金融科技公司的绝对控制权;在投资标的的选择上,被投资公司通常在某一特定领域拥有行业内极强的核心竞争力,如市场、技术、产品、团队等;战略收购完成后,投资主体通常会将被投资企业的优质资源与自身业务模块相结合,通过优质资源之间的正向叠加效应对目标市场进行战略布局。例如,2015 年 5 月,苹果公司为布局未来的 AR 应用市场,收购了 AR 技术领域公认的标杆企业——Metaio 公司的全部股权,并引导 Metaio 专注于为苹果公司的产品服务提供技术支持及专利积累。

四是政府主导的金融科技项目投资。一些关系到国家未来经济走势的重大项目,往往超出了企业的能力范畴,通常需要由政府管理层主导,给予大量的资金、政策、产业支持才能得以推进完成。例如,中国政府将金融科技作为国家未来的重要发展战略,相继颁布了相应的产业发展政策,同时通过筛选合格的市场参与者,主导重大金融科技项目的战略投资。2018 年 1 月,英国首相访问中国期间,中英两国宣布将在中国河北雄安新区共同建设雄安金融科技城。2018 年 1 月 31 日,在国务院总理李克强和英国首相特里莎·梅(Theresa May)的见证下,中国雄安建设投资集团有限公司、中国银行、英国金丝雀码头集团共同签署了《关于雄安新区金融科技城项目战略合作协议》。

基于业务和资本投资需求,各投资主体根据自身特性与优势选择合适的战略投资形式,以期从产品、获客、营销、风控、组织架构等多环节中获取优势,间接提高利润收入并保持自身竞争力。随着金融科技的演化推进,以及云计算、大数据、区块链和人工智能等驱动技术的兴起，传统金融机构、传统高科技企业等大型机构不断优化和探索金融科技投资方式，实现自身的改革创新。

2）全球顶级风险投资/私募股权投资金融科技情况

专业风险投资通常由具备较强资金实力的投资机构、专业投资家发起，对"高风险、高科技、高成长潜力"的创新型公司（技术创新、商业模式创新等）进行投资，承担潜在高风险，争取超额收益。不同于标准化数据众多的成熟金融市场，风险投资决策者，用以判断的指标维度往往与自身的职业经历有很大联系，技术出身的投资人主要关注初创公司的技术独创性，金融出身的投资人主要关注团队在金融领域的资源积累，人力资源出身的投资人则重点关注创业团队的组织架构。特别是种子轮融资，即A轮融资的初创公司，往往只能通过创业团队的商业计划书进行判断，风险投资决策者将面临更多的挑战。2020年风险资本支持的金融科技公司得到的总投资额为423亿美元，涉及2375项交易。风险投资者向金融科技公司投入巨额资金，以期向客户提供成本更低、应用便捷度更高的数字金融服务，从而在现有金融机构中夺得更多市场份额。风险投资者对金融科技的投资已经覆盖金融的所有领域，包括贷款、银行和财富管理等诸多细分市场。

私募股权投资通过非公开发行的方式募集资金，对尚未发行股票上市的公司进行股权投资，退出变现方式主要包括：股票上市、其他公司并购、管理层回购、破产清算。金融科技领域的私募股权投资，通常是通过成立专门的私募股权基金来完成的，基金形式主要包括：①直接成立私募股权基金，对金融科技领域标的进行股权投资；②通过成立私募股权投资母基金（PE fund of funds），对定位于金融科技领域的私募股权基金进行投资。相对于其他投资模式，私募股权投资具有自身的独特性，对于投资者的资金实力、投资经验均有严格的门槛限制；在投资风格上，私募股权基金以中长期投资为主，倾向于投资初具业务规模、现金流较稳定的公司；与战略投资相对，私募股权投资更倾向于财务投资；基金管理人通常不参与所投公司的运营环节，只对基金持有人的利益负责，在合适的退出时机进行快速变现，保障投资者的收益。如图2-8所示，2013年以来私募股权基金参与金融科技投资的情况总体呈上升趋势，至2018年达到顶峰，投资金额由2013年的24亿美元增长至2018年的46亿美元。2018年后尽管投资金额有所下降，但

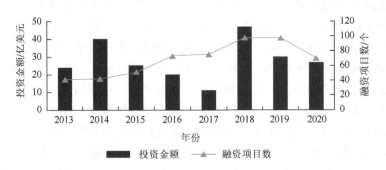

图2-8　2013～2020年私募股权基金参与金融科技投资的情况

资料来源：KPMG

仍处于历史较高水平。与风险投资及并购相比,私募股权投资的比重相对较低,但私募股权投资机构越来越倾向于投资早期,且其投资更着眼于少数股权投资。

在发展迅速的金融科技领域,资本因素成为影响其发展速度的关键。在金融科技投资案例中,存在类似于众安保险的财富神话,同时理想中的商业模式无法成功落地、新型技术无法嵌入金融应用场景、投资者无法收回投资本金的情况也并不罕见,甚至时有出现所谓"金融科技概念"公司虚构商业项目计划骗取融资、恶意挥霍投资人资金的恶劣行径。金融科技投资的复杂性要求投资主体在进行投资时应进行全面评估,完善自身投资研究体系,整合信息资源,选择适合自身的投资模式,提高投资质量,实现投资项目的可持续发展,助力金融科技的社会价值转化。

2.5.5 竞争因素

竞争为金融科技创新与推广运用提供了不竭的动力。20 世纪 90 年代以来,随着我国金融机构市场化改革的不断推进,金融服务市场竞争日益激烈,金融机构为了生存与发展,不得不加快金融技术的研发和运用步伐,以实现可持续的利润增长或立于不败之地。诞生于金融体系之外的诸如大数据、人工智能、云计算、区块链等核心技术的快速发展,则为广大金融机构研发新的金融技术提供了难得的技术资源,加之互联网等金融平台的兴起,也进一步加深了传统金融服务的生存危机和市场竞争,迫使金融机构不断借助外在的研发平台和自身的研发力量加快金融科技投入、创新与运用,从而进一步推动了金融科技的发展与进步,并不断通过技术的运用改变金融产品和金融业态。

本章重要概念

贵金属货币 信用货币 电子货币 移动支付 加密货币 互联网金融 金融科技 1.0 金融科技 2.0 金融科技 3.0

本章复习思考题

1. 在金融业发展进程中,技术进步推动了金融业的哪些变革?

2. P2P 作为互联网金融的典型代表,为何会从鼎盛时期的数万家到 2020 年迅速清零?

3. 科技在金融发展中有哪些突出的作用?这些作用是如何产生的?

4. 简述互联网金融与金融科技的联系与区别。

5. 金融科技 1.0 版与金融科技 2.0 版有何区别?

6. 简述金融科技发展的驱动因素。

第3章 金融科技发展的基础设施

本章主要学习金融科技发展的基础设施，具体包括经济社会中的金融部门、金融部门的常规基础设施、金融部门的科技基础设施三个部分。

3.1 经济社会中的金融部门

经济社会中的金融部门就是借助金融市场，将资金从储蓄者手中转移到投资者手中的金融中介体系。广义的金融部门泛指金融机构和金融市场两个部分，它们是金融科技运用的主要载体。

3.1.1 货币当局与金融监管机构

1. 货币当局

中央银行是一国的货币当局，代表国家管理金融、制定和执行金融方针政策，以其拥有的货币发行与调控特权对金融领域乃至整个经济领域的活动进行调节和控制。在金融经济发展中，中央银行主要有以下三大基本职能。

第一，发行的银行（bank of issue）。发行的银行是指中央银行垄断银行券的发行权，成为全国唯一的现钞发行机构。中央银行通过两种渠道向社会注入流动性。一是现钞。当商业银行基层行处现金不足以支付时，可从自己在中央银行的存款准备金账户提取现金，提取的方式就是把现金从当地中央银行发行库转移到商业银行基层行处的业务库。反之，当商业银行有多余的现金时，则回流至中央银行当地的发行库。二是信贷投放。中央银行通过向商业银行投放贷款，以增加它们的超额存款准备金，从而使商业银行有更宽松的信贷规模，通过乘数效应引起整个社会货币供给的成倍增加。当贷款到期时，货币回流至中央银行。因此，中央银行的货币发行职能就好比整个经济运行的血液，起着调配资源、便捷商品和生产要素的流通、促进经济持续增长的作用。

第二，银行的银行（bank of bank）。银行的银行是指中央银行以商业银行和其他金融机构为对象开展的业务活动。其职能具体表现在以下三个方面。一是集中存款准备金。按法律规定，商业银行及有关金融机构必须在中央银行存入一部分存款准备金。目的在于，一方面保证存款机构的清偿能力，另一方面有利于中央银行调节信用规模和控制货币供应量。二是充当最后贷款人。当商业银行或其他金融机构陷入流动性短缺的困境时，可向中央银行申请贷款；同时，中央银行通过商业银行或其他金融机构的短期信贷调节货币供给，实现政策意图。三是组织全国清算。以中央银行为核心的支付清算系统（payment and clearing system）是一个国家最重要的金融基础设施。它可以形容为资金的高速公路，当道路宽阔、畅通、覆盖面大时，资金在债权人与债务人之间的流动就顺畅，经济体运行就健康。如果用于支付的资金在支付系统中被金融机构无偿占用的时间过长，就会付出过高的清算成本，资金运用的效率就会降低；一旦发生局部的堵塞和服务中断，债权债务不能及时清偿，就会给经济运行带来巨大的影响。

第三，国家的银行（state's bank）。国家的银行是指中央银行代表国家贯彻和执行货币金融政策、代理国库收支以及为国家提供各种金融服务。具体来说，中央银行作为国家的银行，其职能主要表现在：当中央银行代理国库时，政府的收入与支出均通过财政部门在中央银行内开立的各种账户进行；当政府开支不足时，各国政府通过发行国家债券的有偿性形式来弥补，而中央银行则是国债发行的代理人；当国家财政出现短暂性短缺时，中央银行予以直接贷款支持，但更多的处理方式是中央银行在公开市场上购进政府公债，从而实现对政府的融资。此外，中央银行还负责保管外汇和黄金储备、制定和实施货币政策、制定并监督执行有关金融管理法规。

中央银行要较好地履行其职责，需要保持一定的独立性。中央银行的独立性是在讨论中央银行的目标和实施工具时不可避开的议题。麻省理工学院教授斯坦利·费希尔把中央银行的独立性分为工具的独立性（instrument independence）和目标的独立性（goal independence）。对中央银行的政策目标而言，控制通货膨胀是各国中央银行共同的主要目标。如果受制于政府，中央银行可能会被随意地要求为政府提供贷款以弥补其高昂的财政赤字，从而引发通货膨胀。独立的中央银行能够更好地抵制来自财政部门的压力。有观察家认为，政治家的政治短视会引起政治经济周期，即在每次选举前，中央银行会采取扩张性的政策来降低失业率和利率，而在选举后，这些政策的负面影响（高通货膨胀和高利率）开始显现，从而需要采取紧缩性的政策。中央银行对于经济目标的选择和实施是立足于经济领域和经济走势的，因此经济目标更加稳定和客观。从工具的独立性来看，世界上大部分中央银行在选择工具和实施货币政策的时候都是独立的。

2. 金融监管机构

金融监管机构是对一国金融活动进行监督、管理和风险控制的机构，它们通过制度的建立、法规的制定、日常的监控和管理，为金融机构和金融市场的安全高效运营提供保障，从而为宏观经济的稳定发展提供良好的金融环境。根据各国金融机构的经营范围和经营特征的不同，金融监管机构的设置有不同的方式。

在混业经营方式下，金融监管机构的设置更加强调统一性。比如，以大银行经营为主体的德国金融业，其监管主要集中于德国联邦金融监管局，该机构是 2002 年德国中央银行根据《金融监管一体化法案》成立的，取代了原来的银行监管局、保险监管局。根据德国中央银行和金融监管局分工合作的原则，金融监管局负责对德国境内所有金融机构的统一监督，而德国中央银行利用自身的网点优势（德国中央银行在德国九个州都有分支机构），负责每天向德国金融监管局传送各银行集中的数据，为德国金融监管局更好地行使监管职能提供依据。2008 年金融危机过后，德国成立了金融稳定委员会，建立微观监管和宏观审慎管理的联系，加强了中央银行在宏观审慎管理方面的作用。

美国金融业经过了 200 多年的发展，其间经历了混业经营到分业经营再到混业经营的历程，并且美国的金融监管似乎遵循着市场先行以及相互制衡的原则。同时，复杂而多元化的金融业态，导致美国金融监管机构彼此交错、重叠，显得臃肿而庞杂。隶属于美国财政部的货币监理署与美国联邦储备委员会（简称美联储）共同负责对银行业的监管；联邦存款保险公司（Federal Deposit Insurance Corporation，FDIC）等类似政府机构由于给商业银行等货币存款机构提供存款保险服务，故而也要对银行业进行监管；证券业、基金业、保险业及期货业的监管，则分别由美国证券交易委员会、联邦保险委员会（Federal Insurance Commission，FIC）和美国商品期货交易委员会（Commodity Futures Trading Commission，CFTC）负责。美国的金融业虽然是混业经营模式，但对于不同的业务领域，分别设立了不同的监管机构，基本上属于分业监管体制，这些机构之间存在着交叉和重复监管的现象。2008 年金融危机以后，美国政府试图强化美联储的权力、扩大美联储的监管权限，除银行控股公司外，对冲基金、保险公司等也将被纳入美联储的监管范围，同时设立金融服务监督委员会（Financial Service Oversight Council，FSOC），推动联邦金融监管机构的沟通与协调，促进信息共享与联动。美联储和 FSOC 实现联合监管，共同保障金融稳定。此外，美国政府还重新分配了相关金融监管权限，试图避免权责不清的窘况，消除监管重叠和监管空白。可见，美国的金融监管模式在向着集中统一监管的趋势迈进。

我国"一行三会"监管机构的设置与美国监管体制极为相似的。一行是指我国的中央银行——中国人民银行；三会分别指的是中国银行业监督管理委员会（简称中国银监会）、中国保险监督管理委员会（简称中国保监会）和中国证券监督管理委员会（简称中国证监会）。2018 年，银监会与保监会合并成立中国银行保险监督管理委员会（简称中国银保监会，2023 年更名为国家金融监督管理总局）。它们以功能监管为导向，在各自的领域内对金融机构及其业务进行监管。在这种分业监管体制中，中央银行处于核心地位，是金融业的最高主管机关。同时，我国法律还规定金融业的自律监管以及社会监管为辅助监管。自律监管包括金融机构自我监管和行业自律监管，社会监管主要是指中介机构的监管。

3.1.2 金融中介机构

1. 金融中介机构的含义

金融中介（financial intermediation）机构是指从资金的盈余单位吸收资金提供给资金赤字单位以及提供各种金融服务的经营主体。其功能主要有信用创造、清算支付、资源配置、信息提供和风险管理等几个方面。

金融中介机构按照其发挥的作用来分，一般有以下几类。

（1）商业性金融中介机构。商业性金融中介机构是指那些以营利为目的，通过为客户提供各种金融中介服务，运营资金以实现利润最大化的金融中介机构。根据资产和负债业务的不同，商业性金融中介机构具体可以分为银行类、证券类、保险类、信托租赁类、投资类等。

（2）政策性金融中介机构。政策性金融中介机构是由政府投资设立或担保的、根据政府的决策和意向开展金融服务、不以营利为目的的金融机构，有特定的资金来源，一般不向公众吸收存款，基本任务是向特定的部门或产业提供资金和其他金融服务，促使该部门或该产业的发展。在我国，这类机构主要有政策性银行、政策性保险、政策性担保等。

（3）合作性金融中介机构。合作性金融中介机构是按照互助合作制、一人一票制原则组建的社区型金融中介机构，坚持"资金从哪里来，到哪里去"，主要为合作社成员提供金融服务。合作性金融中介机构主要有农村信用合作社、城市信用合作社、农村资金互助社等。当前我国城市信用合作社都转变成了地方股份制商业银行，部分农村信用合作社也改制成了农村商业银行或农村合作银行。

（4）管理性金融中介机构。管理性金融中介机构是为保证金融体系的安全稳定而利用一定的金融政策来对金融活动进行调控的机构，主要指的是一国的货币当局，即中央银行。

（5）国际性金融中介机构。国际性金融中介机构一般包括全球性的金融中介机构［如国际货币基金组织（International Monetary Fund，IMF）、世界银行］，以及区域性金融中介机构（如泛美开发银行、亚洲开发银行、非洲开发银行、亚洲基础设施投资银行等）。

2. 金融中介机构体系构成

从国内外来看，服务于实体经济的金融中介机构体系十分复杂而庞大。其中，具有代表性的金融中介机构主要有以下几种。

（1）商业银行。商业银行又称存款货币银行（deposit money bank），是各国金融中介体系的骨干力量，以股份制原则组建，以营利最大化为经营目标，具有较为完善的现代公司治理结构，以经营存贷款为主要业务，并为顾客提供多种服务。其中，商业银行通过办理转账结算实现国民经济中绝大部分货币周转，同时起着创造存款货币的作用。例如，在中国，商业银行包括国有商业银行、股份制商业银行、城市商业银行和外资银行等。

（2）专业银行。专业银行是指以营利最大化为经营目标，按照金融服务分工原则，为特定领域的经济主体提供专门金融服务的银行业金融机构。其最大特征是服务领域或对象的专门性。在西方国家，专业银行包括农业银行、不动产抵押银行、储蓄银行等。

在银行体系中，农业银行具有特殊的发展地位。农业受自然因素影响大，经营农业贷款具有风险大、期限长、收益低等特点。因此，商业银行和其他金融机构一般都不愿承做这方面业务。为此，许多国家专门设立以支持农业发展为主要职责的银行。例如，美国的联邦土地银行、合作银行；法国的土地信贷银行；德国的复兴信贷银行；日本的农林渔业金融公库；等等。有的农业银行以发行各种债券或股票的方式筹措资金，也有的以吸收客户的存款和储蓄的方式筹措资金；有的则完全由政府拨款，并对某些农业贷款给予利息补贴、税收优惠等。农业银行的贷款方向几乎涵盖所有农业生产领域。近年来，不少农业银行的业务范围已超出单纯农业范畴，有些国家已经准许农业银行办理商业银行业务。

不动产抵押银行（fixed asset mortgage bank）在西方国家较为普遍，是专门经营以土地、房屋及其他不动产为抵押的长期贷款的专业银行。资金主要不是靠吸收存款，而是靠发行不动产抵押证券来筹集。贷款业务大体可分为两类：一是以土地为抵押的长期贷款，贷款对象主要是土地所有者或购买土地的农业资本家；二是以城市不动产为抵押的长期贷款，贷款对象主要是房屋所有者、从事房地产的企业，如法国国民互助信贷银行、德国复兴信贷银行集团等。事实上，当前商业银行正大量涉足不动产抵押贷款业务，不少抵押银行除经营抵押放款业务外，也经营一般信贷业务。这种兼营融合发展呈加速之势，推动着专业银行商业银行化。

储蓄银行（savings bank）是指办理居民储蓄并以吸收的储蓄存款为主要资金来源的银行。与我国几乎所有的金融机构均经营储蓄业务的情况不同，在西方不少国家，储蓄银行大多是专门且独立的。储蓄银行大多有专门的管理法令，一方面旨在保护小额储蓄人的利益，另一方面则是规定其聚集的大量资金应该投向何处。其汇集起来的储蓄存款余额较为稳定，主要用于长期投资，例如，发放不动产抵押贷款（主要是住房贷款）；投资于政府公债、公司股票及债券；对市政机构发放贷款；等等。目前储蓄银行已经能经营过去只有商业银行才能经营的许多业务。

（3）政策性银行（policy banks）。政策性银行一般由政府设立，是以贯彻国家产业政策、区域发展政策等为目标的金融机构，营利目标居次要地位，主要依靠财政拨款、发行政策性金融债券等方式获得资金，而且有特定的服务领域，不与商业银行竞争，一般不普遍设立分支机构，其业务通常由商业银行代理。在我国政策性银行主要包括中国农业发展银行、中国进出口银行和国家开发银行等。

（4）投资银行（investment bank）。投资银行指专门针对工商企业办理各项有关投资业务的银行，类似于英国的"商人银行"（merchant bank）和日本与中国的"证券公司"，其主要依靠发行股票和债券来获取资金。投资银行的主要业务有：对工商企业的股票、债券进行直接投资，为工商企业代办发行或包销股票与债券，参与企业的创建、改组、兼并、收购活动，包销本国政府和外国政府的公债券，提供有关投资方面的咨询服务。有些投资银行也兼营黄金、外汇买卖及资本设备或耐用商品的租赁业务等。

（5）财务公司（finance company）。财务公司在西方国家是一类十分重要的金融机构，但其从事的业务活动与我国的财务公司有很大不同。我国的财务公司由大企业集团组建并主要从事集团内部融资，而西方财务公司的资金筹集方式有在货币市场上发行商业票据，在资本市场上发行股票、债券，也有银行借款，但比重很小。汇聚的资金用于贷放给购买耐用消费品、修缮房屋的消费者以及小企业。

（6）信用合作社（credit cooperative）。信用合作社是在西方国家普遍存在的一种互助合作性的金融组织，有农村农民的信用合作社，有城市手工业者等特定范围成员的信用合作社。这类金融机构一般规模不大。其资金来源于合作社成员缴纳的股金和其吸收的存款；贷款主要用于解决其成员的资金需要，属于典型的社区型金融机构。起初，信用合作社主要发放短期生产贷款和消费贷款，现在，一些资金充裕的信用合作社已开始为生产设备更新、改进技术等提供中长期贷款，并逐步采取了以不动产或有价证券为抵押的贷款方式。在我国，信用合作社主要包括农村信用合作社和城市信用合作社，其中，城市信用合作社已全部改制为城市商业银行。近年来培育成长起来的农村资金互助社和内置互助合作金融机构本质上也属于信用合作社。

（7）保险公司。西方国家的保险业十分发达，各类保险公司是各国最重要的非银行类金融机构。在西方发达国家，几乎是无人不保险、无物不保险、无事不保险。为此，西方各国按照保险种类分别建有形式多样的保险公司，如财产保险公司、人寿保险公司、火灾及意外伤害保险公司、信贷保险公司、存款保险公司等，其中，又普遍以人寿保险公司的规模为最大。人寿保险公司兼有储蓄银行的性质，因为人寿保险金就像流向储蓄机构的储蓄一样成为人寿保险公司的资金来源。人寿保险单的所有者拥有的实际上是一项固定面值的潜在资产，因而人寿保险公司是一种特殊形式的储蓄机构。保险公司获得的保费收入经常远远超过它的保费支付，因而聚集起大量的货币资本。这些货币资本往往比银行存款更为稳定，是西方国家金融体系长期资本的重要来源。保险公司的资金运用业务，主要是长期证券投资，如投资于公司债券和股票、市政债券、政府公债，以及发放不动产抵押贷款、保单贷款等。

（8）信托投资公司。信托（trust）的基本含义是：接受他人委托，代为管理、经营和处理经济事务的行为。我国的信托投资公司（trust and investment corporation）是在经济体制改革后创办起来的，如中国中信集团有限公司，之后又陆续设立了一批全国性信托投资公司，如中国光大国际信托投资公司，以及为数众多的地方性信托投资公司。信托投资公司可以经营的本外币业务主要有：资金信托业务；动产、不动产及其他财产的信托业务；投资基金业务；企业资产的重组、并购及项目融资、公司理财、财务顾问等中介业务；国债、政策性银行债、企业债等债券承销业务；代理财产的管理、运用和处分；代保管业务；信用见证、资信调查及经济咨询业务；等等。

（9）金融租赁公司。我国的金融租赁（financial lease）业始于 20 世纪 80 年代初期。金融租赁公司大都是由银行、其他金融机构以及一些行业主管部门合资创建的，如中国租赁有限公司、中国东方租赁有限公司等。金融租赁公司的主要业务有：生产、科学、教育、文化、卫生、旅游、交通等方面的动产、不动产的租赁、转租赁、回租租赁业务，前述租赁业务涉及的标的物的购买业务，出租物和抵偿租金产品的处理业务，向金融机构借款及其他融资业务，吸收特定项目下的信托存款，租赁项目下的流动资金贷款业务，外汇及其他业务。

（10）投资基金。我国的投资基金（investment fund）最早产生于 20 世纪 80 年代后期，1987 年，中国银行和中国国际信托投资公司共同推出面向海外投资者的基金。1991 年，武汉成立我国第一家面向国内投资者的"武汉证券投资基金"。2005 年 1 月，中国香港中银集团发起成立中银中国基金。我国较为规范的证券投资基金产生于 1997 年 11 月《证券投资基金管理暂行办法》出台之后。1998 年，6 家规模分别为 20 亿元的第一批试点证券投资基金均为封闭式基金（closed-end fund），陆续发行上市。此后又不断有新的规模更大的封闭式证券投资基金推出。2000 年 10 月，中国证监会发布《开放式投资基金试点办法》，对开放式基金（open-end fund）的公开募集、设立、运作及相关活动做出规定。此后短短几年，开放式基金便获得快速发展。近年来，我国存在着带有私募基金（private equity fund）性质的投资基金。其中，最为常见的是私募证券基金，它是指以非公开方式向特定投资者募集资金，并以证券为投资对象的投资基金。这类基金的出现和发展反映了集合投资制度的客观要求。风险投资基金在我国也有发展。最早从事风险投资的机构是成立于 1986 年的中国新技术创业投资公司。证券投资基金的发展有助于维持我国证券市场的增量资金，改善投资者结构，同时有助于推进证券市场管理的市场化、信息披露的规范化，有助于促进投资理念由短期炒作转向中长期投资。

（11）外资金融机构。目前在我国境内设立的外资金融机构有如下两类：一是外资金融机构在华代表处（representative office），不得开展任何直接盈利的业务；二是外资金融机构在华设立的营业性分支机构和法人机构，包括外国独资银行、外国银行分行、合资银行、独资财务公司、合资财务公司等。

（12）其他金融机构。在我国，其他金融公司包括华融、长城、东方、信达等四家专门处理商业银行不良资产的政策性资产管理公司，上海证券交易所、深圳证券交易所、北京证券交易所、大连和郑州等农产品期货交易所，以及货币经纪公司、汽车金融公司、中央汇金投资有限责任公司、中国投资有限责任公司和近年来发展起来的小额贷款公司等金融机构。

多样化的金融中介机构需要适应市场主体不同的融资需求，而且金融机构间的彼此竞争与合作也有利于提高融资效率，促进金融市场的价格发现功能，以及使金融市场更有弹性、风险承担能力更强。金融中介机构的多样化之路要靠市场开拓和政府规范。政府既要为符合市场经济发展需求的新型金融机构开启必要的准入之路，又要对已有的各类金融机构给予必要的自我调整、开拓和创新的发展空间，以利于各金融机构探索自身经营特色乃至转化为国际大型金融机构的有效途径。

3.1.3　金融市场

运作良好的金融市场是实现资金要素有效配置的途径，是经济稳健增长的关键因素。金融市场是买卖金融工具以融通资金的场所或机制。与普通的商品市场相比，金融市场交易的是特殊的金融工具，交易活动具有明显的中介性，并且市场内任何一名交易者都可以同时以卖家或者买家的身份参与交易。根据交易对象的不同，金融市场可以分为以下几类市场。

1. 货币市场

货币市场是指交易的金融资产期限在一年以内的市场。交易的金融资产具有高流动性、低风险、低收益性特征。在货币市场上，参与者通过短期资金融通，主要满足临时资金短缺或其他头寸缺口的需要，货币市场通常包括以下几个子市场。

（1）同业拆借市场是指除中央银行之外的金融机构之间进行短期资金融通的市场，同业拆借的资金主要用于补足银行暂时的存款票据清算的差额及满足其他临时性的资金短缺需要，可以为准备金不足的金融机构提供融资，交易金额巨大。同业拆借市场对进入主体有着严格的要求，需要在中央银行开立存款账户和结算账户。

（2）票据市场是短期资金融通的主要场所，是直接联系产业资本和金融资本的枢纽。票据通常是买方由于资金一时短缺而开给卖方的付款凭证。在票据市场上交易的票据通常有本票和汇票两种形式，其中，汇票有商业承兑汇票和银行承兑汇票等品种。

（3）大额可转让定期存单市场是银行可转让大额定期存单发行和买卖的场所。市场内交易的大额可转让定期存单通常流动性较高，有一个活跃的二级市场，并且有着不记名转让流通的特点。与一般的定期存款相比，大额可转让定期存单不记名、利率较高，未到期前可流通转让。

（4）国库券市场是国库券发行与流通的市场。国库券是为解决国库资金周转困难而发行的短期债务凭证，具有期限短、流动性强、发行频率高的特点，由财政部发行、政府提供信用担保，并且主要用来弥补政府季节性、临时性财政赤字或其他短期需求。

（5）消费信贷市场是商业银行发放消费信贷形成的市场。消费信贷是商业银行或者金融机构针对自然人个人消费项目而开办的期限低于一年的贷款业务。

（6）回购协议市场是指通过回购协议进行短期资金融通交易的场所，市场交易活动由回购与逆回购组成。这里的回购协议，是指资金融入方在出售证券的同时和证券购买者签订的、在一定期限内按原定价格或约定价格购回所卖证券的协议。回购抵押的资产一般都是流动性较好、质量较好的资产。我国回购协议市场上回购协议的标的物，是经中央银行批准的，可用于在回购协议市场上进行交易的政府债券、中央银行债券及金融债券。

2. 资本市场

与货币市场相比，资本市场交易的主要是期限在一年以上的中长期的资金借贷或资产交易。由于金融活动的长期性，资本市场与公司资本投入相似，具有高风险、稳定高收入的特点。证券市场是股票、债券、投资基金等有价证券发行和交易的场所，是资本市场的主要部分和典型形态。资本市场可分为一级市场与二级市场。一级市场主要交易新发行的证券；二级市场主要交易已发行的证券。资本市场包括股票市场、长期债券市场、证券投资基金市场以及中长期信用贷款市场四个子市场。它们在促进市场主体直接融资、引导资金流向、优化资源配置、激励市场创新、支持企业并购重组等方面发挥着极其重要的作用。

（1）股票市场是专门对股票进行公开交易的市场，包括股票的发行和转让。股票是股份公司为了筹集股权资本而发行的有价证券，拥有股票意味着拥有发行公司相应份额的所有权。根据交易场所的不同，股票市场可分为场内交易市场（证券交易所）、场外交易市场（店头市场）、线上交易市场（股权交易系统）。股票市场在国外的发展最为发达，美国纳斯达克交易所每日交易量达到 3000 亿美元左右，我国香港股票市场也达到每日1000 多亿美元的交易额。

（2）长期债券市场。长期债券交易一般在场外市场中进行，即通过电话、互联网等通信工具完成。我国的债券交易集中在证券交易所和银行间市场。证券交易所主要发行和交易企业债券及部分政府债券，银行间市场则主要交易政府债券。长期债券包括公司债券、长期政府债券等。长期政府债券由政府发行，一般附有固定利率或浮动利率的息票，以定期付息、到期还本或到期一次还本付息的方式支付本息。

（3）证券投资基金市场。证券投资基金市场是证券投资基金公开发行并进行交易的市场。证券投资基金是指通过发行基金份额、集中投资者的资金，由基金托管人托管，基金管理人进行管理和运行，从事股票、债券等金融工具投资，并将投资收益按基金投资者的投资比例进行分配的一种间接投资方式。这是一种利益共享、风险共担的集合投资方式，证券投资基金可分为开放式基金、封闭式基金以及对冲基金等。

（4）长期信用贷款市场。长期信用贷款市场是指银行面向符合条件的融资者发放长期信用贷款构成的市场。长期信用贷款一般期限较长，要求融资对象有稳定的偿还能力和足够的抵押融资能力，其信贷投资经营的项目有长期看好的盈利前景等。

3. 外汇与黄金市场

（1）外汇市场。狭义的外汇市场是指进行外汇交易的有形市场，即外汇交易所；广义的外汇市场是指有形和无形外汇买卖市场的总和。国际外汇市场是一个 24 小时全天候运行的全球一体化市场；参与者主要有中央银行、外汇银行、经纪商、客户；主要进行本币与外币之间、不同币种的外汇之间的买卖。外汇市场的交易方式较多，有即期交易、远期交易、套汇交易、套利交易、掉期交易以及投机交易等。外汇市场能够进行不同币种货币的兑换，促进国际贸易的顺利进行。其功能主要有：一是充当国际金融活动的枢纽，国际贸易、国际借贷、国际投资、国际汇兑等一系列金融活动必然会涉及外汇交易，只有在外汇市场上买卖外汇才能保证金融活动的顺利进行；二是调节外汇余缺，任何个人、企业、机构、政府以及国际金融机构都可以在外汇市场上交易，调节自身外汇余缺，以及一个国家的外汇供求；三是规避外汇风险，外汇市场上外汇期货、外汇期权等一系列外汇衍生工具的存在为外汇交易提供了可使用的工具来有效地规避外汇风险，从而最小化风险，使得外汇资产避险保值。

（2）黄金市场。黄金市场是指集中进行黄金买卖和金币兑换的交易市场，可以分为国内与国际黄金市场两种类型。国内黄金市场只允许本国居民参加，不允许非居民参加，并禁止黄金的输出输入。国际黄金市场居民与非居民均可参加，对黄金的输出输入不加限制或只有某种程度的限制，是国际金融市场的重要组成部分。黄金市场上的黄金交易具有两种性质：一是黄金作为商品而买卖，即国际贸易性质；二是黄金作为世界货币而买卖，用于国际支付结算，即国际金融性质。黄金市场的发展不但为广大投资者增加了一种投资渠道，成为保值增值、规避风险的工具，而且还为中央银行提供了一个新的货币政策操作的工具。中央银行可以通过买卖黄金来调节国际储备构成以及数量，从而控制货币供给。

4. 衍生品及其他金融市场

衍生品及其他金融市场是由一组规则、一批组织和一系列产权所有者构成的一套市场机制。金融衍生产品是指以杠杆或信用交易为特征，在传统的金融产品，如货币、债券、股票等的基础上派生出来的具有新的价值的金融工具，如期货、期权、互换及远期协议合同等。衍生品市场包括金融期货市场、金融期权市场、金融远期市场以及金融互换市场。金融期货合约是指在特定的交易所通过竞价方式成交，承诺在未来的某一日或某一期限内，以事先约定的价格买进或卖出某种标准数量的某种金融工具的标准化契约。金融期权又称为选择权，金融期权合约是指赋予其购买者在规定期限内按双方约定的价格或执行价格购买或出售一定数量某种金融资产的权利的合约。金融远期合约是指双方约定在未来的某一确定时间，按照确定的价格买卖一定数量的某种金融资产的合约。金融互换（也称掉期）是指互换双方达成协议并在一定的期限内转换彼此货币种类、利率基础或其他资产的一种交易。衍生品及其他金融市场的功能在于通过套期保值和获得满意风险头寸实现风险转移，通过衍生金融工具与基础证券的内在联系实现价格发现功能，增强市场流动性，促进资本形成。

3.2　金融部门的常规基础设施

3.2.1　金融基础设施范畴界定

金融基础设施承载各类金融资源、交易和活动，联通各类金融市场、金融机构和金融产品，是金融市场运行的核心支撑。完善的金融基础设施体系，不仅能有效发挥金融市场的价格发现功能、优化金融资源配置、提升行业整体的基础能力和运行效率，还能识别潜在的风险并及时化解金融隐患、支持一国货币政策和财政政策的实施，是维持正常经济秩序、保障金融稳定和经济增长的重要条件。金融基础设施作为金融体系运行的管道，发挥着疏通经济血脉的作用。在金融科技赋能下，金融基础设施在提高金融运行效率、降低金融运行风险方面所起的重要作用正日益被当局和各金融主体以及研究者所重视。

国际货币基金组织认为，金融基础设施是支撑企业与个人进行计划、谈判和完成金融交易的规则、机构和系统。英格兰银行将金融基础设施的内容划分为"主要法律、监管、会计规则等"和"主要支付和证券结算手段等市场设施"。支付与市场基础设施委员会[①]认为，金融基础设施是指为市场参与机构货币交易和其他金融交易的清算、结算和记录等提供服务的多边系统和相关机制安排。这些定义可以被看成是广义的金融基础设施（焦瑾璞等，2015）。

狭义金融基础设施主要指金融市场交易后端的基础设施，即金融市场参与机构（包括系统的运行机构）之间，用于支付、清算、结算或记录金融产品交易的多边系统和运作规则，这些金融基础设施包括但不限于支付系统、证券结算系统、中央证券托管机构、中央对手方和交易数据库（陈涛等，2018）[②]。其中，支付系统主要依赖于金融部门中中央银行牵头下的商业银行体系，而证券结算系统、中央证券托管机构、中央对手方和交易数据库是服务于金融市场及其部门的基础设施。鉴于交易场所在金融市场中的重要地位，有些国家也将重要交易所纳入金融基础设施的范围。

---

① 支付与市场基础设施委员会原名为国际清算银行支付与结算体系委员会，2014 年国际清算银行支付结算体系委员会更名为支付与市场基础设施委员会。

② 2012 年，国际清算银行支付结算体系委员会和国际证监会组织（International Organization of Securities Commissions，IOSCO）联合发布的《金融市场基础设施原则》对金融市场基础设施所下的定义为：金融市场基础设施是指介于参与者之间，为金融交易提供各种服务的多边系统，也包括系统的运营者。金融市场基础设施一般为履行支付、清算、结算或记录行为的法人单位或职能单位，具体有五类，分别是支付系统、中央证券托管机构、证券结算系统、中央对手方和交易数据库。

本节从广义金融基础设施入手，首先介绍金融规制，其次介绍金融市场基础设施（financial market infrastructure，FMI），最后介绍金融机构服务组织。

3.2.2　金融规制

1. 金融规制的含义和目的

规制行为是由经济外部性，尤其是负外部性引起的社会性问题，如系统性金融风险、垄断等导致经济运行效率低下的问题，没办法依赖市场自发调节手段解决。因为企业承担的负外部性成本远小于社会所承担的成本，此时，政府的管控、监督以及法律法规的限制就显得十分必要。

《新帕尔格雷夫经济学大辞典》对规制（regulation）给出了两种注解：一是指国家以经济管理的名义进行宏观干预，二是指政府为控制企业的价格、销售和生产决策而采取的各种微观行动，政府公开宣布这些行动是要努力制止不充分重视"社会利益"的私人决策。各国学者认为规制的内涵主要倾向于微观层次，即规制是为了弥补市场的缺陷与不足，政府依据一定的规则（法律法规和行政手段）对微观经济主体的市场活动进行影响和干预。

金融规制是国家对金融领域的管控和监督，是政府为了促进金融业的发展、干预金融市场失灵、维护金融市场稳定、防范和阻隔金融风险，以出台法律法规为主要手段，以理性的行政干预为辅助手段对微观金融主体进行扶持、引导、规范和约束的总和。从国际经验来看，各项金融改革往往是每次金融大危机之后的大规模调整，但改革的起点是改变正式金融规则（金融修法），不断完善金融监管制度。例如，次贷危机后美国财政部于 2008 年 3 月发布《现代金融监管架构蓝图》和 2009 年 6 月发布《金融监管改革-新基础：重建金融监管》，到 2010 年 7 月 21 日奥巴马总统签署《多德-弗兰克华尔街改革与消费者保护法案》，以及根据该法案授权相关监管当局制定的 243 项实施细则，均属金融体系运行规则和监管架构等相关改革内容。再如，金融危机后，国际金融监管规则（如巴塞尔协议Ⅲ）也进行了一系列修改或调整，各国将巴塞尔协议转变为监管法规后，其内容也不断膨胀，并形成现在一套非常复杂的金融监管规则体系，旨在提供"更好的监管"。另外，金融科技助力新兴金融业态蓬勃发展，这既繁荣了金融市场，也使得金融风险超出了既有的监控范围。为了对诸如第三方支付、互联网金融、电子银行等新兴金融业态加强监管，金融规制的范畴和条规必将调整和更新。

2. 金融规制的主要内容

（1）关于金融监管机构的设立。设立中央银行是金融规制的第一步，中央银行是一国金融监管的中枢。当然，采取不同金融经营模式的国家会设立不同的监管机构。比如，美国于 1913 年成立联邦储备系统中的联邦储备委员会。1863 年成立的货币监理署、1933 年成立的联邦存款保险公司和 1934 年成立的美国证券交易监督委员会等监管机构对银行业、证券业实行分业监管。2008 年金融危机后，为了适应金融脱媒、混业经营及资产证券化的趋势，美国政府对既有监管机构进行合并重组，制定了以目标、业务、问题和系统性风险为导向的监管原则。为了保护消费者和投资者免受金融伤害，美国还成立了一个独立的消费者金融保护局（Consumer Financial Protection Bureau，CFPB）（陈柳钦，2010）。随着互联网金融及金融科技的发展，对这一领域的试验性监管和促进创新也分别由美国货币监理署的"负责任创新"（responsible innovation）监管框架、消费者金融保护局的"项目催化剂"（project catalyst）、证券交易委员会的"FinTech 工作组"（FinTech working group）等机构负责（沈伟，2018）。

以大银行混业经营为代表的德国，于 1957 年颁布实施了《德意志联邦银行法》，并成立统一的中央银行——德意志联邦银行，由它开展德国全能金融的法律规则。1961 年德国政府建立了联邦银行监管局，对全能银行和专业银行的所有业务实施统一监管。20 世纪末期，德国政府依据《交易所法》和《保险监管法》设立了证券交易监管局和联邦保险监管局，至此形成混业经营、分业监管的金融发展模式（张留禄和陈福根，2008）。值得一提的是，由于德国商业银行准许同时经营证券和保险业务，因而联邦银行监管局实际上执行的是综合金融监管的职能（吕慧，2016）。2002 年德国颁布了《金融监管一体化法案》，依据该法，德国政府设立了联邦金融监管局，将原来的银行监管局、证券交易监管局和联邦保险监管局三家机构合并，履行统一监管职能（张留禄和陈福根，2008）。2008 年金融危机后，德国单独成立金融稳定委员会负责宏观审慎监管。

（2）关于金融市场准入与退出方面的规制。例如，美国国会在 1864 年通过的《国民银行法》中规定，凡国民银行必须由联邦政府颁发营业执照。1927～1931 年，日本国会颁布了《日本银行法》等六项金融规制立法，其中，《日本银行法》的主要内容包括，普通银行被规范为资本金达 100 万日元以上的股份公司，银行的商号、资本金变更、营业所设立、董事会人员的兼职，以及合并、停业和解散均实行许可制；银行的业务报告须以营业报告书、借贷对照表、损益计算书、剩余资金处理计算书等四种形式接受大藏省（财政部）检查。通过金融规制立法，日本政府开始推行银行间的合并政策，提出"一县一行"制的合并目标，以限制银行的数量。

（3）关于金融机构经营范围方面的规制。1927 年美国通过了《麦克法登法案》（*McFadden Act*），禁止银行跨州经营，以限制大银行排挤小银行，减少竞争，减少银行的关联，减少银行"多米诺骨牌"似的连锁倒闭。1933 年的《格拉斯-斯蒂格尔法》禁止商业银行承销公司证券或者从事经纪业务。1956 年美国制定了《银行控股公司法》，规定银行控股公司只能从事银行及与其紧密相关的业务，而必须脱离其他业务（包括保险业务），禁止它们拥有超过 5%的具有投票表决权的实体企业股票。1994 年美国国会通过了《里格-尼尔银行跨州经营与跨州设立分行效率法》，赋予了美国银行更大的跨州吸收存款、将跨州收购的附属银行设立为分支机构的权力。1997～1998 年，美国国会取消了银行、证券公司、保险公司相互收购的限制，允许银行涉入非金融业。1999 年美国通过《金融服务现代化法》，彻底结束了银行、证券、保险分业经营的状态，标志着美国混业经营的开始。

第二次世界大战结束后，日本政府实施了以大藏省为核心，对微观金融主体进行强制性干预的金融行政，明确规定银行业务与证券业务禁止交叉，银行业务实行长短期金融分离，信托银行、中小企业金融机构、农林渔业金融机构等在自己特定的领域内经营。1978 年日本开始实施金融自由化，以期实现利率市场化和放松金融规制。

19 世纪中叶，德国的全能金融开始萌芽，德国政府允许银行经营包括证券业务在内的多种金融业务，并提供各种便利，对银行同工商企业的紧密结合加以鼓励，使银行参与企业的创办、改组和并购。20 世纪三四十年代，德国经历了严重的银行危机和第二次世界大战，从而加强了金融规制，并在战后遵循了美国式的分业经营金融规制。20 世纪50 年代，德国的金融逐渐回归到全能金融的发展道路上来。1958 年德国政府取消了对银行设置分支机构的限制，1961 年的《德国联邦银行法》规定，允许信用机构从事证券买卖、投融资、信托和金融咨询等多项金融业务（郑凌云，2006）。

（4）对于金融机构经营质量的规制。比如，《巴塞尔协议Ⅲ》为了增强银行抵御非预期损失的风险，提高了对于资本充足率的要求：除了核心一级资本充足率、一级资本充足率以外，还引入了资本留存缓冲，从而使总资本充足率达到 10.5%。为了防止出现银行流动性危机，《巴塞尔协议Ⅲ》引入了流动性覆盖率和净稳定资金比率两个指标。前者是指优质流动性资产储备与未来 30 日的资金净流出量之比，后者是指可用的稳定资金与业务所需的稳定资金之比，两者均要求大于 100%。为弥补资本充足率要求下无法反映表内外总资产的扩张情况的不足、减少对资产通过加权系数转换后计算资本要求所带来的漏洞，《巴塞尔协议Ⅲ》推出了杠杆率大于 3%，并逐步将其纳入资本充足管制标准中。

（5）对于利率的规制。1929 年美国经历了一场经济大萧条，金融市场随之开始了一个管制时期，美联储颁布的"Q 条例"明确禁止联邦储备委员会的会员银行对它所吸收的活期存款（30 天以下）支付利息，并对上述银行所吸收的储蓄存款和定期存款规定了利率上限。当时，这一上限规定为 2.5%，直至 1957 年都不曾调整。美国于 1980 年出台了《存款机构放松管制和货币控制法》，其中规定：六年内逐步取消存款利率管制；允许银行经营"可转让支付命令账户"等金融创新产品，从而揭开了利率市场化的序幕。日本政府在 1958～1971 年，对存款利率进行了规制。其中，存款者的收入损失平均达到 3.26%。存款者的收入损失经过银行再分配，其中的 0.99%转化为银行的租金收入，而其中的 2.27%贷给企业，降低了企业的筹资成本（殷立春和陈治国，2004）。1978 年日本开始实施金融自由化，其目标是利率市场化和放松金融规制。

（6）对普通投资者权益保护的规制。20 世纪六七十年代，德国政府开始致力于存款保障机制的建立。一方面是针对商业银行（私人所有）的，主要是对商业银行的存款人进行保护；另一方面是针对储蓄银行（地方政府所有）和合作社银行的，主要是对会员银行进行保护。1974 年德国建立了商业银行存款保护基金，1975 年建立了储蓄银行的存款保障机制。美国证券交易委员会把保护投资者利益作为证券业监管的主要目标。2008 年金融危机后，美国政府建立了消费者金融保护局，将分散于美联储、美国证券交易委员会、联邦贸易委员会等机构手中的涉及消费者权益保护的职权统一起来，以保护消费者不受金融系统中不公平、欺诈行为的损害。

总的来说，各国金融规制一般经历了从自由发展到规制的设立到全面规制，再到放松管制自由化发展，最终形成合理规制的发展历程。

3.2.3　金融市场基础设施

金融市场基础设施本质上是金融支付和结算生态体系的核心，它们既可以确保交易结算所需的现金和有价证券的流动，也可以作为各个市场参与者之间风险敞口的中介，从而保障履约。事实上，它们有助于减少和分配市场参与者之间因交易产生的内在风险，因而是保障金融市场运行和更广泛经济运行的重要设施。

过去，清算和结算服务是以实物票证的形式进行的，如今则用高科技信息技术作为驱动力。金融市场基础设施必须适应这些发展要求。要了解它们在全球金融市场格局中日益增强的功能，需要逐一介绍金融市场基础设施的各个类别，国际支付结算体系委员会和国际证监会组织区分了五种类型的金融市场基础设施：支付系统、中央证券托管机构、证券结算系统、中央对手方和交易数据库（迪尔等，2019）。

1. 支付系统

支付系统作为金融市场基础设施的核心，是市场参与者相互连接的网络，为其他金融市场基础设施，如证券结算系统和中央对手方提供支持。发达的支付系统改善了各市场间的相互作用，有助于消除交易摩擦。在早期，支付系统的发展更多的是在统一格式和接入方式（包括前端建设）方面。近年来，大多数支付系统已开发出能实现更高效的支付处理的机制和程序，包括流动性节约机制（如多边轧差结算）（迪尔等，2019）。支付系统并不是每个人都能访问的，其成员资格由准入标准控制，以确保成员满足稳健性的最低要求。因此，存在两种基本的准入选择：拥有完全成员资格的直接参与者和通过中间机构访问系统的间接参与者（迪尔等，2019）。下面介绍几种主要的支付系统。

1）大额实时支付系统

我国的大额实时支付系统是中央银行负责运行的、有日间借贷的全额实时结算系统。大额实时支付系统通过逐笔实时发送、全额清算资金的方式，用以处理同城和异地的每笔金额在规定起点以上的大额贷记支付业务和紧急的小额贷记支付业务，主要为银行、特许机构、系统运行者、广大企事业单位等提供业务资金清算服务。

大额实时支付系统与中央银行会计集中核算系统、国家金库会计核算系统、商业银行综合业务系统、商业银行行内汇兑系统、农村信用社综合业务系统、全国银行间同业拆借系统、全国银行间外汇交易系统、城市商业银行汇票处理系统等多个系统连接，如图 3-1 所示，图中的国家处理中心和城市处理中心就属于大额实时支付系统的范畴。

2）小额批量支付系统

小额批量支付系统是继大额实时支付系统之后中央银行建设运行的又一重要应用系统，是中国现代化支付系统的主要业务子系统和组成部分，主要处理各种支付工具的借记支付业务和小额贷记支付业务，支付指令批量发送，轧差净额清算资金，旨在为社会提供低成本、大业务量的支付清算服务；7×24 小时连续运行，能支撑多种支付工具的使用，满足社会多样化的支付清算需求，成为银行业金融机构跨行支付清算和业务创新的安全高效的平台。

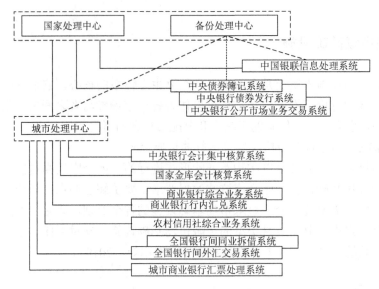

图 3-1　中国现代化支付系统

3）全国支票影像交换系统

全国支票影像交换系统是指运用影像技术将实物支票转换为支票影像信息，通过计算机及网络将影像信息传递至出票人开户银行提示付款的业务处理系统，它是中央银行继大小额批量支付系统建成后的又一重要金融市场基础设施。全国支票影像交换系统定位于银行机构跨行和行内的支票影像信息交换，其资金清算通过中央银行覆盖全国的小额批量支付系统处理。支票影像业务的处理分为影像信息交换和业务回执处理两个阶段，即支票提出银行通过影像交换系统将支票影像信息发送至提入行提示付款；提入行通过小额批量支付系统向提出行发送回执完成付款。依照世界各国的通行做法，其基本原理就是：运用计算机影像技术将实物支票转换为支票影像信息，通过网络将支票影像信息传递到出票人开户银行提示付款的业务处理系统，从而实现支票的全国通用。

4）网联支付平台

网联支付平台是在中央银行指导下，由中国支付清算协会组织共同发起筹建，旨在为支付机构提供统一、公共的资金清算服务。它的全称是非银行支付机构网络支付清算平台，也被称作网络版银联。网联支付平台的上线主要是为了解决"直连"问题，即非银行支付机构通过自己在各个银行的备付金账户实现资金在支付机构的内部流动。"断直连"之后，支付机构必须通过网联支付平台实现与客户之间的清算，从而使信息透明化、可监管化。2017 年初，网联支付平台拿到了国家工商行政管理总局①的名称预核准，即"网联清算有限公司"，在网联支付平台正式上线后，未来支付机构只需要开立一个银行账户即可办理客户备付金的所有收付业务。按规定，支付机构的线上支付通道今后将直接通过网联支付平台与各家银行对接，不过，现有的支付机构直连银行的模式不会立刻被叫停。监管部门给予了支付机构一段相当长时间的缓冲期。

---

① 2018 年改为国家市场监督管理总局。

　　此外，我国支付系统还包括境内外币支付系统、银行业金融机构行内支付系统、银行卡跨行支付系统、城市商业银行汇票处理系统和支付清算系统等（杨涛和程炼，2019）。

　2. 中央证券托管机构

　　中央证券托管机构是指通过开设证券托管账户，记录证券余额及变动情况，为金融市场提供证券账户、集中保管服务和资产服务的机构，在确保证券发行完整性方面发挥着重要作用。托管的形式包括实物形式和无纸化电子记录形式两种，中央证券托管机构会因所在辖区和市场惯例的不同而采取直接托管或间接托管方式。直接托管体系中，中央证券托管机构会了解证券的每一个受益人或直接持有人，而间接托管采用多层持有和证券所有权的转移安排。中央证券托管机构对于证券受益人的了解只进行到市场中介机构的层面而不进行到每一位受益人。我国的中央证券托管机构包括以下三大机构。

　　（1）中央国债登记结算有限责任公司，简称中债登，是财政部唯一授权主持建立、运营全国国债托管系统的机构，是中央银行指定的全国银行间债券市场债券登记、托管、结算机构和商业银行柜台记账式国债交易一级托管人。我国的银行间债券市场实行一级托管，由中债登负责债券总托管和一级托管。中债登作为中央大额实时支付系统的特许参与者，采取实时全额结算（real time gross settlement，RTGS）方式，为银行间市场参与者提供券款对付（delivery versus payment，DVP）的交易结算，不参与交易双方的交易过程，也不承担双方的结算风险。

　　（2）银行间市场清算所股份有限公司，简称上海清算所，是经中央银行批准于 2009 年 11 月设立的，属于我国金融市场系统的重要性基础设施之一，银行间市场的部分证券在上海清算所登记托管结算。中债登负责托管的债券种类主要是利率债和部分信用债；上海清算所托管的主要是信用债①。上海清算所作为中央对手方为市场参与者提供多边净额担保结算服务。

　　（3）中国证券登记结算有限责任公司，简称中证登，主要负责股票类登记托管，它是于 2001 年经中国证监会批准设立的企业法人，不以营利为目的。上海、深圳证券交易所分别持有中证登 50% 的股份。2001 年 10 月 1 日起，上海、深圳证券交易所承担的全部证券登记结算业务划归中国证券管理结算有限责任公司结算承担，《中华人民共和国证券法》（简称《证券法》）规定的全国集中统一运营的证券登记结算体制由此形成。就场内集中交易的证券品种来说，中证登作为中央对手方以结算参与人为单位，提供多边净额担保结算服务。就非场内集中交易的证券品种来说，中证登提供双边全额、双边净额、全额结算及资金代收付服务。

　3. 证券结算系统

　　证券结算系统是指证券交易完成后，对买卖双方应收应付的证券和价款进行核定计

---

　　① 利率债和信用债的区别：利率债的发行人一般都是国家，或者是有中央政府、信用等级与国家相同的机构的信用做背书，而信用债的发行人是一些商业银行、城市建设投资公司等企业；利率债的发行人因为是国家，所以它基本上是没有信用风险的；信用债的风险要高一些；利率债的价格低，信用债的价格高。

算，并完成证券由卖方向买方转移和相对应的资金由买方向卖方转移的全过程。它包括证券的结算和资金的清算两个方面，证券的结算和清算是证券交易的最后一个环节。更为重要的是，由于结算是进行下一轮交易的前提，结算能否顺利进行，直接关系到交易后买卖双方权责关系的了结，从而直接影响交易的正常进行和市场的正常运转。证券结算的方式一般分为逐笔交收和净额交收两种。逐笔交收是指买卖双方在每一笔交易成交后对应收应付的证券和资金进行一次交收，它可以通过结算机构进行，也可以由买卖双方直接进行，比较适合以大宗交易为主、成交笔数较少的证券市场和交易方式（徐士敏，2006）。净额交收是每一个证券商在一个清算期中，对价款的计算只计其应收应付价款相抵后的净额；对证券的清算、只按证券种类计算各种证券应收应付证券数目相抵后的净额。净额交收比较适合投资者较为分散、成交笔数较多、每笔成交的数量较小的证券市场和交易方式。

证券结算系统是一个复合型系统，既涉及证券的交割，又涉及证券交易资金的结算。因此，证券结算系统的设计与支付系统的联系紧密。需要指出的是，证券结算系统的完善是一个系统工程，涉及对诸多问题的研究，如 DVP、证券借贷、资金结算模式等，而且不同的国家基于不同的国情，会对证券结算模式产生不同的选择，形成各具特色的发展路径（冯菊平，2009）。

我国的银行间债券市场通过中债登、中央债券综合业务系统[①]联网中央银行大额实时支付系统，为市场参与者提供以中央银行货币为最终结算保证的实时全额逐笔的 DVP 结算服务。两个系统相互配合并处理债券交易 DVP 结算、公开市场业务 DVP 结算、付息兑付金划拨、保证金管理、债券发行缴款等资金业务。在进行 DVP 结算时，结算指令的接受、确认、债券过户由中央债券综合业务系统的簿记系统负责；支付系统清算指令的发送和接受、资金结算的处理由中央债券综合业务系统的资金系统负责。中债登作为支付系统的特许参与者，通过特许清算账户以第三方身份直接向支付系统发起即时转账业务，结算成员如已在支付系统开立清算账户，即可通过此账户办理 DVP 资金结算，也可委托中债登代理 DVP 资金结算；结算成员如未在支付系统开立清算账户，应委托中债登代理 DVP 资金结算。

上海清算所通过银行间债券市场现券交易净额清算系统为交易双方提供中央对手方净额清算服务。在享有交易双方成交合同赋予的权利和义务后，按多边净额方式轧差计算各方应收或应付资金或证券，并建立相应的风险管控机制，以保证资金结算和债券结算顺利完成。该系统于 2011 年上线，具有以下特点：一是建立较为完善的风控机制；二是实现现券净额轧差交收机制；三是实现标准化的清算结算流程。上海清算所为债券市场提供中央对手方清算服务，先后在外汇、航运衍生品、远期运费协议（forward freight agreements，FFA）和利率互换等产品领域建立了集中清算机制。

---

① 根据中债登编的《中国债券市场概览（2016 年版）》，中央债券综合业务系统是办理债券登记、托管和结算等业务的电子系统，由中债登开发建设和运行管理。以该系统为中心，中央债券综合业务系统连接了中央银行公开市场业务交易系统、中央银行债券发行系统、债券柜台业务交易中心系统、中国现代化支付系统、外汇交易中心债券交易前台系统等，实现从自询价开始到交易确认、债券交割与资金清算整个过程的数据直通处理，其安全等级与中国现代化支付系统安全等级相同，为民用最高级。

交易所的证券结算由中证登负责。中证登为深圳和上海证券交易所市场 A 股、B 股、债券、资产支持证券（asset-backed securities，ABS）、基金、权证等证券品种提供结算服务。结算服务包括清算和交割①两个环节。中证登采用分级结算方式，即只对具有结算资格的会员，如证券公司等，进行一级集中清算交割；证券公司再与其客户，即投资者进行二级结算。

中证登提供净额担保结算和逐笔全额非担保结算两种结算方式。净额担保结算是指中证登按照净额清算的方式对各结算参与人的应收应付证券、资金进行冲抵轧差清算，在此过程中，中证登作为中央对手方分别与各个结算参与者进行结算，并承担结算的交收风险。目前，中证登对上海证券交易所、深圳证券交易所上市交易的 A 股、基金、债券（包括现券及质押式回购券）、权证等大部分证券品种的交易提供净额担保结算。逐笔全额非担保结算是指结算系统对每笔证券交易都单独进行结算，一个买方对应一个卖方，其中任何一方券或款不足时，系统不进行部分结算。逐笔全额非担保结算是最基本的结算方式，适用于单笔交易规模较大的市场。在逐笔全额非担保结算过程中，结算机构并没有参与到结算中去，不对结算风险进行担保。逐笔全额非担保结算的优点在于买卖双方是一一对应的，每个市场参与者都可监控自己参与的每一笔交易结算的进展情况，从而评估自身对不同对手方的风险等级，而且逐笔全额非担保结算有利于保持交易的稳定性和结算的及时性，降低结算本金风险。其缺点在于会对频繁交易的做市商有较高的资金要求，其资金负担会较大，结算成本也会较高。目前，中证登对买断式回购的到期购回、专项资产管理计划转让、权证行权等业务提供逐笔全额非担保结算。中证登利用其设立的结算系统办理与结算会员及其他参与主体的资金及证券结算。

4. 中央对手方

中央对手方最初是在商品期货交易所中支持匿名衍生品交易的基础上发展而来的。衍生品交易各方依据合同，同意在未来特定时间履行相应的合同义务，因此对手方的信用风险就成为重要的考虑因素。若某一参与方在履行其合同义务之前违约，则另一方必须在市场"替换"（replace）这一交易，而此时的交易价格可能对余下的一方不利。中央对手方的设计初衷正是管理这类"替换成本"风险。中央对手方是介于原始交易双方之间，通过被称为"合约更替"的方式，成为所有卖方的买方和所有买方的卖方，并保证交易执行的实体。其核心是合约更替和担保交收（迪尔等，2019）。

合约更替是指买卖双方的原始合约被买方与中央对手方之间的合约以及卖方与中央对手方之间的合约这两张合约替代，原始合约随之撤销。担保交收是指中央对手方在任何情况下必须保证合约的正常进行，即便买卖中的一方不能履约，中央对手方也必须先对守约方履行交收义务，然后向违约方追究违约责任。

中央对手方清算制度是指多笔或数十笔，甚至上百笔交易按不同币别进行轧差清算，

---

① 根据中证登《中国证券登记结算有限责任公司投资者服务问答集锦》，清算是指中证登根据成交数据即非交易数据，按照确定的原则计算各结算参与人的证券和资金的应收应付数额的行为、交割时通过转移证券和资金终止相关债权债务关系的行为。

清算所介入金融交易合约的中央对手方之间，成为买方的卖方、卖方的买方，从而使合约买卖双方的对手均被替换成为中央对手方清算所（图 3-2）。因此，中央对手方以下四方面的功能特点同时印证了交易参与者是最大的受益者：一是重新分配合约的中央对手方风险，将风险都集中在清算所；二是防止多边净额清算失败，参与者只需要进行轧差清算，从而提高参与机构的工作效率；三是降低结算参与者的资金风险，即降低交易对手之间的结算风险；四是提高市场的流动性，让参与者的资金充分利用达到最大化。

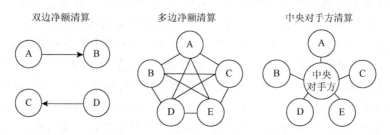

图 3-2　中央对手方清算与双边和多边净额清算的区别

A、B、C、D、E 为不同的交易方

一般而言，场外衍生产品均有一个特点，那就是产品都是远期交割，少则几周，多则几个月甚至一年以上才到期交割。衍生品提供的多是套期保值与管理风险的金融产品，这些因素更突出了中央对手方清算介入的必要性。

中央对手方将风险都集中在自己身上，它将如何去管理和化解风险呢？首先，法律规定是中央对手方履行职责的基础。监管对于中央对手方清算所来说是重要的，中央对手方清算制度使场内交易能在瞬间处理好因设计过度复杂导致的金融系统脆弱性问题。它通过每天盯市的形式，消除违约风险导致连锁反应的威胁，降低了金融市场的系统性风险，但同时也将风险集中于自身，使中央对手方变成了金融体系的潜在风险环节。因此，它始终处于严格监管之中。其次，中央对手方除了要遵循法律和监管要求外，还应有较高的自我风险管理能力和严格的风险控制制度。在跨境市场交易中，中央对手方之间也应有良好的合作与协调。最后，中央对手方对参与者的资质、保证金有明确规定，参与者要有一定的财务和运营能力，保证金要有清晰的制度安排来维持充足的财务资源，以保障履约。通过与参与者签订合约，明确双方的权利与义务。在我国，上海清算所引用以债券质押的抵押制度和保证金制度，每天规定会员的最低保证金和变动保证金。随着人民币外汇询价交易即期、远期和掉期业务的开展，上海清算所还将实行清算基金和风险准备金制度来化解未来因远期交易、市场汇率波动而引发的潜在风险。

我国中央对手方机构的发展以 2008 年金融危机为界分为两个阶段。金融危机前，中央对手方清算机制已在场内市场建立，中证登在交易所债券质押式回购中充当中央对手方，郑州商品交易所、大连商品交易所、上海期货交易所和中国金融期货交易所在相应的期货交易中充当中央对手方。中央银行于 2009 年 11 月推动成立银行间市场清算所股份有限公司。目前，上海清算所已经初步建立了本外币、多产品、跨市场的中央对手清算业务体系，先后在债券现券、外汇、航运衍生品和利率互换等产品领域建立了集中清算机制。

5. 交易数据库

交易数据库是存储和汇集相关市场信息的一个重要设施，它需要确保所有主要市场的中介机构和监管当局能够访问这些数据。作为一个中央记录设施，它负责提供证券在整个合同存续期内的支付、清算和结算的最新信息，从而增强金融系统的稳定性。交易数据库服务是近年的创新。2006 年，交易数据库首次被用于信用衍生品的交易数据记录。鉴于金融危机的教训，交易数据库服务现在已成为越来越多的金融产品的中央电子记录系统，是全球市场的"辅助性基础设施"（迪尔等，2019）。它的建立有助于提高场外市场的透明度，协助监管机构及市场参与者对场外衍生品市场风险进行识别、评估，降低危机蔓延风险，促进金融市场安全平稳运行。2012 年 4 月，国际清算银行支付结算体系委员会和国际证监会组织发布《金融市场基础设施原则》，交易数据库被纳入金融市场基础设施范畴。G20[①]成员协议则要求，各成员金融市场基础设施到 2013 年末都应采纳新的标准（焦瑾璞，2019）。

目前，我国金融市场尚未指定或成立专门的机构负责管理交易数据库，也尚未建立起与交易数据库配套的监管和法律体系。从现在的情况看，我国场外市场具有集中交易平台，即由外汇交易中心提供统一的交易系统，交易数据相对集中，随着我国场外衍生品的迅速发展，部分金融机构在建设交易数据库方面做出了积极探索，这些金融机构的交易数据库可被视作金融机构交易数据库。在金融稳定理事会发布的《场外衍生品市场改革第九次进展情况报告》中，中国外汇交易中心和中证机构间报价系统股份有限公司被视为类交易报告库。

6. 其他金融市场基础设施

除了 2012 年国际清算银行支付结算体系委员会和国际证监会组织联合发布的《金融市场基础设施原则》中明确的以上五类金融市场基础设施外，证券、期货、黄金等交易场所，保险行业平台等也被纳入金融市场基础设施范畴。

3.2.4　金融机构服务组织

金融机构服务组织是指为金融机构的金融业务运营与发展提供法律、会计、咨询、协调、信用评级、资产评估等专门服务的社会化组织，主要包括以下几类。

1. 金融行业协会

金融行业协会是指介于政府与金融机构之间或商品生产者与金融经营者之间，并为金融机构提供咨询、沟通、监督服务的公正、自律、协调的社会中介组织。金融行业协

---

① G20 即二十国集团，是由中国、阿根廷、澳大利亚等二十方组成的国际经济合作主要论坛。

会是一种民间性组织，它不是政府的管理机构，而是政府与企业的桥梁和纽带。金融行业协会属于中国《中华人民共和国民法典》规定的社会团体法人，是中国民间组织社会团体的一种，即国际上统称的非政府组织（non-governmental organization，NGO），属非营利性机构。

2. 金融市场中介

金融市场的中介大体分为两类：交易中介和服务中介。交易中介通过市场为买卖双方的成交进行撮合，并从中收取佣金，包括银行、有价证券承销人、证券交易所和证券结算公司等。服务中介不是金融机构，但在金融市场上却是不可或缺的，如会计师事务所、律师事务所、信用评级机构、资产评估公司等。

3. 信用卡组织

信用卡组织是一种用于信用卡支付清算的中介机构，往往由会员银行联合发起成立，授权成员发卡，受理商户的卡交易，拥有并经营自己的国际及区域处理网络。也有比较独立的信用卡组织，在成立初期不对其他银行机构开放，依托自己广泛的客户网络发卡，但后来也逐渐演变成中介性质的支付清算机构。要注意信用卡组织与发卡银行之间的区别。比如，国内常用的银行卡基本上都是银联卡，这里"银联"就是信用卡组织，而各商业银行，如工商银行、建设银行等就是发卡银行。当消费者在商家刷卡消费之后，形成的银行间头寸就集中到银联进行清算。信用卡组织负责建设和运营全球或区域统一的支付卡信息交换网络，负责支付卡交易的信息转换和资金清算，制定并推行支付卡跨行交易业务规范和技术标准。

目前世界上最大的信用卡组织是 Visa，它是一个单一法人机构，于 1974 年由美洲银行信用卡公司与几家银行共同发起成立。截至 2023 年底，威士国际组织已经成为一个拥有超过 21 000 万多家会员银行、特约商户达 2200 多万家、发卡量达十亿多张（不包括 Interlink 卡）的大型国际组织。

万事达卡国际组织（Mastercard International Association）是服务于金融机构（商业银行、储蓄银行、储蓄和贷款协会、存款互助会）的非营利性全球会员协会，会员包括商业银行、储蓄与贷款协会，以及信贷合作社。其宗旨是为会员提供全球最佳支付系统和金融服务。万事达卡国际组织目前已经发展成为仅次于威士国际组织的世界第二大信用卡组织。

美国运通公司（American Express）是美国最大的信用卡公司之一，成立于 1850 年，于 1958 年开始发行运通卡，是世界上第三大信用卡组织，凭借其百余年的服务品质和不断创新的经营理念，保持着自己"富人卡"的形象。过去美国运通公司一直走独立发卡之路，1996 年才开始向其他金融发卡机构开放网络，1997 年成立环球网络服务部（global network services，GNS），允许合作伙伴发行美国运通卡。截至 2023 年底，GNS 已与全球 90 多个国家的 80 个合作伙伴建立了战略合作伙伴关系，在亚洲和太平洋沿岸地区拥有 28 个合作伙伴，包括中国工商银行、台新国际商业银行、大新银行、星展银行、澳大利亚国民银行等。

中国银联是经中央银行批准的，由 80 多家国内金融机构共同发起设立的股份制金融服务机构，注册资本为 16.5 亿元人民币。公司于 2002 年 3 月 8 日成立，总部设在上海。公司的经营业务是建设和运营全国统一的信用卡跨行信息交换网络；提供先进的电子化支付技术和与信用卡跨行信息交换相关的专业化服务；开展信用卡技术创新；管理和经营"银联"标识；制定信用卡跨行交易业务规范和技术标准，协调和仲裁银行间跨行交易业务纠纷；组织行业培训、业务研讨和开展国际交流，从事相关研究咨询服务；从事经中央银行批准的其他相关服务业务。

3.3　金融部门的科技基础设施

3.3.1　云计算与金融云

1. 云计算原理

云计算是指以公开的标准和服务为基础，以互联网为中心，提供安全便捷的数据存储和网络计算服务，让互联网这片云成为每个网民的数据中心和计算中心。在云计算模式中，用户所需的应用程序并不运行在用户的个人电脑、手机等终端设备上，而是运行在互联网上的服务器集群中。此外，用户处理的数据也不存储在本地，而是存储在互联网上的数据中心里。用户只需要连接至互联网的终端设备即可访问这些服务。

云计算的关键是"云"，即一个大规模的、由服务器群体构成的网络。这些服务器和个人计算机在网络环境中互联在一起并行运行，各自的资源结合起来，形成足可以比拟超级计算机的计算能力。简而言之，云就是一组可以通过互联网公开访问的计算机和服务器，用户本身不需要了解云内部细节，也不必具有相关知识和控制云的内部操作，普通用户只需要接触最后的客户端，如微型手提电脑、苹果手机、谷歌（Google）浏览器等。

如图 3-3 所示，云计算系统分成两部分：前端和后端。二者一般通过网络互相连接。前端指的是用户的计算机或客户端，包括用户计算机（或计算机网络）以及云计算系统登录程序。不同的云计算系统具有不同的用户界面。以网络为基础的邮件系统一般都借助网络浏览器登录，其他云计算系统具有各自不同的登录程序，用户可以通过运行登录程序接入网络。后端指的是系统中的计算机群，也就是由控制节点、数据库、应用服务器和计算机网络构成的云。理论上，从数据处理到视频游戏，几乎所有计算机运用的管理程序都可以在云计算系统中运行。

管理整个系统的是中央服务器，由它来监管流量和用户需求以确保系统运行顺利。中央服务器遵循一套被称为协议的规则，并使用一种被称为中间件的专门软件使得联网的计算机互相通信。有大量用户的云计算系统一般需要很大的存储空间。要保证所有存储信息的安全，云计算系统至少要具备两倍于用户需求的存储容量，因为存储器和计算机一样，有时会出现故障。云计算系统必须备份所有用户信息，并存储到备用存储设备上。这样，中央服务器就可以访问备用存储设备，恢复丢失的数据。

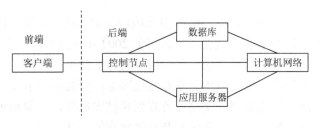

图 3-3　云计算系统

2. 云计算的特点

和传统的单机或网络应用模式相比，云计算有四个非常显著的特点。

（1）云计算的数据存储更可靠、更安全。数据不是只有保存在自己看得见、摸得着的电脑里才最安全。电脑可能会损坏，或者被病毒攻击，导致硬盘上的数据无法恢复，而一些不法之徒则可能利用各种机会窃取数据。如果文档保存在云端的话，不用担心数据会丢失或损坏，也不用为软件或文档染上病毒而发愁。因为在云的另一端，有专业化的团队来管理信息和保存数据，防范病毒和各类网络攻击。同时，严格的权限管理策略可以让用户放心地与指定的人共享数据。

（2）云计算对用户端设备的要求低，用户使用起来也方便。只要有一台可以上网的电脑，然后在浏览器中键入网址，就可享受云计算的服务，用户在浏览器中就可以直接编辑存储在云的另一端的文档，也可以随时与他人分享信息，再也不用担心软件是不是最新版本，因为在云的另一端，有技术人员维护硬件，安装和升级软件。

（3）云计算可以轻松实现不同设备间的数据与应用共享。不同设备的数据同步方法种类繁多，操作复杂，要在这许多不同的设备之间保存和维护最新的一份信息，就必须付出难以计数的时间和精力，而云计算会让一切都变得更简单。在云计算的网络应用模式中，只有一份数据保存在云的另一端，所有电子设备只需要连接互联网，就可以同时访问和使用同一份数据。当然这一切都是在严格的安全管理机制下进行的，只有对数据拥有访问权限的人，才可以使用或与他人分享这份数据。

（4）云计算为存储和管理数据提供了无限多的空间，也为完成各类应用提供了强大的计算能力。个人电脑或者其他电子设备不可能提供无限量的存储空间和计算能力，但在云的另一端，由数千台、数万台甚至更多服务器组成的庞大的计算机群却可以轻易地做到这一点。个人和单个设备的能力是有限的，但云计算的潜力几乎无限（谢世清，2010）。

3. 金融云的内涵及应用优势

金融云是云计算技术在金融领域的运用，是参照云计算模型构成原理，将金融产品、服务、信息、数据分散到由庞大的分支机构组成的云网络中，以此提升自身系统数据处理和运算能力，增强迅速发现问题和解决问题的能力，改善客户体验，提高工作效率，降低行业运营成本（詹志辉，2014）。金融云的基础是互联网，金融机构利用云网络，将金融产品、数据、服务集成到云网络中，为实现金融服务的便捷化、个性化打下良好基础。它为中小型金融机构降低成本、积极参与金融市场竞争提供了技术契机，也是大型传统金融机构维持市场地位、避免市场份额被新兴互联网金融机构蚕食而不得已开发的技术，获利的是广大的投资者和融资者。云计算在金融业的应用方式主要表现为在企业内部建设企业私有云、使用外部的公有云服务、对外提供公有云服务。

金融云在金融业的应用优势主要有以下五个方面。

（1）构建金融云，降低金融机构运营成本，提升运营效率。云概念最早的应用是亚马逊（Amazon）于 2006 年推出的弹性云计算（elastic computer cloud）服务，核心是分享系统内部的运算、数据资源，以达到使中小企业以更小的成本获得更加理想的数据分析、处理、储存效果。网络金融机构运营的核心之一，是最大化地减少物理成本和费用，提高线上（虚拟化）的业务收入（霍学文，2013）。传统银行分支机构及业务量的增多使银行不得不花费大量资金购买数量众多的计算机设备，增加运营成本。如果银行采用云计算技术，前端银行依托后端基于云平台的分析和运算，将极大地提高运营效率。云计算快速的计算能力和更大的存储空间能够更加快速地记录和更新数据，且能得到云背后的专业团队的安全保护，节省了大量的能源、空间和成本。

（2）构建金融云，使不同类型的金融机构得以分享金融全网信息。金融机构构建云计算的金融信息共享、处理及分析系统，可以使其扩展、推广到多种金融服务领域。诸如证券、保险及信托公司均可以作为金融云信息处理系统的组成部分，在金融系统内分享各自的信息资源。云计算技术，使我国金融机构在严格遵守分业规则的前提下，共享客户资源，共同提供满足客户需求的组合金融服务，从而形成在监管上分业、功能上融合的大金融服务格局。

（3）构建金融云，统一网络接口规则。目前国内金融机构使用的网络、软件、硬件、内部网络接口标准不太统一，外部网络接口标准也大相径庭，这大大提高了金融体系内部进行大数据融合和挖掘的难度。构建金融云信息处理系统，可以统一接口标准，简化诸如内部和跨行业办理等技术处理的难度，同时也可减少全行业硬件系统构建的重复投资，降低跨行业务风险，为客户提供便捷的金融服务。

（4）构建金融云，提高金融机构业务创新能力。金融机构现在之所以追求大客户战略，追求贷款规模和业务规模，很大程度上是因为业务创新的大数据基础服务跟不上，不能够快速识别客户需求、全面控制风险。在金融云信息系统下，小额客户的价值可以充分发挥，管理小额客户的成本可以大大降低，从而实现大银行做小微金融服务的可能，以及金融服务的及时化、金融创新的个体化。同时，信息共享和接口统一，可以为资源的使用方提供满足个性化需求的数据服务，增加金融机构提供的创新性的价值增值服务。

（5）金融云的构建使金融服务更加便捷化、人性化，适应了当代个性化和碎片化的消费习惯和趋势。首先，金融云计算提供了服务部署的新方式，使银行能够从业务需求出发，快速按需配置所需要的资源。其次，金融云计算也大量应用到了基于第三方平台的资金结算体系中，实现实时、快捷的支付结算业务。最后，云计算能够提供 24 小时的不间断银行服务，帮助银行了解客户喜好，从而留住客户和吸引新的消费者。

4. 金融云的业务发展趋势

（1）金融机构的数据处理云端化。目前零售和理财服务已成为银行利润的重要来源，其利润占整个银行利润的 30%～60%。随着信息技术的发展，网上银行和移动端已成为未来银行零售和理财业务的重要运营模式。同时，云计算技术的应用，为银行对客户进行更加细致的分层分类服务提供了通道和可能，让客户获得更加良好的体验已成为银行发展的必然要求。这些都对银行的大数据处理能力提出了更高的要求。将云计算与数据挖掘技术有机结合，可以快速地从海量数据中提取并整合出有价值的信息，为银行的商业决策和客户财富管理提供服务。

（2）金融机构数据存储和数据协同云端化。金融机构可以建立私有云或租用公有云的存储空间和运算能力来提升自身的存储能力。网络中不同类型的存储设备，通过应用软件集合协同工作，形成强大的外部存储能力，能够满足金融机构业务不断增长带来的庞大后台数据存储的需要。云计算和云存储能提高银行数据的可靠性，即使某台服务器出现故障，云中的服务器也可以在极短的时间内快速将其数据转移到其他服务器进行服务。

（3）降低成本、提高效率的运营手段的云端化。随着经济全球化和客户金融活动的全球化，金融业务逐渐从一个地区扩展到其他地区，分支机构积累的数据无法满足业务发展的数据需求，而且很多业务需求不能通过增加营业网点和人员来满足。云计算平台极大地减少了金融机构尤其是银行对物理网点和现场工作人员的需求，很多业务可以通过云端化在网上得以实现，如对客户业务的追踪、统计、分析、服务，因此大大降低了网点、设备和人员等运营成本，同时极大地提高了运营效率。

（4）传统金融业务和创新业务云端化。云计算平台使银行很多原来人工操作的业务可以通过网络进行。例如，客户信用卡申办、挂失及还款等可以在网上实现，从而结合客户的其他资料数据，实现客户消费习惯的大数据挖掘。再如，客户的财富管理可以通过云端化，将存款、证券投资、信托、基金、退休金、保险、外汇投资等进行综合化管理创新，甚至可以通过金融机构联盟化运作，实现同一客户在不同金融机构之间的财富管理协同化。

（5）征信系统云端化。在云计算技术下，信息会得到充分连接、识别、共享和整合，这是对信用体系建设的巨大推进。通过标准化接口，只要通过浏览器连接到云端，就可以快速获取不同大数据库及各部门的信息。数据更新与数据维护更加标准化和专业化，将对征信系统的建设和发展有着极大的推动作用。

云金融时代，基于"云＋金融"应用的云银行、云保险、云证券、云要素市场都会出现。互联网金融和云金融将会是未来金融发展的前沿方向，未来互联网金融和云金融将成为金融监管机构的关注点（霍学文，2013）。

3.3.2　金融数据管理系统

数据管理系统（data management system，DMS）是一种操纵和管理数据库的大型软件，用于建立、使用和维护数据库，对数据库进行统一的管理和控制，以保证数据库的安全性和完整性。随着大数据时代的到来，各行各业在开展业务活动时都纷纷开始与大数据相结合，金融业也不例外。

金融数据每一秒都在变化，每一个细微的变化都可能影响一个重要的决定，甚至带来巨大的损失，造成无可挽回的后果。由此可见，在这个瞬息万变的科技时代，信息的实时性和准确性显得尤为重要，为确保信息的准确，金融数据管理系统应运而生。目前市场上流行的金融数据管理系统大多都是由关系数据库建立起来的，而现今社会的数据主要分为结构化数据、半结构化数据以及非结构化数据（图 3-4）。结构化数据是指可以用统一的结构加以表示的数据；相对来讲，非结构化数据就是指无法用统一的结构加以表示的数据；而半结构化数据则介于两者之间。根据帕累托（Pareto）的二八划分法则，只有 20% 的信息被归为结构化信息，而 80% 的信息则被归为另外两类。也就是说，能够被用户直接获取、使用、分析的信息只占信息总量的五分之一，而其余五分之四的信息是不能直接被用户理解并使用的。

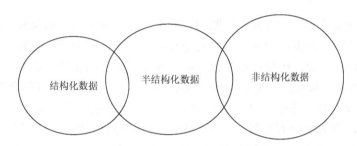

图 3-4　结构化、半结构化、非结构化数据示意图

由于金融市场的特殊性，其产生的信息具有数据量大、数据更新快、信息储存格式多的特点。像日常的 TXT、PDF、HTML 格式，这些信息占据着金融业信息的主要部分，是个人与企业信息的主要来源。针对这些信息，国内外对金融数据库的研究从未停止，国内主要的数据库及数据终端有万德、恒生聚源、锐思、巨潮等数据库以及中国经济金融数据库等，国外主要的数据库及数据终端有 Datastream（路孚特）等。

在金融数据库发展繁盛时，非结构化数据的管理应用也在不断萌芽。瞬息万变的金融市场内存在着大量的非结构化金融数据，非结构化数据的有效管理对企业来说有着深远意义。国外对非结构化信息的管理发展得如火如荼，我国非结构化信息管理的研究虽处于初级阶段，但最近几年也在迅猛发展。

非结构化数据库可以应用在以下几个金融业内。一是能源和商品交易。非结构化数据库支持实时决策。贸易商希望拥有他们参与的每一个交易的各方面的实时信息，而非结构化数据库就有这种独特的能力去监控交易的每一个元素，并通过分析交易的外部元素以及所有相关的文件、合同来创建一个通用的决策蓝图。二是贸易百货。贸易合同在结构、数量、处理过程和分析需要方面都大相径庭。非结构化数据库的灵活性使单一的业务数据库快速存储和处理不同文档成为可能，这些文档包括结构化、半结构化和非结构化信息。这个特性有助于用户更深入地了解业务，并让贸易商和管理人员能够更快地做出更好的决策，提高了报告能力，并提升了风险管理的普及度。三是股票和固定收益研究创作和交付。根据股票研究组织制定的相同标准，非结构化数据库成为理所当然的选择。股票和固定收益研究机构正在将非结构化数据库发展为实行下一代应用程序的实时性知识化数据库。

将非结构化数据库融入金融业有以下的商业利益。一是降低风险。保证高可用性的系统来运行客户的业务，提升能力来应对不断变化的监管要求。二是创造收入机会。在动态的竞争对手面前表现出贸易优势，建立更好的商品交易的实时模型，创建更好的敏捷性来适应更多灵活的商业姿态，运用一个 360 度的视角了解客户需求并提高忠诚度。三是降低成本。通过简化的基础设施来提升灵活性以适应更加灵活的商业姿态，降低总成本来构建应用程序。

3.3.3　金融互联网

1. 金融互联网的含义

金融互联网实质上是"金融＋互联网"的模式。区别于互联网金融，它不是摒弃中介，而是让互联网成为金融中介，实质就是赶走了一个金融中介，迎来了互联网这个中介，类似很多传统企业、新颖行业的业务被迁入互联网上的现象，它不涉及任何在互联网上诞生起步的金融机构，主要是以线下为主、以线上开通业务为辅的金融机构。

互联网企业展开的金融业务，通常被称为互联网金融；金融机构使用互联网技术开展金融服务，称为金融互联网。目前我国互联网金融的本质大多都是金融互联网。金融互联网和互联网金融两者不存在太大的矛盾，它们是相互包含与相互辅助的关系。互联网是一个平台，它可以给金融业提供成长或是拓展顾客资源的平台；金融是一种产品，可以借用互联网让金融产品更快速地传递给有需求的人群，更好更精准地为大众服务。

2. 金融互联网与互联网金融的异同

1）金融互联网和互联网金融的相同点

一是相同的业务性质。身为技术操作平台的互联网，以往主要是用来升级金融服务的技术手段，所以从本质上讲仍属于金融领域的技术革命，被升级的金融服务本质并未改变。金融互联网、互联网金融都是顺应商品经济而延伸出来的，都在金融业务领域内，并且以实体经济为根基，传统的金融企业主要依靠互联网操作平台，以直接或者间接的形式进行业务融资，重点在于全面突出货币为第一推动力的优势。

二是相同的经营目标。网上消费在互联网的推动下应运而生，网上支付也随之发展起来，网上支付的兴起，带来了网上信贷，并成为金融企业新的盈利点。互联网金融与金融互联网在业务方面的经营利润来源渠道如下：消费者群体收取中间费用、在服务平台中获得资本利得、通过产品推广获得收益、对接普通电子商务企业获取服务费。

三是相同的传播媒介。金融互联网、互联网金融都是以互联网技术为媒介，开展金融业务，以共享互联网的方式在效率、公平等多个方面体现优势。互联网信息技术使金融机构与客户建立直接的联系，同时金融机构也可以节省一些不必要的经费支出。

2）金融互联网和互联网金融的相异点

一是拥有不同的主体。金融互联网的主体为传统金融机构，传统金融机构利用互联网平台，推出一系列传统业务，如自主转账和网上银行等传统的金融服务。互联网金融则是充分发挥互联网的优势，引入金融业务，使其能够在激烈的市场竞争环境下满足金融需求。互联网金融的诞生极大地推动了金融互联网的发展，提升了金融产业的发展速度，使金融产业能够进行网络化升级。

二是承载不同的功能。金融互联网，主要是银行这一类金融机构的业务拓展，如手机银行以及网络银行等，这些都在传统业务的基础上延伸而来。互联网只是作为一个媒介，将网络与金融业连接起来，使传统金融业务向互联网渠道延伸，而互联网金融则不同，它是一种新型的金融业务，是互联网企业对于电子商务的延伸，这一业务形式的出现，意味着互联网企业利用搭建平台的方式正式进入金融业。

三是实行不同的创新模式。对金融互联网而言，在金融业实现互联网转型的过程中，金融机构都是以金融创新为主体，既实现了服务手段和方式的创新，也对金融产品进行了创新。互联网金融则是指互联网企业为了涉足金融业推出的线上金融业务及其交易的总称，本质上属于一种跨界经营。因为我国金融监管带有复杂性的特点，当前互联网金融还只是服务的一种基本手段，要想真正实现金融产品创新还需要一段时间。

3. 金融互联网发展趋势

在互联网技术迅猛发展的大背景下，金融互联网同样实现了飞速发展，在现代社会，金融机构肯定会有更多的业务延伸出来以替代传统线下业务，并且作为金融机构核心业务平台展开运营。金融市场竞争日益激烈，金融与互联网的结合也会日益紧密，其带来的是种类更加丰富的金融产品，并且丰富的金融产品还会促进存贷款利率更趋于合理化，进而推动我国利率市场化的完成与完善。并且，金融互联网、互联网金融二者在业务方面也会日渐趋于融合，由此使传统金融企业和互联网企业更加紧密地融合与连接。

3.3.4 金融交易系统

1. 金融交易系统的含义

交易系统（trading system）这个词在 20 世纪 70 年代末期流行于华尔街，大约在 20 世纪 90 年代中后期进入国内投资界。目前国内相关专著尚不多，其中，波涛的《系统交易方法》被认为是经典之作，除此之外还有王大毅的《赢家思路》、金石和一舟的《永久生存》、朴铁军的《波段赢金》和雪峰的《股市技术分析实战技法》。国外经典有范·撒普的《通向金融王国的自由之路》等。

交易系统思维是一种理念，它体现为在行情判断分析中对价格运动的总体性观察和时间上的连续性观察，表现为在决策特征中对交易对象、交易资本和交易投资者的全面体现。金融交易系统是系统交易思维的物化，是指在交易市场中能实现稳定盈利的一套规则，包括科学的资金管理技术、有效的分析技术、良好的风险控制，最终目的是实现交易员的稳定盈利，金融交易系统可分为主观交易系统、客观交易系统和两者相结合的交易系统。一个交易系统就是一个交易员心血的结晶，体现了交易员的交易哲学，因此不具有普适性，即一个交易系统只有在它的创造者手中才能发挥出最大效果。所以对交易员来讲，只有打造出自己的交易系统才能走上稳定盈利的道路。

2. 金融交易系统基本的特征

系统交易思维是"道"，"道"的物化则是"器"。交易系统作为"器"，具有如下基本特征。

1）反映交易对象、交易资本和交易者的特征

交易系统必须反映交易对象的价格运动特征，包括价格运动的趋势和价格水平，前者为交易决策提供交易的战略方向，后者提供交易的战术出入点。因此，交易系统必须具有一个行情判断子系统，而这个子系统至少具有趋势判断模块和价位判断模块两个基本的组成部分。

交易系统必须反映交易资本的风险特征。就风险交易对象的价格运动特征来讲，其某个具体时间、空间的个别价格运动的随机性和价格总体运动的规律性是偶然与必然的对立统一，因此，在承认风险交易对象价格运动的规律可以揭示的同时，也必须承认价格的随机扰动是不可避免的，是与其规律性共生共存的。

价格的随机扰动的存在，必然造成行情判断子系统出现判断失误的情况，从而造成交易风险。交易风险是具体的，其表现就是可能或者实际造成的交易资本的损失，风险的大小则通过亏损占交易资本的比例来衡量。并且，资本本身也具有独特的风险特征。例如，资本占用时间的长短、资本的来源、投资的目的等，都会对资本的风险属性产生影响。因此，交易系统仅仅具有行情判断功能是不行的，还必须具有风险控制功能，交易系统在结构上必须具有风险控制与资金管理子系统，从而在满足资本的风险特征的同时，达到精确量化地控制风险、保护资本的效果，进而实现资本的增殖要求。

交易系统还必须反映交易者的人性特征。交易方法本身是科学的艺术。其中，交易方法受价格运动特征和资本特征的制约，这种制约是科学性的体现，但交易方法还受到人性的制约，具有投资人的激进型、保守型或者稳健型的个性色彩，否则，交易系统不能为人所接受。交易系统的人性特征，导致了交易方法的艺术性，具体表现为带有人性色彩的不同的交易策略。因此，交易系统如果是私密性的，必然具有研制人、使用人的文化、性格、经验等个性特点；而交易系统如果是半开放性的用于基金投资的交易工具，则应该具有可以容纳不同人性特征的交易策略库，以达到适应基金董事层或者具体的交易实施管理层人性特点的可选择性要求。

2）能够适应实战的需要

交易系统必须能够实时监控交易的全过程，能够独立自动地完成价格信息的采集、整理、存储和分析决策及交易指令的下达，且这个指令必须包括交易时间、客户代码、交易对象名称、交易方向、交易目的、交易数量、交易价格等全部指令要素。交易系统在执行上述任务时，必须达到替代并超越人工方式的标准，跨越人力的生理心理局限，达到人类设计、使用交易系统的目标。从上述功能标准考虑，交易系统欲达到这一标准，

则必须是一个以价格信息网络和指令传输网络为通道、以计算机为载体的智能程序系统。

在设计、完善和运用交易系统的实践中，至今没有一个真正拥有交易系统的交易员。其中，比较典型的情况有两种。第一种是把其他交易软件称为交易系统。例如，把钱龙、胜龙、世华金融家、指南针等以行情播报功能为主兼具行情辅助分析功能的软件称为交易系统；把金仕达等客户网络交易指令下单系统称为交易系统。这些软件不具备风险控制和资金管理功能，也没有交易策略库，更不具备独立智能决策及下达交易指令的功能，因此，不能被称为交易系统，只能叫作行情播报软件、行情辅助分析软件或者网络交易指令下单与传输管理系统。第二种情况是一些交易员自称拥有交易系统，而实际上却并没有物化的实体，其中，多数只是一些行情判断的指标组合或是较为初步的系统交易思路而已。这些没有物化形态的交易系统，即使有较为完善的系统交易思想，也仍然不具备交易系统的特征，不能被称为交易系统。

3. 金融交易系统分类

除统计套利及高频交易之外，交易系统一般可分为五大类型。

1）趋势跟随交易系统

趋势跟随交易系统是在高频交易曝光前最流行、最热门的交易系统。最早的趋势跟随交易策略成形于 20 世纪早期，主要利用移动平均线进行买入、持有、卖出。之后，由于有了计算机生成的开仓以及平仓信号，当今的趋势跟随系统更为完善和成熟。但是，无论怎样现代化，趋势跟随交易系统都会在某些市场情况下失效。

趋势跟随交易系统盈利的假设是股票或者期货市场正在形成一个较强的上升或者下降趋势，也就是价格沿着大于 35 度角的上升或者下降通道运行，并且回撤较小。比如，在上升趋势中，调整幅度较小并且获利平仓盘不明显。

从历史数据来看，市场在 30%～35%的时间内处于趋势行情之中，此时，通常有某些因素导致投资者更为贪婪（在上升趋势中）或者更为恐惧（在下降趋势中）。投资者的这些极端情感和行为往往导致市场价格快速变化。趋势跟随交易系统就是利用这样的优势，能够在较短时间内获得丰厚的利润。

为了抓住市场的大趋势，交易研究者开发出了相应的趋势跟随交易系统，且受到交易者的普遍欢迎。因为每一个交易者都希望简单快速地赚到钱。那么趋势交易的劣势是什么呢？作为一个趋势交易者，你需要在趋势性强的市场或者是带有一定速度的投机市场中进行交易，震荡行情或者是无趋势的市场将会是这些交易者的噩梦。

趋势跟随交易系统主要有摆动系统、当日交易系统、动能系统或者其他节奏较快的交易系统。止损往往伴随着各种趋势跟随交易系统，因为趋势跟随交易系统的理念就是不断亏小钱以捕捉几次赢大钱的机会。因此，趋势交易投资者，必须具有承受这些风险的能力，并且有足够多的资金去抵消这些交易损耗。

如上所述，趋势跟随交易系统的最大制约因素就是其只能应用于市场出现趋势时，尽管目前来看市场大概只有 30%的时间处于趋势状态。如果交易者尝试将趋势跟随交易系统应用于快速震荡行情中，那么他们一定会连续亏损直至退出。假设交易者不能认识到市场是否适合趋势交易，那么他们将会损失大量的金钱和时间。

2）反趋势交易系统

反趋势交易系统是与市场的主流趋势、长期趋势相反的交易系统。通常认为，最佳判定主流趋势的方法是利用周 K 线而不是利用日 K 线。反趋势顾名思义就是相反方向的策略。反趋势交易系统存在的历史已经超过几十年，但并未在中小投资者中流行开来，其被冷落主要是投资者的本性所导致的。

反趋势交易是在较短的时间周期或者中级时间周期内做与主流趋势相反的交易。其本质是在市场进入超卖或者超买的状况下持有相反的头寸。作为一个反趋势交易者，通常需要在市场中有长期丰富的经验。一般来说，震荡交易者、日内交易者、短线交易者是反趋势交易的主体。反趋势交易成功的关键在于反趋势指标、特殊的 K 线图以及相当充足的交易经验。反趋势交易者通常在趋势转换前做出预判。

与趋势跟随交易系统或者突破交易系统相比，反趋势交易系统是逆向交易，因此通常伴随更大的交易风险。所以，反趋势交易者，必须具备更好的止损素质或者有更好的止损策略。这是因为主流趋势往往是势不可挡的，而反趋势的交易机会瞬间即逝，并且带有更为严重的投机倾向，很有可能存在连续做错方向的情况。统计表明，反趋势交易系统在 20% 的情况下是奏效的。

3）突破交易系统

20 世纪 50 年代，突破交易系统首次出现在市场中，区别于美国 1990 年投机氛围浓厚的股市，1950 年到 1960 年的股市更倾向于股票本身的价值投资。突破交易系统在当时的市场条件下几乎是最优策略。突破交易系统适用于市场在建立调整平台之后在没有任何先兆的情况下价格突然向上（或者向下，但是向上突破的交易系统使用更为广泛）运行的情况。在投机氛围并不浓厚的情况下，市场基于本身的内在价值往往会构筑一个平台或者箱体。之后，交易者尤其是大户根据基本面的突变会抢入很多筹码，这就使得价格突然上升并且加速上扬。

突破交易系统与趋势跟随交易系统相比的优势在于，突破交易系统可以应用于无趋势或者剧烈震荡的市场中。作为突破交易系统的应用者，理解跳空缺口并且知道它的影响显得尤为关键。跳空缺口往往是突破交易系统获得巨额利润的开始。那么突破交易系统的缺陷是什么呢？该系统区别于趋势交易跟随系统，它在具有强烈趋势的市场中表现得并不尽如人意，因为此时并不存在很明显的箱体形态。

根据无趋势市场或者箱体市场的特性，一般把止损点设置在箱体的上方（如果向上突破的话）。与趋势跟随交易系统相比，这样的设置有较好的支撑位。趋势跟随交易系统很可能存在连续错误的情况，而突破交易系统较少存在这样的情况。根据统计，突破交易系统在 40%～50% 的时间中都是有效的。

4）价格区间交易系统

价格区间交易系统是 20 世纪后半叶发展起来的交易系统，当时市场在一个大的区间内上下波动。该交易系统在 1970～1980 年是美国股票市场最为流行的系统之一。适用于价格区间系统的市场通常发生在经济停滞的时间段中。从历史情况来看，一般市场出现崩盘后会进入一个价格区间中，此时市场处于经济转型期。

价格区间市场有别于无趋势市场，处于该状态的市场震荡幅度较大并且有明显的最低和最高值。因此既不适用趋势跟随交易系统,也不适用于突破交易系统,通常认为最小波动区间只有 10%的市场才能称为价格区间市场。

价格区间交易系统是利用价格区间内波段循环的特点——持有头寸直到最高价被触发,卖空头寸等待股票价格下跌而进行的交易。价格区间交易系统的交易者在价格上升时买入,在价格下跌时卖出。在市场处于价格区间状态下,这是一种完美的盈利模型,并且能为有经验的投资者带来丰厚的利润。

价格区间交易系统的局限性在于:首先,市场通常不处于一个价格波动区间内,除非正处于一个特殊的经济时期;其次,价格波动区间不会总是精确的,本次的高点可能比上一次高,也可能比上一次低。价格区间交易系统的交易者总是默认价格的走势会重复之前波段的走势,因此这种类型的交易者需要大量的市场经验。统计表明,价格区间交易系统在 20%~25%的时间内是有效的。

5)对冲系统

对冲系统的成熟和流行是由于 20 世纪末机构交易者的加入。由于机构交易者有巨额的资金量,单边投机存在较大风险,因此多个股票商品的组合成为他们规避风险的最佳手段之一。

对冲系统的交易者在买入某一个商品或者股票后会卖出另一个商品或者股票来规避单边持仓的风险。比如,在期货市场中,交易者会买入家畜卖出玉米;在外汇市场中,交易者会买入一种货币卖出另一种货币;股票市场中,交易者买入股票卖出股指期货。

相对于上述四种交易系统,对冲系统更为复杂并且需要更多的专业知识和技巧。交易者不仅需要了解交易的股票信息,更需要了解相关的商品、货币走势以及期权情况,因此对冲系统并不适用于初级交易者。

专业的交易者利用对冲系统去解决不同的周期持仓问题,如短期和中期持仓情况。初级交易者则往往适得其反,只是利用对冲系统去控制他们的损失而已,甚至是扩大损失,这也是对冲系统存在的缺陷。对于没有专业教育背景和市场知识的投资者,对冲系统只会加大他们的损失。

交易系统已发展将近一个世纪了,根据不同的市场状况,各个交易系统都曾兴衰没落过。在今后的市场发展中,不同的交易系统会有不同的演变,甚至有诸如高频交易这样的新兴系统崛起。只有充分了解系统是如何运作、如何发展、何时运用的,才能明智地选择适合当前市场状况的交易系统。

4. 金融交易系统的误区

投资行业很多人都知道交易系统这个概念,虽然他们常常把交易系统挂在嘴边,但事实上能够正确认识和了解交易系统的组成部分和制作过程的投资者并不多,而且相当一部分投资者对交易系统存在着各种各样的误解。对交易系统全面的、正确的认识应该是这样的:交易系统是一套完整的交易规则,这一交易规则是客观的、唯一的、量化的,它严格规定了投资的各个环节,要求投资者完全按照其规则进行操作。其组成部分包括预测分析模块、风险管理和投资策略。预测分析模块的功能是对入场和出场给出信号提示;风险管理的功能是保护资金和利润;投资策略的功能是指示在不同的实际情况下的具体操作。投资者由于对交易系统缺乏全面的认识进而形成了认识误区。

1）误区一：交易系统的功能是为了节约时间

一套设计完整的交易系统确实能够节约交易人员的时间，但这只是交易系统本身给交易人员带来的若干项好处中的一项。因为一套完整的交易系统给投资者做了严格的原则约定，投资者必须完全按照交易系统给出的指示进行操作，可以说不允许投资者对出入场以及头寸控制进行灵活处理。所以，只要按照交易系统操作，投资者就不需要每天盯盘。事实上许多投资者每天盯盘所花费的时间非常多，尤其是一些盯外盘的投资者。使用了交易系统，盯盘这项操作就交给了交易系统，投资者只需要按照交易系统给出的信号执行即可。交易系统的主要功能在于稳定地获取利润，而不是节约时间。很多投资者认为自己获得利润的能力很强，没必要设计一套系统来限制自己的灵活性。其实这些投资者是错误地将获取利润的经验当作获取利润的能力了。可以说绝大多数投资者都曾经有过盈利的历史，但他们并不一定具备盈利的能力。如果能够给这些投资者提供一套功能良好的交易系统，对他们来说重要的不是节约了时间，而是赚了钱。

2）误区二：交易系统是一个预测系统

交易系统的重要组成部分是给出买入和卖出的信号，每一个信号必然对应的是对未来行情的研判。一个买入信号意味着交易系统发现行情的走势符合一个既定的特征，这个既定的特征代表调整已经结束或者价格发生了原则性的突破，市场从熊市转变为牛市。因而，交易系统认为可以买入，但这一信号并不意味着行情将有100%的可能性发生转变，有时信号也会出错，甚至出错的可能性在某一时间段还会很高。如果投资者按照这一信号大举买入，进行重仓甚至满仓操作，其风险将不能得到控制，很可能使投资者损失惨重。其实，分析预测功能只是交易系统的功能之一，交易系统还有其他两个重要功能——风险管理和投资策略。这三个功能相辅相成，缺少任一功能，交易系统都不能很好地管理投资。如果只把交易系统作为一个预测系统，不注重风险管理和投资策略，投资者即便有较好的买入或卖出机会，也可能会亏损出局。只有良好的风险管理、投资策略与预测系统相配合，在信号正确的情况下，尽可能扩大盈利；在信号错误的情况下，可以及时止损退出，这样的交易系统才是完整的交易系统。

3）误区三：交易系统就是电脑程序

认为交易系统就是电脑程序的人很多，事实上人们在电脑上可以看到的交易系统只是它的一个主要的物化表现形式，人们称之为程式交易系统。其实，交易系统并不一定需要通过电脑程序体现，如果人们可以将预测分析、风险管理、投资策略定量化、原则化、唯一化，并形成一个人工识别的组合（不通过电脑实现），这样的组合也是一套交易系统。但由于人们在交易系统的制作过程中需要进行大量的数据统计分析，这些分析如果由人工来做既费时又费力，而使用电脑就可以极大地改善交易系统的运作效率，及时地将系统制作人的思想体现出来。而且，将交易系统放到电脑上，由电脑给出各个信号，这样的信号更加客观，可以促使交易员更好地执行交易系统，避免人为情绪的波动对投资产生影响。因此，大多数交易系统都是程式交易系统，它不仅只是一个电脑程序，还是分析预测、风险管理、投资策略这一组合在电脑中的物化，是很复杂的一套体系。

本章重要概念

金融中介机构　金融市场　金融规制　金融市场基础设施　金融云　金融数据管理系统　金融互联网　金融交易系统

本章复习思考题

1. 如何从金融基础设施的角度认识中央银行的性质和职能？
2. 简述金融中介机构的功能与类型。
3. 简述货币市场与资本市场的联系与区别。
4. 简述金融规制的目的及主要内容。
5. 论述金融市场基础设施的种类及功能。
6. 简述金融机构服务组织的种类及功能。
7. 论述金融云的原理、特点和应用优势。
8. 简述金融数据管理系统的数据结构特征。
9. 简述金融互联网和互联网金融的共性与差异。
10. 简述金融交易系统的主要种类及功能。

第4章　金融科技的理论基础

本章主要学习金融科技的长尾理论、信息链和价值链理论、信息经济学理论、网络经济学理论等理论基础，要求学生进行这些理论的拓展学习，重点掌握信息链和价值链理论、信息经济学理论。

4.1　长　尾　理　论

4.1.1　长尾需求模型中的经济逻辑和商业逻辑

人们对某种产品或服务的需求可以分为大众化的需求与个性化的需求。大众化的需求涉及产品或服务的类别较少，但每类产品或服务的需求数量较大。个性化的需求中每一类产品或服务的需求量较少，但涉及产品和服务的类别较多，需求的分布具有如图4-1所示的长尾特征。

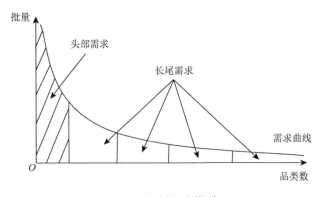

图 4-1　长尾需求模型

在图4-1中，大众化的需求集中在需求曲线短短的"头部"，许多具有个性化、零散、少量的需求，则会在需求曲线上形成一条长长的"尾巴"，称为长尾需求。传统商业模式往往成功于满足类别少但需求量大的流行的或大众化的需求，即成功于满足需求曲线中短短的但却是巨量的头部需求。亚马逊和奈飞之类的网站的商业模式，成功地满足了需求量少但类别多的个性化需求，即成功地满足了需求曲线中尾部的那些众多的长尾需求，这便是克里斯·安德森2004年提出的长尾需求模型。

传统商业模式对于长尾需求模型中大众化短头部需求的满足，以及亚马逊和奈飞之类的网站的商业模式对于模型中个性化长尾需求的满足，其中的经济逻辑在于规模经济和范围经济。

1. 规模经济与长尾需求模型

规模经济（economies of scale）是指在特定的技术条件下能够提供的产品和服务的数量越大，则平均成本越低的现象。根据垄断竞争市场长期均衡的结果，规模经济规律如图 4-2 所示，即将同种产品较为大众化的需求曲线 d_2 决定的均衡结果（Q_2, C_2）与小众化的需求 d_1 曲线决定的均衡结果（Q_1, C_1）相比较，显然，与 $Q_2 > Q_1$ 相对应的 $C_2 < C_1$ 的现象，正是因产量或规模扩大导致单位产量成本降低的规模经济。

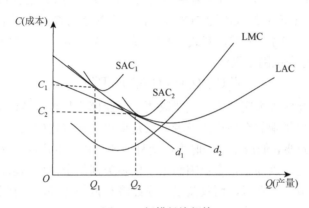

图 4-2　规模经济规律

LMC、LAC 分别表示典型厂商的长期边际成本曲线与长期平均成本曲线，SAC$_1$ 与 SAC$_2$ 分别表示典型厂商 1 与 2 的短期平均成本，d_1 与 d_2 分别表示小众化与大众化的需求曲线

商业模式能否实现规模经济，主要取决于商业模式是否具备以下两方面的条件：一是供给侧社会基础设施能够支持行业内专业化分工的深化发展，同时厂商要具有诸如机械化、电气化、自动化等大规模标准化生产的技术和设施条件与组织保障；二是需求侧有大众化乃至同质化的庞大消费群体。两方面的条件并存，厂商才可以为大众消费者低成本地生产和递送产品与服务，大众消费者才可以获得质优价廉的产品与服务，整个经济为此可以收获规模经济带来的低成本高产出的经济效率。

传统商业模式正是因为在上述两方面条件的支持下，才能够通过大规模生产满足上述长尾需求模型中的大众化需求，所以也被称为大规模生产（mass production，MP）的商业模式。自 20 世纪初开始，随着美国基础设施等的完善，越来越多的企业践行福特汽车"大规模生产"的管理理念，逐步把劳动力和资本品等生产要素，按准确性、经济性、系统性、连续性和高速运转等原则集中地运用到单一标准产品的生产制造方面，这些企业由此成长为像福特汽车生产线一样能够支持大规模生产的生产组织，而日益壮大的美国中产阶级以及来自世界各地的高技能或高收入移民，则构成了美国长期以来住房、汽车和家电等耐用消费品的大众消费群体，美国许多行业和企业，乃至整个美国经济都为此长期受益于规模经济。与此类似，在改革开放和城镇化不断深化的进程中，我国许多行业，如房地产、家电、汽车等，以及这些行业中的企业，乃至整个国民经济，也因"铁路、公路、机场"和教育医疗等基础设施的累积和完善，因企业日益成为可支持大规模

金融科技学

生产的生产组织，以及因城镇化等造就和不断壮大的中等收入消费群体，而获益于规模经济。

2. 范围经济与长尾需求模型

范围经济（economies of scope）是指在一定技术条件下同时生产两种或多种产品的费用低于单独生产每种产品所需成本总和的经济现象。只要把两种或更多的产品合并在一起生产比分开来生产的成本要低，就存在范围经济。

以两种产品 x 和 y 的生产为例，若单独生产数量为 Q_x 的 x 产品的成本为 $TC(Q_x)$，单独生产数量为 Q_y 的 y 产品的成本为 $TC(Q_y)$，而生产数量为 Q_x 的 x 产品和数量为 Q_y 的 y 产品的成本为 $TC(Q_x,Q_y)$，显然，若式（4-1）成立，则 x 和 y 的生产存在范围经济，否则，x 和 y 的生产存在范围不经济。

$$TC(Q_x,Q_y) < TC(Q_x) + TC(Q_y) \tag{4-1}$$

商业模式是否能实现范围经济，主要取决于商业模式是否具备以下两方面的条件：一是需求侧存在诸多类别的个性化需求者；二是供给侧在特定的社会基础设施及技术条件下，可以用投入的要素低成本地同时生产两种或两种以上的产品。这两方面条件并存，诸多个性化需求为此得以满足，企业因满足了更多类别的个性化需求，以及因挖潜了各类个性化需求中更多的消费者，而收获了规模经济和范围经济，使整个经济的运行成本大幅度下降，效率大幅度提升。

为满足越来越多和越来越个性化的社会需求，企业因其专业化、标准化的生产流程模块更趋于颗粒化和柔性化，而逐步发展为大规模客户化生产者和组织者。借助互联网平台和信息通信技术等基础设施，以及借助大数据、人工智能等技术手段，企业与消费者可低成本地相互搜寻、发现、汇集，甚至相互参与产品的设计、生产与消费体验等活动，这正是大量定制生产（mass customization，MC）商业模式。亚马逊和奈飞之类的网站商业模式正是如此。这种商业模式在互联网平台、现代信息通信技术、大数据、云计算和现代物流等技术条件的支持下，能够汇集各类个性化的需求方与供给方，低成本地提供和递送相应的产品与服务，其实质正是借助范围经济和规模经济满足了长尾需求模型中的那些长尾需求。

3. 长尾需求模型与商业模式变迁

根据上述分析，传统大规模生产商业模式凭借规模经济满足长尾需求模型中头部的品类少，但每类市场规模大的头部需求，大量定制生产商业模式则凭借范围经济满足品类多，但每类市场规模相对较小的长尾需求。人类社会的生产与服务体系在满足更多品类产品和服务的演变过程中，商业模式也从大规模生产商业模式向大量定制生产商业模式演变，长尾需求模型中的经济逻辑和商业逻辑如图4-3所示。

从图4-3来看，在商业模式从大规模生产向大量定制生产不断演变的进程中，由于长尾需求模型中的个性化需求品类越来越多，但每类批量越来越小，商业模式体现的规模经济效应逐渐减弱，而范围经济效应则不断增强。在这种经济和商业逻辑不断演变的过程中，越来越多的小众化的产品和服务被生产出来和销售出去，除了那些数量庞大的小

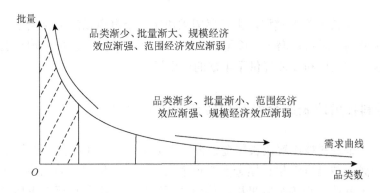

图 4-3　长尾需求模型中的经济逻辑和商业逻辑

微企业之外，曾经主要提供大众化产品和服务的庞大公司组织，也越来越关注个性化需求的满足。

4.1.2　长尾金融客户的特征与融资困境

在传统商业模式下，大部分低净值家庭或个人、中小企业与小业主都属于传统正规金融不愿涉猎的客户，即长尾金融客户。根据长尾需求模型对于需求的模拟表达，长尾金融客户具有以下特征。

第一，长尾金融客户是小众化和个性化的金融服务需求者。不同地域的不同低净值家庭或个人，不同地域、不同行业的不同中小企业的小业主，对于投融资服务的类别、期限与风险具有不同的需求，他们在很大程度上属于小众化和个性化的金融服务需求者。

第二，长尾金融客户是小批量金融服务需求者。作为金融服务市场里的主体，低净值家庭或个人因收入低的约束，中小企业或小业主因业务体量小的约束，他们对于金融服务的需求量往往较小，属小批量金融服务需求者。

第三，长尾金融客户是多品类金融服务需求者。低净值家庭或个人，以及中小企业或小业主，往往属于不同的地域、不同的家庭、不同的行业，对于金融服务有不同的投融资方式、期限和风险的偏好，因此是金融服务多品类的需求者。

第四，长尾金融客户是高不确定性金融服务需求者。与高净值财富人群相比，长尾金融客户中的低净值家庭与个人，作为融资需求者，往往因收入低、缺乏可抵押财产，在偿还资金方面存在较大的不确定性。同样，中小企业与小业主，作为融资需求者，往往因市场竞争力低下、内部管理不规范、自有资金流小、所拥有和能够支配的资产规模较小（甚至缺乏）等原因，在资金偿还方面存在较大的不确定性。

基于上述特征，长尾金融客户在传统正规金融体系下往往会因以下原因而陷入融资难的困境：一是由于长尾金融客户属于高不确定性金融服务需求者，银行、券商和投资银行等正规金融机构往往不愿意为其提供信贷、保荐上市和发行企业债等融资服务；二是由于长尾金融客户属于小众化和小批量的客户，传统金融机构无力为其提供低成本融资服务；三是由于获取投融资服务的成本高昂，长尾金融客户往往不愿意向正规金融机构获取金融服务。

事实上，根据长尾需求模型，由长尾需求决定的金融市场潜力相当于，甚至超过了大众化需求关联的金融市场潜力，长尾金融客户中大量的个性化和小众化的需求的满足，为金融科技优势的显现和发挥提供了丰富的运用场景。

4.1.3　金融科技解决长尾金融客户融资问题的优势

总体而言，金融科技在解决长尾金融客户融资问题方面具有以下四个优势。

首先，金融科技具有汇集长尾金融客户个性化、小众化需求的优势。在传统的技术环境下，类似于商业银行等金融机构，他们之所以仅限于服务长尾需求模型中的少数头部客户，在很大程度上是因为无法发现与汇集长尾金融客户的需求。相反，在金融科技环境下，各类互联网金融平台，或者传统金融机构借助互联网技术，可以低成本地汇集长尾金融客户中个人和中小微企业等的小众化与个性化的融资需求。

其次，金融科技具有汇集长尾金融客户中同一品类小众化需求实现规模经济的优势。金融科技环境下，各类互联网金融平台，或者传统金融机构借助互联网技术，可以汇集长尾金融客户中同一品类更多数量的个人或企业的小众化金融服务需求，通过类似于大量定制生产的方式满足该品类的大众化和个性化需求，实现规模经济。

再次，金融科技具有汇集长尾金融客户中不同品类小众化需求实现范围经济的优势。金融科技环境下，各类互联网金融平台，或者传统金融机构借助互联网技术，可以汇集长尾金融客户中更多品类的小众化和个性化金融服务需求，通过类似于大量定制生产的方式满足不同品类的小众化和个性化需求，实现范围经济。

最后，金融科技具有掌控和管理长尾金融客户不确定性风险的优势。诸多因素决定了长尾金融客户在资金偿还方面具有较高的不确定性。在传统技术条件下，商业银行等金融机构因信息不对称很难掌握这种不确定性的大小，而不愿或无法满足长尾金融客户的融资需求。在金融科技环境下，各类互联网金融平台或传统金融机构，借助大数据、人工智能、区块链和云计算等金融科技手段，通过汇集长尾金融客户信息资料，构建长尾金融客户的征信体系和风险控制模型，可以较好地掌控长尾金融客户在资金偿还方面不确定性程度的大小，针对性地制定管控不确定性可能引发的风险的措施。

正是因为上述优势，在金融科技环境下，长尾金融客户中的各种个性化和小众化的需求可以被低成本的金融服务满足，传统金融机构、许多科技类和平台类的企业也因此获得了新的生存与发展空间。

4.2　信息链和价值链理论

4.2.1　信息链理论

1. 信息链的含义

信息链就是以信息为中心环节，描述信息运动的一种逻辑构造。信息链的提出是现代图书馆工作发展到一定程度的必然结果。当今社会需要面对信息的快速增长，在计算机及网络的基础上，图书馆工作从发现事实、搜集数据，到对数据进行解读从而形成信息，以及从信息经实践检索与理性加工形成知识，到以知识为基础发展成智力的过程，越来越具有事物线性发展逻辑的特征。信息链结构具体为：事实（fact）→数据（data）→信息（information）→知识（knowledge）→智能（intelligence）。通过对信息链这种逻辑链的两端进行界定，对各主要环节进行分析与确定，可以形成对信息链结构的描述。

2. 信息链的分层

信息链通常可以分为企业内部的信息链和供应链中的信息链。

1）企业内部的信息链

企业内部的信息链，是联结企业内部信息流节点之间的纽带。从本质上看，企业的生产运行和经营管理活动是由一连串基于价值链的业务和管理流程组成的，这些流程包括对产品或服务进行设计、生产、促销、销售、运输和售后服务的关键活动，也包括一些支持活动，如人力资源管理、财务管理等。在这个流程中，不断产生信息流，而信息流又反过来调控业务和管理流程的正常运行。在信息技术还不够发达的时代，传统企业的信息链与基于价值链的业务管理流程是相对应的。随着信息技术的发展，信息流不完全呈线性状态，而呈多种状态。因此信息的流动就不再完全依附于业务和管理流程，于是信息链从企业价值链中独立出来，成为独立的信息交流渠道。

2）供应链中的信息链

供应链是指由自主的企业实体构成的网络，这些企业实体负责与一类或多类产品相关的采购、生产，以及最终将产品送达顾客的各项活动。在某种程度上，它与企业一样，实质是由一系列的业务和管理流程组成，只不过其管理更加复杂。具体来说，供应链作为一个不可分割的整体，其中的各企业承担采购、生产、分销和销售等职能，并成为协调发展的有机体。在供应链中，每一个企业是一个节点，节点企业之间是一种需求与供应关系，物流、资金流和信息流在整个链条上高效运动。其中，物流和资金流都是一种单向的实物流程，伴随着这些流程的进行，必然有信息的产生，并发生相应的变化。信息流是双向的，对物流和资金流起到反映、监督、控制的作用。所以在整个供应链中，信息流成为核心纽带，各企业之间的信息流动依赖的就是信息链，信息链又是随着物流和资金流的活动而建立起来的。在传统的供应链中，物资、资金和信息的流动是在供应链的各个相邻节点之间进行的，信息流与物流、资金流是对应的。

3. 信息链的应用

1）情报价值实现

信息链视角下情报价值实现是通过一定的技术和方法，满足用户需求、实现情报效用的过程。情报实现具体表现是满足用户的信息服务需求，尤其是满足用户的多元化情报服务需求。因此，情报服务价值的实现需要从用户需求的情报出发，通过信息链的每个环节进行一系列情报活动。

情报价值实现的具体过程是，情报用户将自己的情报需求提供给情报工作者，情报工作者对用户的情报需求进行分析，选择不同的方式收集情报，然后根据用户的需求进行筛选，对有用的情报进行分析，最后将分析得出的信息告知用户，完成情报价值实现过程。

　　2）企业信息链管理

　　信息管理的活动一般分为两类：一类是信息管理的主要活动，这一类活动是围绕信息管理过程展开的，也就是信息的获取、信息的传递、信息的处理和信息的应用过程；另一类是信息管理的辅助活动，它们是围绕信息管理的支撑条件和影响因素展开的。

　　根据企业信息管理活动的特点的不同，信息链管理过程的主要活动可分为以下四种。一是企业从外部环境中获取信息。它使得企业与外界连接起来，是信息管理活动的基础和前提。二是信息的处理。信息在进入相应的部门后，必须经过处理和加工才能被利用。三是信息的应用。企业利用加工处理后的信息来提高组织效率，增加利润，为客户创造最大价值，这也是信息链管理的最终目的。四是信息的控制。信息的控制包括信息的反馈及安全，以及不断剔除老化的信息。信息被企业利用后的效果需要及时反馈，以便及时调整企业的信息管理。如何确保企业获得的信息不被泄露，也是企业取得核心竞争能力的关键。

　　信息链管理的辅助活动是指不直接参与从信息的获取到信息的应用等基本运作过程，但是能对信息链管理的主要活动起到支持、指导和规范作用的活动。它是一个组织成功进行信息链管理的必要条件。

4.2.2　价值链理论

1. 价值链的含义

　　1985 年哈佛商学院的波特（Porter）教授在其所著的《竞争优势》一书中首次提出"价值链"这一概念，并对其进行了比较详细的阐述。其含义是，从价值形成过程来看，企业在从创建到投产经营所经历的一系列环节和活动中，既有各项投入，又有价值的增加，从而使这一系列环节连接成一条活动成本链。价值链理论认为，企业的发展不只要增加价值，还要重新创造价值。在价值链系统中，不同的经济活动单元通过协作共同创造价值，价值的定义也由传统的产品本身的物质转换扩展为产品与服务之间的动态转换。

　　最初，波特价值链模型如图 4-4 所示，这是一个公司用以"设计、生产、推销、交货以及维护其产品"的内部作业过程。波特将企业的作业分成基础作业和辅助作业两部分。公司的基础作业包括运入物流、生产、运出物流、市场/销售、服务等，是产品或服务的价值创造过程，并通过买主的购买来实现产品和服务的价值。辅助作业分为辅助基本作业和其他辅助作业，由企业员工来完成，辅助作业包括企业基础管理、人力资源管理、技术开发、采购等。其中，企业基础管理包括行政管理、财务、计划、房产管理、会计制度等；人力资源管理包括所有参与招聘、培训、开发、付酬的活动；技术开发不仅包括设备生产过程，还包括"诀窍"、程序和体制等；采购包括原材料、供应品及其他消费品和资产的购买。

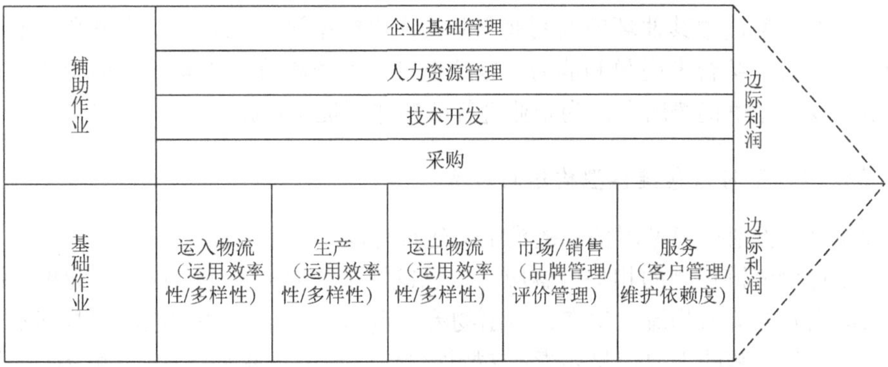

辅助作业	企业基础管理					边际利润
	人力资源管理					
	技术开发					
	采购					
基础作业	运入物流（运用效率性/多样性）	生产（运用效率性/多样性）	运出物流（运用效率性/多样性）	市场/销售（品牌管理/评价管理）	服务（客户管理/维护依赖度）	边际利润

图 4-4　波特价值链模型

在这之后，海因斯（Hines）从价值实现的最终目标出发，对价值链进行了重新定义。他认为价值链是"集成物资价值的运输线"，与传统的价值链相比的主要差别是，海因斯的价值链的作用方向是相反的。首先，海因斯教授把顾客对产品的需求作为生产过程的终点，把利润作为满足这一目标的副产品，这与波特教授把"实现企业利润"作为最终目标的观点存在着较大的差别。其次，海因斯教授把原材料和顾客纳入他的价值链系统中，这意味着任何产品价值链中的每一业务单元在价值创造的不同阶段包含不同的公司，而波特教授的价值链则只包含那些与生产行为直接相关的成员。

2. 价值链分析

1）内部价值链分析

企业内部价值链由企业内部的不同作业构成，一般包括研究、开发、设计、生产、销售和服务等作业，它们创造了产品的价值。企业内部价值链分析的关键是找出企业内部的哪些作业产生了企业的竞争优势，是真正的增值作业，然后对这些作业进行更有效的管理。内部价值链分析分为四步。第一步，区分价值链作业。首先，企业以价值创造方式为划分标准，区分出相互间彼此独立的作业。其次，将已区分出的价值链作业按其在企业日常生产经营活动中的地位与作用划分为结构性作业、过程性作业和经营性作业三大类。最后，企业将管理重点放在结构性作业和过程性作业上。第二步，确定战略性价值链作业。第三步，追踪价值链作业成本。第四步，利用作业成本信息对战略性价值链作业进行更有效的管理。

2）行业价值链分析

行业价值链分析的关键是找出并利用企业在本行业中的相对优势。行业价值链分析分为两步。第一步，确定价值链环节。行业价值链中的每一环节都是这个行业中的一个独立的经济部门。如果行业价值链中这个环节的产出有市场，市场价格的确定是客观的，存在只在这个环节进行生产销售的企业，那么这个环节就是行业价值链中的独立环节。第二步，评估企业在行业价值链的地位和相对优势。首先，估计行业价值链每个环节的利润率和资产报酬率。通过分析调查竞争对手，聘请行业专家和利用一些行业协会组织的调研结果，可以较为粗略地得到这些数据。其次，将本企业所处环节的利润率和资产报酬率同行业价值链中其他环节的利润率和资产报酬率进行比较，找出哪个环节的盈利能力最强。最后，综合考虑盈利能力、行业壁垒、竞争程度等因素，评估企业在行业价值链的地位及其竞争优势所在，为企业进行战略选择提供依据。

3. 价值链模型对信息链模型构建的启示

一般说来，价值链模型对信息链模型构建具有以下几个方面的启示。

（1）企业价值链模型的相关内容应与信息链模型的要素产生对应。企业价值链的基本价值活动由企业运入物流、生产、运出物流、市场/销售、服务构成，这些基本价值活动产生了企业信息链的主要信息要素；支持性价值活动由企业基础管理（财务、计划等）、人力资源管理、技术开发、采购构成，这些支持性价值活动对应了企业信息链的辅助信息要素，构成了信息链的大部分信息环境。

（2）价值链采用了二维平面的思维，替代了以往的线型思维，更好地展现了企业竞争优势资源的广泛存在。众所周知，"潜在的竞争优势资源无处不在"这一论点得到了价值链理论研究者的广泛认可，把企业的竞争优势与具体活动关联起来，是企业价值链模型最大的意义所在，体现了企业竞争资源的广泛性。信息也是企业广泛存在的潜在资源，对信息的有效利用能提升企业的竞争优势。

（3）经典的价值链模型十分重视联系的观点，信息链也强调链式依存的联系。企业价值链的基本活动环环相扣，蕴含了十分微妙且重要的联系，这种联系对企业生产经营产生直接影响，与企业的成本和利润息息相关。价值链模型中企业基础设施、技术开发等支持性价值活动与进货后勤等基本价值活动也会产生联系，支持整个企业价值链的形成与运行。这提醒我们在构建企业信息链时不得不注意相关要素之间的联系。

（4）联系不仅存在于企业价值链的内部价值活动中，企业与上下游供应商、客户的纵向联系也越来越普遍。在市场竞争中，供应商和客户不断加强与本企业的联系体现了企业的市场竞争优势；同时，本企业的价值链分别为供应商和客户创造价值，形成双赢局面，渐渐超越企业价值链本身而形成一个价值网。相应地，企业信息链的构建与管理同样可以利用企业间的各种联系，形成信息链竞争优势，打造双赢局面。

4.2.3 金融科技促成信息链向价值链转化的机制

信息链和价值链的共同对象是产品和服务形成与递送过程中的业务活动。围绕企业内外各类业务活动信息链的生成和演变，决定着各层次价值链的生成及生成价值的大小，而金融科技在其中的作用机制如下。

第一，金融科技在促成信息链转化为价值链的过程中有助于规模经济效应的发挥。随着各种可视化、生物识别、大数据、人工智能、云（雾）计算和物联网等金融科技的运用，信息链分析可以支持更大体量业务活动的数据化，这意味着以大数据为基础的企业层面、产业层面价值链的管理，可以管控更大体量的价值活动，可以为更大体量的价值链活动融通资金，从而充分发挥金融科技带来的规模经济效应。

第二，金融科技在促成信息链转化为价值链的过程中有助于范围经济效应的发挥。

同样随着各种可视化、生物识别、大数据、人工智能、云（雾）计算和物联网等金融科技的运用，信息链分析可以支持更多类别业务活动的数据化，这意味着以大数据为基础的企业层面、产业层面价值链的管理，可以管控更多类别的价值活动，可以为更多类别的价值链活动融通资金，从而充分发挥金融科技带来的范围经济效应。

第三，价值链由传统价值链转变为可信价值链。众所周知，在各层面价值链的各节点，往往因信息不完全和不对称而存在逆向选择和道德风险问题，逆向选择将限制与约束各层面潜在价值活动的生成和发展，道德风险则有损于已生成价值链的延续和发展。例如，生物识别、可视化、物联网和区块链等金融科技的逐步运用，将大大弱化各层面价值链节点间信息不完全和不对称的程度，由价值活动构成的价值链则从传统价值链发展为可信价值链。

4.3　信息经济学理论

4.3.1　委托代理理论

1. 委托代理理论的内涵

委托代理关系是现实生活中广泛存在的关系。现代企业制度建立在企业所有者与经营者相对分离的基础上，由于企业经营者的行为可能偏离利润最大化目标，而企业经营者与所有者之间存在信息不对称，企业所有者无法完全观察经理人的行为，因此，就产生了委托代理问题。具体说来，委托代理问题是指代理人受委托人的委托，采取行动，达成委托人需求的目标。代理人和委托人利益并不完全一致，在委托人处于信息劣势、不能对代理人进行完全监督的情况下，代理人有动机为了自身利益，做出有损于委托人利益的行为，由此造成的委托人利益受损的现象被称为委托代理问题。

代理人和委托人在利益上存在潜在的冲突，直接原因是所有权和控制权的分离，本质原因在于信息的不对称。

（1）从委托人方面来看，这种冲突的成因主要体现在以下几点。第一，股东或者因为缺乏有关的知识和经验，以至于没有能力来监控经营者，或者因为其主要从事的工作太繁忙，以至于没有时间和精力来监控经营者。第二，对于众多中小股东来说，由公司监控带来的经营业绩改善是一种公共物品。对致力于公司监控的任何一个股东来说，他要独自承担监控经营者带来的成本，如收集信息、说服其他股东、重组企业所花费的成本，而监控公司带来的收益却由全部股东享受，监控者只按他持有的股票份额享受收益。这对于他本人来说得不偿失，因此股东都想坐享其成，免费"搭便车"。在这种情况下，即使加强监控有利于公司绩效和总剩余的增加，即社会收益大于社会成本，但只要每个股东在进行私人决策的时候，发现其行为的私人收益小于私人成本，他就不会有动力实施这种行为。

（2）从代理人方面来看，这种冲突的成因主要体现在以下几点。第一，代理人有着不同于委托人的利益和目标，所以他们的效用函数和委托人的效用函数不同。第二，代理人自己做出的努力属于私人信息，他们往往不惜损害委托人的利益来谋求自身利益的最大化,即产生机会主义行为。因此,现代公司所有权与控制权的分离,股东与经理人员之间委托代理关系的产生,会造成一种危险,即公司经理可能以损害股东利益为代价而追求个人目标。经理可能会给他们自己支付过多的报酬,享受更高的在职消费,可能实施没有收益但可以增强自身权力的投资,还可能追求使自己地位牢固的目标,他们会不愿意解雇不再有生产能力的工人,或者他们相信自己是管理公司最合适的人选,而事实可能并非如此。

2. 委托代理内容

构成委托代理关系的基本条件是:第一,市场中存在两个相互独立的个体,且双方都是在约束条件下的效用最大化者;第二,代理人与委托人都面临市场的不确定性和风险,且二者之间掌握的信息处于非对称状态。

委托代理的信息结构为不完全、非对称的信息环境,其中存在三类博弈。第一类博弈是在完全信息的情况下,每个人都了解博弈环境中的全部信息。第二类博弈是具有不确定性或信息不完全性的博弈,但不存在信息非对称的情况。在这种博弈中,双方都具有不完全信息,且信息不完全程度大致相同。第三类博弈是不完全、非对称结构下的博弈,每个局中人都能够获得某些公共信息,同时又能够获得某些只有其自身了解而其他人不了解的私人信息。

委托人与代理人之间通过讨价还价和相互退让,最终达成双方可接受的合同,在这个合同约束下的行动,都可以被看成是处于信息优势与处于信息劣势的局中人之间展开博弈的结果。如果任何一个局中人在其他局中人不改变战略的情况下都不能通过单独改变策略而提高其效用,那么这个战略组合就称为纳什均衡。纳什均衡是委托代理博弈中最基本的均衡形式。委托人和代理人之间达成的合同称为均衡合同。

信息经济学将达成委托代理均衡合同的条件概括为参与约束和激励相容。具体地说:第一,在具有自然干涉的情况下,代理人履行合同责任后获得的收益不能低于某个预定收益额,即参与约束;第二,代理人以行动效用最大化原则选择具体的操作行动,即激励相容。

3. 激励机制设计

对委托人而言,只有使代理人行动效用最大化才能获得自身效用最大化的收益,然而要使代理人采取效用最大化行为,就必须对代理人的工作进行有效的刺激。这样,委托人和代理人之间的利益协调问题,就转化为信息激励机制的设计问题。

委托人设计激励机制的目标分别是:首先,针对代理人的事先隐蔽信息,激励的目标是如何使代理人自觉地显示他们的私人信息或真实偏好,即如何让人"说真话";其次,针对代理人的事后隐蔽行动,激励的目标就是如何使代理人"自觉地"尽最大的努力工作,即如何让人"不偷懒"。

基于非对称信息条件下激励机制的设计思路是:委托人设计一套信息激励机制,使代理人在决策时不仅能够参考原有的信息,而且能够参考由激励机制发出的新信息。这种新信息能够使代理人不会因为隐瞒私人信息或虚假信息,或者隐瞒私人行动而获利,甚至会使代理人有所损失,从而保证代理人无论是否隐瞒信息或是否采取信息欺骗行为,所获得收益都是一样的,因而代理人没有必要隐瞒私人信息或采取信息欺骗的行为。最终也保证了委托人的利益，即达到委托人和代理人之间的激励相容。

委托代理原理的分析表明，在市场经济建设中，任何一种制度安排和政策措施，只有满足参与约束和激励相容的条件，才有可能有效地激励人们去工作。通常来说，只要有合理的机制，市场经济在相当程度上可以良好地自主运行。政府对市场经济的干预应该放在政策和机制上，即制定良好的激励机制、保障机制、管理机制和发展机制等，以保障市场良好地自主运行。

政府在市场经济中应充分考虑竞争者之间的博弈关系和博弈结果，并对这种关系和结果加以充分地利用，使市场参与者相互寻求最优博弈，而这种博弈中的最优策略与政府希望获得的结果基本一致，从而得到激励机制中的激励相容条件。同时，对机会成本的把握，可以在相当程度上向他人展示真实的偏好和需求，即"说真话"。

4. 委托代理理论的应用

以劳动市场的非对称信息分布为例，解释效率工资理论如何激励工人避免隐蔽行动的出现。信息经济学提出的效率工资理论的较正式解释是通过一个偷懒模型来论述的。由于信息非对称，偷懒雇员信息的外在表现十分有限，因而雇员可能不会因为偷懒而被解雇。因此，如果厂商给予雇员行业平均工资 W^*，雇员就有偷懒的激励，因为他在其他厂商也能较容易地获得同样的工资 W^*。如果厂商提供较高的工资，在这个工资水平上，如果雇员偷懒，一旦被发现就会被解雇，解雇后在被另外一个厂商以 W^* 聘用前有一段失业期，雇员会遭受损失，同时，被再次聘用后收入下降。因此，如果厂商给雇员提供一个足够高的工资 W_e，雇员将会因为机会成本的提高而降低偷懒行动的概率。使雇员减少偷懒行动的工资水平 W_e 就称为效率工资（图 4-5）。

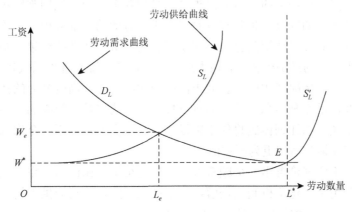

图 4-5　效率工资的形成

图 4-5 中，劳动需求曲线 D_L 向下倾斜。如果没有偷懒行动，W^* 将为 D_L 与劳动供给曲线 S_L' 的交点 E，这时达到充分就业水平 L^*。但是，当存在偷懒行为时，所有厂商都不愿意提供工资 W^*，而愿意提供高于该水平的工资以激励雇员不偷懒。高出的工资水平由 S_L 决定，它表明相对于失业水平工人不偷懒而需要获得的最低工资。显然，失业水平（$L^* - L_e$）与（$W_e - W^*$）成正比，即如果失业水平降低，则（$W_e - W^*$）降低，反之则相反。这

样，在有偷懒行动时，均衡工资 W_e 位于 S_L 曲线（即无偷懒约束曲线）与 D_L 曲线的交点处，这就是效率工资水平。L_e 数量的雇员获得工资 W_e。因此，效率工资状态下劳动力供需均衡时社会总会存在一定数量的失业人员，即厂商以效率工资 W_e 雇用 L_e 的雇员，产生（L^*-L_e）的失业水平。

按照效率工资理论，厂商的生产率取决于雇主支付给雇员的工资。该理论假设：在不完全信息条件下，市场也出现竞争均衡，并且，在均衡状态下将存在雇员供应过剩。尽管雇员供应过剩，雇主也不会降低工资，因为他们知道这样做的结果将会导致企业生产率的降低，从而导致企业的最终利润降低。然而，社会失业现象意味着受雇雇员处于不稳定的就业状态，因此，在效率工资理论模型中，均衡状态下的雇员过剩说明雇员的特性是不稳定的，厂商为了稳定雇员会逐渐增加雇员的工资。

在劳动市场上，由于信息无法完全得到传播和利用，企业雇用水平和雇员就业水平都不可能处于最优状态。这样，任何企业改变其雇员的工资都将最终影响到其他企业工资率的变化，因为劳动市场中劳动供给特征的变化将引起其他企业的离职率、雇员质量结构和劳动刺激等因素的变化，进而导致受其影响企业的生产率的变化。由于企业利润最大化原则的约束，企业在劳动市场中的行为一般只考虑自身利润的大小，而不会考虑自身行为对其他企业造成的经济外在效用。这样，所有理性的厂商都将逐渐提高雇员工资，从而降低了社会对劳动力的需求，社会失业水平会提高。

同样，某个工人提高其劳动生产率的行为，将会改变市场劳动供给的生产质量的分布，从而改变企业对劳动力的需求，最终影响其他工人的就业机会。其他工人就业机会的改变，将对受雇雇员的生产率产生刺激。因此，社会失业是雇员提高生产率的一种刺激，或者说，对雇员稳定性起着纪律约束作用的是失业，而工资的提高则是对雇员稳定性的根本刺激。

由此可见，劳动市场上的供给与需求之间是相互影响的，我们难以对供给范畴和需求范畴做出确切明了的区分，也就难以对二者进行有效的区别分析。理论研究的这种困境，正是由于理论研究者认识到存在不完全信息的经济外在性的结果。基于不完全信息而产生的劳动市场上的经济外在性，极大地约束了市场资源配置机制效率的可分散程度，同时又使市场对社会稀缺资源的配置处于高度分散的状态。高度分散的竞争市场的效率是低下的。因此，不完全信息条件下的竞争性劳动市场将是低效率的。当然，这个观点并不意味着集中统一的计划体制将优于市场体制。事实上，在不完全信息条件下，计划体制可能会比市场体制遇到更为严重的信息问题。

最终，效率工资理论得出一个颇有价值的研究结论：在信息不完全程度较高的经济社会中，企图利用市场竞争机制完全解决价格和工资刚性、社会供求均衡、通货膨胀和失业，以及市场价格离散等问题是难以做到的。

4.3.2　逆向选择与道德风险

1．逆向选择理论

1）逆向选择的定义

1970 年，阿克洛夫在《"柠檬"市场：质量不确定性与市场机制》中构建了二手汽车的逆向选择模型,不仅解释了信息不对称导致市场缺乏效率的原因,还进一步分析了买方和卖方数量以及风险态度对均衡的影响。阿克洛夫的研究表明,在非对称信息的情况下,逆向选择导致市场上出现格雷欣法则所描述的"劣币驱逐良币"的现象,市场机制所实现的均衡可能是无效率的均衡。1976 年,在《等级制度、恶性竞争和其他可悲的故事》一文中,阿克洛夫提出可以通过一系列"显示性"信息的传递,以解决买卖双方信息不对称的问题,避免逆向选择行为的发生。此后,众多学者分别给出了逆向选择的一般理论和资本配置领域中逆向选择的具体分析。逆向选择是指市场的某一方如果能够利用多于另一方的信息使自己受益而使另一方受损,某一方倾向于与对方签订协议进行交易。于是,信息劣势的一方便难以顺利地做出买卖决策,价格便随之扭曲,并失去了平衡供求、促成交易的作用,进而导致市场效率的降低。可见,逆向选择是因交易双方信息不对称和市场价格下降而产生的劣质品驱逐优质品,进而致使市场交易产品平均质量下降的现象。

　　在现实的经济生活中,存在着一些和常规不一致的现象。本来按常规现象,降低商品的价格,该商品的需求量就会增加;提高商品的价格,该商品的供给量就会增加。但是,由于信息的不完全性和机会主义行为,有时候,降低商品的价格,消费者也不会做出增加购买的选择(因为可能担心生产者提供的产品质量低,产品是劣质产品,而非原来他们心中的高质量产品);提高价格,生产者也不会增加供给。逆向选择也是保险公司面临的一个大问题,它与道德风险有着密切的联系。在保险市场上,想要为某一特定损失投保的人实际上是最有可能受到损失的人。因此,保险公司的赔偿概率将会超过公司根据大数据法则统计的总体损失发生费率,这就是保险公司的逆向选择。

　　2)逆向选择的简单模型

　　假设二手车市场上有优质车和劣质车两种品质的车,它们各占比例为 α 和 $1-\alpha$($0<\alpha<1$)。买方在购买时无法判别商品的质量。以利润驱动的经纪人卖方也认识到买方对质量缺乏认识,就以次充好。每个买方对两种质量的商品的估价为 w_1 和 w_2;每个卖方对两种质量的产品有相应的估价 v_1 和 v_2,那么必然有 $v_1<w_1$、$v_2<w_2$。如果市场很规范,即信息对称的情况下,两种商品分别在两个市场上各有各的标价,只要 $v_1<w_1$、$v_2<w_2$,劣质品定价在 v_1、w_1 之间,优质品定价在 v_2、w_2 之间,买卖双方就能很快成交,各取所得。如果市场不规范,两种商品被混合在一起销售,则市场对该类商品只能有一个定价,那么买方对该类商品的合理定价将为 $w' = \alpha w_1 + (1-\alpha)w_2$。这时,优质品持有者很可能会遇到 $v_2>w'$ 的情况。这时,他们就会退出市场,结果市场上会逐渐剩下卖高价的劣质品(图 4-6)。

　　信息经济学将买方在购买汽车时由于非对称信息而导致的不利的选择环境,称为逆向选择或不利选择。旧汽车市场模型提出了三个重要结论:第一,在非对称信息市场中,商品质量依赖于价格,也印证了"便宜没好货";第二,非对称信息导致市场上买方和卖方的数量比在完全信息结构下少得多,甚至非常少,因此交易市场的运行是低效率的;第三,逆向选择可能导致市场失灵。

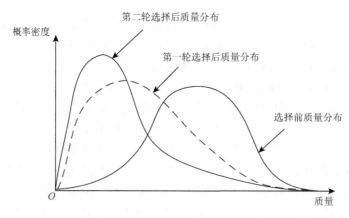

图 4-6　二手车市场的变化

3）逆向选择的解决办法

一是保证书。保证书的存在带来的一个自然结果就是卖方而不是买方承担风险。因为一旦出现质量问题，风险将由卖方承担，这样即使作为信息劣势方的买方也不会因为自身的信息劣势而给予市场以平均估价，保证书有力地证明了质量的可信度。

二是品牌。品牌可以显示产品的质量，拥有自身品牌的企业为了长期成长，往往会对品牌精心规划，因而对其产品质量有规范的要求，从而维护顾客心理上的安全感。

三是连锁经营。连锁经营，如连锁旅店也与品牌有相同的作用。

四是许可证。许可证也可以降低质量的不确定性，从而缩小信息不对称的差距，规避逆向选择现象的发生。

五是信息披露与中介制度。信息披露制度也称为公示制度、公开披露制度，它是上市公司为保障投资者利益、接受社会公众监督而依法规定必须将其自身的财务变化、经营情况等资料和信息向证券管理部门和证券交易所报告，并向社会公开披露，以使投资者充分了解情况的制度。中介是指在两个或多个系统之间交易或服务的媒介组织或个人，中介由于掌握一定的专业知识，对于卖出产品的了解程度比买主更深，信息不对称程度要低，买主可以通过中介的专业经验来避免逆向选择问题的发生。

2. 道德风险

1）道德风险的定义

道德风险也称败德行为，是指经济代理人在使自身效用最大化的同时，损害委托人或其他代理人效用的行为。在市场经济中，道德风险是一种普遍的现象，它是理性经济人对自身的隐蔽信息采取的理性反应。

在现实环境中，当委托人面临信息不对称时，代理人往往可以选择道德风险行动使自身收益最大化。道德风险多发生于签订委托代理合同之后，产生的原因在于代理人拥有私人信息。在签订委托代理合同后，代理人利用自身拥有而不被委托人观察到的隐蔽行动，改变签约合同前的行为模式，从而获取更大的预期收益，这一过程同时损害了委托人的利益。

2）道德风险的简单模型

按照时间顺序来分析这个博弈，最初，委托人决定提供怎样的合约给代理人后，代理人根据委托人确定的合约条款决定是否接受合约载明的交易关系。最终，如果合约被接受，给定所签的合约，代理人必须决定他最希望的收益水平。这可以由代理人自由决策，因为努力不是一个合约变量。所以当设计这一交易关系的合约时，委托人必须心里明白，合约签订以后，代理人选择的是对他个人而言最好的收益水平。

如果委托合同建立在固定工资的基础上，即代理人的行为总是相同的，那么，代理人将会选择最小的代理成本。然而，委托人会预料到这一反应。因此，如果委托人给出的合约是建立在固定支付的基础上，那么他选择的工资恰好能补偿代理人付出的成本。

3. 信息市场与信息经济构成

1）信号发送与信息甄别

信号发送就是研究有效解决由信息不对称导致的逆向选择问题的一个主要理论。该理论解释了卖方通过发出关于其产品质量的信息，以使买方愿意支付更高价格购买高质量的产品，降低市场中逆向选择程度的问题。市场上这种由信息较多的一方主动提供信息给信息较少的一方，从而形成市场交易机会的行为，就是信息经济学中的信号发送。

信息甄别理论研究的是处于信息劣势的委托人如何通过机制设计对代理人进行甄别。信息甄别理论在不同领域均得到了广泛应用。例如，在生活中随处可见的差别定价，可以帮助辨别不同偏好的客户。在公司治理中，有的企业接班人制度是一种信息甄别机制，股东为了判断接班人的忠诚度，在公布接班人之前的一段时间内采取模糊策略，忠诚度低的候选人更容易在模糊策略下退出竞争，从而甄别出忠诚度高的候选人作为接班人。

2）简单模型

以罗斯柴尔德和斯蒂格利茨 1976 年的信息甄别简单模型为基础，通过保险市场来分析差别定价的信号均衡。

假设一家保险公司面临的所有客户的收入 y 和可能遭受的损失 $d(d<y)$ 都是一样的，其中，客户分为高风险与低风险两类客户，且每一类客户遭受损失的概率不同。高风险客户遭受损失的概率为 P_H，低风险客户遭受损失的概率为 P_L，高风险客户遭受损失的概率比低风险客户的高。

通常情况下，为了避免出现逆向选择的现象，保险公司采取差别式保单供客户选择。

如果将保单定义为保费 a 与赔偿金 b 的组合 (a, b)。这样，保险公司可以同时推出两种保单——面向高风险客户的保单 (a_H, b_H) 以及面向低风险客户的保单 (a_L, b_L)，其中，$a_H>a_L$，$b_H>b_L$，即一种是保费较高的全额赔偿保单，另一种是保费较低的部分赔偿保单。其中的关键问题是，低风险客户不会选择高风险保单，而高风险客户可能会伪装自己是低风险客户来选择低风险保单。因此，保险公司的主要目标是让高风险客户出于自身的风险类别只会选择高风险保单，且只有选择高风险保单，才会有效补偿高风险可能带来的损失。结果，保险公司就有可能将高风险客户和低风险客户甄别开来。为构造这两种保单，罗斯柴尔德和斯蒂格利茨指出，在假定保险公司的期望利润达到最高时，在这一模型中必定存在唯一的分离均衡，即存在这样的两种保单，使得高风险客户选择前一种保单，低风险客户会选择后一种保单，从而不同风险的客户得以甄别。

4. 信息搜寻理论

1）信息搜寻的含义

对于搜寻概念的讨论，斯蒂格勒认为，搜寻是买卖者只有与其他各种各样的市场买卖者接触后，才能确定对其最为有利的价格的一种经济行为。在商品买卖、投资与金融、劳动者就业选择等领域，搜寻多属于有利可图的活动。马肯南则认为，搜寻只是用来描述任何信息收集活动的一个简明术语，其利益体现在发现各种可能的经济机会。戴蒙德指出，搜寻是关于资源配置的一种分析过程，它通过信息的收集使潜在市场交易得以实现。我们认为，搜寻不仅是对市场信息进行收集的活动，而且还是在收集有关市场信息基础上，做出经济决策的资源配置行为。在现实中，搜寻直观地表现为走访商店、做广告等形式。事实上，公司企业市场调研或市场研究属于一种有组织的，并且有相当规模的信息搜寻。

2）信息搜寻方式

大体说来，常见的信息搜寻方式有以下七种类型。一是交易区域化。这是搜寻最古老的方式之一。中世纪西欧，中国唐朝以前的市制制度都是交易区域化的典型制度。市制制度规定买卖者不得在集市范围之外或非集市时期进行交易，进入集市的商贾必须向政府交纳一定的市税，交易区域化提高了市场搜寻效率。在现代社会中，交易区域化的一种突出发展形式就是定期召开贸易展销会，这是属于现代形式的交易区域化搜寻方式。二是专业化贸易商。那些潜在的买卖者可以通过专业化贸易商的集中化专业贸易活动得到需要的市场信息或信号。三是广告。广告，特别是分类广告，是买卖者相互交换信息的现代方式，也是现代经营者信息搜寻的主要方式。通过新闻媒介等广告形式的搜寻，买卖双方都能在降低搜寻成本的同时提高搜寻效率。四是共享信息。共享信息即两个买主相互之间比较价格，事实上就是在共同享用各自搜寻到的价格信息。很明显，如果两个买主走访 S 个卖主，并且进行比较，这时，买主实际上走访的卖主数就不再是 S 个，而是 $2S$ 个。当然，这种算法排除买主走访同一个卖主的可能性。五是直接走访。例如，走访商店、商情寻访调查等。六是求助专业化信息机构。例如，信息公司、职业介绍所、专业性咨询公司等。七是通信搜寻。例如，电话咨询、函件求职等。

4.3.3　金融科技对信息经济学有关问题的影响

信息经济学讨论的委托代理及其中的道德风险和逆向选择等问题及其解决，始于信息不完全和信息不对称这一痛点，金融科技在相关领域的发展和运用过程中，对于信息经济学这一痛点及其导致的问题的解决主要体现在以下两点。第一，金融科技有助于降低信息发布与搜寻的成本。随着通信技术的换代进步和通信基础设施的不断完善，借助生物识别、物联网等技术，交易各方发布及搜寻与交易有关信息的成本大大降低。第二，金融科技有助于降低信息处理和加工的成本。获取了有关交易各方海量的信息之后，借助大数据和机器学习等技术，加工和处理海量信息的成本将大大降低。

正是由于上述两方面的影响，金融科技情景下信息不完全和不对称的痛点及其导致的委托代理和逆向选择等问题有可能被弱化，为此，金融机构或非金融机构具有发展金融科技、规避传统信息经济学机理下痛点的动机，以赢取在组织模式选择和市场竞争中的优势地位。当然，若金融科技手段的运用导致了交易各方新的信息不完全和不对称，乃至导致了平台垄断的现象，则仍然可以从信息经济学和管制经济学的角度去思考问题的产生及解决。

4.4　网络经济学理论

4.4.1　经济环境

1. 网络

西方网络经济学家有关网络的定义是："网络是由互补的节点和链构成的。网络重要且鲜明的特征是不同的节点和链之间的互补性。网络提供的服务需要两个或者更多的网络组成部分。"

正如西方网络经济学家指出："对经济学家而言，网络的概念既包括经济行为主体的相互作用的结构，也包括正外部性的经济属性。因此，网络被视为既是建立在经济行为主体之间相互作用的一个集，也是经济行为主体出于不同经济目的采用相似行为的一个集。"

两种定义都认为经济学研究的是广义范畴的网络，网络经济学研究的是这些网络在经济学中的共性特征。

2. 网络外部性的含义和分类

外部性是指一个市场参与者（个人、家庭、企业或其他经济主体）的行为影响到了其他人或者公共的利益，而行为人却没有因该行为做出赔偿或得到补偿。由于市场参与者的行为决策依据的是私人成本和私人收益，因此外部性导致了私人决策不会考虑他们的行为对其他人或者公共利益的影响，从而导致了价格系统对资源的错误配置。也就是说，当外部性存在时，一种商品的价格不一定反映它的社会价值，因此厂商可能生产太少或太多，从而导致市场无效率。

传统经济学将外部性分为正的外部性与负的外部性两种类型。无论是正的外部性还是负的外部性，两者都破坏了市场应有的效率，降低了社会总效用，扭曲了成本-效益原则；如果经济体中存在外部性，市场自发达到的均衡就不是帕累托最优，存在改进的可能。

网络外部性可以从不同的角度来理解，主流的观点从市场主体中的消费者层次来认识，这种观点给出了一个明确的定义：当一种产品对用户的价值随着采用相同产品或可兼容产品的用户增加而增加时，就出现了网络外部性。也就是说，由于用户数量的增加，在网络外部性的作用下，原有的用户得到了产品中所蕴含的新增价值而无须为这一部分的价值提供相应的补偿。从更加广义的角度来理解，网络外部性意味着在网络中一种行为的价值的增加伴随着采用相同行为的市场主体的数量增多而发生。

经济学家 Katz 和 Shapiro（1985）对网络外部性进行了分类。他们将网络外部性分为两种：一种为直接网络外部性，消费相同产品的市场主体数量的增加带来的直接物理效果而产生的外部性，如电话、电邮和网络游戏等；另一种是间接网络外部性，即随着某一产品使用者数量的增加，该产品的互补品数量增多、价格降低产生的价值。

后来的学者遵循同样的思路对两种网络外部性做了更加清晰而准确的界定：直接网络外部性是指一个消费者拥有的产品价值随着另一个消费者对一个与之兼容互补的产品的购买而增加；而当另一种产品的互补品变得更加便宜和容易得到时，这个产品的兼容市场范畴得以扩展，这时就出现了市场中介效应，因为该产品的消费者可得到的价值增多了。实际上，市场中介效应就是间接网络外部性。

4.4.2　网络经济的新经济特性

1. 转移成本

Jones 等（2000）认为，转移成本是指消费者转换供应商时，能够觉察到的经济和心理成本的等价货币值。Shy（2002）认为，消费者的转移成本是导致消费者被锁定的主要因素，产生于消费者在特定品牌或服务上的人力、物力的投资。简单来说，转移成本就是用户从一个产品转移到另一个产品，或者从一个网络转移到另一个网络所需承担的成本。

转移成本通常可以分为私人转移成本和社会转移成本，私人转移成本和网络并无太大的关联，所以更多关注的是社会转移成本，即消费者的转移壁垒或者被厂商锁定的可能性，在很大程度上是由市场的网络外部性特征引发的。与之相对应，消费者在不兼容品牌之间的转移则意味着网络效用的损失或不同网络效用的替代差异。

由于转移成本的存在，市场在最初阶段的竞争会更加激烈，而先取得市场优势的企业则也会不断地壮大。当经验产品产生的转移成本为零时，转移壁垒完全来自网络外部性，具有更强外部性的企业不仅可以保留拥有自己产品安装基础的消费者，而且能够吸引具有竞争对手安装基础的消费者，以此获得比竞争对手更多的市场份额。具有较强网络外部性的企业不仅能够锁定自己的消费者，而且能够吸引竞争对手的消费者，从而获得市场竞争优势。

2. 锁定

锁定是指由于各种原因，从一个系统（可能是一种技术、产品或标准）转换到另一个系统的转移成本大到转移不经济，从而使经济系统达到某个标准后就很难退出，系统逐渐适应和强化这种状态，从而形成一种"选择优势"，把系统锁定在这个均衡状态中。

从转移成本的角度来看，消费者在做出是否转移的决定时，会对转移成本进行一个评估，再决定是否转移，当转移成本高于转移收益时，消费者会停留在原产品或者原网络上，形成锁定。

3. 路径依赖

当一个人选择了一条路径的时候，因为转移成本的自增强特性，使得他停留在这一条路径上而行动，这种现象称为路径依赖。

在经济学中，经济学家一般用路径依赖来表示在一个以自愿抉择和个人利益最大化行为为特征的世界中，经济发展过程中的一个次要的或者暂时的优势，或者是一个看似不相干的事件都可能对最终的市场资源配置产生不可逆转的影响。

4. 正反馈

先从正反馈的对立面——负反馈谈起。负反馈描述的是一个从强者走向衰弱而弱者逐渐强大的过程。传统经济学中，负反馈起着决定作用，传统经济学讨论的均衡过程实际上正是这样的一种情形。

正反馈简单来说，就是通常所说的"强者更强，弱者更弱"的马太效应，即在一定条件下，优势或弱势一旦出现，就会不断加剧而自我强化，出现滚动的累积效果，在积极的情况下，甚至可能出现"赢者通吃，弱者出局"的局面。

5. 临界容量

简而言之，临界容量就是维持均衡的最小网络规模。对于许多存在强网络外部性的网络产品而言，临界容量似乎是十分客观的网络规模，较小的网络规模无法使市场达到并维持均衡状态。临界容量的概念似乎是一个悖论，如果消费者的购买意愿都很低，会造成网络规模难以扩大；而网络外部性的存在，使消费者不仅关心产品的自有价值，更关心产品的协同价值，网络规模不会使消费者的支付意愿降低。因此，突破临界容量是达到市场均衡的前提条件。此外，在网络外部性的前提下，可能存在不止一个的均衡。理论上，这些均衡都是可行的，但是最后结果到底是在哪个点，事先很难做出判断，因此，当同样的价格可以支持多个均衡网络规模时，就选定那个最小的网络规模作为临界容量。

6. 双边市场

Rochet 和 Tirole（2003）以价格结构非中性和网络外部性特征作为双边市场的界定标准。双边市场应包含三个要素。一是平台企业结构。存在一个双边或者多边的平台企业结构，同时存在两类或者多类的终端用户通过这个平台企业提供的服务进行交易。二是交叉网络外部性。不同类型的终端用户之间存在显著的交叉网络外部性。三是价格结构非中性。平台企业在进行定价时存在价格结构非中性的特点，即不仅双边市场的总价格水平，而且双边市场的价格结构也会影响平台的交易量。Armstrong（2006）将双边市场定义为两端用户需要通过中间平台进行交易，并且一方的收益取决于另一方用户的数量。

4.4.3　兼容和标准

1. 兼容

Katz 和 Shapiro（1985）在网络经济学中，对于兼容的定义为相互替代或互补的产品能够直接或间接地共同使用。根据其不同情况下的表现形式的差异，将其分为三种情况：一是如果不同硬件能够使用同一软件，那么这些硬件可以被认为是兼容的，而且是软件兼容；二是如果不同品牌的组件可以组成一个完整的设备系统，那么就说组件是兼容的；三是如果具有替代关系的不同设备能够直接连接使用，那么这些设备就是兼容的。

兼容对于消费者效用的影响可以从直接外部性和间接外部性两个角度来看。在直接外部性的情形下，消费者效用随着网络的增加而增加，但是在消费者决策过程中，备选商品自身的网络大小并未影响消费者的判断。消费者对于商品的选择基于商品自身的质量和价格。在间接外部性的情形下，如果与某一系统兼容的软件品牌越来越多，那么在选择增加的同时，消费者既可以从软件开发商之间的价格竞争中获利，也可以从网络规模扩大的过程中预期收获规模经济。

兼容对于厂商利润的影响会增加厂商的成本，降低产品和技术的性能等。不同的厂商对于兼容所遭受的影响不同，其中主导厂商的主导地位可能被降低，厂商则可能扩大产能。

2. 标准

国际标准化组织认为，标准是由一个公认的机构制定和批准的文件。它对活动或活动的结果规定了规则、导则或特殊值，供共同和反复使用，以实现在预定领域内最佳秩序的效果。在网络经济学中，标准更多地被认为是技术概念。技术标准是指重复性技术事项在一定的范围内的统一规定。它以原创性专利技术为主，通常由一个专利群来支撑，通过对核心技术的控制，很快形成排他性的技术垄断。

从消费者角度来看，首先，对于消费者而言，经济学中评价其福利大小的指标是消费者剩余，标准的存在意味着厂商之间同类产品的可替代性增强，可替代性增强意味着产品之间的竞争就更为直接和激烈，从而降低产品价格。其次，标准、兼容性高意味着产品可以与更多的互补品组合使用或者在两个产品之间切换时不需要增加额外的成本，从这个角度来说消费者是比较欢迎标准的。再次，从消费者偏好的多样性来看，标准缩小消费者的选择范围往往被视为标准的一个缺陷。最后，关于标准的另一个缺陷是次优技术获胜，即消费者长期被锁定在旧技术上，而新技术无法进入市场。

从生产者角度来看，在标准的市场中，互补品的生产商不必再为了某个不是市场技术主流的合作者提供产品而担负合作者破产、产品滞销带来的风险。对于市场的新进入者来说，标准会扩大市场规模，甚至对市场能否出现产生影响。对于市场的占有者来说，在一些情况下他们对于开放产品的标准不感兴趣，除非他们自己掌握这一标准，并可以从标准包含的知识产权中获取让渡使用权的补偿。

3. 标准联盟竞争

Lea 和 Hall（2004）提出标准联盟竞争中可以采用标准战略联盟。标准战略联盟是参与企业根据各自已有资产的异质性，本着互惠互利的原则，结合资产的互补性，追求共同利益的行为，可以被看作一种以知识活动为基础的合作关系。建立标准战略联盟的意义在于，可以实现技术共享和整合优势，建立知识产权联盟，追求利益一致性，形成标准竞争的网络外部性。

4.4.4　网络经济下的市场结构

1. 网络经济下的寡头垄断

在现实中，网络经济仍然是一种新兴的经济形态，处于动态发展过程中，在政府公共政策等其他外部因素的作用下，绝对意义上一枝独秀的纯粹垄断很少，网络经济的市场结构更多地呈现出绝对集中度高、参与厂商数量少、受在位厂商战略性行为影响的寡头垄断特征。

2. 次优技术获胜

在传统市场上，当新产品的功能或质量都优于旧产品，则在相同价格的情况下前者必然取代后者。但是在网络经济市场，这一基本特性受到挑战。在对网络外部性的讨论中，可以得出一个结论，消费者的效用取决于商品的质量、网络规模的大小及价格的高低。这就意味着，即使 A 产品的质量甚至价格都优于 B，但是如果 A 产品的网络规模小于 B，消费者会选择网络规模大的产品。这种现象被称为次优技术获胜。

次优技术获胜被视为一种市场失灵现象，这种市场失灵体现为，对消费者而言，如果某种产品在市场中占统治地位，并产生了网络外部性，那么消费者可能失去自由选择产品的能力而被迫选择该产品，即使该产品的质量不是最好的，但是放弃选择该产品会带来更多的不便。对于竞争的厂商而言，它们则可以充分利用网络外部性的特性，努力扩大其用户规模，一旦行业内某家厂商的产品出现网络外部性，就可能导致竞争机制的扭曲，其他厂商的质量再好、价格再合理也可能无人问津。

3. 价格离散

价格离散是指同一类商品的价格分布相对于某一中心的偏离。在这里同质商品既可以指同一品牌、同一型号的产品，也可以指具有同种功能的商品。价格离散率用来测度市场中某种商品的价格离散程度，可以用来比较不同商品在不同市场中的价格离散程度。从广义上讲，价格离散是由于信息在市场交易双方的不均衡分布产生的，价格离散可以反映市场信息的充分程度和市场的发展情况。网络经济对于价格离散具有削弱的效果，因为网络降低了市场的搜寻成本，拓展了市场搜寻的途径，提高了市场搜寻的效率。

4. 数字鸿沟

van Dijk 和 Hacker（2003）提出了一个衡量数字鸿沟的四维度框架定义。在他们的研究框架下，就互联网技术而言，数字鸿沟实际上包括四个层次的鸿沟。其中，第一层为意愿接入，是指实际接入到互联网之前存在将个人拥有的计算机接入到互联网的意愿；第二层为设施接入，是指拥有可以接入到互联网的全套设备和链接；第三层为技能接入，是指人们在社会中为某一特定目标利用计算机和互联网技术的能力；第四层为应用接入，是指整个技术接入的过程中的最后一环，也是目的所在，关注的是人们对互联网的实际使用情况。

4.4.5　金融科技赋能下网络经济特征新趋势

随金融科技的深入发展和运用，金融科技赋能下的网络经济将呈现以下新特征。

第一，网络外部性作用的主体边界和范围将发生变化。例如，随区块链技术的深入发展和运用，一方面因分布式记账、共识机制、密码学和智能合约等核心技术的运用，网络外部性可能在链内内部化或者弱化，另一方面因公有链、联盟链和私有链等不同类型的区块链属于不同性质的主体，网络外部性就可能体现在不同的区块链之间，或者体现在区块链与网络中的其他主体之间。

第二，网络节点主体因转移成本变化，可突破之前的锁定状态，找到新的发展路径。例如，在区块链等金融科技导致网络外部性作用的主体范围和边界变化的过程中，网络节点间的转移成本也会发生变化，相关主体在网络节点上之前的路径可能会因此转向新的路径。

第三，金融科技将驱动网络经济下的市场结构深化调整。在金融科技驱动下，网络外部性作用的主体边界和范围变化，以及网络节点相关主体因转移成本变化而对新路径的寻求，本质上将导致网络经济下市场结构深化调整。

本章重要概念

长尾需求模型　长尾金融客户　规模经济　范围经济　信息链　价值链　信息不完全　信息不对称　委托代理　道德风险　逆向选择　网络外部性　转移成本　锁定　路径依赖

本章复习思考题

1. 长尾需求模型中客户需求的满足包含怎样的经济逻辑？
2. 金融科技在解决长尾金融客户融资困境中有哪些优势？
3. 金融科技促成信息链向价值链转化的机制是什么？
4. 金融科技对于信息经济学信息不完全和不对称所导致痛点问题的影响有哪些？
5. 金融科技如何赋能信息经济学信息不完全、信息不对称问题的解决？
6. 金融科技背景下网络经济特征出现了哪些新趋势？

第5章 金融科技的核心技术

金融科技是核心技术驱动的金融创新，本质是通过技术手段提升金融业的服务质效。本章主要介绍和学习金融科技的核心技术，主要包含大数据、云计算、区块链、人工智能和互联网技术。

5.1 大数据技术

随着新兴信息技术以及应用模式的涌现，全球的数据量也呈现出前所未有的爆发式增长趋势。全球知名咨询公司麦肯锡最早在 2011 年提出了"大数据"时代的来临，其指出：数据已经渗透到每一个行业和业务职能领域，已成为一个重要的生产因素，并且海量数据可以通过多种方式产生价值，那么对于海量数据的运用，就成为企业今后参与竞争以及获得发展的基础。不仅如此，人们对于海量数据的挖掘和应用，也将预示着新一波生产率增长和消费者盈余浪潮的到来。分析调研机构 IDC（International Data Corporation，国际数据公司）发布的数字宇宙研究报告（digital universe study）《从混沌中提取价值》（Extracting value from chaos）显示，全球信息总量每过两年，就会增长一倍，截至 2011 年，全球被创建和被复制的数据总量为 1.8ZB（ZB 为泽字节，1ZB≈10 万亿亿字节），2020 年达到 35ZB。

5.1.1 大数据技术概述

1. 大数据的概念和类型

大数据是高容量、高生成速率、种类繁多的信息资产，对大数据的运用需要具有高性价比和创新性的处理分析方法，来提高对数据的分析能力，从而依赖大数据做出正确的资源配置决策。大数据具有 5V 特点，即规模性（volume）、多样性（variety）、快速性（velocity）、价值性（value）以及真实性（veracity）。其中，规模性指数据的存储量大和计算量大；多样性指处理的数据来源多，格式多，大数据除了有结构化数据外，还有半结构化和非结构化数据；快速性指数据的增长速度快、处理速度要求快；价值性指数据价值密度相对较低，这就意味着数据量呈爆发式增长的同时，隐藏在数据背后的有用价值却没有成比例地增长，这就增加了挖掘数据价值的难度；真实性则意味着数据分析的基础应该是准确的基础数据，而不是被人为篡改或是在传输过程中失真的数据。

通常情况下，大数据包括三种类型。一是结构化数据，即行数据，这种存储在数据库里，是可以用二维表结构来体现的数据。二是半结构化数据，这种数据包括电子邮件、办公处理文档，以及许多存储在网络上的信息。半结构化数据是基于内容的，可以被搜索。三是非结构化数据，包括图像、音频和视频等可以被感知的信息。据统计，企业中20%的数据是结构化的，80%的数据是非结构化或半结构化的。当今世界结构化数据的增长率大概是 32%，而非结构化数据的增长率则是 63%。今后非结构化数据占有比例还将继续增加。这些非结构化数据的产生往往伴随着社交网络、移动计算和传感器等新的渠道和技术的不断涌现和应用。企业用以分析的数据越全面，分析的结果就越真实。大数据分析意味着企业能够从这些新的数据中获取新的洞察力，并将其与已知业务的各个细节相融合。

2. 大数据处理流程

大数据的数据规模巨大、数据种类繁多，处理方式多种多样。但大数据也有自己的基本处理流程，即数据获取、数据集成、数据分析和数据解释。

1）数据获取

多源异构数据的获取是数据处理的基本前提。随着互联网、物联网、云计算的快速发展，互联网已成为获取数据的主要渠道，物联网成为大数据搜集的来源，社交网络把人类的真实世界映射到网络，随着以博客、微博为代表的社交网络和以手机、平板电脑为代表的移动智能终端的快速发展，每天都会产生大量的数据。云计算改变了传统的数据存储方式，为大数据的存储和计算提供了基础平台和技术支撑。当今时代，数据获取技术众多，最主要的有传感器技术、Web2.0 技术、条形码技术、射频识别（radio frequency identification，RFID）技术、移动终端技术、智能可穿戴设备等。

2）数据集成

数据集成主要完成数据的抽取、清洗和存储操作。数据获取阶段获取的数据规模巨大、种类繁多，数据集成能将复杂的数据转化为单一的或者便于处理的类型。原始数据价值密度稀疏，很大部分数据相对于特定应用来说可利用价值较低或者没有价值，甚至可能包含错误的"噪声"数据，数据清洗可以保证数据的质量和可信度。数据存储为数据处理提供一个平台。一个良好的数据库，可以实现数据的存储、索引、查询，并有效地解决数据难以复用的问题。目前，数据库种类繁多，既包含传统的关系数据库，也包含非关系数据库。

3）数据分析

数据分析是整个大数据处理流程的核心，因为大数据的价值产生于分析过程。从异构数据源抽取和集成的数据构成了数据分析的原始数据。根据不同应用的需求，可以从这些数据中选择全部或部分进行分析。传统的数据分析技术如数据挖掘、机器学习、统计分析等在大数据时代需要做出调整，因为这些技术在大数据时代面临着一些新的挑战，主要有以下几个方面。

（1）数据量大并不一定意味着数据价值的增加，相反这往往意味着数据噪声的增多。因此在进行数据分析之前必须进行数据清洗等预处理工作，但是预处理如此大量的数据对于机器硬件以及算法来说都是严峻的考验。

（2）大数据时代的算法需要进行调整。首先，大数据的应用常常具有实时性的特点，算法的准确率不再是大数据应用的最主要指标。在很多场景中，算法需要在处理的实时性和准确率之间取得一个平衡，比如，机器学习算法。其次，云计算是进行大数据处理的有力工具，这就要求很多算法必须做出调整，以适应云计算的框架，算法需要变得具有可扩展性。最后，在选择算法处理大数据时必须谨慎，当数据量增长到一定规模以后，可以从小量数据中挖掘出有效信息的算法，并应用于大数据处理中。

（3）数据结果好坏的衡量。得到分析结果并不难，但是结果好坏的衡量却是大数据时代数据分析的新挑战。大数据时代的数据量大、类型庞杂，在进行分析时往往对整体数据的分布特点掌握得不太清楚，这会导致最后在设计衡量的方法以及指标时遇到诸多困难。

4）数据解释

数据分析是大数据处理的核心，但是用户往往更关心结果的展示。如果分析的结果正确但是没有采用适当的解释方法，则得到的结果很可能让用户难以理解，极端情况下甚至会误导用户。数据解释的方法很多，比较传统的就是以文本形式输出结果或者直接在电脑终端上显示结果。这种方法在面对小数据量时是一种很好的选择。但是大数据时代的数据分析结果往往是海量的，同时结果之间的关联关系极其复杂，采用传统的解释方法基本不可行，可以考虑从下面两个方面提升数据解释能力。

（1）引入可视化技术。可视化技术作为解释大量数据最有效的手段之一，率先被科学与工程计算领域采用。可视化技术是指通过对分析结果的可视化，用形象的方式向用户展示结果，这种方式比文字更易于理解和接受。

（2）让用户能够在一定程度上了解和参与具体的分析过程。这个既可以采用人机交互技术，利用交互式的数据分析过程来引导用户逐步地进行分析，使得用户在得到结果的同时更好地理解分析结果的由来，也可以采用数据起源技术，通过该技术帮助追溯整个数据分析的过程，有助于用户理解结果。

5.1.2　大数据技术对金融业的影响

实践证明，大数据技术对金融业的影响总体上有以下七个方面。

1. 实时处理结构化和非结构化数据

大数据技术可以对结构化和非结构化数据同时进行分析与处理，这是传统统计软件难以实现的功能。大数据技术能够将海量的信息集成在一起形成强大的数据库，让金融业从中提取出有用的信息。大数据技术的引入使得对金融业发展趋势和发展方向的预测变得更加便捷，同时也会提升数据分析和预测的精确性。大数据技术提供的数据分析、数据管理和数据处理技术使得金融业的发展获得了更多的数据支持，人们能够在经营改善、风险控制和精确营销上做出更科学的决策。

2. 风险管理

大数据技术收集的是更全面、更真实、更有效的数据，并且能够找出不同变量之间的关系，挖掘数据背后潜在的风险，帮助金融业迅速识别风险，改善风险决策方式，从而提高风险的管理效率。风险主要包括信用风险、市场风险、操作风险和流动性风险。对于这些风险的管理，大数据技术都是非常重要的手段和工具，风险数据计算和数据模型已经成为银行的标配，也是监管部门的要求。巴塞尔协议中对于每种风险的计算方法都有明确的规定，其中数据是基础和核心，大数据技术的应用是关键。信用风险对于数学模型的使用是最早和最广泛的，数据模型包括但不限于初滤模型、审批模型、行为模型、催收模型、违约概率模型、破产概率模型、偿债能力模型、财务诚信度模型等。所有这些都离不开大数据的计算和分析方法，其中，算法的选择和变量的转换是提升模型准确度的关键，也是判断模型建设者创造力的关键。

3. 客户管理

通过大数据分析平台，在银行已经有的传统结构化数据的基础上，再接入大量的外部数据，如政府部门已经收集的数据和互联网产生的数据，就可以构建客户 360 度全方位视图，即客户画像。

政府数据包括政府各个部门在日常工作中收集的各项数据，除了中国人民银行征信管理系统收集的信贷关系数据之外，政府有大量对于金融机构来说有用的数据目前还没有得到充分的利用，如税务数据、海关数据、工商数据、司法数据、房管车管数据、教育数据、社保数据等不同部门的数据。当然，任何数据的使用都要考虑数据的安全问题，确保数据不被泄露并保证数据的安全，同时一定要充分考虑企业和个人的隐私保护问题。数据必须在合理、适度的原则下使用，必须在合规和合法的前提下使用。除了政府的数据，互联网数据也非常重要，如客户通过社交网络、电子商务、终端媒介等产生的结构和非结构化数据，它们对于了解客户和判断客户的金融行为有着重要的意义。

金融机构内部也拥有大量具有价值的数据，如业务订单数据、客户属性数据、客户收入数据、客户查询数据、理财产品交易数据、客户行为数据等，这些数据可以通过客户账号的打通，建立客户标签体系。在此基础之上，结合风险偏好、客户职业、爱好、消费方式等偏好数据，利用机器学习算法来对客户进行分类，并利用已有数据标签和外部数据标签对客户进行画像，进而针对不同类型的客户提供不同的产品和服务策略，这样可以提高客户渗透力、客户转化率和产品转化率。也就是说，通过大数据，金融机构可以逐渐实现完全个性化客户服务的目标。

4. 产品管理

通过大数据分析平台，金融机构能够获取客户的反馈信息，及时了解、获取和把握客户的需求，通过对数据进行深入分析，可以对产品进行更加合理的设置。通过大数据，金融机构可以快速高效地分析产品的功能特征、产品的价值、客户的喜好、产品的生命周期、产品的利润、产品的客户群等。如果处理得好，可以做到把适当的产品送到需要该产品的客户手上，这是客户关系管理（customer relationship management，CRM）中一个重要的环节。

5. 市场营销

借助大数据分析平台，通过对形式多样的客户数据（基本信息数据、财富信息数据、教育数据、消费数据、浏览数据、购买路径、客户的微博、客户的微信、客户的购买行为）进行挖掘、追踪、分析，以提升精准营销水平。在客户画像的基础上，金融机构可以有效地开展精准营销，包括利用外部大数据进行网络获客；根据社交数据、网络行为数据等对客户进行进一步的细分、分类；根据网络行为数据等对客户进行事件营销、实时营销等；根据外部大数据分析展开交叉销售，提升业务量并加深客户关系；根据客户偏好、年龄、资产规模等进行个性化营销以及基于客户生命周期进行客户生命周期管理，即新客户获取、客户的维护、客户防流失和客户赢回等大数据应用。

6. 系统管理

大数据分析平台能够通过分布式计算提高银行交易性能，提升海量数据处理能力，加强数据分析能力，进而简化金融机构的运行与管理。大数据不仅可用于前端商业决策，同样也可以用于后台信息技术系统的管理，提升系统管理水平和数据利用率。利用大数据分析技术采集信息技术系统各方面的数据信息进行数据挖掘分析，可以自动评估企业所有信息技术系统的运行情况，从而满足企业运维层面的需求、业务增长对信息系统的需求、信息技术系统性能匹配的需求以及系统采购论证的需求，最终提升信息技术系统的服务管理水平。总之，系统管理可以通过大数据分析系统性能，为系统优化、升级和扩容提供决策依据。

7. 内部流程优化

大数据能够增强企业内部的透明度，使企业上下级之间的信息流通更加通畅和便捷。同时，通过大数据技术来优化企业内部流程，提高企业运作效率。在企业内部，有大量的机会可以通过优化业务流程和集中决策来节省资源。大数据的应用能够推进企业跨业务、跨部门、跨层级的信息交换和共享，从而洞察和揭示企业业务流程中存在的缺陷，并找到符合其业务战略和目标的方式来优化资源和资本的配置、管理成本并减少浪费。

5.1.3　大数据技术在金融业中的应用

金融业一直较为重视大数据技术的发展和应用。相比常规商业分析手段，大数据可以使业务决策具有前瞻性，让企业战略的制定过程更加理性化，实现生产资源优化分配，依据市场变化迅速调整业务策略，改善客户体验以及提高资金周转率，降低库存积压的风险，从而获取更高的价值和利润。

1. 银行大数据应用

1）客户画像

客户画像应用主要分为个人和企业的客户画像。个人客户画像包括人口统计学特征、消费能力、兴趣、风险偏好等数据；企业客户画像包括企业的生产、流通、运营、财务、销售、客户，相关产业链上下游等数据。值得注意的是，银行拥有的客户信息并不全面，基于银行自身拥有的数据有时候难以得出理想的结果甚至可能得出错误的结论。所以银行不仅要考虑自身业务采集到的数据，还要考虑整合外部更多的数据，以增加对客户的了解。外部数据包括客户在社交媒体上的行为数据、客户在电商网站的交易数据、企业客户的产业链上下游数据、客户兴趣爱好数据。

2）精准营销

在客户画像的基础上，银行可以有效地开展精准营销，精准营销包括以下几点。

（1）实时营销。实时营销是根据客户的实时状态来进行营销，如根据客户当时的所在地、客户最近一次消费等信息来有针对地进行营销；或者将改变生活状态的事件（更换工作、改变婚姻状况、变更居住地和住房等）视为营销机会。

（2）交叉营销。交叉营销即不同业务或产品的交叉推荐，如某银行可以根据客户交易记录分析，有效地识别小微企业客户，然后用远程银行来实施交叉销售。

（3）个性化推荐。银行可以根据客户的需求和喜好提供个性化服务，如根据客户的年龄、资产规模、理财偏好等，对客户群进行精准定位，分析出其潜在的金融服务需求，进而有针对性地营销推广。

（4）客户生命周期管理。客户生命周期管理包括新客户获取、客户防流失和客户赢回等。

3）风险管理与风险控制

风险管理与风险控制包括中小企业贷款风险评估与实时欺诈交易识别和反洗钱分析等手段。

（1）中小企业贷款风险评估。银行可通过企业的生产、流通、销售、财务等相关信息结合大数据挖掘方法进行贷款风险分析，量化企业的信用额度，更有效地开展中小企业贷款。

（2）实时欺诈交易识别和反洗钱分析。银行可以利用持卡人基本信息、卡基本信息、交易历史、客户历史行为模式、正在发生行为模式（如转账）等，结合智能规则引擎（如从一个不经常出现的国家为一个特有用户转账或从一个不熟悉的位置进行在线交易）进行实时的交易反欺诈分析。例如，IBM（International Business Machines Corperation，国际商业机器公司）金融犯罪管理解决方案帮助银行利用大数据有效地预防与管理金融犯罪，摩根大通则利用大数据技术追踪盗取客户账号或侵入自动柜员机系统的罪犯。

4）运营优化

（1）市场和渠道分析优化。通过大数据，银行可以监控不同市场推广渠道尤其是网络推广渠道的质量，从而进行合作渠道的调整和优化，同时可以分析哪些渠道更适合推广哪类银行产品或者服务，从而进行渠道推广策略的优化。

（2）产品和服务优化。银行可以将客户行为转化为信息流，并从中分析客户的个性特征和风险偏好，更深层次地理解客户的习惯，进行智能化分析和预测客户需求，从而进行产品创新和服务优化。例如，兴业银行目前对大数据进行初步分析，通过挖掘还款数据比较区分优质客户，根据客户还款数额的差别，提供差异化的金融产品和服务方式。

（3）舆情分析。银行可以通过爬虫技术，抓取社区、论坛和微博上关于银行以及银行产品和服务的相关信息，并通过自然语言处理技术进行正负面判断，尤其是及时掌握银行以及银行产品和服务的负面信息，及时发现和处理问题；对于正面信息，可以加以总结并继续强化。同时，银行也可以抓取同行业的银行正负面信息，及时了解同行做得好的方面，以作为自身业务优化的借鉴。

2. 保险业大数据应用

过去，由于保险业的代理人的特点，在传统的个人代理渠道中，代理人的素质及人际关系网是业务开拓的最为关键的因素，而大数据在新客户开发和维系中的作用就没那么突出。随着互联网、移动互联网以及大数据的发展，网络营销、移动营销和个性化的电话销售的作用将会日趋显现，越来越多的保险公司注意到大数据在保险业中的作用。总的来说，保险业的大数据应用可以分为以下三个方面。

1）客户细分和精细化营销

（1）客户细分和差异化服务。风险偏好是确定保险需求的关键。风险喜好者、风险中立者和风险厌恶者对于保险需求有不同的态度。一般来讲，风险厌恶者有更大的保险需求。在进行客户细分的时候，除了风险偏好数据外，还要结合客户职业、爱好、习惯、家庭结构、消费方式偏好数据，利用机器学习算法来对客户进行分类，并针对分类后的客户提供不同的产品和服务策略。

（2）潜在客户挖掘及流失用户预测。保险公司可通过大数据整合客户线上和线下的相关行为，通过数据挖掘手段对潜在客户进行分类，细化销售重点。通过大数据挖掘，综合考虑客户的信息、险种信息、既往出险情况、销售人员信息等，筛选出影响客户退保或续期的关键因素，并通过这些因素和建立的模型，对客户的退保概率或续期概率进行估计，找出高风险流失客户，及时预警，制定挽留策略，提高保单续保率。

（3）客户关联销售。保险公司可以利用关联规则找出最佳险种销售组合，利用时序规则找出顾客生命周期中购买保险的时间顺序，从而把握保户提高保额的时机，建立既有保户再销售清单与规则，从而促进保单的销售。除了这些做法以外，运用大数据，保险业可以直接锁定客户需求。以淘宝运费险为例，据统计，淘宝用户运费险索赔率在50%以上，该产品给保险公司带来的利润只有5%左右，但是有很多保险公司都有意愿去提供这种保险。因为客户购买运费险后保险公司就可以获得该客户的个人基本信息，包括手机号和银行账户信息等，并能够了解该客户购买的产品信息，从而实现精准推送。假设该客户购买并退货的是婴儿奶粉，我们就可以估计该客户家里有小孩，可以向其推荐关于儿童疾病险、教育险等利润率更高的产品。

（4）客户精准营销。在网络营销领域，保险公司可以通过收集互联网用户的各类数据，如地域分布等属性数据，搜索关键词等即时数据，购物行为、浏览行为等行为数据，以及兴趣爱好、人脉关系等社交数据，在广告推送中实现地域定向、需求定向、偏好定向、关系定向等定向方式，实现精准营销。

2）骗保识别

运用大数据，保险公司可以识别诈骗规律，显著提升骗保识别的准确性与及时性。

保险公司可以通过建设保险欺诈识别模型，大规模地识别近年来发生的所有赔付事件，然后通过筛选，从数万条赔付信息中挑出疑似诈骗索赔的事件。保险公司根据疑似诈骗索赔的事件展开调查会有效提高工作效率。此外，保险公司可以结合内部、第三方和社交媒体数据进行早期异常值检测，包括客户的健康状况、财产状况、理赔记录等，及时采取干预措施，减少先期赔付。

3）精细化运营

（1）产品优化，保单个性化。过去在没有精细化的数据分析和挖掘的情况下，保险公司把很多人都放在同一风险水平之上，客户的保单并没有完全解决客户的各种风险问题。但是，保险公司可以通过自有数据以及客户在社交网络的数据，解决现有的风险控制问题，为客户制定个性化的保单，获得更准确以及更高利润率的保单模型，为每一位顾客提供个性化的解决方案。

（2）运营分析。基于企业内外部运营、管理和交互数据分析，借助大数据平台的云计算功能，全方位统计和预测企业的经营和管理绩效。基于保险保单和客户交互数据进行建模，借助大数据平台，快速分析和预测再次发生的新的市场风险、操作风险等。

（3）代理人（保险销售人员）甄选。根据代理人（保险销售人员）的业绩数据、性别、年龄、入司前工作年限、其他保险公司经验和代理人人员 DISC（即 dominance，支配；influence，影响；steadiness，稳健；conscientiousness，谨慎）测试结果等，找出销售业绩相对最好的销售人员的特征，优选高潜力销售人员。

3. 证券业大数据应用

相对于银行和保险业，证券业的大数据应用起步相对较晚。目前国内外证券业的大数据应用大致有以下几个方向。

1）股价预测

证券业具有自身的特点，与其他行业产品与服务的价值衡量普遍存在间接性的特点不同，证券业客户的投资与收益以直接的、客观的货币形式直观地呈现。受证券业自身特点和行业监管要求的限制，证券业金融业务及产品的设计、营销和销售方式与其他行业具有鲜明的差异，专业性更强。

诺贝尔经济学奖得主罗伯特·席勒设计的投资模型至今仍被业内沿用。在他的模型中，主要参考三个变量：投资项目计划的现金流、公司资本的估算成本、股票市场对投资的反应（市场情绪）。大数据技术可以收集并分析社交网络，如微博、朋友圈、专业论坛等渠道上的结构化和非结构化数据，了解市场对特定企业的观感，使得市场情绪感知成为可能。

2）股市行情预测

大数据可以有效拓宽证券公司量化投资数据维度，帮助证券公司更精准地了解市场行情。随着大数据的广泛应用、数据规模的爆发式增长以及数据分析和处理能力的显著提升，量化投资将获取更丰富的数据资源，构建更多元的量化因子，进一步完善投研模型。

证券公司应用大数据对海量个人投资者样本进行持续性跟踪监测，对账本投资收益率、持仓率、资金流动情况等一系列指标进行统计、加权汇总，了解个人投资者交易行为的变化、投资信心的状态及演化趋势、对市场的预期以及当前的风险偏好等，对市场行情进行预测。

3）智能投顾

智能投顾是近年来证券公司应用大数据技术匹配客户多样化需求的新尝试之一，目前已经成为财富管理新蓝海。智能投顾提供线上的投资顾问服务，能够基于客户的风险偏好、交易行为等个性化数据，采用量化模型，为客户提供低门槛、低费率的个性化财富管理方案。智能投顾在客户资料收集分析，投资方案的制定、执行以及后续的维护等步骤上均采用智能系统自动完成，且具有低门槛、低费率等特点，因此能够为更多的零售客户提供定制化服务。

4）客户关系管理

（1）客户细分。通过分析客户的账户状态（类型、生命周期、投资时间）、账户价值（资产峰值、资产均值、交易量、佣金贡献和成本等）、交易习惯（周转率、市场关注度、仓位、平均持股市值、平均持股时间、单笔交易均值和日均成交量等）、投资偏好（偏好品种、下单渠道和是否申购）以及投资收益（本期相对和绝对收益、今年相对和绝对收益、投资能力等），来进行客户聚类和细分，从而发现客户交易模式类型，找出最有价值和盈利潜力的客户群，以及他们最需要的服务，更好地配置资源和政策，改进服务，抓住最有价值的客户。

（2）流失客户预测。券商可根据客户历史交易行为和流失情况来建模，从而预测客户流失的概率。例如，某证券商自主开发的"基于数据挖掘算法的证券客户行为特征分析技术"主要应用在客户深度画像以及基于画像的用户流失概率预测。该券商公司通过对 100 多万样本客户半年交易记录的海量信息进行分析，建立了客户分类、客户偏好、客户流失概率的模型。该项技术的最大初衷是希望通过客户行为的量化分析，来测算客户将来可能流失的概率。

4. 大数据在支付清算行业中的应用

大数据在支付清算行业中的应用主要表现在交易欺诈识别。目前，支付服务操作十分便捷，客户已经可以随时随地进行转账操作。在盗刷和金融诈骗案件频发的现实背景下，支付清算企业要准确识别出诈骗性交易会面临日益巨大的挑战。大数据可以利用账户基本信息、交易历史、位置历史、历史行为模式、正在发生行为模式等，结合智能规则引擎进行实时的交易反欺诈分析。整个技术实现流程为实时采集行为日志、实时计算行为特征、实时判断欺诈等级、实时触发风控决策、案件归并提供了坚实的技术保障。

5.1.4　大数据时代的信息管理与金融安全

1. 大数据时代金融信息安全面临的主要问题

1）大数据集群库遭受攻击造成安全隐患

大数据最核心的价值就是能够对海量数据进行存储和分析，其复杂程度与敏感程度随着社会的进步逐渐显现。作为大数据集群库核心的大规模并行处理（massively parallel processing，MPP）数据库、数据挖掘电网、分布式文件系统、分布式数据库、云计算平台以及可扩展的存储系统等，常被作为攻击目标。首先，随着数据的增多，网络黑客对大数据信息的获取更加容易。其次，在金融信息安全架构设计中，信息系统的架构更为复杂，数据维度明显变多，信息体量广泛增加，金融信息数据遭受的攻击更加频繁。最后，在网络科学及其系统应用方面，我国对于国外技术的依赖性较强，缺乏核心安全框架，数据库遭受攻击的隐患难以在短时间内消除。

2）智能化的终端设备带来安全隐患

智能化数据终端作为大数据运用的重要部分，包含大量的信息。我国作为世界上最大的智能终端市场，在存储与分析数据的过程中，一旦受到侵犯与攻击，金融信息泄露的概率将显著增加。金融信息被互联网加以融合，通过网络设备将计算机连接到一起，进行信息采集与传输工作，每次系统与外部终端设备进行相应的数据交换或统计分析时，网络黑客通过数据交换的信息漏洞进行系统入侵，导致智能化的终端设备使系统存在严重的安全隐患。互联网泄露了个人信息后，被犯罪分子加以利用，会产生严重的后果。

3）虚拟化数据信息泄露引发的安全问题

虚拟化世界的出现，使人们更加依赖数据化社会，人们对于大数据的依赖性明显提高。如果说大数据是财富，那么大数据中心就是承载财富的宝库，通过对虚拟技术的运用和挖掘，让人们的生活更加便利。在数据逐步虚拟化之后，信息的储存与管理已成为大数据时代的重要问题。在电子信息渠道的获取与构建的过程中，我们清楚地发现金融信息中心越来越复杂。通过对互联网数据的攻击及侵犯，使其虚拟化信息泄露成为一种重要的金融信息风险。

2. 完善大数据时代金融信息安全的重要措施

1）开展大数据时代金融信息安全的规划管理

目前我国技术创新需要的数据主要来源于以信息化、工业化、商业化所积累的数据，并由此建设了多个数据处理中心。其中，大数据的存储和信息的摄取就是大数据处理中心比较重要的一部分。因此，大数据的建设与发展，需要进行一定的规划与管理。具体来说，首先，应将信息安全放在首要地位，对信息安全有正确的认识，同时，还应加大对大数据信息安全和风险隐患的宣传力度，以及对重要数据的监管力度，保证大数据的存储安全，降低数据泄露等安全风险。其次，把加大数据信息安全的研究与管理力度作为大数据时代提高信息安全的关键，全面培养信息安全专业人才，通过提升技术和能力实现保障大数据信息安全的目标。最后，在对大数据发展进行合理规划时，重视金融信息安全在其中的主导地位，着手对信息安全环境开展高质量的防范工作，将信息安全纳入全面风险管理框架，有效加大信息安全管理力度。对于危险事件（如网络攻击、信息泄露）发生的模式、时间、空间等情况进行定性和定量分析，归纳出一套有效的模式，并运用于金融信息的日常管理工作之中。通过加大对数据安全体系的监控与管理，完善大数据时代金融信息安全的系统体系建设，保证金融信息的安全性。

2）开展信息安全方面的技术创新

传统的信息安全技术已被时代摒弃，需要加快大数据时代信息安全技术的创新发展。从海量数据中"提纯"出有用的信息，对网络架构和数据处理能力会构成巨大的挑战。在网络技术迅速发展的今天，大数据信息的收集与运用遭受着极大的安全威胁，在大数据的保护与管理过程中，应着手对关键技术进行进一步的研发与控制管理，促进大数据信息安全技术得到全面的提升，通过对软件技术的开发，提升网络黑客对于网络信息的追踪与入侵的难度，使大数据的信息安全得到进一步的保障。

在金融业，要对现有的数据安全工作进行深入研究，例如，在金融信息数据对外发布或与其他平台进行信息交互和信息共享时，可以使用匿名安全保护的信息追踪技术，对金融信息数据进行安全防护。金融领域的工作人员，应加强对金融信息数据安全管理人才的教育管理，保障大数据中心能够在安全的条件下平稳运作。在进行数据传输与交互时，应针对当前技术研究工作中的不完善方面，进行专门的数据系统漏洞的修复与完善，提升与系统漏洞相关的安全技术，保证金融信息数据应用的可靠性。

3）加强重要数据的监控管理工作

伴随着大数据的收集与管理过程的持续，重要金融信息系统被入侵的可能性逐渐上升，主要是因为大数据的使用超过一定频次后，会导致有害信息增多，这些有害信息进一步增加了数据泄露的风险，从而产生严重的安全隐患。根据我国政府的相关规定，应加大对重点数据的管理与控制，完善数据的相关操作与管理制度，加强对大数据运用的监管。针对目前大数据的发展现状和信息技术发展现状，进一步改进信息安全监管的措施，加强移动设备安全规范流程的管理，从而进一步规范大数据的应用，以此保证金融信息数据的安全性。

4）合理恰当地运用大数据技术

当大数据中心遭受暴力攻击时，传统的安全抵御办法并不能及时地应对和防御安全风险，所以在进行数据分析管理时，最主要的是要及时发现恶意的工作流程与正常的活动流程的区别，进而在金融信息数据及其网络信息遭受攻击时，及时采取应急措施，从而减小信息泄露的危险系数。通过建立数据安全模型，对数据信息进行全面管理，在进行数据验证时，为了使数据遭受非法截取和攻击的特征显示得更加充分，在构建数据安全的模型时，需要花费大量的财力和时间成本，所以在进行资源的统计与分析时，通过重点数据库及数据库之间的共享，可以降低可持续性攻击的危险。

5.2　云计算技术

5.2.1　云计算技术概述

1. 云计算的概念和架构

云计算是一种能够对可配置的共享计算资源池进行普遍存在的、方便的、按需的网络访问的服务供给模型，这些资源包括计算资源、网络资源、存储资源等。云计算是一种颠覆性的技术，它可以增强合作，具有敏捷性、扩展性和可用性等特征，并且可以通过优化计算模型、提高计算效率来减少计算费用。云计算包含五个基本元素、三种云服务模型和四种云部署方式，如图 5-1 所示。

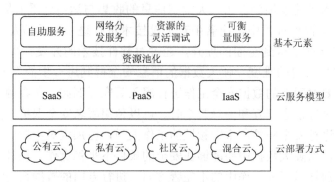

图 5-1 云计算架构图

云计算的五个基本元素是自助服务、网络分发服务、资源的灵活调试、可衡量服务以及资源池化。三种云服务模型分别是 SaaS（software as a service，软件即服务）、PaaS（platform as a service，平台即服务）和 IaaS（infrastructure as a service，基础设施即服务）三类（表 5-1），PaaS 基于 IaaS 实现，SaaS 的服务层次又在 PaaS 之上，三者分别面对不同的需求。IaaS 是基础设施即服务层，提供给用户所需的计算资源、网络资源和存储资源；PaaS 是平台即服务层，提供给用户的是应用的平台环境，如大数据平台、Tomcat 平台、集成开发平台；SaaS 是软件即服务层，提供给用户的是最终的软件服务，如 OA（office automation，办公自动化）系统、电子邮箱等。四种云部署方式分别是公有云、私有云、社区云和混合云四种，公有云是指能够通过互联网访问、提供给公众（包括企业和个人）使用的、按使用量收费的云计算服务；私有云是指企业私有的、不提供给外部使用的云计算服务；社区云一般是行业云，是指只面向相关行业的少数企业或组织使用的云计算服务；混合云是指能够混合使用公有云和私有云，打通企业私有云和公有云的云计算服务。

表 5-1 云计算的不同服务模式

服务模式	面向对象	交付物	特点
SaaS	企业/个人	软件应用	常为通用性较强的日常业务
PaaS	开发者	研发平台或单项能力	常提供开发平台或以 API（application program interface，应用程序接口）、SDR（software defined radio，软件定义的无线电）的形式被客户应用、调用
IaaS	企业/开发者	基础资源	为客户系统提供基础资源支持

2. 云计算的优势

云计算有传统信息技术所不具备的五个方面的优势。

第一，云计算能够提高资源利用率，云计算按需获取的特点保证了资源的有效分配使用，而弹性伸缩模式则保证了资源的回收与再利用，所以说，资源利用率得到了有效的提高。

第二，扩展性是云计算的一个特点。云计算平台能够容易地横向扩展，随着业务量的增大逐渐扩展云计算环境的集群容量。

第三，云计算具有高可靠性的特点。通过云计算服务的高可用配置，服务质量能够保证在较高的水平，当一部分服务出现故障，后台会自动维护迁移，保证业务的不中断。

第四，云计算服务具有便捷性的优势，它通过网络获取，即插即用，用户通过网络访问到云计算服务即可在任何时间、任何地点使用云计算服务。

第五，云计算通常以模块化的方式提供服务，例如，用户可以在邮件、客户关系管理等多种服务类型之间自由组合，根据用户自身的情况在适当的时间选择适当的种类和适当容量的云计算服务。

3. 云计算的核心技术

1）虚拟化技术

云计算虚拟化技术不同于传统的单一虚拟化，它是涵盖整个信息技术架构的，包括资源、网络、应用和桌面在内的全系统虚拟化。它的优势在于能够把所有硬件设备、软件应用和数据隔离开来，打破硬件配置、软件部署和数据分布的界限，实现信息技术架构的动态化和资源集中管理，使应用能够动态地使用虚拟资源和物理资源，提高系统适应需求和环境的能力。

对于信息系统仿真，云计算虚拟化技术的应用意义并不仅在于提高资源利用率并降低成本，更大的意义是提供强大的计算能力。信息系统仿真系统是一种具有超大计算量的复杂系统，计算能力对于系统运行效率、精度和可靠性的影响很大，而虚拟化技术可以将大量分散的、没有得到充分利用的计算能力，整合到计算负荷能力高的计算机或服务器上，实现全网资源统一调度使用，从而提高存储、传输、运算等多个计算方面的运行效率。

2）分布式资源管理技术

信息仿真系统在大多数情况下会处在多节点并发执行环境中，要保证系统状态的正确性，必须保证分布数据的一致性。为了解决分布数据的不一致性问题，计算机界的很多公司和研究人员提出了各种各样的协议，这些协议是一些需要遵循的规则，也就是说，在云计算出现之前，解决分布数据的不一致性问题是依靠众多协议进行的。但对于大规模，甚至超大规模的分布式系统来说，无法保证各个分系统、子系统都使用同样的协议，也就无法保证分布数据的不一致性问题得到解决。云计算中的分布式资源管理技术圆满解决了这一问题。

3）并行编程技术

云计算采用并行编程技术。在并行编程技术下，并发处理、容错、数据分布、负载均衡等细节都被抽象到一个函数库中，通过统一接口，用户大容量的计算任务被自动并发和分布执行，即将一个任务自动分成多个子任务，并行地处理海量数据。

5.2.2　云计算技术对金融业的影响

云计算技术对金融业的影响大致有以下三个方面。

1. 提高数据的存储能力与可靠性

云计算具有可靠性的特点。云中的服务器众多，可以提供强大的存储能力，满足金融业不断增长的数据存储需求。同时，云计算提高了数据的可靠性，即使在用的服务器出现问题，云中的服务器也可以在最短时间内，将数据迅速地转移到新的服务器上继续提供服务，让金融产业的备灾问题得到解决，做到防患于未然。

2. 解决金融业绩效量化问题

云计算利用虚拟化的形式，将资源分割得更小，可以更好地调动资源，充分利用硬件资源，让金融业的数据更加安全、可靠、迅速地实现共享，服务质量得到提高，运营成本逐渐下降。

3. 提高数据处理与分析能力

云计算有利于提高数据处理与分析能力，当前大多数的金融机构仍然不能够熟练地运用客户的数据进行分析，在信息资源共享、数据存储、数据处理上也存在着较大的问题。云计算可以在最短的时间内对数据进行分析、处理、挖掘，从海量的信息中提取有价值的信息，为相关决策者提供更好的服务。

5.2.3　云计算技术在金融业中的应用

1. 银行业云计算的应用

1）提升信贷数据处理能力

基于云计算的商业银行新型业务模式具有信息资源系统化整合、按需提取及分享、多方管理协同、支持服务标准化、信息资源透明化、支持多种访问形式等特点。其中，信息资源系统化整合、按需提取及分享的特点使商业银行能够对各类信息、数据进行大规模存储和处理分析，使业务人员获得足够的数据支持，这是云计算被国内商业银行认可的重要原因之一。

国内商业银行经过多年经营所累积的客户信息数据以及伴随着银行业务种类增多和规模扩大产生的庞大信息数据量，需要较高的数据处理能力进行支撑。传统的商业银行数据存储和处理主要依赖单一设备或数据库，数据存储和处理能力受到硬件本身的制约。在构建商业银行整体业务资源体系时，所有待整理的信息数据集合起来有数百太字节之大，信息数据的直接处理依靠传统的数据处理方式根本无法进行，只能依靠抽样损失信息来完成。基于云计算的商业银行云平台相对于单一设备或数据库而言，具有超大的规模，能够为商业银行提供强大的云计算功能。对数亿条数据进行分析时，在传统数据平台上需要数天，甚至数周才能完成的运算，在云平台上却只要几小时甚至几分钟就能获取结果。

同时，通过有效整合商业银行内部管理系统，实现内部架构上的集成，云平台从根本上解决了商业银行各分支机构和内部各部门在信息资源整合、共享和存储方面的障碍，降低了商业银行各应用系统的管理成本和运营维护成本。通过云计算而增强的数据处理能力和实现的资源整合，使商业银行能够在短时间内对不同系统、不同信息来源的海量数据进行汇总及处理，并从中提取对信贷业务有价值的信息，为业务人员提供强有力的信贷数据分析支持。

2）优化信贷业务操作

从商业银行的信贷业务团队发展趋势来看，相对于近年来商业银行信贷业务的快速发展，各银行信贷业务团队的整体水平和规模并未实现同比增长。由于信贷业务的特殊性，信贷人员的业务水平在信贷业务整体操作中显得尤为重要。信贷人员的业务水平受其从业时间和执业经验的限制，信贷人员对业务的资讯把握程度和其数据分析能力（包括使用数据分析工具的能力）等都会对商业银行信贷业务操作造成影响。

此外，信贷业务团队规模受到商业银行整体编制、人力资源分配等方面的制约。在云计算模式下，由于信贷业务和其他业务的数据在云平台进行集中管理，云平台中专业数据处理软件和分析工具能够无差别地同时供大量业务人员按需使用，极大地突破了业务人员个体水平或团队规模的限制。外部政策条件变化和商业银行对信贷业务的调整可以迅速应用到数据的分析与使用中，业务人员可以通过云计算提供的协同服务高效方便地进行业务沟通分享，从而降低了业务整体成本。

基于云计算的信贷业务模式将使支行信贷经理的信息收集、系统录入，分行或总行信审人员信息复核、充实申请资料等工作量大大缩减，劳动重复率降低。信贷业务审查审批的依据和流程趋于标准化，逆程序操作、放宽授信标准、简化程序、不落实条件放款等操作风险对业务的影响进一步减小。

云计算有助于商业银行打破分行业务办理的地域限制，解决机构分割和协同困难等问题，加快跨地区信贷业务发展。从信贷额度管理来看，云计算能够为商业银行提供信贷额度在不同分支机构、不同客户及业务类型之间实现最佳分配的决策依据。利用云计算的资源共享和标准化服务特点，商业银行可以对客户资源进行整合，为大量同类业务客户（如小微企业客户）提供标准化的业务处理支持和批量信贷业务服务，从而大大降低商业银行为同类客户提供信贷业务的成本。云计算同样为商业银行风控模式转变提供了技术支持。以企业客户为例，云计算模式下客户的企业资源计划（enterprise resource planning，ERP）系统或单独的财务系统与商业银行的支付结算、现金管理、投融资等业务产品的无缝对接，能够提高对商业银行信贷业务风险的预警能力，使商业银行能够及时发现信贷业务风险并采取相应的风险控制措施。

3）加速信贷业务革新

云计算的应用加快了商业银行担保方式变革的步伐。通过云计算实现的包括商业银行、监管方、第三方机构等在内的多方管理协同，商业银行突破传统担保方式的制约，凭借对客户生产经营、信用情况、财务信息的全面掌握，探索基于业务关系、流量信息、资产管理规模在内的新型担保方式。

云计算与数据挖掘技术的结合赋予商业银行信贷业务在营销方面的优势。对于现代化商业银行而言，了解客户需求变化并提供相应的金融产品及服务是现代化商业银行经营管理的第一要义。在传统业务模式下，商业银行信贷服务往往滞后于客户信贷需求的产生，信贷审批以客户当前及过往的生产经营、财务信息、担保方式等方面情况为授信审批依据,容易造成审批通过的授信与客户实际需求不匹配、对客户未来走向预判失准、风险控制难度增加等问题。

借助云计算和数据挖掘技术,商业银行能够更好地了解、分析客户信息,评估客户对银行的综合价值,根据客户各方面信息的变化,及时感知、洞察、准确预判客户需求,使信贷业务由过去的被动处理和按产品进行的业务推送,转变为实时精准、个性化的主动营销,商业银行信贷业务也将由此跨向全新的发展阶段。

2. 保险业云计算的应用

1)助力监管与监督,有力制约诚信缺失

诚信是保险经营和发展的基础,但是,诚信建设一直是我国保险业发展面临的一大难题,缺失诚信将严重损害保险业的形象,严重影响我国保险业的健康发展。云计算在保险业的应用,可在技术上帮助保险公司建立诚信机制。一方面,建立保险的计算资源池,有利于监管机构对于保险公司的监督和管理,以及保险公司总部对于分支机构服务质量的管控。另一方面,可建立公开透明的信息平台,公开部分信息,使客户可以在使用信息平台的过程中充分选择险种,避免销售误导,夸大保险功能,掩盖免责条款内容。

2)促进保险业信息化,提高保单服务质量

云计算的引入将有力提高保单服务的连贯性。长期以来,由于保险营销员的整体素质略显不足、流动性大,保险公司相当数量保单的服务连贯性较差。云技术的引入将使保单的信息集中到保险公司分公司或更高层次,使得营销员的流动对于保单服务质量的影响大大降低,进而增强保单服务的连贯性,提高保单的服务水平。

云计算具有强大的信息处理功能,这为保险公司提供更加人性化的服务提供了可能。随着人们生活水平的提高,客户希望获得更加人性化的服务,保险公司将客户的财务情况、家庭成员、兴趣爱好、保单购买情况、理赔状况等信息集合起来,运用保险云强大的数据分析处理功能将客户分类,并分析客户面临的各种风险,有针对性地为客户提供服务,满足客户的多种要求。

从理赔服务方面看,保险公司可以利用云计算与医院、车辆定损部门联合,一旦被保险人出险,保险公司可以在第一时间掌握被保险人各方面的情况,并快速及时地做出理赔,提高保险服务的水平和质量。

3)"透视"交易双方,改善信息不对称

信息不对称会影响保险市场的健康发展,云计算技术在保险业的引入将从很大程度上改善保险业的信息不对称。首先,第三方提供信息技术服务,打破了保险公司对信息的垄断,本身就是对保险公司服务透明的一种监督。其次,引入云计算后,保险公司对客户的信誉信息将有更强的处理和运用能力,有利于保险公司内部或保险公司联手防范信誉差的客户,降低道德风险,减少保险欺诈案件的发生。

4)提高效率,降低经营成本

首先,保险公司自身的信息技术资源空置现象比较普遍,采用云技术将信息技术业务外包出去可以将该部分空置资源释放出来,从而降低了保险公司的信息技术资产闲置

率与资产管理成本。其次，云技术的使用将大大提高保险公司的信息化程度，在签单、理赔等手续办理以及信息保存方面的成本优势将更加凸显。最后，营销的信息化将大大提高保险公司的经营效率：一方面，利用第三方销售平台出售标准化的保单，将大大拓宽保险产品的销售渠道；另一方面，营销网络化使保险公司可以更多利用碎片时间向移动网络用户宣传保险产品，展业效果和效率将大大提升。

　　3. 证券业云计算的应用

　　1）证券交易所层面的应用

　　从证券交易所层面来看，云计算可以降低跨境交易失败和系统运行风险，提高业务效率。为降低跨境交易失败和系统运行风险，全球范围内的交易所，均可通过云联系在一起，将各自数据存储于专门的公有云中，建立一个全球范围内的统一交易平台。证券交易所可相互利用各自在云中的资源，统一安排全球范围的交易。证券交易所交易的时段密度各不相同，单一的设备购置和维护成本巨大，且升级系统困难。在建立了基于云计算的统一平台后，不同证券交易所之间共享资源设备，可以减少因资源闲置产生的浪费，同时也可随时扩充交易平台，满足证券交易增长的需要。云计算还可以防止病毒入侵，提高证券交易所交易和数据传输的安全性。证券交易所的数据传输有时会遭到入侵者攻击。在采用云计算技术后，一旦发现某个应用程序进入计算机，该计算机会把这个应用程序的信息发送到云端服务器，云端服务器将发出针对该信息的质询请求。如果其他计算机没有处理过这样的程序，那么还要把该信息提交给厂商的恶意软件实验室来做最终处理。另外，云提供商的专家可以及时处理各种间谍软件和病毒，以便有效保障网络安全。

　　2）证券公司层面的应用

　　从证券公司层面来看，云计算有利于实现证券公司的客户中心战略。证券公司以系统为中心的信息技术管理模式正在转化为以客户为中心的服务模式。云计算平台可以为客户提供账户管理服务，实现统一客户身份认证。它还可以建立公司级的账户管理系统，不仅能对现有的账户管理业务流程进行重新梳理，形成一站式开户功能，还可以大大缩短开户业务时间，有效地提升账户业务处理效率，获得更高的客户满意度。此外，云计算可以降低证券公司的运营成本。由于云计算对用户端的设备要求较低，投资者通过手持终端设备就可以方便而有效地利用各种资源，这为网上证券业务的发展提供了很大的便利。这样，证券公司就不用再购买诸多设备，投资人力物力来兴建营业部。这就节省了证券公司的费用支出，降低了运营成本。

5.3　区块链技术

5.3.1　区块链技术概述

　　1. 区块链的定义

　　区块链，是比特币的一个重要概念，它本质上是一个去中心化的数据库，同时作为比特币的底层技术，它是一串使用密码学相关联的方法产生的数据块，每一个数据块中包含一批次比特币网络交易的信息，用于验证其信息的有效性（防伪）和生成下一个区块。

狭义来讲，区块链是一种按照时间顺序将数据块以顺序相连的方式组合成的一种链式数据结构，也是一种以密码学方式保证的不可篡改和不可伪造的分布式账本。

广义来讲，区块链是利用块式和链式数据结构来验证与存储数据，利用分布式节点共识算法来生成和更新数据，利用密码学的方式保证数据传输和访问的安全，利用由自动化脚本代码组成的智能合约来编程和操作数据的一种全新的分布式基础架构与计算方式。

2. 区块链的核心技术

区块链技术是互联网发展的产物，本质是分布式账本系统，是一种弱中心化的数据库。区块链的核心技术主要是为了保障分布式账本系统中数据的完整安全和整个交易过程的去信任化。目前，区块链的核心技术包括如下几个方面。

（1）分布式账本。区块链的基本单元是区块，这些虚拟的区块可以代表个人或组织，每个区块是一个节点，这些节点既相互独立也通过点对点的方式彼此相连，它们共同组成区块的链式结构，并且每个节点都储存着整个区块链的数据。

（2）非对称加密。每个区块的信息可以通过不同的算法进行加密，形成加密和解密的非对称密码，即公钥和私钥。区块可以决定哪些信息属于公钥，哪些信息属于私钥，也可以决定对哪些区块形成公钥或私钥。

（3）P2P网络。区块与区块之间以一种对等的方式组成网络，每个区块的地位、权力和作用基本相同。每个节点的数据都需要邻近节点来验证其有效性，并传播全网，形成一种独特的传播协议和验证机制。

（4）时间戳。获得记账权的区块必须在数据头加盖时间戳，表明区块数据写入的时间，因此区块链中的数据是根据时间顺序传递和流动的。

（5）共识机制。为解决相对独立又相互联系的区块的集权和分权的矛盾，首先需要解决的是分权和资源协作问题，为此区块链技术建立了根据安全、高效、环保等不同侧重标准的多种信任和激励机制，明确了各区块的权责，并最终形成合力。

（6）智能合约。在区块之间的数据交流和互动中，存在着相互之间的交易行为，而交易行为往往需要彼此之间的承诺认可和承诺执行，智能合约就是在交易方之间签订的数字化协议满足之时，自动执行的机制。

3. 区块链特征

区块链本质上是一种协议架构，这种架构体现了某种理念，如开放、共享、信任等，它指导着区块链有选择地对不同领域的技术知识进行整合，使最终的组态技术体现出以下的特点。

（1）去中心化。去中心化实质上是去中介化，它通过区块链点对点技术形成的整体分布式账本形态体现出来。相互独立尽管意味着去中心，但个体间相互独立的去中心毫无意义，因此需要与区块链其他技术结合形成去中心化的网络连接方式。

（2）去信任化。在去中心化之后，组织或个体之间需要面对的最大问题就是信任问题，通过共识网络，区块链中各个区块代表的组织或个人组成的系统可以实现某种程度上的自治，从而进一步实现互信。

（3）透明性与隐匿性。通过区块链网络和非对称加密技术，使用者既可以实现单个组织或个体的"个人黑箱"，也可以选择彼此之间的交易或交流信息开放与否，来确定信息和数据是透明还是隐匿的使用方案。

（4）开放自主性。分布式账本的网络连接方式，使个体和组织可以自由进入区块链网络，其本身的技术来源和可选择性也使各区块能够自主经营自身的身份、内容和形式。

（5）真实有效性。区块链网络与时间戳技术结合，使每一链中的个体和组织用于流通的信息都是经过多方验证，并且不能篡改的，这就能够保证区块链中的数据都是真实有效的。

（6）稳定性和抗风险性。分布式账本的数据储存方式和独特的互联和加密技术，使得单个或小部分或组织区块失效，但无法影响整个区块链的运作，相对地，要想攻击区块链必须改变链中 50%以上的区块，这大大增加了入侵难度，使区块链具有很高的稳定性。

（7）高效性。由共识机制和智能合约构建的区块链交易和数据信息流动体系具有很强的自动化属性，可以极大降低各方交易成本，提高交易效率。

4. 区块链分类

根据网络的范围不同，区块链可以分为公有链、私有链和联盟链。

（1）公有链。公有链完全对外开放，不用注册，没有权限设定，无须授权，任何个人或团体都可以访问到网络。只要接入公有链网络，所有发生的交易数据都可以随意查看，并且完全公开透明。任何个人或团体参与者可以参与公有链上的交易发送，也可以参与其共识的过程。公有链是第一个出现的区块链，并且是真正意义上的完全分散的区块链。公有链通常也被称为非许可链，即节点不需要认证即可加入，凡是需要大众参与，并且最大限度保证数据公开透明的系统，都适用于公有链，如比特币系统、以太坊系统、互联网金融交易系统等。

（2）私有链。私有链和公有链是相对的，私有就是不公开的，换言之，私有链仅仅是指一个公司或者组织内部单独拥有一个链内的读写权限，且这个权限的具体规则由这个公司或组织自行制定。目前私有链主要应用于金融企业内部数据库管理、财务、审计等相关工作领域，防范企业内部或者外部对企业数据的攻击，它不仅提高了企业管理效率，还保证了企业数据的安全性。私有链通常也被称为许可链，即节点需要通过认证才可以加入，凡是不需要大众参与，并且需要对数据进行保密的系统，都适用于私有链，如数据不方便公开的企业内部。

（3）联盟链。联盟链结合了公有链的完全开放和私有链的尽可能封闭两种特点，通常是各个机构或企业共同参与的策略，所以开放程度根据应用场景决定。因此，可以说联盟链是由几个私有链组成的小规模的公有链。联盟链通常也被称为许可链，即节点也需要通过认证才可以加入。

5. 区块链架构

区块链技术模型由自下而上的数据层、网络层、共识层、激励层、合约层和应用层组成。

第一层是数据层，数据层的技术结构包括区块数据、链式结构、非对称密码和时间戳。这是整个区块链技术中最低的数据结构。这些技术的结合是区块链技术的基础，数十年的实践证明了其安全性和可靠性。第二层是网络层，网络层包括 P2P 组网机制、数据传输机制，数据验证机制以及远程进程调用（remote protion call，RPC）服务，这意味着区块链具有自动联网功能。第三层是共识层，共识层封装了各种共识机制算法，这些算法建立在具有自动联网功能的网络块链和网络节点的基础之上。共识机制算法是区块链的核心技术，因为这决定了到底由谁来进行"记账"，并且"记账"的方式将影响整个系统的安全性和可靠性。到目前为止，共识机制算法已有十多种，其中，众所周知的是工作量证明（proof of work，PoW）机制、权益证明（proof of stake，PoS）机制、股份授权证明（delegated proof of stake，DPoS）机制等。数据层、网络层和共识层是构建区块链技术的基本要素。第四层是激励层，它将经济激励应用于区块链技术系统，包括经济激励的发布和分配机制。这些主要出现在公有链中，公有链必须激励遵守规则参与记账的节点，并惩罚不遵守规则的节点，才能让整个系统朝着良性循环的方向发展。在私有链中，没有必要进行激励，并且是在链外就完成了记账的分配任务。第五层是合约层，该层封装各类脚本代码、算法机制和智能合约，是区块链可编程性的基础。第六层是应用层，它封装了各种应用场景和区块链的案例。未来的可编程金融和可编程社会也将建立在应用层上。

激励层、合约层和应用层并不是每个区块链应用的必要因素。图 5-2 为区块链技术的体系架构。

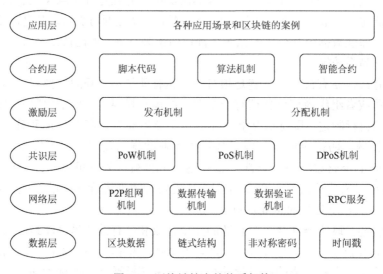

图 5-2　区块链技术的体系架构

5.3.2　区块链技术对金融业的影响

1. 区块链能够降低信任风险

区块链技术具有开源、透明的特性，系统的参与者能够知晓系统的运行规则，验证账本内容和账本构造历史的真实性与完整性，确保交易历史是可靠的、没有被篡改的，相当于提高了系统的可追责性，降低了系统的信任风险。

2. 区块链能够提高支付、交易、结算效率

在区块链上，交易被确认的过程就是清算、交收和审计的过程。区块链使用分布式核算，所有交易都实时显示在类似于全球共享的电子表格平台上，实时清算，效率大大提升。区块链能将效率提升到分钟级别，这能让结算风险降低 99%，从而有效降低资金成本和系统性风险。

3. 区块链能够降低经营成本

金融机构各个业务系统往往面临长流程和多环节的工作。现今无论 Visa、Mastercard 还是支付宝都由中心化的机构负责运营，货币转移要通过第三方机构，这使得跨境交易、货币汇率、内部核算的成本过高，并给资本带来了风险。区块链能够简化、自动化冗长的金融服务流程，减少前台和后台的交互次数，节省大量的人力和物力，这对优化金融机构业务流程、提高金融机构的竞争力具有重要意义。

4. 区块链能够有效预防故障与攻击

传统金融模型以交易所或银行等金融机构为中心，一旦中心出现故障或被攻击，就可能导致整体网络瘫痪，交易暂停。区块链在点对点网络上由许多分布式节点和计算机服务器来支撑，任何一部分出现问题都不会影响整体运作，而且每个节点都保存了区块链数据副本。所以区块链内置业务有着极高的连续性、可靠性和容错性。

5. 区块链能够提升自动化水平

由于所有文件或资产都能够以代码或分类账的形式体现，通过对区块链上的数据处理程序进行设置，智能合约及自动交易就可能在区块链上实现。例如，智能合约可以把一组金融合同条款写入协议，保证合约的自动执行和违约偿付。

6. 区块链能够满足监管和审计要求

区块链上储存的交易记录具有透明性、可追踪性、不可改变性的特征。任何记录，一旦写入区块链，都是永久保存且无法篡改的。任何交易双方之间的交易都是可以被追踪和查询的。

5.3.3　区块链技术在金融业中的应用

1. 区块链技术在银行业中的应用

1）支付清算系统：分布式清算机制

银行间支付通常依赖中介清算公司的处理，包括簿记、交易调节、余额调节、支付启动等，这会涉及一系列复杂的过程。以跨境支付为例，由于每个国家的清算程序差异巨大，汇款会耗用大量时间并且占用大量资金，效率很低。利用区块链技术来进行点对点支付的最大好处恰恰就是可以消除第三方金融机构的中介环节，这对提高服务效率、降低银行的交易成本来说是一个非常重要的方法。区块链技术可以使银行快速提供便捷的跨境支付清算服务。

2）银行信用信息系统

银行信用信息系统无效主要是因为：数据的稀缺性和质量差使银行难以判断个人信用状况；机构间数据共享非常困难；用户数据的所有权不明确，流通也十分困难（这是客户对隐私和安全的担忧导致的）。虽然这些问题通过不同利益相关方的合作和参与能够得到一定的解决，但区块链技术可以为解决这些问题提供更有效的帮助。

3）建立数据所有权

每人每天在互联网上的时候都会产生大量的数据，这些数据对于判断他们的信用状况来说是非常有价值的。但是这些数据目前都被大型互联网公司垄断，个人无法建立自己的数据所有权进而将这些数据利用起来。除此之外，为了保护用户隐私，公司之间难以实现数据流通，造成了数据孤岛。区块链技术可以对数据进行加密，以帮助数据储存者建立数据所有权以管控自己的大数据。这进一步地保证了在降低信用机构收集数据所消耗成本的同时，提高了信息的真实性和可靠性。利用区块链技术，大数据可以成为每个人拥有数据所有权的信用资源，也可以为未来的信用体系奠定基础。

4）促进数据共享

区块链可以促进信用机构对大数据进行自动记录，同时还可以在机构内存储和共享客户信用状态，这种信用状态是先经过加密再被储存的，这样信用数据就共享了。加密技术可以确保摘要和原始信息一致，从而防止提供错误信息误导对应方。区块链在客户信息保护法规的框架下能够自动进行加密，然后共享客户和交易记录。这有助于消除银行间其他的冗余工作。

5）金融交易中的分布式创新

在传统的银行支付系统中，全球金融交易有两种基本模型。一是当用户执行转账时，信息先被传输到总部的数据中心部门，完成信息登记和资金转移，而客户的账户、资金等其他信息，都将存在总部的系统服务器上。这是典型的总分集中模型，中心节点就是总行核心系统的服务器。二是当用户执行跨行转账时，如客户从 A 行跨行转账到 B 行，就需要通过 A 行—中央银行—B 行这样的传导路径完成，对整个流程而言，中心服务器是中央银行。

融资涉及大量的人工检查和纸质交易,这个过程还有许多中间人,其中,还可能有非法交易掺杂其中,这是一件高风险、高成本和低效率的事情。区块链技术对智能合约的使用可以大大减少人工干预,帮助严重依赖文书工作的程序进行数字化变革。这会在提高融资效率的同时大幅度降低人工操作风险。供应商、买方和银行等主要交易方,在去中心化分布式分类账上共享合同信息,与此同时智能合约可以确保在预定时间内自动付款。

2. 区块链技术在保险业中的应用

保险业是区块链技术的重要应用领域,国内外多家保险公司已经开始引入区块链技术,保险业可以在管理创新、服务创新、模式创新三个方面积极探索区块链的应用实践,以利用技术手段促进保险业的良性发展。

1) 管理创新

在管理创新方面,区块链可以帮助保险企业优化保险业务流程,保障保险数据安全,提升保险服务体验。

首先,区块链可以作为保险业信息技术环境中的存储基础设施,保险公司可以将保单、客户及理赔等数据保存到分布式的区块链网络上,保障保单的安全性,防止系统单点故障,同时也可以保障保险数据可追溯和不可篡改。

其次,保险公司可以利用区块链技术实现对个人身份信息、健康医疗记录、资产信息、权属信息、交易记录等客户交易数据进行全面验证与管理,保证保险理赔过程的安全,保护客户的隐私,提升客户体验。

再次,保险业的本质是管理风险,因此风险管理是保险公司的重中之重,将区块链技术应用于保险业,将有效加强风险管理,特别是,由于传统的审计是使用手工的方式对信息的真实性、完整性、合规性等进行核验,结合审计人员的专业经验进行分析,但是由于审计职能、人员能力、技术工具、资金预算等方面的诸多限制,很难实现对所有数据的关联性审计和追溯,存在着一定程度的审计风险。区块链通过加密及建立副本,使得记录难以篡改,通过与时间戳的结合,建立了庞大的可追溯的网络账本系统,可以对账本整体进行审计,保障了数据的完整性,提高了审计效率,降低了审计风险。区块链技术与审计信息化的综合应用,使联网审计不再是简单意义上的物理网络的连接,而是事实场景和历史场景的关联,可以基于大数据的分析完成事实的重现,将能极大地提高远程审计、联网审计和现场审计的效率性、真实性、完整性和可靠性。

最后,保险业可以利用区块链网络中数据的真实性、透明性和防篡改等特点,识别理赔风险,降低索赔欺诈的概率。从事前预警承保风险、事中监管风险、事后防范欺诈风险,加强保险全过程风险管理,从而降低运营成本,提升运营效率。

2) 服务创新

在服务创新方面,保险业可以利用区块链的技术特点在智能化、自治化和证券化三个方面进行探索。

首先,保险业可以利用区块链智能合约的技术特性,灵活定制保险条款和有针对性的承保政策，满足个性化、定制化、差异化和碎片化的产品需求，在满足合约代码的条件产生后，自动触发理赔程序。

其次，区块链的共识机制等技术特点为相互保险提供了信任保障。相互保险以区块链的分布式自治组织为应用基础，互助者根据自身的情况和风险偏好发起或参与"互助团体"，并交纳互助基金，一旦有人出险，系统会自动根据情况进行分摊和结算，所有过程由系统自动完成，不需要第三方的信用担保，形成自保险服务。

最后，区块链是价值的连接器。保险公司可以利用区块链价值传递的特点进行"再保险"融资，建立风险证券化的业务模式，加速保险市场与资本市场的有机结合，利用资本的力量转移保险的风险，如巨灾风险证券化、财务再保险等。

3）模式创新

在模式创新方面，保险业可以利用区块链的技术特点在拓展产业链、整合生态链两个方面进行探索。

首先，在拓展产业链方面，保险公司可以借助供应链金融的思想，在农业或工业领域的供应链中挖掘保险需求，建立互联网保险模式，同时利用区块链技术整合供应链上下游资源，保障供应链中数据的透明性、安全性和可靠性，降低互联网保险的风险，在传统保险业务的基础上创造新的盈利模式。

其次，在整合生态链方面，保险公司可以利用区块链技术整合保险生态链中所有相关者，包括保险人、再保险人、承保代理人等相关者。通过区块链的透明、可信等技术特点搭建保险生态平台，利用共识机制和智能合约技术将保险相关文件编写入区块链，所有相关方均能监测到理赔进展，不仅保证了文件准确度，更能极大地缩短理赔时间，降低运营成本。

3. 区块链技术在证券业中的应用

区块链在证券登记、清算和结算、智能协议、证券发行、金融资产交易等领域发挥作用，其在证券业有广泛的发展前景。

1）证券发行、登记与存管

利用区块链技术发行有价证券是一大趋势，国内外金融机构都在探索利用区块链技术或平台为证券发行提供服务。利用具有分中心特点的区块链交易系统发行证券，可以实现证券先发行后审核，简化证券发行流程，类似于私人股权市场，可以进行点对点直接交易。在证券市场运用区块链技术可直接发行数字证券以及私募股权，追踪其所有权，而区块链的智能合约有望实现证券的代码化、股权转让、股东投票等功能。

此外，由于传统证券登记存管体系分散，效率低下，而区块链上的证券登记是保存在区块链总账本上的，由全链公证证明，可链接证券发行、证券清算、交收等环节，实现证券区块链的有序运行，为投资者节约成本。更重要的是，股份拆分、权益分派、股票质押等业务，都可以通过区块链智能合约实现，可以说传统证券登记机构的作用将因区块链的应用而被弱化。

2）证券交易的清算与结算

区块链技术实现了证券清算与结算的去中心化，省略了交易系统中的后台系统，实时自动完成交易、清算和结算，使得"交易即结算"成为现实，提升了资产流动性。在证券业，区块链技术可以加快证券交易的清算和结算，提高交易的安全性。区块链技术能够简化、自动化冗长的证券交易流程，减少差错和人工干预，实现证券发行人与投资者直接交易，节约成本。交易一旦确定并进入总账，各节点通过共识机制确认交易的真实有效性，并完成资金的划拨以及证券的交割，通过智能合约可将交易和清算、结算流程程序化，缩短清算时间，提高交易和结算速度，降低结算风险和违约风险，实现结算系统的去中心化以及证券业的电子化。

3）资产管理与智能投顾

利用区块链技术的资产数字化功能进行资产管理，可以降低资产的管理成本。智能投顾即数字化资产配置是金融科技与传统证券业深度融合而产生的新金融服务模式，相对于传统财富管理业务模式，智能投顾具有"一对多"的特性，边际服务成本很小。区块链技术进入财富资产管理领域，必将给券商资产管理和财富管理业务带来重大冲击，进而导致证券业的革命性变化。

4. 区块链技术在供应链金融中的应用

在供应链金融中，供应商、核心企业、金融机构等多方并存，多主体、非高频交易场景是较为适合区块链的场景。针对中小企业面临的融资难、融资贵、融资乱、融资险的情况，运用区块链技术，可实现应收账款、票据、仓单等资产数字化，并且留下数据存证，防止票据作假、重复质押等风险发生，从而打通供应链金融中的信任传导机制，提升资产流动性，降低中小企业的融资成本，深度盘活金融资源，有效助力实体经济发展。

1）供应链金融的痛点

供应链金融的风险评估主要是金融机构基于供应链上下游企业的全部业务数据而展开的。数据流的透明度与流畅性是供应链金融发挥作用的重要基础。在供应链金融业务实际运行过程中，往往存在数据信息不对称以及交易信息伪造的问题，此外还存在业务操作风险以及融资成本高等问题。

一是信息不对称。供应链运行过程中，各类信息分散保存在各个环节中，供应商的货物信息存储在供应商的仓储信息中，发货信息掌握在物流公司手里，资金信息分布在银行系统内，信息流信息则由核心企业掌握，整个供应链信息不透明、不流畅，各个参与主体难以了解交易事项的进展情况，信息的高度不对称影响了整个链条的效率，最终也导致整个供应链的信用体系难以建立。针对供应链贸易背景而提供的金融服务，也因为信息的不对称而难以高效开展。金融机构往往会出于风控的考虑而较为谨慎。

二是交易信息伪造。在供应链融资中，商业银行是以实体经济中供应链上交易方的真实交易关系为基础的，以交易过程中产生的应收账款、预付账款、存货为质押品/抵押品，为供应链上下游企业提供融资服务。在融资过程中，真实交易背后的存货、应收账款、核心企业担保等是授信融资实现自偿性放款（自偿性放款指由借入资金的收益来清偿贷款的一种放款）的根本保证，一旦交易的真实性不存在，伪造贸易合同，或者融资对应的应收账款的存在性、合法性出现问题，或者质押物权属、质量有瑕疵，或者买卖双方虚构交易恶意套取银行资金等情况出现，银行在没有真实交易背景的情况下盲目给予借款人贷款，就将面临巨大的风险。

三是业务操作风险。供应链金融通过自偿性的交易结构设计、专业化的操作环节流程安排，以及独立的第三方监管引入等方式，保障了独立于企业信用风险的第一还款来源。但这无疑对操作环节的严密性和规范性提出了很高的要求，容易出现操作性风险。因此操作制度的完善性、操作环节的严密性和操作要求的执行力度将直接关系到第一还款来源的效力，进而决定信用风险能否被有效屏蔽。

四是融资成本高。供应链中的中小微企业融资成本高是制约供应链金融发展的另一个重要因素，供应链金融涉及多方交易，为了验证交易的真实性，金融机构需要投入巨大的时间和资金成本。由于供应链涉及的节点不一，多的时候甚至能跨越十多个地理区域，金融机构很难跟踪、调查清楚所有环节，难以验证产品和服务的真正价值，因此融资时间变长，手续费变贵，中小微企业难以承受。

2）区块链在供应链金融领域的应用场景

在基于区块链的供应链金融解决方案中，首先，可以以节点可控的方式建立一种联盟链的网络，它涵盖供应链上下游企业、财务公司、金融机构、银行等贸易融资参与主体。其次，将各个节点贸易数据上链，通过区块链记录贸易主体资质、多频次交易、商品流转等信息，上链的目的就是让各个节点保持同步，金融机构可获取二级、三级中小型企业贸易的真实情况。有融资需求的企业将合同、债权等证明上链登记，可保证这些资产权益数字化以后不可被篡改、也不可被复制。最后，在联盟当中流转这些资产权益证明，实现点对点的连通，进一步提升数字资产的流动性。基于区块链的供应链金融解决方案，可深度融合物流、资金流、信息流，构建行业数据业务真实性验证的统一方法，解决信息不对称的问题，并基于智能合约技术使供应链金融业务顺利开展。

第一，区块链技术自带的时间戳与数据不可篡改性，可从一定程度上解决交易信息伪造的问题。从供应商、核心企业、分销商到物流企业、仓储监管公司、金融机构等其他参与者，均可运用区块链技术形成并共享各自在该供应链各环节中的各种交易，每个交易形成网络节点，节点信息通过全网认定，物流信息通过货物的地理位置信息体现，资金信息通过回款信息的更新及时通知收款方与金融机构，应收账款信息与应付账款信息及时准确更新给交易双方以及金融机构，仓储监管信息通过数字化信息及时提供给企业以及提供动产质押融资的金融机构。各方从源头上获取了第一手真实有效的数据，构建了全新可靠的供应链信用体系，从而缓解了供应链金融服务中的信用风险问题。

第二，区块链技术可提升供应链金融中各主体的信用资质，重塑信用体系。在传统的供应链金融模式中，始终存在对核心企业的依赖，这是中心化的模式。区块链技术具有去中心化的显著特征，能够保证链条中各个主体之间的信息完整和通畅，提升各个主体整体的信用资质，建立分布式的信用体系。通过区块链技术，有望将传统的 $1+N$ 模式的供应链金融扩展到 $M+N$ 模式的供应链金融。让核心企业不需要专门做供应链金融，而是通过区块链技术，在供应链业务中自然获得供应链金融服务。

第三，区块链的智能合约属性可融入供应链金融业务中，提升全链的运营效率和风控等级。智能合约可提供项目立项、尽职调查、业务审批、保理协议/合同签约、账款登记及转让、贸易融资（贷款发放）、贷后管理、账款清算等保理业务全过程的应用服务，助力保理企业构建及完善"互联网＋金融"的经营模式，从而更为有效地提高其获客、展业、风险识别与控制的能力，为供应链上下游企业提供更优质的金融服务，进而形成完整的供应链金融生态圈。

5.3.4　构建未来的价值互联网

承载着物质、能量、信息、资金的物流网、能源网、互联网、支付网四网融合的终极状态就是价值互联网（图 5-3）。其核心特征是实现价值的互联互通。价值互联网将有效承载农业经济和工业经济之后的知识经济。数字经济的重要驱动力也将从数字化、网络化逐渐发展至价值化。

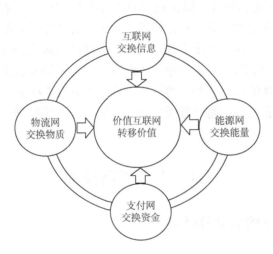

图 5-3　价值互联网

信息互联网时代实现了信息互联互通。在价值互联网时代，人们将能够在互联网上像传递信息一样方便快捷、安全可靠、低成本地传递价值。区块链的去中心化、透明可信、自组织等特征，为价值互联网注入了新的内涵，带来了新的发展空间，将推进形成规模化的、真正意义上的价值互联网。从信息化到网络化，再到可信化，价值互联网将开创互联网经济的新纪元。

数据的可信是价值互联网的基础，数据确权是数据可信和数据流动的基础。只有可信的数据才有进行计算分析进而提供智能服务的价值。建立价值交换主体之间的信任，保证价值交换过程的可信，是打造价值互联网的技术基础。

区块链是进行数据确权、数据担责、价值交换和利益兑付的核心技术。区块链已经从数字货币、可编程区块链，进入到基于区块链技术构建各类价值互联网并推进应用的阶段。但是目前处于各类应用普遍存在技术和性能不足、无互联互通标准的"军阀混战"阶段，恰如互联网的早期形态。

构建以区块链、分布式账本、智能合约以及可信标识技术为支撑的价值互联网及其可信基础设施，是保障互联互通以承载价值交换、支撑构建各类新型价值互联网及其应用，从而整合和营造产业生态的重中之重。比如，在管理方面，推动机构弱中心化，实现管理制度化、制度流程化、流程信息技术化（数字化、网络化）、管理智能化（可信化）；在业务方面，推动金融、保险、物流、零售、知识产权等领域实现业务契约化、契约数据化、数据可信化、业务智能化，均是各类价值互联网应用所要实现的目标。

区块链通过"真实唯一的确权 + 安全可靠的交换"，为价值互联网的形成夯实了基础。一是真实唯一的确权。价值的首要前提是确定资产的所有者。通过密码学，利用公钥私钥机制，保障了对资产的唯一所有权；通过共识机制，保障了声明所有权的时间顺序，第一个声明的人才是某资产的真正唯一拥有者；通过分布式账本，保障了历史的所有权长期存在，不可更改。二是安全可靠的交换。价值是在供需中体现出来的，没有交换，就没有价值。通过密码学，所有者通过签名验证才能释放自己的资产，转移给另外的人；通过共识机制，给交易确定顺序，解决资产的"双花"问题（"双花"问题是指一笔数字资产在交易中被反复使用的现象。双花问题实际上包含两个子问题：一个是同一笔钱被多次使用，另一个是一笔钱只被使用过一次，但是通过黑客攻击或者造假钱的方式，将这笔钱复制了一份再次使用。双花问题主要通过第三方机构来解决，区块链在共识机制的基础上引入了时间戳和 utxo 模型，通过共识机制来解决"双花"问题），确认后的交易被记录在区块链，不能更改；通过智能合约，保障交易只能在符合条件的情况下才能真正发生，自动化进行。

5.4　人工智能技术

5.4.1　人工智能技术的概念及特点

1. 人工智能的概念

人工智能是研究、开发用于模拟、延伸和扩展人的理论、技术及应用系统的一门新技术科学。人工智能分为计算智能、感知智能、认知智能三个阶段。计算智能是感知智能和认知智能的基础，感知智能是当前国内外人工智能技术所处的阶段，而认知智能是人工智能的最高级形态。

在计算智能阶段，机器可以像人类一样存储、计算和传递信息，帮助人类存储和快速处理海量数据，这一阶段有赖于算法的优化和硬件的技术进步。计算智能是感知智能和认知智能的基础。

在感知智能阶段，机器具有类似人的感知能力，如视觉、听觉等，不仅可以听懂、看懂，还可以基于此做出判断并做出反馈或采取行动，即"能听会说，能看会认"。目前关于感知智能的研究主要包括图像识别、语音识别等技术，国内外人工智能技术发展均集中于这一阶段。

在认知智能阶段，机器能够像人类一样主动思考并采取行动，全面辅助或替代人类工作，这一阶段是人工智能的最高级形态，也是行业未来的着力点。

人工智能有三类，包括弱人工智能、强人工智能还有超级人工智能。弱人工智能就是利用现有智能化技术，来改善经济社会发展需要的一些技术条件和发展功能；强人工智能非常接近于人的智能，这需要脑科学的突破；超级人工智能是在脑科学和类脑智能获得极大发展后而发展起来的超强的智能系统。从技术发展看，从脑科学角度发展人工智能，还有局限性。

2. 人工智能的特点

人工智能具有以下五个特点。一是从人工知识表达到大数据驱动的知识学习技术。二是从分类型处理的多媒体数据（如视觉、听觉、文字等）转向跨媒体的认知、学习、推理。三是从追求智能机器到高水平的人机、脑机相互协同和融合。四是从聚焦个体智能到基于互联网和大数据的群体智能，人工智能可以把很多人的智能集聚融合起来变成群体智能。五是从拟人化的机器人转向更加广阔的智能自主系统，如智能工厂、智能无人机系统等。

5.4.2　人工智能技术对金融业的影响

1. 改善客户体验

智慧金融已经成为当前社会发展中的一大趋势，智慧金融产生的基础就是人工智能技术的发展，人工智能领域和金融领域的互相融合便逐渐实现了智慧金融。随着我国经济的不断发展，人们对金融业务的需求不断增多，人类需求的不断增加使我国的金融服务体系面临巨大的压力，提升服务能力、为客户创造一个良好的理财体验已经成为亟待解决的问题。就目前而言，各大银行应用的人工智能系统已经为大量客户进行服务，并且为广大客户带来了非常良好的体验，人工智能系统正在为广大客户提供更为个性化的体验，人工智能系统接收到客户发送的信息，便将该信息与数据库中的内容进行匹配，然后将有效的处理方案反馈给客户，简化了客户的操作过程，进一步改善了客户体验。

2. 拓宽服务范围

在互联网时代和人工智能高度发展的时代，金融业进入了全新发展阶段。金融科技以大数据、云计算、区块链、人工智能为基础，丰富了金融的表现形式。以人工智能技术为依托产生的智能投顾正在逐渐替代企业中的投资顾问，智能投顾相比于投资顾问而言成本更低，而且工作可靠性更强，这就有效拓宽了金融领域的服务范围。智能投顾可以打破传统问卷调研的桎梏，通过客户的决策数据做出分析，实现对客户风险承担能力和投资习惯等问题的精准分析，从而能够有效地筛选经济信息，为客户提供更为合理的投资建议。虽然我国目前在智能投顾方面处于起步阶段，但其发展的速度是飞快的，相信在不久的将来，智能投顾在我国的发展将更加成熟。

3. 提高风控能力

人工智能在促进金融业发展的同时，也带来新的风险。金融业的风控业务一直是金融业发展的一大痛点，大量不法分子利用金融风控业务流程复杂的特点进行诈骗，阻碍了我国金融业的发展。就实际情况而言，我国的金融风控业务流程确实复杂，其中包含多个重要环节，而且涉及客户的隐私，所以处理金融风控业务需要耗费大量的时间和资金成本。利用人工智能系统，通过大数据和深层次分析，创建客户信用模型，分析客户的经济能力，在极大程度上降低了风控业务的难度，为我国金融业的发展贡献了重要力量。

5.4.3　人工智能技术在金融业的应用

1. 人工智能技术在银行业中的应用

1）通过精准客户画像，提升获客能力

当前，商业银行积累的数据都是海量数据，同时大量数据以非结构化的形式存在，商业银行对这些数据的利用能力不足；与此同时，金融大数据庞杂，客户数据标签众多，金融数据处理工作面临极大挑战。如果能将庞杂数据分析到位，形成精准的客户画像，商业银行营销能力将实现质的飞跃。客户画像首先依赖客户数据标签体系的建立，从基础数据，到衍生指标，再到立体化的客户数字画像标签体系。在建立客户数据标签体系的基础上，商业银行可以实现智能获客，通过广泛获取内外部数据和风控大数据，形成客户多维度的画像，辅助建立客户预测模型，包括信用评分、反洗钱侦测、违约预测等功能，动态调整客户信用额度和利率，在风险可控的前提下获取目标客户。此外，机器学习技术可以帮助建立客户画像与产品匹配度的营销预测模型，通过个性化的渠道推荐、消息推送、场景触发等精准营销行为，提升客户营销服务的精准度，实现全渠道智能精准营销。

2）提升服务品质，降低运营成本

在互联网技术全面发展之前，商业银行花费大量人力物力用于维护客户关系；在互联网时代，互联网技术在金融机构降低服务客户成本方面起到了非常重要的作用；在商业银行沟通客户、发现客户需求、降低运营成本方面，人工智能成了重要的因素。结合人工智能技术在当前市场的实际应用情况来看，基于语音识别、语音数据挖掘、计算机视觉与生物识别、机器学习、神经网络应用与知识图谱等的人工智能技术将在银行运营服务中得到应用与推广。例如，语音识别可提供多模式融合的在线智能客服服务，并通过各种渠道和终端与客户进行互动交流，在很大程度上减轻了人工服务的压力，降低了成本，同时还能提高客户的满意度。

3）实现低成本、差异化服务客户

在进一步推动普惠金融发展的过程中，客户下沉是商业银行转型的必然选择。对依靠专业人员提供金融服务的传统模式而言，客户下沉意味着成本大幅度增加，而人工智能技术可将科技和数据的力量转化为生产力，从而使服务下沉到长尾客户中去。人工智能投顾系统可以运用合适的资产分散投资策略，提供个性化的智能投顾解决方案。通过智能投顾解决方案，财富管理服务门槛大大降低，商业银行能够在节省人力资源的同时，扩大财富管理服务覆盖面。

4）进行金融预测和风险管理

机器学习技术能够把不同来源的结构化和非结构化数据整合到一起，通过大数据处理，进行走势预测、风险控制等。通过采用机器学习，导入海量金融交易数据，可从金融数据中自动发掘信息，并根据预测做出相应决策。例如，智能量化交易能够使用机器学习技术进行回测，对投资策略进行自动调整。相对于传统量化交易而言，智能量化交易在规避市场波动下的非理性选择、防范非系统性风险和获取确定性收益方面更具比较优势。从风险控制流程上来看，人工智能在各个风控节点均能发挥作用。比如，反欺诈环节，在泛互联网环境中，风控面临的欺诈已由个体欺诈演变为有组织、有规模的群体欺诈、关联欺诈。传统反欺诈能力暂时只停留在识别较简单的规则风险；而机器学习中基于图的半监督算法可以将申请人、手机号、设备、IP（internet protocol，互联网协议）地址等各类信息节点构建网络图，并构造机器学习的反欺诈模型。

2. 人工智能技术在保险业中的应用

保险业丰富的数据资源为人工智能的应用提供了诸多场景，相应地，人工智能也在保险业价值链重构中发挥着重要的作用。

1）替代简单重复性操作。保单契约录入、核保、收费等简单重复性的人工操作，可以通过机器学习实现智能处理。人工智能的语音识别及智能分析技术、人脸识别技术可用于智能客服领域，智能客服可以大幅度减少耗时费力的重复性人力工作，从而降低运营成本。

2）满足客户个性化需求。利用人工智能技术，通过数据分析形成客户画像，对客户进行特征分析，定制专属产品和服务，为客户提供最适合的营销活动并定向、精准地投放给客户，为客户提供最佳体验。

3）改进产品设计缺陷。人工智能可以改进产品设计缺陷，进行在线产品设计和内容推荐，为客户设计个性化、碎片化的保险产品。多维度的大数据分析能辅助保险精算更准确地度量产品风险，提升产品风险定价能力，提供差异化定价，实现产品创新和个性化定制。

4）变革保险销售模式。人工智能可简化产品购买方式，标准化销售流程与话术，优化客户体验，避免销售误导，也能极大降低营销人力成本。尤其智能交互机器人可以与客户进行交互应答，通过运用知识图谱，高效且相对准确地了解客户，还能够筛选客户信息、查询保单和查询费率等，从而提高客户存留率，实现客户价值最大化。

5）发挥智能决策作用。在核保、理赔、投顾等领域，能通过人工智能实现智能决策，有效控制风险。智能投顾的核心是充足的数据积累与算法模型，它可以根据客户的风险承受能力、风格偏好或自身理财需求，运用智能算法及投资组合优化等理论模型，为客户提供最合适的投资参考，指导客户更恰当地购买保险。

在核保环节，人工智能技术可根据筛查规则先进行在线核保，再对筛查后的保单进行人工核保，这既可以简化核保流程，提高核保效率，又能相对使承保条件更宽松，提升了常见非标人群的投保便捷度。

在理赔环节，基于图像识别技术，保险公司能够快速查勘灾情事故、核损、定损和识别理赔欺诈行为，相比传统的人工核损流程更为节省时间，能明显提升理赔效率，降低骗保概率。采用智能理赔系统进行风险输入、加工和预警输出，能够对欺诈风险和道德风险进行筛查，完善理赔风险闭环管理机制。

此外，通过大数据，人工智能技术能提高信息搜索、流转的效率与准确度，自动识别场景中的风险，对保险操作风险进行积极管理，提升服务时效和服务质量。

5.5　互联网技术

5.5.1　互联网技术的主要内容

互联网技术又称在计算机技术上建立的信息技术，具体包括以下几个方面。第一层，硬件，主要指数据存储、处理和传输的主机和网络通信设备；第二层，软件，包括可用来搜集、存储、检索、分析、应用、评估信息的各种软件，涵盖企业资源计划、客户关系管理、供应链管理（supply chain management，SCM）等商用管理软件，也包括用来加强流程管理的 WF（workflow，工作流）管理软件、辅助分析的 DW（data warehouse，数据仓库）/DM（data mining，数据挖掘）软件等；第三层，应用，指搜集、存储、检索、分析、应用、评估、使用各种信息，包括应用企业资源计划、客户关系管理、供应链管理等软件直接辅助决策，也包括利用其他决策分析模型或借助 DW/DM 等技术手段进一步提高分析的质量，辅助决策者作决策（但不是替代决策者做决策）。从技术领域来看，互联网技术具体包括三个组成部分。一是传感技术。这是人的感觉器官的延伸和拓展，最明显的例子就是传感阅读器。二是通信技术。这是人的神经系统的延伸和拓展，承担传递信息的功能。三是计算机技术。这是人的大脑功能的延伸与拓展，承担对信息进行处理的功能。

目前，通信技术尤其是移动通信技术已经发展到第 5 代，称为 5G 技术。该技术具有高速率（用户体验速率达 1 千兆比特/秒）、低时延（时延低至 1 毫秒）和大连接（用户连接纳能力达 100 万连接/平方公里）的特点，5G 基础设施是实现人机物互联的网络基础设施。在 5G 基础设施支撑下，未来 5G 商用场景，如智能园区、超高清视频、车联网、联网无人机、远程医疗、智慧电力、智慧工厂、智能安防、个人人工智能设备、VR/AR 技术等将会得到快速发展。

5.5.2　互联网技术在金融领域的应用

互联网技术自产生以来，就在金融领域得到了广泛的应用，具体包括以下几个方面。

一是互联网企业利用互联网技术创新和经营金融业务，就是互联网企业利用互联网技术和信息通信技术实现资金融通、支付、投资和咨询等新型金融业务。目前我国互联网企业的金融服务呈现出多样的业务模式和运行机制，包括众筹、P2P、移动支付（如微信支付、支付宝等第三方支付平台）、数字货币、大数据金融、信息化金融门户等。进行交易的双方通过网络线上平台能自助自主地完成整个金融交易，无过去的中介介入。

二是金融机构利用互联网技术创新和经营金融业务。传统金融机构迫于互联网企业的金融竞争压力和追求利润最大化的动力，积极采用互联网技术，将传统金融业务搬到互联网营销平台，实现传统金融业务经营的互联网化，具体包括银行存贷款业务的互联网化、保险业务的互联网化、担保业务的互联网化、证券基金业务的互联网化等。

互联网技术在上述两个方面的运用均被称为互联网金融。互联网金融是依托大数据和云计算在开放的互联网平台上形成的，有机结合了互联网技术和功能化金融业态及其服务体系，包括基于网络平台的金融市场体系、金融服务体系、金融组织体系、金融产品体系以及互联网金融监管体系等，并具有普惠金融、平台金融、信息金融和碎片金融等相异于传统金融的金融模式。互联网金融不仅是互联网虚拟无线技术和传统金融经济行业的简单结合或浅程度的交叉应用，还是在确保安全、便捷等网络技术应用基础上自然而然地适应经济金融发展新的需求而发展起来的，显著降低了金融业务中的信息不确定性程度。金融机构对互联网技术的应用，不仅使金融机构自身避免了开设营业网点的资金投入，降低了运营成本，也让消费者能够突破时间和地域的约束，在开放透明的平台上找到适合自己的金融产品。在互联网金融运行中，由于计算机或手机操作流程的完全标准化，不仅用户获得了良好的体验感，金融机构也获得了良好的用户反馈。同时，互联网的透明公开也削弱了信息不对称程度，有利于提升金融资源的配置效率。

本章重要概念

　　大数据　　大数据技术　　云计算　　云计算技术　　区块链　　区块链技术　　互联网技术
价值互联网　　人工智能　　5G 技术

本章复习思考题

1. 大数据主要有哪些类型？
2. 如何进行大数据处理？
3. 大数据能够从哪些方面对金融业产生影响？会带来什么挑战？
4. 与传统信息技术相比，云计算有哪些优势？
5. 云计算对保险业具体会产生哪些影响？
6. 区块链是什么？它有哪些核心技术？具体表现哪些特征？
7. 人工智能技术是什么？它如何影响金融业未来的发展？
8. 互联网技术具体包括哪些内容？它给金融业带来了哪些颠覆性影响？
9. 什么是 5G 技术？举例说明目前已经有哪些商用场景出现？

第 6 章　金融科技的新兴技术

得益于大数据、云计算、区块链、人工智能、互联网等核心技术的快速发展，物联网技术、信息安全技术以及生物识别技术等新兴技术在基础理论、算法模型、金融应用、软硬件支撑等方面不断取得突破，成为社会普遍关注的热门话题，这也是本章需要重点学习和掌握的内容。

6.1　物联网技术

6.1.1　物联网技术的概念及特点

1. 物联网技术的概念

美国麻省理工学院的 Kevin Ashton（凯文·阿什顿）教授早在 1991 就提出了"物联网"的概念，1995 年微软创始人比尔·盖茨在《未来之路》也提到了物联网，但由于技术限制等原因，当时并没有得到业界的广泛关注。直到 1999 年麻省理工学院提出了物联网的基本概念——万物皆可通过网络互联，这个时候物联网才开始逐步有了基本原型。2005 年国际电信联盟（International Telecommunication Union，ITU）在信息社会世界峰会上发布《ITU 互联网报告 2005：物联网》，正式提出了"物联网"的概念，并激情豪迈地指出物联网时代即将到来，由此，各个国家开始积极推进物联网的发展，物联网终究成为这个时代的骄子，其不仅成为新一代信息技术的重要标志性事件，也是信息化时代的重要标志性事件。依托众多科技创新，物联网正以兼容并蓄的姿态，成为整个信息科技集大成者，改变着整个社会前进的步伐。

物联网是通过 RFID、红外感应器、全球定位系统、激光扫描器等信息传感设备，按约定的协议，把任何物品与互联网连接起来，进行信息交换和通信，以实现智能化识别、定位、跟踪、监控和管理的一种网络。简单来看，物联网最终要打造物物相联的网络。物联网的本质概括起来主要体现在三个方面：一是互联网特征，即对需要联网的物打造互联互通的互联网络；二是识别与通信特征，即纳入物联网的"物"一定要具备自动识别、物物通信和机器对机器（machine to machine，M2M）通信的功能；三是智能化特征，即网络系统应具有自动化、自我反馈与智能控制的特点。

2. 物联网技术的特点

和传统互联网相比，物联网有其鲜明的特点。

第一，物联网是各种感知技术的广泛应用。物联网上部署了海量的并且进行了有效连接的多种类型的传感器，每个传感器都是一个信息源，不同类别的传感器捕获的信息内容和信息格式不同。传感器捕获的数据具有实时性，传感器可按一定的频率周期性地采集环境信息，不断更新数据。

第二，物联网是一种建立在互联网上的泛在网络。物联网技术的重要基础和核心仍旧是互联网，使用者通过各种有线和无线网络与互联网融合，将物体的信息实时准确地传递出去。物联网上的传感器定时采集的信息需要通过网络传输，由于其数量极其庞大，形成了海量信息，在传输过程中，为了保障数据的正确性和及时性，传感器定时采集的信息必须适应各种异构网络和协议。

第三，物联网具有智能处理的能力，能对物体实施智能控制。物联网将传感器和智能处理相结合，利用云计算、模式识别等各种智能技术，扩充其应用领域。从传感器获得的海量信息中分析、加工和处理出有意义的数据，以适应不同用户的不同需求，发现新的应用领域和应用模式。

6.1.2　物联网技术对金融业的影响

1. 从主观信用走向客观信用

无论是传统金融业还是互联网下的金融业依靠的信用体系都是主观信用体系。金融机构工作人员对企业的经营状况、资产负债状况，以及个人的收入负债状况等信息进行调研，进行信用评级，从而决定是否给予资金支持。这种决策模式依赖工作人员的经验积累和主观判断，同时调研人员的信息获取来自客户的口头应答、报表、收入证明等，这些信息都带有主观性，并不能避免信用风险与信息不对称问题。

物联网金融的发展为金融业建立起客观信用体系。相较于互联网，物联网的信息都是在实体世界通过镜像感知获得的真实信息，互联网与物联网在信息的获取方式与真实性程度方面的不同，将导致互联网金融和物联网金融的商业模式、架构体系和思维方式存在差异。客观信用模式可以极大地降低信用风险，为金融机构的风险控制以及动产质押和浮动质押等业务的发展带来广阔前景。物联网为金融提供了构建客观信用体系、防范金融风险的抓手，这将为构建中国的金融信用体系奠定基础。

目前中国是金融大国，但与金融强国还存在一定差距。一个重要的原因是信用体系不够发达。发达国家拥有较为完备的主观信用体系，而中国的信用体系还尚不完备。但随着物联网技术的推进，中国有可能在物联网金融推动信用体系方面取得主导地位，实现从金融大国到金融强国的转变。

2. 有效降低交易成本

交易成本一直是制约金融业发展的重要因素。根据罗纳德·科斯在其成名专著《社会成本问题》一文中所指出的，如果企业间的交易成本为零，无论产权的制度安排如何，最终的谈判结果都会达到财富最大化的均衡点。但是，长期以来，交易成本为零的假设一直都是一种理想化的经济学真理，因为在交易过程中谈判、搜寻、订立契约、合同执行都需要花费大量的成本，金融业中更是如此。正是因为在交易过程中需要投入大量的时间与金钱，才需要专业化的金融服务，而企业边界的存在使得大量的潜在交易无法达成，或者要达成交易就需要支付高昂的交易费用。但是物联网的发展可以有效地缓解此类问题，物联网将人与物、人与网、人与人之间连接起来，采用计算机的分布式运算系统，通过云计算的方式降低了运算成本，让客户的需求与金融机构的资源得以有效匹配，通过信息共享与信用评级，实现了服务的标准化，并通过分布式协同，有效地降低了金融交易成本。未来，随着金融体系去中心化的不断完善，每个人都有可能享受自金融的服务，这种服务拓展模式的边际成本接近零。

3. 缓解信息不对称问题

在传统金融业当中，信息不对称问题是其要面对的主要问题之一，由于信息不对称，金融业就可能产生道德风险，出现逆向选择，极端情形下甚至会产生劣币驱逐良币的现象，最终将导致市场的恶性循环与萎缩。但是，在物联网的连接下，世界上的主要物质有可能会形成一种物质信息系统，信息的需求者可以随时随地地了解所需物品的位置、种类、形状、品质等关键信息，这些信息还可以通过网络实现共享共用，从而解决了"信息孤岛"的难题，通过物联网收集的信息，不仅有助于推动金融机构的传统抵押信贷模式向依赖于大数据精准授信模式转型升级，而且有助于解决保险机构与投保人之间的信息不对称问题，让骗保无处遁形。物联网金融的快速发展，甚至可能达到经典经济学中所论述的"完全信息"的状态，实现对传统金融革命性的颠覆。

6.1.3　物联网技术在金融业中的应用

1. 物联网技术在银行业的应用

1）现金业务

现金管理是银行管理的重中之重，物联网技术的应用有助于银行在实时监管、应急处理、管理决策三方面提高现金管理质量。首先，物联网的应用提高了银行对于现金的运输和安防等事项的管理质量，如通过物联网应用可以直接定位钞箱、运款车等移动性较强的设备和工具，实现管理人员实时查询和跟踪管理，对于现金流转的各个环节进行监控和维护。其次，在遇到突发状况时，物联网的应用可以迅速启动应急预案，包括实时通知安全防卫和监管人员，以及进行录音录像的征集采集工作和通过发出警讯等声音震慑不法分子。最后，物联网的应用可以汇集众多终端信息，进行智能化的分析评价并输出信息，为管理决策提供依据。

2）信贷业务

物联网的应用会促进银行信贷工作质量的提高。首先，在贷前调查方面，银行可以通过物联网智能终端直接进入企业的管理系统，查询企业经营信息，做出贷前评价，节省了企业整理和报送材料的时间。其次，物联网可以加快审批速度，部分非主观判断指标可以直接由相关应用来判断，且银行掌握企业信息的时间也会缩短，这样可以节约银行的人力成本，减少所耗时间。再次，物联网的应用会提高抵押物的识别和管理效率。

例如，信贷审批人员往往无法长期深入实地关注和检验抵押物的实际情况，而物联网中的电子感应器与抵押物直接关联，可以实时对抵押物进行识别和检验。在信贷合约执行期间当抵押物发生异况时，管理人员也可以通过电子感应器及时掌握情况，提高管理效率。最后，物联网的应用可以提高贷后管理质量。物联网应用的监督功能，使银行在贷后管理中实时监控企业的经营状况，如现金流和支付结算等情况，有助于及时发现问题和采取措施。

3）支付业务

银行支付业务是物联网技术在我国金融业应用的热点领域。但是，目前用于移动支付的物联网技术仅是辅助功能，支付往往是消费者通过主动行为，如前往柜台使用刷卡机刷卡来实现移动支付的目的，因此从支付的便利程度上讲，物联网技术的应用还有待加强。未来更加便利的银行移动支付手段，应是在支付授权的基础上，实现自主支付。比如，顾客购买货物时，无须人为排队结算，仅需要在离开时确认账单，本人账户就可以直接进行付款交易。此外，消费者支付工具具有多样化的特征，消费者可以通过卡支付、移动支付或者第三方支付等完成支付行为。银行未来的发展趋势应该是对于各种支付工具的整合，由于手机是人们通信的基础工具且兼有互联网功能，通过 NFC 技术有可能有效实现移动支付、第三方支付以及无设备接触的卡支付三者的融合，所以手机将可能成为最方便的支付工具，值得投入力量应用物联网技术加以发展，而银行卡、信用卡这些功能相对单一的工具可能面临着被淘汰的困境。

4）客户安全

物联网的应用有助于提高银行对于客户安全的保障。比如，在柜台和自助设备上设置识别装置，通过指纹、虹膜等生物识别技术进行身份验证，通过物联网相关技术进行客户识别，比现行的密码服务更加准确，保障程度更高，可以更好地实施客户关系管理，使银行的金融服务更加人性化、多元化和便捷化。

5）服务一体化

物联网技术对于银行发展模式的冲击显而易见，随着 NFC 技术的推广和应用，金融服务的横向一体化与各类服务工具的纵向一体化趋势愈加明显。一方面，在统一支付工具方面集合各个金融机构的服务功能，比如，手机上集成客户在各个银行办理的银行卡和信用卡等信息，在各个金融网点和自助设备均可仅用手机就能够进行金融业务的办理，大大提高了银行服务效率。另一方面，在同一工具上集合金融服务、生活服务等多种服务功能，将会给予客户最大化的便民服务体验。比如，客户只需要一部手机，即可享受银行卡、信用卡、门禁、餐卡、交通卡等多项服务，这会使客户真切地享受到物联网带来的便利。

2. 物联网技术在保险业的应用

1）物联网技术让风险可计算

将物联网技术引入到保险业中，可以利用传感技术来对各类保险标的物的风险情况进行详细的识别、预警、定位、追踪、监测等，动态监测和实时采集保险标的物的风险情况，精确地反映和测算各类标的物的风险程度，使得保险公司能够有针对性地设计出个性化的产品，制定出差异化的费率，从而使风险真正可计算。这就可以帮助保险机构改变传统的风险定价方法，即采用客户索赔的历史数据和客户的财务数据进行风险定价。例如，可以利用物联网技术对汽车、不动产等保险标的物进行动态监测，采集风险的实时状况，帮助保险公司真正基于标的物的风险程度来计算保险费率，设计出个性化的保险产品。

2）物联网技术让风险可控制

保险公司通过物联网技术来对投保标的物的风险事故进行动态监测，将实时监测数据远程汇总传输到安全监控中心，从而有效控制和预防标的物的潜在风险事件，减少风险事故的发生概率。例如，火灾、爆炸、污染源等风险都可以利用物联网技术进行实时监测、预警、预报和应急救助，从而实现对风险事故的安全预防与管理，从灾后赔付转向防灾减灾，让风险可控制，并减少损失和赔付支出。同时，借助物联网技术来对数据进行监测，可以对灾害事故的原因和责任做出快速、准确的判断，提高查勘定损精度，减少查勘定损时间，节约理赔成本，使保险理赔成本最小化。

3）物联网技术让保险可定制

目前保险公司中保险产品同质化较为严重，保险公司之间的竞争更多的是拼费率、拼费用，这直接导致保险公司的盈利水平不断下降。将物联网技术应用到保险业中，可以帮助保险公司对保险标的物进行实时动态监测，对标的物的风险状况、偏好和行为特征进行全方位的分析，从而能够针对具体标的物设计出个性化的保险服务和产品，提高保险产品和客户的匹配性。同时，可以利用物联网技术连接保险公司和客户，根据实时监测数据对客户进行精准分类以及对责任进行划分，实现风险保障服务的按需定制。

3. 物联网技术在供应链金融中的应用

1）物联网技术解决了动产质押物流和库存监管问题

我国动产质押贷款市场需求量巨大，特别是动产资产占比高的中小企业，融资需求十分迫切。然而，由于质押动产监管难，多地频现动产质押贷款违约事件，加大了动产质押融资风险。物联网可以利用传感技术、导航技术、定位技术等方式让物流环节（尤其是仓储和货运环节）变得可视化。这样不仅有利于银行对于企业的物流以及库存进行监管，同时减少了人为操作上的失误。在物联网技术批量生产之后，必将会降低银行的融资成本。

2）物联网金融解决了供应链金融中的牛鞭效应，优化了整个产业供应链链条

由于企业对物流配送端到端全过程的实时状态无法做到有效的即时监控，因此迫于生产保障压力，企业往往都放大物料需求量，从而在上游形成牛鞭效应，造成物料仓储和配送运输的附加成本增加，增加企业的风险，甚至影响到企业还款。物联网可实现万物可追踪、万物可相连。物联网技术中的 RFID 技术、电子产品代码技术在供应链各个环节的应用，对整个供应链上每一个零件、每一个配件、每一件产品的数据进行实时跟踪、实时监控，形成供应链系统上下游企业信息的畅通，从而使牛鞭效应的影响可控。

6.2　信息安全技术

6.2.1　信息安全技术的概述

1. 信息安全的内涵及特征

信息安全是指保护信息系统的软硬件和数据资源不要因为偶然的或者恶意的行为受到篡改、泄露或破坏。这里的信息系统从广义上说是指提供信息服务的系统；从狭义上说是指计算机系统。信息系统的基本要素分为三部分：系统、信息、人。系统安全主要指物理安全和运行安全；信息安全主要指数据安全和内容安全；人的安全主要通过管理来保证。系统和信息两部分的安全需要信息安全的重要技术来保证。

信息安全具有以下几个特征。

（1）完整性。完整性指信息在传输、交换、存储和处理过程保持非修改、非破坏和非丢失的特性，即保持信息原样性，使信息能正确生成、存储、传输，这是最基本的安全特征。

（2）保密性。保密性指信息按规定要求不泄露给非授权的个人、实体或过程，或者只为依法有效使用者提供经过脱密处理的有用信息，即杜绝有用信息泄露给非授权个人或实体，强调有用信息只被授权对象使用的特征。

（3）可用性。可用性指网络信息可被授权实体正确访问，并按要求能正常使用或在非正常情况下能恢复使用的特征，即在系统运行时能正确存取所需信息。当系统遭受攻击或破坏时，能迅速恢复并能投入使用。可用性是一种网络信息系统为用户使用提供安全和可靠保障的属性。

（4）不可否认性。不可否认性指通信双方在信息交互过程中，确保所有参与者提供的信息真实和准确，即所有参与者都不可能否认本人的真实身份，以及提供信息的真实性、准确性。

（5）可控性。可控性指对流通在网络信息系统中的信息及具体内容能够实现有效控制的特性，即网络信息系统中的任何信息要在一定传输范围和存放空间内可控。除了采用常规的传播站点和传播内容监控这种形式外，最典型的如密码的托管政策，当加密算法交由第三方管理时，必须严格按规定进行有效管控。

2. 信息安全技术的不同层次

根据信息安全技术的特性、保护对象及所能发挥的作用，信息安全技术可分为以下四个不同层次的技术。

（1）基础支撑技术。它是提供包括机密性、完整性和抗抵赖性等在内的基本信息安全服务，同时为信息安全攻防技术提供支撑。密码、认证、数字签名和其他各种密码协议统称为密码技术，如在车辆上应用的声纹识别等生物体认证技术，是信息安全基础支撑技术的核心。

（2）主动防御技术。它是提供阻断和控制信息安全威胁的技术，始终代表信息安全技术发展的主流，防火墙、虚拟专用网络（virtual private network，VPN）和反病毒等技术是经典的主动防御技术。防火墙技术最为流行，主要包括数据包过滤、应用级代理、地址翻译和安全路由器技术等。VPN 技术通过建立可信的虚拟专用网来保证局域网间的通信安全；反病毒技术就是用嵌入病毒特征码的杀毒扫描程序对目标进行对比查杀。目前车联网安防技术项目大多来自传统的杀毒公司，都是力图将 PC（personal computer，个人计算机）端和移动端的主动防御技术应用到车载端，而且都比较重视云端和软件攻防技术，对硬件安防方面则关注不多。

（3）被动防御技术。它着眼于信息安全威胁的发现和如何在信息安全威胁发生后将损失降到最低，主要包括入侵检测系统（intrusion detection system，IDS）、网络扫描、密钥、数据备份与恢复、信息安全审计等技术，其中，IDS 技术尤为重要。此外，网络扫描是通过模拟攻击，确认网络或系统中安全威胁的分布情况，为实施进一步的控制措施和管理手段做准备的一种技术；密钥是通过主动设置包含指定脆弱点的设备，进而捕获攻击者或攻击行为的一种技术；数据备份与恢复则被动地为信息系统的稳定运行和业务的连续性提供最根本的保证；信息安全审计为受信息安全威胁的系统提供审计信息，为事后分析和计算机取证提供依据。

（4）面向管理的信息安全技术。它以提高信息安全技术效率和集成使用信息安全技术为基本出发点，并在一般意义的信息安全技术的基础上引入了管理的思想，是一种综合的技术手段，主要包括安全网管系统、网络监控、资产管理、威胁管理等技术，是信息安全技术的必要补充和重要发展方向。

6.2.2　金融业应用的信息安全技术

目前，信息安全技术在金融业的运用主要体现在以下几个方面。

一是身份识别。在信息系统中，身份识别是最基本的安全功能，通过身份验证的用户才能进一步申请系统的相关服务。静态密码已不能满足更高的需求，动态口令、数字证书等一系列身份认证方式成为信息安全技术不断向前发展的标志。

二是存取权限控制。信息安全技术已从最初的防守变成主动出击，主要针对不法分子。为了确保用户信息和资源的安全，金融机构需要严格控制存取权限，谨防不法分子滥用用户的信息和资源，损害用户的合法权益。

三是数字签名。数字签名也可称作公钥数字签名，用于辨别和验证签署人的身份，若要伪造难上加难。数字签名可作为信息真实有效的证明。

四是数据完整性保护。数据完整性保护技术可以迅速检查文件是否被篡改或遭到恶意代码和病毒的侵袭。其优势在于追查的速度极快，能为用户提供更高层次的安全防护。

五是审计追踪。一旦系统发生安全问题，审计追踪就会发挥其效应，追查发生问题的原因。

六是密钥管理。密钥管理是针对信息安全采取的针对性管理手段，用来对抗网络的不安全性。用户的信息和重要的文件均需要密码加密以保障安全。实际上，密钥管理在信息安全技术中占据核心地位。

七是病毒防范与监控。计算机中病毒是一种屡见不鲜的现象，而单纯依靠手工查杀防控病毒只能治标，不能治本，因此，加强病毒防控与监控技术是信息安全技术中的重要举措。

6.2.3　互联网金融时代信息安全面临的问题

信息安全是互联网金融的生命，是防范互联网金融风险的基石。在当今互联网金融时代，信息安全面临的问题主要有以下四个方面。

1. 客户端安全认证风险

客户端安全认证风险主要包括三项。

（1）客户端病毒或黑客入侵。客户端的工作机制是通过用户名和密码相结合进行认证，这种情况下倘若用户被病毒或黑客攻击，安全认证关卡被攻破，那么用户所做的操作就呈现在黑客的监视之下，个人数据会按照黑客指令被发送至病毒或黑客攻击的指定的数据库平台或者服务器后端，严重威胁到个人账户和密码安全。

（2）假冒网站或诈骗网站。目前的网络域名注册简易，准入门槛较低，虚假恶意网站猖獗。近些年来，有些商业银行、证券公司、投资银行等金融机构均出现过假冒互联网金融业务的现象，由于这些互联网金融业务的服务器网站域名和网页与真的互联网金融业务相似度极高，一般客户极难辨认。

（3）垃圾诈骗短信或电话。最常见的是通过拨打电话或发短信等方式，大范围传播各种诈骗信息或垃圾广告，窃取用户钱财进行非法牟利。通常情况下，该类型事件的发生皆因手机信息网上泄露而生，且与信息安全高度相关。

2. 数据安全风险

在大数据、云计算、物联网等环境下，互联网金融的数据安全将面临更大的风险挑战。互联网金融机构掌握着客户的需求偏好、投资定位、贷存款、信用情况等信息。一旦这些个人信息遭到不法分子窃取、泄露、非法篡改等，将会对客户隐私、投资者权益以及信用情况等个人隐私构成严重的威胁。银行、互联网金融机构以及用户三者之间通过互联网通道进行数据传输是互联网金融业务的工作方式，那么这三者在数据传输过程中必须要对数据进行加密。但目前加密算法和传输系统在安全性方面还面临一定挑战，存在网络传输系统和环境被击破，或者加密算法被黑客攻破的风险，这种情况一旦发生，客户的各种交易操作就暴露于众目睽睽之下，信息安全将受到极大威胁。

3. 技术安全风险

由于 TCP（transmission control protocol，传输控制协议）/IP 协议本身的安全性就面临较大争议，加之当前的密钥管理和加密技术也不太健全和完善，这势必会导致互联网金融体系易于受到计算机病毒和网络黑客的攻击。互联网金融模式和传统的金融模式相比，前者比后者更为超前，互联网的技术特点决定了互联网金融的技术安全风险特征。互联网金融的技术安全风险主要包括以下两项。第一，技术应用风险。技术应用风险是由于最初设计构思的片面性、局限性等导致的互联网金融技术系统存在明显缺陷而存在的风险。第二，技术能力风险。技术能力风险是指因为互联网金融平台存在固有的技术缺陷，由于这些固有的技术缺陷在某些特定情况下导致的无可避免的风险。

4. 系统应急和外包管理风险

系统应急和外包管理风险主要包括以下三种。

第一，对突发事件应急管理缺乏评估与统筹。应急预案存在关键应急要素诸如内容粗糙、操作程序不清晰，关键时点描述、上报时限要求存在不足等问题。而且，我国大多数互联网金融机构缺乏实际演练经验，一旦发生危急情况，将带来巨大损失。同时，银行等有关各方的应急预案缺乏衔接和协同，未将外包机构纳入应急演练范畴，一旦出现突发事件，难以快速有效应对。

第二，对外包服务的风险管理较为粗放，缺乏信息技术风险评估和控制机制。部分企业通过服务技术外包的方式来发展互联网金融业务技术，这种外包方式虽然效率较高，但是如果外包服务管理不到位，发布外包服务的机构将存在巨大的风险隐患。

第三，对外包服务质量缺少有效监督和约束。银行与外包机构签订的服务水平协议缺乏关键运行指标要求，对外包服务分包、转包情况不了解，对外包服务质量的监督考核和违约赔偿等约束力度不足。科技监管政策未及时传达到相关外包服务人员，同时对外包服务的审计监督力度不足。

6.2.4 互联网金融时代信息安全风险的防范措施

1. 政府层面

互联网金融健康、规范的发展离不开相关职能部门对相关法律法规的建立健全、有效监管以及严格执行。一是加快转变传统的金融监管模式，明确监管原则和界限，建立健全交叉融合的跨部门监管机制，优化和完善相关配套服务。二是建立健全风险预警机制，坚持日常监督管理和定期检查，加强风险监测、分析和预警，并不定期进行抽查，提高非现场监督管理和现场检查的有效性，切实做到风险早发现、早预警、早报告、早处置。三是深入排查影子银行活动的薄弱环节和风险隐患，加强对各类金融活动的监督管理，及早锁定风险，层层落实风险防控责任，及时纠正各类金融超业务范围活动，有针对性地建立完善风险应对处置预案。四是相关职能部门要严厉打击非法集资等违法行为，严肃查处各类违法违规融资活动，切实维护金融秩序，遵循国家金融业信息系统信息安全等级保护要求，避免存款人、投资者和金融消费者的合法权益受到侵害。五是加强国际金融交流与合作，建立与国际体系中金融制度相适应的征信体系和市场标准，整合数据信息，积极为互联网金融业提供统一权威可信的征信服务。

2. 金融企业层面

互联网金融企业是推动互联网金融发展的中坚力量，也是金融投资者的重要载体，运营的好坏直接关系其市场信誉度。互联网金融企业通过网络平台开展业务，要遵守相关法律法规，不得超范围经营，同时，要加强内部控制体系建设，防止内部人员违规操作，大力开发一批先进的、拥有自主知识产权的信息技术设施，用以保护金融信息安全，加大技术投入，提高计算机系统的安全管护能力，加大对计算机物理安全措施的投入，确保互联网金融硬件环境安全，建立互联网金融应对攻击的防御体系，引入电子认证技术，保障用户开展互联网金融业务时能够保证用户交易的机密性、完整性和不可否认性。针对技术风险，应加强网络安全管理，从更高层次上防范黑客攻击导致的系统瘫痪，不断提升安全保障水平，同时开发新型的认证设备，保证无论在 PC 平台还是移动终端平台的认证安全，如中国金融认证中心（China Financial Certification Authority，CFCA）开发的蓝牙 KEY 就能够同时满足 PC 和移动终端的高安全认证，包括身份识别、交易信息确认等。

6.3　生物识别技术

6.3.1　生物识别技术概述

1. 生物识别技术的概念

生物识别技术是指利用人体生物特征进行身份认证的一种技术，它通过计算机与光学、声学、生物传感器和生物统计学原理等科技手段密切结合，利用人体固有的生理特性（如指纹、脸相、虹膜等）和行为特征（如笔迹、声音、步态等）来进行个人身份的鉴定。目前已经发展了指纹识别、人脸识别、虹膜识别、声纹识别、步态识别等多种生物识别技术。

2. 国内外生物识别技术在金融领域的应用情况

1）国外生物识别技术的应用广度和深度不断增加

随着信息技术的不断发展，国外生物识别技术获得了世界领先性的发展优势，其应用场景愈加丰富，商业应用加速发展，多种复合生物识别技术叠加应用较为突出。随着新的生物识别技术的不断出现，其在资金技术密集的金融领域也有了更加广泛和深入的应用，以指纹、脸相、虹膜为代表的生物识别技术在金融的各个细分领域都有了深度应用，同时，在各个国家和地区也都有不同的发展，为金融管理和服务提供了安全保障。

美国多数银行和相关机构已在生物识别技术应用方面走在全球前列。比如，花旗银行利用声纹识别信用卡客户，为其客户提供信用卡服务；富国银行通过虹膜识别实现客户手机银行 APP 登录，办理大额资金转账汇款；摩根大通银行通过指纹识别登录其移动终端；USAA（United Services Automobile Association，联合服务汽车协会）客户可以通过面部扫描验证身份，办理金融业务。2014 年 1 月，美国支付公司 Pulse Wallet（脉冲钱包）应用掌纹识别技术，使得注册用户通过掌纹识别完成支付。苹果公司将手机 Home（返回）键加入指纹传感器，并启用于 Apple Pay（苹果支付）的安全认证。欧洲的生物识别技术也处于全球领先，其指纹自动识别系统、面部识别、扫描眼（虹膜和视网膜）、掌形、声音验证和签名验证都属于生物识别技术关键发展领域。2013 年，芬兰创业公司 Uniqul（优里酷）推出了全球首个"刷脸"支付系统。2015 年，日本富士通推出手机虹膜解锁和认证技术，并用于手机支付，其安全性强于指纹认证，开启了移动支付新篇章。2017 年，印度在国内打造指纹支付计划，实现了民众的便捷支付。

2）国内生物识别技术在金融领域得到快速应用与普及

中国生物识别市场近年来保持高速增长。2002 年至 2015 年，国内生物识别市场的年复合增长率达到 50%，2016 年生物识别市场规模达到 120 亿元左右。预计到 2025 年，中国生物识别行业的市场规模将突破 1300 亿元，同比增长率将达到 30%以上。生物识别技术在金融领域中的应用是指在银行、证券、保险、支付机构等细分行业中的开户、转账、取款、支付、投保理赔等金融业务中，人脸识别、指静脉识别、指（掌）纹识别、虹膜识别、语音识别等都有不同程度的应用，以微众银行和网商银行为代表的新兴互联网银行在远程开户、在线贷款、刷脸办卡、指静脉转账、刷脸支付等应用生物识别技术的金融业务也成为常态化。

生物识别技术在互联网金融等领域的应用打开了生物识别的无限空间。银行客户通过柜面、手机银行、自助终端等办理金融业务以及参与金融机构的各种营销活动是生物识别技术的主要应用方向。除银行外，证券业和保险业也在生物识别领域发力。目前，国内证券业的生物识别技术应用主要在开户方面，现在多数证券机构业务网点下沉，建设了轻型营业部，其发展客户全部在线远程开户，主要应用人脸识别技术，配合身份证拍照上传完成身份真实性验证，如中信证券、海通证券等。保险业的生物识别技术应用主要体现在系统自动识别理赔凭证、核验客户生物特征方面，利用大数据、云计算技术，通过智能化的保险系统，减少人工干预，提高效率，提升客户体验。我国平安保险、泰康保险等多家保险公司已将人脸识别技术应用到了投保业务中。支付机构在金融系统中最有活力和创新精神，从某种程度上说，移动互联网技术的日臻成熟和互联网金融的蓬勃发展就是支付机构带来的一场革命，生物识别技术也在支付机构业务发展中获得深度应用。中国几大互联网公司较早布局了以生物识别技术为主的金融支付，2014 年百度钱包发布了"拍照付"、"刷脸付"和"声纹支付"。支付宝建立"空付"系统，能识别人脸等生物特征，并且拓展至"万物"识别领域。微信的"Tencent Soter"（腾讯索特）属于生物认证开放性基础平台，可以帮助开发者迅速实现生物认证功能。生物识别技术成为线上远程生物特征鉴权的最易行和友好的技术手段，逐渐成为传统金融和互联网金融的基础设施。

3. 几种主要生物识别技术

1）指纹识别技术原理

指纹的形状是很多不可控因素共同作用的结果，所以世界上没有两个相同的指纹，它具有唯一性和不变性，常见的指纹形状有斗形、弓形和箕形，虽然每个人基本都是这种类型，虽相似却绝不相同，通过计算机技术，可以发现人眼无法辨识的差异。使用指纹的总体纹形特征，从获取的图像上找"特征点"，然后利用计算机进行数字化处理，建立并保存个体的指纹特征数据库，由于每个指纹都会产生其独有的特征数据，可以将采集到的指纹转化为特征数据，与数据库中的特征数据进行比较，结果相同的就可以确定为真实的用户身份。其使用流程是：首先根据指纹图像进行图像采集、图像处理，其次进行细节匹配，最后进行结果认证。

2）人脸识别技术原理

图 6-1 为人脸识别原理图。每个人都有不同的面孔，双胞胎也不例外。早在 20 世纪 70 年代，就已经有了人脸识别的概念，主流技术是基于人脸的几何特征进行识别，计算机的出现，使人脸识别的效率大大提升，而今的人脸识别技术就是基于人五官独特的几何特征，如眼睛大小、两眼间距、鼻子高度和两耳间距等，通过图像处理、人脸检测等步骤，将这些信息数据化保存，并依据这些信息，进一步提取脸中蕴含的身份特征，与已知的人脸的模板库对比，从而识别每个人脸的身份。

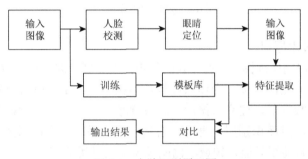

图 6-1　人脸识别原理图

3）虹膜识别技术原理

图 6-2 为虹膜识别原理图。人的虹膜具有唯一性、稳定性、防伪性，它位于巩膜和瞳孔之间，其外部可见，属于内部器官，不能更改，目前虹膜识别可以做到仅 1% 的错误率，因它包含最丰富的纹理信息，甚至同卵双胞胎或同一人的左右眼虹膜都不一样。采用低密度的红外线捕捉虹膜的独特纹理特征，将其通过计算机处理，便能采集个人的虹膜数据，同一个人的虹膜被再次扫描时，通过数据库对比就能将其识别出来。

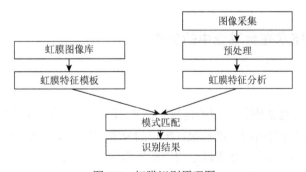

图 6-2　虹膜识别原理图

4）声纹识别技术原理

图 6-3 为声纹识别原理图。声纹就是利用电声学仪器，显示出的携带言语信息的声波

频谱。人类声音的产生是一个复杂的生理物理现象，每个人的发声器官如舌、喉头、肺等在尺寸和形态方面都有很大差异。因此任何两个人的声纹图谱都有差异。在一般情况下，人们可以区别同一人或不同人的声音。通过提取输入的语音特征，并将其与建立的声纹库中的语音进行比较，就可以识别出用户身份。

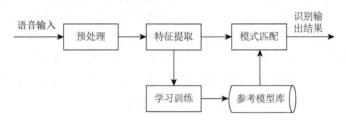

图 6-3 声纹识别原理图

5）步态识别技术原理

图 6-4 为步态识别原理图。步态即人们行走时的方式，涉及很多方面，如步距、摆手幅度等。由于每个人生活习惯、身体状况等都不相同，人走路时有一些独有的特征，将这些特征提取出来数据化，建立数据库，通过视频等方式可以在远距离非接触状态下提取人们的步态特征，进而识别用户身份。它是一种新兴的生物识别技术，与其他的生物识别技术相比，在智能视频监控领域，比图像识别更具优势。

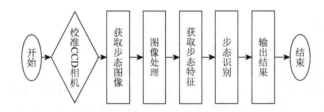

图 6-4 步态识别原理图

CCD：charge coupled device，电荷耦合器件，可以称为 CCD 图像传感器

6.3.2 生物识别技术在金融业中的应用

1. 开户

随着商业银行向直销银行（即不设线下网点而仅搭建"纯互联网平台"经营业务）模式发展和互联网银行的出现，以及银行账户的分类实施，不依赖实体卡的Ⅱ类和Ⅲ类账户也得到了大力发展，商业银行依靠生物识别技术为客户远程开户，对身份进行识别和鉴定，免去了客户到网点办理业务的时间成本。证券业也早就开始应用人脸识别和静脉识别技术为客户进行远程开户。例如，浦发银行在远程开户、风险评估等辅助业务中启用了人脸识别技术，并投放远程视频柜员机，全渠道应用人脸识别技术；华泰证券、长城证券等

均推出人脸识别远程开户功能。基于生物识别技术的远程开户示意图如图 6-5 所示。

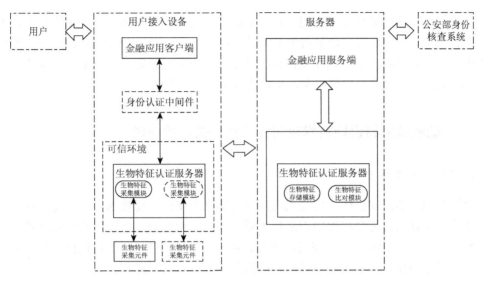

图 6-5　基于生物识别技术的远程开户示意图

2. 转账

大额转账要去银行柜台办理，采用生物识别技术可实现远程自助转账。例如，招商银行应用人脸识别技术，客户可以使用手机随时随地实现大额自助转账。农业银行掌上银行 APP 推出人脸识别、智能语音服务，该业务基于大数据的风险监控系统实现语音导航、刷脸转账等新型交互体验。2014 年 9 月，蚂蚁金服推出基于指纹识别的免密支付方案，并联合产业各方成立了互联网金融身份认证联盟（Internet Finance Authentication Alliance，IFAA），共同研究和推广基于生物识别技术的新型身份认证安全解决方案。

3. 取款

如今，很多银行已经实现了无卡取款，这种无卡取款的模式就是基于生物识别技术。中信银行推出了远程视频柜员机（virtual teller machine，VTM），并实现刷脸取款。中国银行、农业银行、建设银行、交通银行等纷纷推出了 ATM 刷脸取款业务，为客户提供既安全又便捷的金融服务。民生银行推出了虹膜识别取款业务。

4. 支付结算

支付结算领域的创新最活跃，商业银行、支付机构、科技巨头和银行卡清算机构都在努力应用生物识别技术。在新零售理念的引领下，无人值守，刷脸付款已在国内许多大型超市连锁店陆续推出，这种自助结账的原理就是将人体生物特征与支付账户进行关联，顾客不必使用银行卡、手机等硬件，只需要与云端生物特征匹配确认身份信息后即可完成支付。例如，支付宝在全国线下商业超市推出的刷脸支付，建设银行深圳分行 2018 年初宣布推广使用商用刷脸付款模式。

5. 保险理赔

传统的保险理赔需要保险公司实地调查，费时费力，成本高。基于生物识别技术的保险理赔通过互联网保险平台采用电子材料上传的方式，并通过机器深度学习在线核保，大大改善了客户理赔体验。运用图像识别技术，客户可通过智能化理赔系统完成生物特征身份验证，并结合客户信用记录，实现快速自助完成理赔。

6.3.3 金融领域生物识别技术应用推广需要关注的问题

1. 便捷性和安全性问题

便捷性的基础是安全性，生物识别技术是新型的安全认证技术，如何提供安全、可靠、便捷的金融服务是今后生物识别技术要解决的一个问题。由于生物识别技术具有便利性特征，即一次采集，N 次使用，随身、随时、随处携带，且方便快捷，因而被广泛应用于各类金融场景。生物识别数据在传输和存储过程的泄露和丢失的安全防护异常重要，在应用过程中也会存在个人数据被滥用而造成客户隐私泄露的现象，若生物识别数据被非法机构黑掉或窃取，就会对个人信息安全造成致命威胁。

2. 生物识别结果存在模糊和不确定问题

不法用户制造指纹"橡胶手指"冒充合法用户，或者戴隐形眼镜或有色眼镜，造成虹膜识别的精确性下降等，都会造成生物识别结果模糊和不确定。同时，人体的生物特征会随时光流逝有所变化，如指纹、虹膜、掌纹等，随着年龄的变化，外观特征也会有所变化，如脸部特征，导致生物识别结果变得模糊和不确定。

3. 系统和数据安全风险问题

生物识别技术应用的前提是保证系统和数据安全。当前，随着技术进步和网络的无限扩展，越来越多的安全漏洞令人防不胜防，黑客攻击、钓鱼网站、非法入侵等都会导致系统和数据风险。2017 年美国信贷机构 Equifax（艾可菲）被攻击泄露 1.43 亿人信息的事件就是个很深刻的教训。同时，指纹、虹膜、人脸等生物特征的数据信息安全也极为重要，尽管其被采集后进行了专门的安全存储，又有保密措施，但是在传输、使用和保存过程中仍然可能存在被截获或者篡改的风险，威胁数据的安全。

4. 标准不完善和技术良莠不齐问题

与发达国家相比，我国生物识别技术标准仍处在发展初期，虽然科研部门在生物识别部分领域取得了一些研究成果，但是，国内生物识别技术标准还乏善可陈，产品体系建立仍有很大空缺，生物识别技术标准化之路还很漫长，需要政策支持、人才培养和资金投入。部分高新技术企业尽管不断在生物识别领域发力，然而技术良莠不齐，产品比较单一，国内没有形成统一的标准体系和完善的激励机制。

6.4　隐私计算技术体系

6.4.1　隐私计算技术体系概述

从本质来看，隐私计算是"隐私保护计算"的中文简称，是机器学习模型创新体现的技术方案，是针对隐私信息全生命周期保护的计算理论和方法。隐私计算技术通过对原始数据的隐私信息进行提炼、度量、融合，结合统计学和密码学理论技术，形成标准化、公式化的计算方法及应用手段，从而达到在不贡献原始数据的情况下对数据计算成果进行使用，且数据脱敏不可逆，实现数据"可用而不可见、可算而不可识"。

隐私计算在软件层面的主流技术手段包括安全多方计算、联邦学习、机密计算、差分隐私等。在硬件层面，隐私计算技术方案是建立在可信执行环境（trusted execution environment，TEE）基础之上的。可信执行环境，就是技术人员通过软硬件方法在中央处理器中构建一个安全的区域，保证其内部加载的程序和数据在机密性和完整性上得到保护。从技术上来看，隐私计算需要利用硬件隔离技术将可信执行环境与普通环境隔离开来，保留中央处理器的算力共享设备与硬件资源。作为独立的处理环境，无论系统的其他程序是否面对非法用户或恶意软件的攻击破坏，隐私计算在可信执行环境中均可安全私密地执行程序，保证了关键代码和机密数据的安全性与完整性。

在隐私计算框架下，参与方的数据不出本地，就可以实现多源数据的跨域合作，而且数据安全也能得到有效保障，这就可以破解数据安全保护与融合应用难以平衡的难题。在隐私计算框架中，主要有数据方、计算方和结果方三类角色，数据方是指为执行隐私保护计算过程提供原始数据的组织或个人；计算方是指为执行隐私保护计算过程提供算力的组织或个人；结果方是指接收隐私保护计算结果的组织或个人。

隐私计算的目标是在完成计算任务的基础上，实现数据计算过程和数据计算结果的隐私保护。数据计算过程的隐私保护指参与方在整个计算过程中难以得到除计算结果以外的额外信息，数据计算结果的隐私保护指参与方难以基于计算结果逆推原始输入数据和隐私信息。

隐私计算使企业在数据合规要求前提下，能够充分调动数据资源拥有方、使用方、运营方、监管方各方主体的积极性，实现数据资源海量汇聚、交易和流通，从而盘活第三方机构的数据资源价值，促进数据要素的市场化配置，在 2021 年《中华人民共和国数据安全法》颁布实施后，隐私计算更能凸显其价值。

6.4.2　安全多方计算

安全多方计算（secure multi-party computation，SMPC）由姚期智于 1982 年提出，指参与者在不泄露各自隐私数据的情况下，利用隐私数据参与保密计算，共同完成某项计算任务。该技术能够满足人们利用隐私数据进行保密计算的需求，有效解决数据的"保密性"和"共享性"之间的矛盾。安全多方计算包括多个技术分支，目前，在安全多方计算领域，主要用到的技术是秘密共享、同态加密、不经意传输协议、零知识证明、混淆电路、隐私函数评估等关键技术。

1. 秘密共享

秘密共享的思想是将秘密以适当的方式拆分，拆分后的每一个份额由不同的参与者管理，单个参与者无法恢复秘密信息，只有若干个参与者一同协作才能恢复秘密信息。更重要的是，当其中任何相应范围内的参与者出问题时，秘密信息仍可以完整恢复。

假如你和你的朋友正在一起面临某种生存困境，比如，在野外迷路了或是被困在沙漠中，你们难以获取食物，只好将剩下的食物收集到一起放进保险箱。但是有个问题——你们并不相信其他人，其他人很可能趁大家不注意将食物偷走。这时候，保险箱的钥匙应该怎么保管？秘密共享方案就是指准备 w 把钥匙，至少要 t 把钥匙才能开启。

1994 年，纳奥和沙米尔提出可视密码，是一种依靠人眼解密的秘密共享方案，它是将一个秘密图像加密成 n 张分存图像，n 张分存图像可以打印到胶片上、存入电脑或移动存储器中，且分别由 n 个人保存。解密时只需要 k 个人（或 k 个以上的人）将各自的分存图像叠加，秘密图像就会呈现出来，而少于 k 个人则无法获得秘密图像的一点信息。

2. 同态加密

同态加密是一种允许在加密之后的密文上直接进行计算，且计算结果解密后和明文的计算结果一致的加密算法。这个技术特性对于保护信息的安全具有重要意义，利用同态加密技术可以先对多个密文进行计算之后再解密，不必对每一个密文解密而付出高昂的计算代价；利用同态加密技术可以实现无密钥方对密文的计算，密文计算无须经过密钥方，既可以减少通信代价，又可以转移计算任务，由此可平衡各方的计算代价，利用同态加密技术可以让解密方只能获得最后的结果，而无法获得每一个密文的消息，可以提高信息的安全性。

目前云计算应用中，从安全角度来说，用户不敢将密钥信息直接放到第三方云上进行处理，通过实用的同态加密技术，大家可以放心使用各种云服务，同时数据分析不会泄露用户隐私。加密后的数据经过第三方平台处理后得到加密后的结果，这个结果只有用户自身可以进行解密，整个过程第三方平台无法获知任何有效的数据信息。

3. 不经意传输协议

不经意传输协议是一种可保护隐私的双方通信协议，消息发送者从一些待发送的消息中选某一条发送给接收者，但并不知道接收者具体收到了哪一条消息。不经意传输协议是一个两方安全计算协议，协议使得接收者无法获取除选取的内容外的剩余数据，并且发送方也无从知道被选取的内容。

比如，甲每次发两条信息（m_0、m_1）给乙，乙提供一个输入端口，并根据输入获得输出信息，在双方通信协议执行结束后，乙得到了自己想要的那条信息（m_0 或者 m_1），而甲并不知道乙最终得到的是哪条。

其流程如下。第一步，发送者甲生成两对公私钥，并将两个公钥 puk_0、puk_1 发送给接收者乙。第二步，乙生成一个随机数，并用收到的两个公钥之一加密随机数（用哪个公钥取决于想获取哪条数据，如果想要得到消息 m_0 就用 puk_0 加密随机数，如果想要得到 m_1 就用 puk_1 加密随机数），并将密文结果发送给甲。第三步，甲用自己的两个私钥分别解密收到的随机数密文，并得到两个解密结果 k_0，k_1，并将两个结果分别与要发送的两条信息进行异或操作（k_0 抑或 m_0，k_1 抑或 m_1），并将两个结果 e_0、e_1 发给乙。第四步，乙用自己的随机数与收到的 e_0、e_1 分别做异或操作，得到的两个结果中只有一条为真实数，另一条为随机数。

显然，在此过程中，第三步最为关键，如果甲无法从两条私钥解密得到的结果 k_0、k_1 中识别出乙的真实随机数，则能保证甲无法得知乙将要获取的是哪条数据。乙没有私钥就无法得出真实的私钥解密结果（如果 k_0 为真实随机数，则乙无法得知 k_1 的值），所以就只能得到自己想要的那条数据而无法得到另外一条，保障不经意传输协议能执行成功。

例如，Alice（爱丽丝）和 Bob（鲍伯）打牌，Alice 总是输，为了让 Alice 的游戏体验好一点，Alice 可以看 Bob 的某一张手牌，但是 Alice 并不想让 Bob 知道看了哪张，不然很可能还是打不赢。在这个场景下，就可以通过不经意传输协议来传递牌的大小，这样可以保证 Alice 只能看到一张手牌，且 Bob 不知道 Alice 看了哪一张手牌。

4. 零知识证明

零知识证明是指证明者能够在不向验证者提供任何有用信息的情况下，使验证者相信某个论断是正确的。零知识证明实质上是一种涉及两方或更多方的协议，即两方或更多方完成一项任务时所需采取的一系列步骤。在步骤实施中，允许证明者甲向验证者乙证明并使其相信自己知道或拥有某一消息，但证明过程不能向验证者乙泄露任何关于被证明消息的信息。

以《一千零一夜》里阿里巴巴与四十大盗故事中的一个片段为例。阿里巴巴会芝麻开门的咒语，强盗向他拷问打开山洞石门的咒语，他不想让人听到咒语，便对强盗说："你们离我一箭之地，用弓箭指着我，你们举起右手，我念咒语打开石门，举起左手，我念咒语关上石门，如果我做不到或逃跑，你们就用弓箭射死我。"这个方案对阿里巴巴没损失，也能帮助他们搞清楚阿里巴巴是否知道咒语，于是强盗同意了。强盗举起了右手，只见阿里巴巴的嘴动了几下，石门打开了；强盗举起了左手，阿里巴巴的嘴动了几下，石门又关上了。强盗有点不信，没准这是巧合，多试几次过后，他们相信了阿里巴巴。这是最简单易懂的零知识证明的例子。

图 6-6 是零知识证明的一个经典模型，即洞穴模型，该模型不涉及具体算法，仅用于初步说明零知识证明的原理和效果。在图中，C 点和 D 点之间存在一道密门，只有知道秘密口令的人才能打开。证明者 P 知道秘密口令，并希望向验证者 V 证明，但又不希望泄露秘密口令，则可通过以下证明过程实现：第一步，验证者 V 站在 A 点，证明者 P 站在 B 点；第二步，证明者 P 随机选择走到 C 点或 D 点，验证者 V 在 A 点无法看到证明者 P 选择的方向；第三步，验证者 V 走到 B 点，并要求证明者 P 从左通道/右通道的方向出来；第四步，证明者 P 根据验证者 V 的要求从指定方向出来，如有必要需要用秘密口令打开密门。

如果证明者 P 知道秘密口令，就一定能正确地从验证者 V 要求的方向出来；如果证明者 P 不知道秘密口令，则每次有 1/2 的概率能从验证者 V 要求的方向出来。该证明过程可重复进行多次，直到验证者 V 相信证明者 P 拥有打开密门的秘密口令。

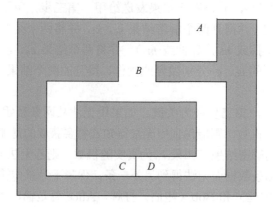

图 6-6　零知识证明的洞穴模型

通过以上证明过程，证明者 P 就向验证者 V 完成了关于秘密口令的零知识证明，即证明过程不会泄露关于秘密口令的任何信息。

显然，信任是业务往来的基础。做生意，无论在网上还是在现实世界中，我们需要知道和谁打交道，他们是否会履行承诺。问题是这以牺牲隐私为代价。为了判断某人是否值得信任，要了解他们是什么样的人，获取个人数据甚至信用卡号码。

在常规的区块链交易中，当资产从一方发送到另一方时，该交易的详细信息对网络中的每一方都可见。相反，在零知识证明交易中，其他人只知道发生了有效的交易，而不知道发送方、接收方、资产类别和数量。同时，付款人的身份和交易金额可以隐藏起来，可以有效避免诸如"抢先"之类的问题。

5. 混淆电路

混淆电路是双方进行安全计算的布尔电路。混淆电路将计算电路中的每个门都加密并打乱，确保加密计算过程中不会对外泄露计算的原始数据和中间数据。双方根据各自的输入端口发送的数据依次进行计算，解密方可得到最终的正确结果，但无法得到除结果以外的其他信息，从而实现双方的安全计算。

目前来看，安全多方计算主要通过混淆电路及秘密共享两个方式实现。基于混淆电路的协议更适用于两方逻辑运算，通信负担较低，但拓展性较差。基于秘密分享的安全多方计算的拓展性较好，支持多方参与计算，计算效率高，但通信负担较高。

6. 隐私函数评估

隐私函数评估的优势在于除了保护数据外，还可以将算法保护起来，确保计算参与方无法从计算过程中学习到正在执行的算法内容。隐私函数评估模型支持基于随机存取机器计算模型的隐私程序的高效执行，可以实现在多种算法中自由跳转、随机访问，有较高的机动性和灵活性。

实践过程中，该模型在安全多方计算系统之上形成一套"全随机加密访问"的方案——ORAM（oblivious random access machine，茫然随机访问机），这是一种可以用来完全隐藏输出信息、输出操作的数据访问模式的加密方案。其整个流程中的寄存器值、内存值、指令值等全部以随机的形式管理，并以密态形式存储和执行，通过将所有指令集进行有机排序，不仅可以实现不同指令共享中间计算结果，而且可以有效保护具体执行的指令不被其他人发现。

一般情况下，当用户把数据存储在不可信的第三方时，即使数据是加密的，第三方仍然能通过收集用户访问模式信息推断出用户隐私。ORAM 将用户的一个文件访问请求转换成多个文件访问请求，从而模糊化用户访问文件的概率、模式等信息。目前，很多情况下，服务提供商利用云服务器提供服务，会要求在评估期间对其特定算法进行保密。这一方案的提出，为当前隐私计算场景缺乏算法保护的问题提供了新的技术解法。

6.4.3　联邦学习

1. 联邦学习的定义与分类

假设有两个不同的企业 A 和 B，它们拥有不同的数据，比如，企业 A 有用户特征数据，企业 B 有产品特征数据和标注数据。这两个企业按照 GDPR（general data protection regulation，通用数据保护条例）准则是不能粗暴地把双方数据加以合并的，因为它们各自的用户并没有机会同意这样做。

假设双方各自建立一个任务模型，每个任务可以是做分类或者是做预测分析，而且这些任务在获得数据之前就获得了各自用户的认同和许可。

那么，现在的问题是如何在 A 和 B 各端建立高质量的模型。但是，由于数据不完整（如企业 A 缺少标签数据，企业 B 缺少用户特征数据），或者数据不充分（数据量不足以建立好的模型），各端有可能无法建立模型或模型的效果不理想。联邦学习就是来解决这个问题的。

联邦学习的本质是一种机器学习框架，即分布式机器学习技术。其起源于 Google 在 2016 年提出的在不集中用户数据的情况下，协同训练 Gboard（谷歌键盘）输入预测模型的技术能力。联邦学习以一个中央服务器为中心节点，通过与多个参与训练的本地服务器（简称参与方）交换网络信息来实现人工智能模型的更新迭代，即中央服务器先生成一个通用神经网络模型，各个参与方将这个通用神经网络模型下载至本地并利用本地数据训练模型，将训练后的模型所更新的内容上传至中央服务器，通过将多个参与方的更新内容进行融合均分来优化初始通用神经网络模型，再由各个参与方下载更新后的通用神经网络模型进行上述处理，这个过程不断重复直至达到某一个既定的标准。在整个联邦学习的过程中，各参与方的数据始终保存在其本地服务器，降低了数据泄露的风险。

应用联邦学习，互不信任的数据源能够在各自原始数据不出本地的情况下，通过交换并更新各自的梯度或参数等中间计算结果，不断迭代全局模型，从而实现联合建模，以开发利用数据使用价值。

随着联邦学习的快速发展，其内涵和外延不断变化，对联邦学习的分类可从不同维度去考虑，较常见的是按照其面向的数据融合需求进行分类，联邦学习可分为三类：一是纵向联邦学习，就是基于特征的联邦学习，其数据按列纵向划分，通过联合等方式增加训练数据的特征，但训练样本总量不变。适用于多方用户重叠部分较多，但用户特征重叠部分小的场景；二是横向联邦学习，就是通过联合、增加可利用数据的数量的学习方法，其数据按行横向划分，适用于多方用户重叠较少，但用户特征重叠较多的场景；三是联邦迁移学习，就是将"迁移学习"和"联邦学习"结合起来，是一种通过在多个分布式计算节点上共享经验知识，以提高模型性能和泛化能力的机器学习方法，它可以帮助不同机构打破隔阂，联合建立人工智能模型，同时各方数据不出本地，用户隐私能够得到有效保护，适用于多方用户及用户特征重叠均较少的场景。由于采用分布式建模的方式，联邦学习得到的模型与利用传统汇聚数据进行建模得到的模型相比可能会有一定的性能损失。考虑到实际应用的需求，联邦学习需要保证该性能的损失足够小。

2. 联邦学习的系统架构与计算步骤

下面以包含两个数据拥有方（即企业 A 和 B）的场景为例介绍联邦学习的系统构架。该构架可扩展至包含多个数据拥有方的场景。假设企业 A 和 B 想联合训练一个机器学习模型，它们的业务系统分别拥有各自用户的相关数据。此外，企业 B 拥有模型需要预测的标签数据。出于数据隐私保护和安全的考虑，A 和 B 无法直接进行数据交换，可使用联邦学习系统架构建立模型。联邦学习系统构架由三部分构成。

（1）加密样本对齐。由于两家企业的用户群体并非完全重合，系统利用基于加密的用户样本对齐技术，在 A 和 B 不公开各自数据的前提下确认双方的共有用户，并且不暴露不互相重叠的用户，以便联合这些用户的特征进行建模。

（2）加密模型训练。在确定共有用户群体后，就可以利用这些数据训练机器学习模型。为了保证训练过程中数据的保密性，需要借助第三方协作者 C 进行加密训练。以线性回归模型为例，训练过程可分为以下四步。

第一步：协作者 C 把公钥分发给 A 和 B，用以对训练过程中需要交换的数据进行加密，主要传输的数据是模型的计算梯度的中间结果，不涉及用户隐私，当然虽然传输的数据是加密的，但模型训练的时候是要用私钥解密的。

第二步：A 和 B 之间以加密形式交互用于计算梯度的中间结果，这个中间结果具体指什么呢？假设 A 有样本的 X_1、X_2 特征，B 有样本的 X_3、X_4 特征及标签 Y，模型为 logistic 回归。首先，A 根据当前模型计算每条记录的 X_1、X_2 线性组合结果，B 根据当前模型计算每条记录的 X_3、X_4 线性组合结果；其次，A 将结果加密后传给 B，同时 B 将结果加密后传给 A。

第三步：A 和 B 分别基于解密后的交互中间信息（线性组合结果）进行各自的梯度值计算，比如，B 可基于接收的线性组合结果、标签 Y 等数据计算 LOSS（损失）及 X_3、X_4 的梯度，A 接收线性组合结果后可计算 LOSS（损失）及 X_1、X_2 的梯度。然后 A 和 B 分别将计算得到的 X_1、X_2、X_3、X_4 的梯度值上传到 C，C 基于梯度值计算出模型的新参数。

第四步：C 将四个新参数分别传送回 A 和 B，也就是更新 A 和 B 的模型，用于新一轮的迭代。

迭代上述步骤直至损失函数收敛，这样就完成了整个训练过程。在样本对齐及模型训练过程中，A 和 B 各自的数据均保留在本地，且训练中的数据交互不会导致数据泄露。因此，双方在联邦学习的帮助下得以实现合作训练模型。

合作训练模型在运用于生产之后，如果要继续用于预测，如输入一个用户 ID（identity document，身份标识号），则 A、B 的模型分别提供预测的线性组合结果并相加，从而得到最终的预测值。

（3）效果激励。联邦学习的一大特点就是它满足了不同机构要加入联邦共同建模的需求。在联邦学习中，提供数据多的机构获得的模型效果会更好，模型效果还取决于数据提供方对自己和他人的贡献。获得的模型效果在联邦机制上会分发给各个机构，并继续激励更多机构加入这一数据联邦，以增强联邦学习效果。以上三部分的实施，既考虑了在多个机构间共同建模的隐私保护和模型效果，又考虑了以一个共识机制奖励贡献数据多的机构。

3. 联邦学习在金融领域中的运用

近年来，国内外部分金融机构已开展联邦学习的应用，主要集中于风控、营销、反洗钱等方面，这里重点介绍联邦学习在开放银行、保险定价、反金融犯罪等方面的应用。

1）开放银行

为拥抱大数据时代，开放银行逐渐成为银行业的转型趋势。开放银行是指银行通过接入第三方机构开发的 API 实现各方数据的共享，增加市场参与度，强化服务能力，用户可以享受更多样化、定制化的金融服务。较早发展开放银行的美国拥有多家与银行共享金融数据的金融科技公司。在其平台上，用户可以直接管理自己的多种金融账户，如储蓄、股票、基金、房贷、车贷等。此外，通过开放银行模式能够提升用户体验、增加利润来源，从而提升银行的效益。近年来，我国银行积极向开放银行转型升级，中国银行、建设银行、工商银行、浦发银行和招商银行等多个银行自研开发开放银行 API 平台，但还未涉及数据层面的开放。开放银行数据分享存在数据泄露的可能，对数据安全要求较高的用户来说，因为开放银行数据泄露可能导致数据滥用和诈骗等行为，从而导致其参与开放银行模式的积极性大为下降。与英国、美国等国"监管先行"的发展模式不同，我国尚未建立健全关于开放银行的监管体系，金融机构使用和分享用户数据存在较高的法律风险。在此条件下，在开放银行中引入联邦学习技术或可降低数据安全相关问题的影响。

通过引入联邦学习，开放银行相关机构无须直接获取银行用户的相关数据，而是通过算法在银行端利用其用户数据进行计算后直接获得相关结果。针对开放银行的场景，可以对联邦学习的通用模型进行个性化、定制化训练，进而为用户提供更好的服务。在此应用中，可将通用模型作为预训练模型，使用户个人数据对通用模型进行微调，生成个性化模型；或者将用户视为目标任务，将预训练通用模型作为源任务，利用迁徙学习（transfer learning）对各个性化模型进行微调，以提供定制化服务。

2）保险定价

保险定价作为保险业中最重要的部分，需要精准核算，人工智能、机器学习、大数据等技术可以为保险定价提供量化支持，使定价更加精准。目前，人工智能、大数据等技术已在车险中得到应用。例如，中国平安保险和蚂蚁金服利用上述技术实现个性化定价。国外有学者通过车载计算机系统和驾驶人行为习惯分析（包括驾驶信息、移动设备信息等方式）对保险进行定价，相较于传统定价方法，机器学习方法可以更准确地预测医疗保险费用，同时，可以支持非标准体（即不符合投保要求的投保人）定价。

在此基础上，使用联邦学习不仅可以提高对用户个人信息的保障，还可以使保险定价更加精准，甚至完成个性化定价。在医疗保险方面，保险公司可与医院以及健康检查机构合作，通过联邦学习对医院掌握的投保人健康状况进行科学分析。保险公司可在不直接掌握投保人详细健康档案的条件下，更准确地预测投保人的健康状况，从而对医疗保险进行定价。在财产保险方面，尤其是在车险方面，保险公司可利用联邦学习，对投保人的驾驶信息以及地理信息数据进行分析，根据其驾驶习惯和经常驾驶地区的路况等完成个性化定价。

3）反金融犯罪

金融犯罪包括对具有货币价值的实体进行盗用、非法侵占和虚假陈述或违反金融秩序等犯罪行为，随着全球化的加速，国际刑事警察组织提出警告，全球范围内金融犯罪行为正在增长，联邦学习或能为打击金融犯罪提供新思路。

第一，反信用卡欺诈。信用卡交易作为人们日常使用的信用支付手段，每日的交易量巨大。由于信用卡获取现金具有便利性、时效性和低风险性等特性，信用卡欺诈成为较为普遍的一种金融犯罪。信用卡欺诈主要分为申请欺诈、信用卡伪造及线上和线下欺诈等形式。欧洲中央银行数据显示，欧洲因信用卡欺诈每年损失数十亿欧元。全球范围内，大量的信用卡欺诈行为给银行和使用信用卡的相关机构带来了巨大的挑战。

近年来，学术界对机器学习在信用卡欺诈监测方面的应用展开探索，主要分为监督方法（supervised method）和非监督方法（unsupervised method）两类。其中，较为主流的是监督方法。监督方法主要依靠数据库中已被分类的两类数据（包括欺诈数据和正常数据）进行监测分析，其产出的结果较非监督方法更易被人解读，且适用于判别模式。与监督方法相反，非监督方法的监测模型使用的数据不存在数据分类，目前，非监督方法有 K 均值聚类法。虽然监督方法已在部分银行中进行试点，但因相关法律法规不完善以及出于对隐私保护的要求，机器学习仍无法在多个银行间联合开展。通过引入联邦学习，银行可通过模型聚合，扩充数据库，进行交叉比对，实现多个银行借助机器学习联合判别是否存在信用卡欺诈等金融违法行为。

第二，反洗钱。根据 IMF 估计，全球每年通过洗钱合法化的非法收入约为全球生产总值的 3%～5%，洗钱已成为世界各国重点打击的犯罪行为之一。为此，国际社会共同组建了反洗钱金融行动特别工作组（Financial Action Task Force on Money Laundering，FATF），共享洗钱和恐怖组织金融活动相关情报，以期深化反洗钱合作。目前，反洗钱义务机构使用的监测方法仍较为落后。例如，我国银行目前仍主要依靠人工对反洗钱监测报送系统筛选出的可疑交易数据进行核查。

2019 年，中国人民银行对其全系统收到的重点可疑线索的调查率仅为 7.25%，由中国人民银行移交至相关执法机构的线索立案率仅为 9.75%。根据美国银行政策研究所（Bank

Policy Institute，BPI）的调研数据，在美国，金融机构的年反洗钱成本高达约 600 亿美元，而 BPI 于 2017 年调研的 17 家具有代表性的金融机构的反洗钱线索的有效率仅为 0.16%。相较而言，高效率的大数据分析、人工智能等先进技术在反金融犯罪方面的应用远远不及该技术在其他领域的应用，反洗钱存在效率普遍低下的困境。基于目前的数据管理模式以及与隐私相关的法律法规的约束，执法机构与反洗钱义务机构的数据共享成本较高，在没有足量金融犯罪行为相关数据对机器学习算法进行训练的情况下，机器学习相关技术无法在反金融犯罪方面发挥其实际作用，反洗钱义务机构之间的数据交流也十分有限，在信息无法完全共享的条件下，利用机器进行反洗钱的效率会大大降低。在金融犯罪日益增长的大环境中，金融机构无法在打击犯罪和隐私保护之间取得均衡。

联邦学习可解决反洗钱、反恐怖融资效率低下等问题。一个有效的反洗钱系统不仅要有强大的计算力，还要做到严格地保护用户隐私、保障数据安全和完成身份验证等一系列内容。首先，联邦学习不需要进行数据迁移，反洗钱义务机构和执法机构间无须进行数据交流。执法机构可以利用过往的反洗钱相关数据及资料，先行构建、训练通用模型，将其发送至相关机构，相关机构再独立对收到的通用模型进行训练。该方法可运用至反洗钱国际合作中，由 FATF 构建初始通用模型，甚至可以联合区块链，运用去中心化的联邦学习技术，加强对各国金融机密的保护。其次，执法、监管机构可通过该方法对社交媒体中用户提供的信息和数据进行分析，甄别是否发表过极端言论、支持恐怖组织甚至是计划犯罪等内容，作为反洗钱的辅助手段。当社交媒体通过模型筛选出重点关注用户后，反洗钱义务机构可以对筛选出的用户及其关联方的账户活动进行重点监测，提高反洗钱线索的有效性。

第三，反保险欺诈。多年来，我国保险市场一直有大额资金流动。据中国银保监会统计，2020 年，全国保险保费收入约为 45 257 亿元人民币，其中，财产保险约为 11 929 亿元，约占 26.36%；人身保险约为 33 329 亿元，约占 73.64%，赔付支出达到 13 907 亿元。随着数字化的推进，各种保险产品不断更新迭代，越来越多的差异化产品被推出。与此同时，保险欺诈也随之发展，据统计，我国保费每年的赔付中约有 10%~20%为保险欺诈。

目前，有很多学者对利用机器学习解决保险欺诈的问题展开研究。例如，医疗保险欺诈、车险欺诈和财险欺诈等。研究证明，在使用现实数据时，机器学习可以有效鉴别欺诈模式并且准确地预测可能的犯罪行为。联邦学习作为机器学习的一种，可以帮助保险机构在保证用户隐私的基础上更好地对保险欺诈行为进行监测。其路径与反洗钱模式相同，可由中国银保监会与公安机关联合构建通用模型，各保险机构利用其拥有的客户数据对分发下来的加密模型进行训练，并将训练后的模型发至中国银保监会与公安机关。

6.4.4　机密计算

机密计算就是针对数据在使用过程中的安全问题所提出的一种解决方案。它是一种基于硬件的技术，将数据、特定功能、应用程序同操作系统、系统管理程序或虚拟机管理器以及其他特定进程隔离开来，让数据存储在可信执行环境中，即使是使用调试器，也无法从外部查看数据或者执行操作。可信执行环境确保只有经过授权的代码才能访问数据，如果代码被篡改，可信执行环境将阻止其继续进行操作。

机密计算的核心功能有以下三个。第一，保护 in-use（正在使用的）数据的机密性。内存中的数据是被加密的，即便攻击者窃取到内存数据，数据也不会泄露。第二，保护 in-us 数据的完整性。度量值保证了数据和代码的完整性，使用中任何数据或代码的改动都会引起度量值的变化。第三，保护 in-use 数据的安全性。相比普通应用，机密计算应用有更小的可信计算基础（trusted computing base，TCB），意味着更小的攻击面，也意味着更安全。

以 Intel SGX[①]为例，除了 CPU 和可信应用以外，其他软硬件的访问都是被拒绝的，包括操作系统、Hypervisor（管理程序）等。按照普通方式部署敏感应用，应用会依赖操作系统、VMM（virtual machine monitor，虚拟机监视器）、硬件甚至是云厂商，TCB 非常大，面临的攻击面也非常大。只要 TCB 中有一处遭到攻击，应用都有数据泄露和破坏的风险。把敏感应用部署在 Intel SGX 的可信执行环境中，TCB 只有 CPU 和可信执行环境。一方面攻击面变得很小，另一方面可信执行环境的安全机制也会使应用更安全。

支持可信执行环境的硬件平台主要有三个——Intel SGX、ARM TrustZone[②]和 AMD SEV，它们有不同的应用场景和实现方式。ARM TrustZone 把硬件资源分为安全世界和非安全世界两部分，所有需要保密的操作在安全世界执行，其余操作在非安全世界执行，安全世界和非安全世界通过 monitor mode（监控模式）进行转换。典型的应用场景有移动支付、数字钱包等；AMD（Advanced Micro Devices，超威半导体公司）利用 SEV（secure encrypted virtualization，安全加密虚拟化）、SME（secure memory encryption，安全内存加密）和 SEV-ES（secure encrypted virtualization-encrypted state，安全加密虚拟化-加密状态）等技术实现虚拟机的 guest（访客）内存加密和安全隔离；Intel SGX 是 Intel 提供的一组指令，用于提高应用的代码和数据的安全性，用户可以把敏感数据放入 Encalve 中，Enclave 是一种受保护的可信执行环境。阿里云 ACK-TEE 和开源项目 Inclavare Containers 都是基于 Intel SGX 实现的机密计算。

6.4.5　差分隐私

1. 差分隐私的定义

差分隐私（differential privacy）是 Dwork（德沃克）在 2006 年针对数据库的隐私泄露问题提出的一种新的隐私定义，主要是通过使用随机噪声来最大限度地确保数据和信息查询的准确性，并不会泄露个体的隐私信息，即在进行统计数据库查询时，既要最大限度地提高数据查询的准确性，也要最大限度减少用户记录的识别机会。简单来说，就是在保留统计学特征的前提下去除个体特征以保护用户隐私。

举个例子，当不使用差分隐私技术时，我们从 A 医院的数据库中查询今日就诊的 100 个病人的患病情况，反馈结果有 10 人患肺癌，同时查询昨天 99 个病人的患病情况，

---

① SGX 为 software guard extensions，软件保护扩展，又称指令集扩展。

② ARM 为 Advanced RISC Machines，安谋国际科技股份有限公司。

反馈结果有 9 个人患肺癌，那就可以推测今天来看病的那个人患有肺癌，这样就暴露张三的个人隐私了。

使用差分隐私技术后，从 A 医院的数据库中查询今日就诊的 100 个病人的患病情况，反馈结果是肺癌得病率 9.80%，查询今日就诊的 99 个病人的患病情况，反馈结果是肺癌得病率 9.81%，因此无法推测剩下的那个人是否患有肺癌。

当用户（也可能是潜藏的攻击者）向数据提供者提交一个查询请求时，如果数据提供者直接发布准确的查询结果，则可能导致隐私泄露，因为用户可能会通过查询结果来反推出隐私信息。为了避免这一问题，在交互式差分隐私保护框架下，用户通过查询接口向数据拥有者递交查询请求，数据拥有者根据查询请求在源数据集中进行查询，然后在查询结果中添加噪声扰动之后反馈给用户。在非交互式差分隐私保护框架下，数据提供者直接发布一个满足差分隐私保护的数据集，再根据用户的请求对发布的数据集进行查询操作（图 6-7）。

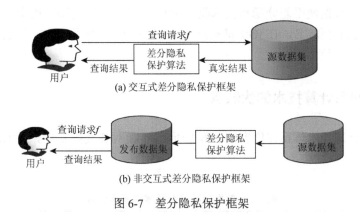

图 6-7　差分隐私保护框架

假设存在一个数据表，该数据表是某医院的门诊病历记录，包括病人的姓名、年龄、性别、临床诊断等信息。如果采取原始数据直接发布方式，同时攻击者想要知道 Cole（科尔）的诊断情况，那么攻击者仅凭借原始数据提供的强大的背景知识，如性别、年龄及其他人的临床诊断信息等，就能够推断出 Cole 的临床诊断结果，从而导致 Cole 的隐私信息泄露。如果给出经过差分隐私技术处理过的结果，即使攻击者知道除了 Cole 以外年龄在 60~80 岁的所有人的信息，他也没办法获取 Cole 的临床诊断信息。

差分隐私中的一个关键概念是相邻数据集，假设给定两个数据集 D 和 D'，如果它们有且仅有一条数据不一样，那么这两个数据集可称为相邻数据集。对于一个随机算法 A，如果用它分别运算两个相邻数据集而得到的两个输出分布式结果难以区分，那么就可以认定这个算法 A 具有差分隐私的效果。

这里的随机算法是指对于特定的数据输入经过运算后，输出结果不是固定值，而是服从某一分布的一种运算方法。也就是说这个算法作用于任何相邻数据集（D 和 D'），得到一个特定输出结果 O 的概率是差不多，观察者通过观察输出结果很难觉察出数据集的细小变化，并通过这种方式来达到保护隐私的目的。

差分隐私的主要实现机制是在输入或输出上加入随机化的噪声，如拉普拉斯噪声

（Laplace noise）、高斯噪声（Gaussian noise）、指数机制（是一种加噪声的差分隐私机制，它使用指数分布的噪声）等。

2. 差分隐私的应用

差分隐私在 1977 年就被提出了，但是真正让它声名大噪的是 2016 年苹果软件工程副总裁克雷格·费德里吉（Craig Federighi）在 WWDC（Worldwide Developers Conference，全球开发者大会）大会上宣布苹果使用本地化差分隐私技术来保护 iOS[①]、MAC[②]用户隐私。

在多个场景中成功部署差分隐私，能够在保护用户隐私的同时，提升用户体验。例如，使用差分隐私技术收集和统计用户在不同语言环境中的表情符号使用情况，提升 QuickType（预测文本系统）对表情符号的预测能力。同时，差分隐私技术还可以根据用户的键盘输入来学习新单词、外来词，自动更新设备内的字典词库，提升用户键盘输入的体验。又如，根据使用差分隐私技术收集用户在 Safari 浏览器应用中使用的高频高内存占用型、高耗能型域名，在 iOS 和 macOS High Sieera 系统网站加载时提供更多资源，以改善用户浏览体验。

6.4.6　各类隐私计算技术的优缺点

各类隐私计算技术体系评价表如表 6-1 所示。下面对各类隐私计算技术的优缺点予以说明。

表 6-1　各类隐私计算技术体系评价表

类别	计算过程保护	计算结果保护	计算性能	计算精度	硬件依赖	理论支持场景	计算模式	实际商用场景
安全多方计算	高	无	低	高	无	任意计算	分布式	国外：拍卖、薪酬统计、密钥管理 国内：密钥管理、联合建模
联邦学习	中	无	低	高	无	机器学习	分布式	国外：以横向联邦学习为主，如谷歌 Gboard 国内：以纵向联邦学习为主，在金融风控领域较多
机密计算	中	无	高	高	有	任意计算	中心化	国外：密钥管理 国内：联合建模、区块链
差分隐私	低	有	高	低	无	任意计算	中心化	谷歌 Gboard

1. 安全多方计算

优点建立在密码学安全原理基础之上，其安全性得到严格的密码理论证明，不以

---

① iOS 为 iPhone operating system，苹果手机操作系统。

② MAC 为 media access control，媒体存取控制。

信任任何参与方、操作人员、系统、硬件或软件为基础，各个参与方对其拥有的数据有绝对的控制权，保障基本数据和信息不会泄露，同时计算准确度高，并支持可编程通用计算。

缺点是安全多方计算包含复杂的密码学操作，计算性能问题是应用的一大障碍。随着应用规模的扩大，采用合适的计算方案保证运算时延与参与方数量呈现线性变化是目前各技术厂商面临的一大挑战。

从安全性上看，安全多方计算的目标是保证多方数据融合计算时的隐私安全，一些传统安全问题如访问控制、传输安全等，仍然需要其他相应的技术手段予以保障。

2. 联邦学习

优点是由于其具有分布式训练和联合训练的特点。一方面能够解决训练阶段数据特征单一的问题，从而获得一个性能更好、优于利用本身数据集训练出的模型。另一方面，各参与方只需要在本地利用各自数据集进行训练，数据体量未增加，算力成本压力小。因为整个训练过程中各参与方的数据都不会离开本地，只将模型的梯度及权重等信息上传至中心服务器进行聚合分割，对于各参与方来说既不会泄露隐私数据，也不会额外增加参训数据量，从而完成训练任务。

缺点是存在安全问题和通信效率问题。一是就目前业内应用较多的神经网络模型来看，从底层编码开始构建一个基础的神经网络模型通常耗时耗力，多数企业往往从开源平台获取或第三方平台购买基础模型，这样的基础模型本身就有植入病毒的可能。二是学术界对于联邦学习的安全保障效果尚无严格定义，利用中心服务器收集的梯度及权重信息有可能反推出每个参与方的数据信息。三是联邦学习的机制默认所有参与方都是可信方，无法防止某个参与方恶意提供虚假数据甚至病害数据，从而对最终的训练模型造成不可逆转的危害。四是由于分布式参与节点的计算能力不一致、网络连接状态不稳定、数据通信非独立分布等现实因素，通信效率极易成为联邦学习应用的瓶颈之一。

3. 机密计算

优点是相对于其他隐私计算技术，机密计算具有通用和高效的优势，不仅可以无缝支持通用计算框架和应用，而且计算性能基本可匹敌明文计算。它可以单独用于隐私计算，也可以与其他技术结合在一起来保护隐私，尤其对于安全可信的云计算、大规模数据保密协作、隐私保护的深度学习等涉及大数据、高性能、通用隐私计算的场景，机密计算是重要的技术手段。

缺点是可信执行环境信任链跟 CPU 厂商绑定，目前硬件技术被掌握在英特尔、高通、ARM 等少数外国核心供应商中，从而影响到机密计算技术的可信度。此外，目前的可信执行环境实现在理论上存在侧信道攻击的可能性，因为可信执行环境与其他非可信执行环境空间共享了大量的系统资源。

4. 差分隐私

优点是基于严格的数据理论，差分隐私能够实现数据资源的最大利用，在安全多方计算中，采用可计算的差分隐私能大大降低安全多方计算的计算复杂度和通信量。

缺点是通过添加噪声实现隐私保护，差分隐私会对模型可用性和准确性造成一定程度影响，因此，对于准确度要求较高的场景如人脸识别、金融风险计量，目前无法大规模应用该项技术。同时，差分隐私保护目标是计算结果而不是计算过程，以机器学习建模为例，差分隐私可以在建模结果上加入噪声，保证攻击者难以从建模结果反推出样本信息，但差分隐私依然需要计算方显式的访问训练数据，因此没有保护建模过程，与前面三种技术方案有根本不同。

6.4.7　隐私计算技术在金融领域中的应用

目前，隐私计算技术已广泛应用在普惠金融、智能风控、精准营销、反洗钱等业务场景当中，且随着数据融合需求的进一步释放，应用场景正快速拓展至金融产品定价、运营管理等领域。

1. 普惠金融

在针对中小微企业的普惠金融领域，金融机构可通过使用安全多方计算、联邦学习等隐私计算技术，在保护原始数据隐私的前提下，完成多源数据价值的共享、计算和建模，提升中小微企业的融资效率及质量。以锘崴科技打造的金融服务隐私保护计算平台（Nova FinTech）为例，该平台致力于协助搭建政府主导、企业运营的金融服务体系，支持将政务数据与银行、保险公司等金融机构和中小微企业对接，以解决中小微企业和金融机构之间的信息不对称问题，使金融机构能充分利用政务数据对企业进行全面评估，并开发专门面向中小微企业的金融产品，为中小微企业提供量身定制的个性化服务。

2. 智能风控

数据孤岛现象使金融机构在贷前、贷中、贷后各环节都存在风险识别难的痛点问题，且多头借贷风险较难规避。利用隐私计算技术，银行等金融机构将可以实现数据安全融合，在贷款全周期流程中实时、精准、全面地分析客户。以某银行与运营商联合搭建的信贷风控模型为例，通过采用纵向联邦学习、安全多方计算等技术，将双方数据共同用于训练联邦风控模型，将能够在保护用户隐私数据的前提下实现模型优化，进而更好地支持普惠金融和消费金融的发展，提高风控能力，且数据样本的改进和模型效果的提升还可有效节约传统信贷的审核成本。

3. 精准营销

在存量客户挖掘、异业交叉营销等场景中，由于单一金融机构拥有的数据资源有限、数据特征单一，通常难以精准、实时地分析客户偏好，最终被迫采取"广而告之"的营销方式。对此，基于隐私计算技术支持数据价值和原始数据分离的特性，金融机构将可在保障数据融合应用安全、合规的前提下，精准刻画客户画像，从而更好地了解客户需求、提升客户满意度，并构建起由数据驱动、模型驱动的精准营销模式，以产品精细化营销助力业务精细化发展。

4. 反洗钱

当前不法分子洗钱手段升级，传统反洗钱方式不一定能起到有效作用。基于隐私保护计算支持下的联合风控，可以从根本上提高数字人民币反洗钱的有效性。基于数字人民币技术和隐私保护计算联合风控技术，反洗钱从以往单一义务机构各自执行、基于账户和规则的"独钓"模式，进入多义务机构联合、基于全局数据和模型的"网捕"模式，具体表现为以下几点。第一，由于数字人民币对客户的可追溯性，只需要一个易于发现和触发的可疑主体，便可牵出其他关联的众多主体。第二，数字人民币的交易可追溯性结合联合风控，可极大提高可疑交易上报数据的质量，如扩大反洗钱覆盖金融机构的范围、追查完整的资金交易链条和详细的客户身份、一次性挖掘犯罪网等。第三，由于数字人民币的交易可追溯性，通过联合风控，可快速发现可疑交易，及时阻止可疑交易的持续发生。第四，联合风控可以形成系统的"长板效应"，弥补小型金融机构反洗钱能力的不足，消除"木桶效应"和监测洼地，提升行业整体反洗钱水平。通过隐私计算技术，"长板效应"下反洗钱有效性高的金融机构可以带动整个金融体系发现和识别可疑交易，反洗钱由孤岛模式变成全景模式。

6.5　量子计算技术

6.5.1　量子计算的概念和原理

量子计算（quantum computation）就是将量子力学和计算问题结合，利用量子力学规律（量子态的叠加性和纠缠特性）调控量子信息处理单元进行计算的新型计算模式。这一概念由 Feynman（费曼）于 1982 年首先提出。信息处理单元是一切计算的基础。在经典存储模式下，一个比特（bit）只能处理 0 或 1 其中的一个逻辑态，并通过晶体管的开通与关断来表示所处的状态；但在量子存储中，量子比特（qubit）可以处理 0 和 1 的叠加态，0 和 1 只是众多状态中特殊的两种。也就是说，一个经典存储器只能存 0 或 1 之中的一个数，而量子存储器却能同时存储 0 和 1 两个数。同理，两个经典存储器只能存 00、01、10、11 四组数中的 1 个，而量子存储器却能同时存储这四组数。以此类推，存储器的数量为 n 时，经典存储器仍然只能承载 0 和 1 的 $2n$ 种组合的一种，而量子存储器却能同时承载 $2n$ 个叠加状态。由此可见，量子存储器的存储能力呈指数增长。因此，当 n 足够大时，量子存储器的数据存储能力将变得十分强大。在计算机科学中，计算的过程就是存储信息变换的过程。量子计算与经典计算的不同之处就在于，经典计算中对 n 个存储器操作一次只能变换一个数据，而量子计算中对 n 个存储器操作一次则可变换 n 个数据。这就意味着，当存储器数量一定时，量子计算机的数据处理能力是经典计算机的 $2n$ 倍。可见，量子计算具有强大的并行计算能力。

6.5.2　量子计算在智能金融中的应用价值

量子计算与人工智能作为信息科技的两个主流应用，在逻辑上存在着天然联系。人工智能因数据增长和摩尔定律失效将面临算力瓶颈，而量子计算又有着远超经典计算的超强计算能力，二者的结合能否带来人工智能发展的又一次飞跃？事实上，国内外关于量子计算与人工智能（机器学习）的研究，已经证明了量子机器学习算法的可行性与优势。总体说来，量子计算在金融业中的应用价值，主要有以下几个方面。

1. 升级金融服务的智能化水平

量子计算超强的并行计算能力，能够从根本上解决智能金融发展面临的算力瓶颈问题，进而提升机器学习深度，达到升级金融服务的智能化水平的目的。以智能信贷为例，目前国内商业银行的信贷不良率一般在 1.5%～2%，即使是掌握了先进智能技术的蚂蚁金服，也只能将信贷业务的不良率控制在 1%左右。要将不良率控制在更低的水平，需要纳入更加庞大的数据量，消除数据盲点，因而必须升级硬件计算能力和计算模型。这显然超出了经典计算的算力水平。量子计算不仅在硬件算力上具有得天独厚的优势，而且还为深度学习提供了比经典模型更丰富的框架。此外，量子计算的一些算法具有相对于经典算法的优势。例如，量子退火算法能够利用量子隧穿效应跳出局部亚优解，达到全局最优解，在智能投顾、量化投资等领域，具有广阔的应用前景。

2. 提升智能服务的响应速度

金融业对人工智能的响应速度具有很高的要求，尤其在反欺诈、支付清算、授信等领域，智能设备的响应速度直接关乎金融机构的资金安全与客户体验。以 GPU（graphics processing unit，图形处理单元）为代表的芯片技术的发展，为人工智能和机器学习的计算提速奠定了硬件基础，使得人工智能得以在过去几年真正蓬勃发展起来。目前，人工智能在金融领域中的应用已达到毫秒级，具有显著优于人脑响应的速度优势。这也是人工智能得以广泛应用于金融领域的先决条件。不过，随着未来数据体量的快速膨胀，更大量级的碎片化、非结构化数据将被纳入应用，成为支撑智能金融发展的数据物料。面对如此庞大的数据计算需求，经典计算的硬件算力将很难保持住智能应用需要的响应速度。量子计算在计算速度方面相对于经典计算具有绝对优势，能够显著加速神经网络的训练，将智能金融的响应速度提高到一个新的水平。

3. 缩小计算设备体积和节省能耗

经典计算有两个无法克服的缺陷：一是计算集群的体积问题，二是巨大的能耗问题。一方面，经典计算模式下，随着摩尔定律趋于崩溃，增加分布式服务器架构中 GPU 的数量成为提升硬件算力的主要途径，相应地需要扩大硬件机房规模，带来巨额的维护成本和硬件成本；另一方面，经典计算是不可逆且能量耗散的过程，庞大的计算集群运行会造成巨大能耗。数据显示，2015 年我国数据中心的年耗电量已达到 1000 亿千瓦时，超过全社会用电量的 1.5%，且这一比例仍在不断上涨。量子计算能够很好地克服经典计算的缺陷。天然的并行计算能力，使得一台量子计算机能够达到远超经典计算集群的算力，且基于量子计算的智能金融服务设备还具有轻量化、可移动的优势，可极大拓展智能金融的覆盖场景。与此同时，量子计算机能够通过幺正变换实现可逆计算，解决了计算过程中的能耗问题，可大幅降低智能金融发展的能源负担。量子计算与人工智能的结合，让智能金融的未来成为一片值得期待的"蓝海"。当然，在抵达这片"蓝海"之前，还有许多困难要攻克。具体到量子计算技术本身而言，其面对的挑战包括噪声带来的退相干影响、量子比特的可拓展性、量子逻辑器件的操控精度、大数据转化为量子态及其测量技术开发等。不过，随着时间的推移，这些问题终将找到解决方法。根据 BCG 的预测，当前基于经典计算的高性能机器学习市场，有望在 2030 年前被量子机器学习取代。当然，聚焦到金融领域，推进量子智能金融的发展还需要持续丰富量子机器学习算法，解决与金融融合不好的问题，这些都需要进行系统的规划和准备。

本章重要概念

　　物联网　物联网技术　信息安全　信息安全技术　生物识别技术　隐私计算技术体系　安全多方计算　联邦学习　机密计算　差分隐私　可信执行环境　量子计算技术

本章复习思考题

　　1. 和传统互联网相比，物联网技术有哪些特点？

　　2. 物联网金融的发展如何能帮助金融业建立起客观信用体系？

　　3. 信息安全指的是什么？表现出哪些特征？

　　4. 互联网金融时代信息安全面临哪些主要问题？如何防范？

　　5. 什么是生物识别技术？主要的生物识别技术有哪些？

　　6. 生物识别技术在金融业有哪些具体的运用？

　　7. 金融领域生物识别技术应用推广面临哪些问题？

　　8. 在目前的金融领域，还有哪些前沿金融技术的开发与应用？

　　9. 简述隐私计算技术体系的构成及各类隐私计算技术的优缺点。

　　10. 安全多方计算的关键技术有哪些？

　　11. 量子计算技术在智能金融领域有哪些应用价值？

　　12. 目前金融科技领域还有哪些新兴技术创新与运用，请举例说明。

　　13. 收集相关资料，跟踪分析未来金融科技发展的趋势。

第7章　金融科技与银行业

本章主要学习金融科技对银行业的影响、金融科技在商业银行业务创新中的应用、金融科技在商业银行经营管理中的应用等内容。

7.1　金融科技对银行业的影响

总体而言，金融科技涵盖金融业中的数字化创新和技术驱动的商业模式创新。这些创新对银行业的影响，是机遇与挑战并存的。

7.1.1　金融科技对银行业的正面影响

金融科技给银行业带来的正面影响主要表现在以下几个方面。

1. 金融科技能显著提升银行的运营能力和效率

金融科技不仅改变了传统银行大而全的商业模式，而且改变了传统银行的具体业务，这些业务包括消费金融业务、资金划转与支付业务、投资与财富管理业务、中小企业银行业务、投资银行业务等。传统银行业务采取分散化的实体网点进行实体化和封闭化的运营模式，金融科技提供的金融产品和服务具有数字化和移动式的特点，以开放式的发展和以软件为中心的解决方案提高了银行的运营能力。金融与科技的结合不仅可以产生协同效应来进一步推动智能化银行的建设，有利于银行向客户提供更加便捷、精准、人性化的服务，使银行业迎来新一轮的转型升级。同时，银行可以利用大数据来进行贷款审批、风险控制等，大大降低了银行人力、物力、财力的消耗，拓宽了银行服务半径，有利于提高银行的服务品质与效率，实现普惠金融。

2. 金额科技能降低银行和客户的信息不对称程度和交易成本

金融科技的运用，不仅可以通过银行资产端，也可以通过负债端来降低信息不对称程度和交易成本，从而提高经营效率。

从银行的资产端而言，智能金融的出现使得传统银行业市场份额大幅缩小，为了保持盈利，各银行不得不通过承担更大风险的方式来获得利润，而银行的风险管理者也因为金融科技的出现获得了金融监管新模式。首先，金融科技为银行带来了更丰富的风险数据源，改善了传统银行的数据结构，使数据更加细化、精准，有利于对客户进行更有效的甄别。其次，金融科技的出现完善并改进了商业银行的信息技术框架，对各项数据进行归类整合，使银行对风险的控制更加高效。最后，金融科技降低了银行的信息不对称程度，打破了传统银行信息孤立、部门推诿的现状，通过信息平台前后环节的互联互通和简洁规范的风险管理流程，提升了管理效率（宋首文等，2015）。面对银行市场份额不断缩小的问题，银行开始基于互联网技术利用金融科技优化自身的服务方案和服务场景，并且在金融科技的帮助下，各银行获得客户的渠道增加，有利于提高客户满意度与忠诚度，增强客户对银行的信心，实现客户价值最大化。

从银行的负债端而言，目前我国大多数银行通过资产业务和中间业务的创新来获得利润增长，但忽略了负债业务的创新，而金融科技的出现使负债业务的创新出现了转机。在此之前，商业银行的负债端产品一直缺乏辨识度、针对性，从而导致客户体验感一般且忠诚度不高。为了应对银行市场份额不断缩小、资金来源不断减少等危机，各银行开始利用金融科技对负债业务进行创新，收集客户信息并分析客户的存款动机、收入水平以及消费习惯等，同时结合银行所在地的经济发展水平、政府政策来设计产品。以储蓄存款业务为例，近些年出现的教育储蓄、零花钱和压岁钱储蓄、个人通知存款以及定活通等创新负债产品大大缓解了传统银行在金融智能化环境下受到的竞争压力，同时也增加了银行的资金来源，提高银行的经营管理效率。

总体而言，金融与科技的结合对推动我国银行业在部分领域降低成本、提升效率、扩大服务范围、拓展金融服务可获得性、推动普惠金融等方面，都产生了积极影响。但要认识到，大型互联网企业广泛深入地进入金融服务领域，也在深刻地改变银行业，并可能产生一些与过去我们熟知的传统银行业截然不同的风险和问题，需要进行深入剖析并妥善应对。

7.1.2　金融科技对银行业的负面影响

当然，金融科技的发展对银行业也会带来较多的负面影响，主要表现在以下几个方面。

1. 传统银行支付结算市场被挤占

近些年，随着大数据的兴起，云计算、量子计算、数据挖掘、人工智能等技术在金融业中得到了广泛应用。阿里巴巴、腾讯集团、百度、京东等科技公司成长迅速，并不断向金融领域渗透发展，利用其长期积累的客户数据和新兴的大数据处理技术，在一定程度上改变了我国金融服务生态，特别是在一些小额零售行业，起到了积极助推的作用，如在电子支付领域，金融科技推动了我国支付服务的深刻变革。2020 年第二季度，我国电子支付业务中，非银行支付机构电子支付业务笔数是商业银行的 1.52 倍。在信贷领域，大型互联网企业积极开展小额信贷业务，促进服务重心不断下沉，金融服务可获得性提升。截至 2020 年 11 月底，蚂蚁小贷"花呗"的用户量超过 1 亿户，其中，约50%分布在三线以下城市。在征信服务领域，大型互联网企业开创了以线上数据为基础的信用评价和征信业务，如蚂蚁科技为我国超过 3 亿的"信用白户"建立了数字信用记录，开展线上实时风控。在资产管理领域，大型互联网企业以良好的线上体验，有效提升了用户黏度，有力推动了网络资产和财富管理业务。截至 2020 年第二季度，天弘基金余额宝规模达 1.22 万亿元，个人持有比例 99.99%。理财通客户数量突破 1.5 亿，资金保有量达 9000 亿元。

2. 金融去中心化和脱媒化

金融科技的战略和直接后果是改变甚至颠覆传统金融业。这主要是因为银行业经营方式不佳、效率低、成本高，充斥着利益冲突，容易滋生道德风险。具体而言，金融科技在传统银行业之外形成了一个新的市场体系以优化金融资源配置，改变了传统银行业主导的金融市场，变革了传统金融市场的主体、交易工具、交易方式、交易价格等重要因素，实现了信用支付渠道和方式的创新。由于金融科技也提供金融产品和服务，它又成了金融服务市场的一部分。金融科技公司将各种前沿技术与理念放在金融市场进行试验、试错，快速迭代产品，高频率地推出具有破坏性创新（即透过新产品、新市场、新产业组织，不断地破坏旧结构，形成新结构生态）特性的产品。这符合约瑟夫·阿洛伊斯·熊彼特（Joseph Alois Schumpeter）的观点，即金融创新是一种带有创造性的破坏力量，既带来经济效益和社会福利，也带来经济灾难和社会病痛。这已经超越了传统金融意义上仅在金融市场或金融产品层面的"金融创新"，会对银行、保险、证券等金融业的商业模式带来全面的冲击，特别是在支付、保险、存款、资本募集、理财管理和市场信息披露方面产生重大影响。

金融科技对银行业态实质性的改变体现在脱媒化与去中心化。这里的脱媒化不仅是金融脱媒，更是技术脱媒。去中心化不仅是去除传统金融活动中银行所处的中心地位，而且是去除金融活动中银行的金融资源配置的垄断核心地位（沈伟，2018）。

我国金融科技的发展伴随着利率市场化的改革。随着利率市场化改革的推进，银行的存贷利率将完全放开，货币当局将利率的决定权交给市场，存贷利率将会随着金融市场流动资金的情况经常波动，再加上金融科技带来的更加丰富多样的储蓄、借贷产品与平台，这就使得企业通过非银行机构筹集资金更加方便，银行的资金融通职能将逐渐弱化，可能不再作为资金借贷的中介，最终导致传统银行的收益大幅降低。同时，金融科技在一定程度上促进了非银行金融机构的金融创新，这些金融机构纷纷推出了一系列的融资和服务为一体的金融服务，这在一定程度上挤压了传统银行的生存空间，传统银行业面临着资金来源不足、市场份额占比减少、经营竞争加剧等问题。例如，自 2013 年以来，以 P2P 为代表的融资方式迅速发展，甚至在一定程度上替代了商业银行等金融机构的信贷业务，以爱钱进、好贷网为代表的 P2P 平台推出了大量的信贷产品，这对传统银行的经营构成了挑战。值得注意的是，2020 年 P2P 平台因为 P2P 的经营风险大面积暴露而全部关闭。

银行监管体系的中心化特征明显。传统银行监管的核心工具是资本监管，传统银行通过银行资本充足率、存款准备金等资本规制工具降低系统性风险。这是一种银行中心化的监管工具。货币政策是以银行为中心的中心化操作，货币当局通过银行等中介机构和中介指标，向实体经济提供信用，并对经济活动进行调控。美国金融危机之后，货币政策操作出现"非中心化"（非中介化），货币当局直接向市场投放资金，而且直接调控各个期限的利率和贷款条件。一系列新的货币政策工具，如短期流动性调节工具、常备借贷便利、抵押补充贷款等，帮助中央银行脱离中介机构和中介指标，直接向经济输入流动性，调控经济活动。支付活动主要依赖中心化的银行进行。中心化有利于降低交易成本。但是，中心化在促进价值交换的同时，增加了成本，拉长了交易时间，损害了用户对自主选择信息的有效利用。尽管金融科技有利于去中心化，便利了个人的产品选择，但是会增加交易成本。

大部分的金融科技不在监管框架之中，有些处于监管的交叉地带。这就造成了金融科技的发展和金融监管之间出现了一定的紧张关系。金融科技给一向中心化的金融监管带来去中心化的压力。比如，金融创新作为风险管理政策的结果，事实上规避了资本监管规则，形成了资本监管套利。科技和金融的互联无形中降低了金融业的门槛。此外，2009 年 9 月，G20 国家对金融科技影响下的场外衍生品监管达成了国际共识，那就是推动商业银行衍生品交易通过中央交易对手进行集中清算。随着金融科技的发展，特别是分布式账本等新技术对征信体系的介入，"非集中化为导向"的技术将影响集中化记账的"层级式"结算结构。此外，监管机构通常通过资产负债表获得金融机构的信息，并且通常使用杠杆率和流动性标准控制的监管工具对资产负债表加以约束，从而实现金融稳定。但是，监管部门很难通过资产负债表获得网贷公司（和以互联网为基础的金融业态）的充分信息，对资产负债表的限制也无法有效地对网贷公司进行有效监管和影响。许多金融科技从业机构游离于金融统计体系之外，特别是资金流向方面的空白给实施监管和调控带来了难度。由于金融科技从业机构是非传统金融机构，它们在业务操作、产品定价、合同文本、合格投资者认定等方面标准化和规范化的程度并不一致，无法适用中心化监管模式。

与此同时，大型银行可以凭借自身优势，利用金融科技吸引大部分的低风险小微客户，并可能因此在普惠金融领域对中小型银行形成"降维打击"，对中小型银行造成负面冲击（金洪飞等，2020）。面对大型银行的竞争压力，中小型银行的资金来源并没有发生显著变化，但是所受风险却明显增加，这表明金融科技在应用于银行的同时，对中小型银行产生了市场挤出效应。

3. 降低物理营业网点的吸引力

随着金融科技的快速发展与运用，传统线下金融业务逐步被线上金融业务取代，金融机构传统物理营业网点在经营时间、物理距离、人工服务等方面的限制较多，金融科技的运用则突破了这些限制，使得金融服务的交易可以全天候展开，线上金融交易的便利性吸走了大量具有数字素养的银行客户，使得传统银行物理网点的吸引力大幅度下降，银行不得不面临裁员和裁减营业网点的经营局面。在当前的金融科技发展大浪潮中，不光是金融界，社会各界都很关心金融科技对传统银行业的影响，在为金融服务带来便利、升级金融产品的同时，它是否会颠覆传统银行业？面对这样的竞争压力，传统银行想要继续生存，就必须要考虑向数字化、智能化转型升级。

总之，金融科技的发展使得各个经济主体在没有任何金融机构或中介的前提下从事金融活动，这直接导致各企业或个人投资者进入金融业的门槛降低，加大了各银行金融监管的困难，间接提高了直接融资的比例，致使金融脱媒和去中心化现象的出现，传统银行业的经营和传统金融业务面临严峻挑战。

7.2 金融科技在商业银行业务创新中的应用

7.2.1 商业银行金融科技化的背景与进程

金融科技是一个比较现代化的概念,但科技在金融中的应用却已经存在了上百年,从手工记账簿到计算机记账系统,从柜台服务到网上银行,从股票经纪人下单到电子下单,都是科技在金融中存在过的痕迹。回顾金融史我们可以发现,金融业在发展过程中一直比较积极地吸收前沿的科技成果。金融业的发展往往需要科技的推动,金融与科技相互融合,互助成长。金融需要信息来支撑其作为资源配置中介的功能,科技的发展为金融提供了更易得、更全面的信息,通过金融与科技的融合,金融服务的质量和效率都发生了很大的进步,促使金融业朝着更加技术化、高效化的方向迈进。科技通过金融业的应用,实现了自身的商业化,从而能更好地发展。目前,很多金融科技已经与商业银行金融服务结合,如大数据、区块链、人工智能等。金融科技与银行业的结合不仅使银行的交易成本、人力与物力成本大幅下降,而且也有利于提高银行服务效率,减少信息不对称引起的风险。

从全球金融的角度来看,金融科技这一名词最早可以追溯到 20 世纪 80 年代的美国。当时美国的互联网行业正处于高速发展阶段,互联网与金融业的结合也就应运而生。金融机构开始利用电子信息技术构建自己的服务系统,大大提升了工作效率,实现了业务与交易的电子化、自动化。金融科技在今天广受关注的一个重要原因恐怕还是现代金融科技的普及,尤其是它进入了普罗大众都熟悉和依赖的支付、借贷和财富管理等领域,而不再仅仅停留在少数复杂的、只有高深专家才涉足的金融领地,在这样的群众基础上,有更多的非金融机构参与其中,推动它向更广泛的金融领域延伸,对传统金融造成了实质性冲击。

在中国,金融科技从兴起到火爆大抵为 10 多年的时间,这得益于中国发达的通信和互联网设施、政府对金融改革创新的大力支持,以及相对宽松的监管环境,这些都为我国金融科技创造了良好的发展环境。首先,由于中国拥有庞大的网民基数和消费市场,电子商务及其衍生的金融服务便具有了巨大的发展可能性。其次,中国长期以来拥有一个受到压抑的金融体系,金融结构与经济结构严重不对称,传统金融机构只盯住经济结构的金字塔顶端去提供服务,而处于金字塔底端的大量"中小微弱"企业和低收入人群得不到充分的、多样化的、价格可承受的金融服务。金融科技的兴起瞄准了"长尾客户",在一定程度上填补了金字塔底端金融服务的空缺,也为自身赢得了广泛的发展空间。最后,由于近年来中国经济进入转型期,传统金融行业发展相对低迷,产业升级需要金融支持,金融科技承载着"弯道超车"的寄托,在供给侧结构性改革的背景下,得到了政府的大力支持,再加上相对宽松的监管环境,因此,金融科技迎来了一个非常好的发展机遇期。

商业银行金融科技化进程主要分为以下三个阶段。

第一阶段:电子信息技术与商业银行的结合。这一阶段,商业银行以电子信息技术为基础,构建了自己的交易服务系统,自动化办公大大提升了银行的数据处理速度,降低了错误率，在此基础上，商业银行的工作效率大幅度提升。这一时期，银行电子化最成功的应用就是 ATM 的出现，ATM 被称为 20 世纪最重要的金融科技发明创新，它的出现大大降低了银行对人力的需求，提高了银行服务效率，人们将不再被银行柜台所束缚。

第二阶段：互联网与商业银行的结合。1995 年 10 月，第一家以互联网命名的银行"安全第一网络银行"（Security First Network Bank，SFNB）在美国宣布成立，这也是全球第一家网络银行。由于互联网具有跨时空、跨地域性，并且可以广泛覆盖，所以有利于商业银行发展各项线上金融业务，降低了银行的服务成本，加快了银行信息的传播速度，防止出现由于信息不对称引起的道德风险与逆向选择。例如，2004 年支付宝在互联网迅速发展的大背景下快速成长为依托电商平台而被广为使用的第三方支付工具。

第三阶段：前沿技术与商业银行的结合。在这个阶段，技术被放置在了一个更重要的地位。我国当前最前沿的技术在商业银行的各项业务中有所应用，如大数据、区块链、生物识别以及人工智能等。其中，有些技术的应用还处于初级阶段，要成为较为成熟的金融业务模式还需要很多技术上的完善以及相关法律和监管的跟进，如区块链去中心化的记账或其信息储存技术的完善等。目前，大数据与云计算已经成功应用于商业银行的个人征信、信用评级等方面，这些前沿技术正推动着我国银行业乃至整个金融业的变革。

7.2.2　金融科技在商业银行中的应用

随着金融科技的不断进步和资本市场的多层次发展，企业与个人的融资方式都更加多样化，降低了对于传统商业银行信贷的依赖程度。大中型企业在直接融资市场筹集资金的比例增加，而小微企业及居民也拥有更多的筹资渠道，这些都对传统商业银行的贷款模式造成了冲击。在科技发展的浪潮中，商业银行积极推动变革和创新以保持自己的竞争力。随着我国电子通信、互联网以及人工智能的发展，传统商业银行将这些技术融入自己的业务中，推动了各项业务的快速发展，成果具体体现在以下三个方面。

1）基于电子通信的金融科技业务

2019 年 6 月，5G 技术被正式引入商用市场，其商用价值被逐渐得到开发和应用，其传输数据快、灵活性强、智能化程度高、可以与多种设备兼容、成本低廉等优点，使得5G 等电子通信技术成为各银行为客户提供金融服务的基础。

以商业银行的支付业务为例，首先，将 4G 技术应用于支付业务有利于促进第三方支付的发展。目前 4G 技术发展完善，基于 4G 技术的电商平台拥有了安全可靠的发展环境，而电商平台的维护与开发保障了消费者的线上交易，这也有利于第三方支付的发展。同时将 4G 技术应用于银行业务，不仅可以使复杂的计算机命令通过电子通信技术迅速传播，还可以解决物联网由于关键技术不完善而发生的运营困难问题。其次，将 4G 技术应用于支付业务也有利于消费方式多样化。目前的第三方支付方式多样，消费者可以通过PC 端和 APP 端进行线上购物，如淘宝、京东、拼多多等。除此之外，消费者也可以通过二维码进行支付，通过 QQ、微信等社交软件进行交易也很便捷，不仅可以提升用户体验，还可以打破时间与空间上的限制，使消费方式多元化。最后，自 2013 年 4G 技术出现以来，随着人们对互联网和第三方支付的需求大幅增加，4G 技术的不足也逐渐展现，如网速不能满足客户需求以及偏远地区没有设立基站等问题。面对 5G 时代的来临，网络覆盖面不足以及网速慢等制约将不再是限制支付多样化的主要问题。在未来大数据、云计算、人工智能等金融科技迅速发展的大背景下，第三方支付会更加完善，眼神支付、掌纹识别等生物识别支付方式将会兴起。

2）基于互联网的金融科技业务

互联网的发展对我国传统征信模式产生了比较大的影响，借助于网络平台并运用大数据进行信用信息征集的模式逐渐展现优势，对我国现阶段的征信系统做出了完善和补充。相比目前最具有权威性的中国人民银行征信体系，互联网征信系统将云计算、大数据、区块链等技术广泛应用于信用调查领域，有其不可比拟的优势。以核心系统基于蚂蚁金服云计算架构的网商银行为例，其致力于为中小企业提供较低利率和无抵押的信贷产品。据统计，截至 2018 年底，网商银行累计服务小微企业和小微经营者客户 1227 万户，户均余额 2.6 万元，但在严格的征信管控下，信贷风险状况整体可控，不良贷款率仅为 1.3%。相较中国人民银行征信体系，互联网征信拥有更高的客户群体覆盖率。因为中国人民银行的个人征信主要覆盖有信贷记录的人，而那些缺乏信贷记录的人则无法被传统征信体系覆盖。蚂蚁金服下的支付宝等业务拥有广泛的用户基础，有 2 亿多个实名用户，因此可以充分利用互联网的资源优势，将征信范围扩大，极大地弥补了传统征信体系在客户群体范围上的不足。

随着金融科技在我国的迅速发展，基于互联网技术构建的银行服务与交易平台应运而生，网上银行就是互联网技术应用于商业银行的典型案例。网上银行相较于传统商业银行来说具有更高的扩展性以及更低廉的成本，各大商业银行可以根据自身业务种类、形式、要求和客户导向设计具有自我特色的网上银行。由于网上银行的经营成本低廉，所以商业银行通过在互联网中设立虚拟柜台，可以在不改变日常交易量与客户数量的同时，降低人力与租金成本，提高收益水平。这也有利于其在日后各大银行竞争中独树一帜，提高银行自身的竞争力与吸引力，扩大商业银行的客户规模和信贷规模。以微众银行"微粒贷"为例，微粒贷的运营方式为微众银行与金融机构合作放贷，主要发放小额信用贷款，其中，大部分资金由合作银行提供，微众银行提供的贷款资金只占很小一部分，其主要职责是利用先进的互联网技术提供后台支持工作。这一合作模式一方面可以充分利用互联网技术降低传统银行的运营管理成本，另一方面可以面向更广大的用户群体，更有利于实现普惠金融。

在互联网与银行金融业务结合的同时，基于互联网技术的第三方支付也在迅速发展，支付平台不仅仅局限于各大银行与金融机构，支付方式突破了 POS（point of sale，电子付款机）刷卡付款和银行汇款。通过与各大银行签约合作，具有强大资金实力和信誉保障的大型第三方机构相继推出了网络支付平台，在中国以支付宝、财付通为代表。在此之前，消费者通常会持有多家银行的银行卡，这就造成了资源浪费，而现在消费者可以将所有银行卡绑定在一个网络支付平台，有效地避免了浪费，同时也为消费者网购安全提供了保障。目前支付宝业务已经涵盖理财投资、生活缴费、健康保险、教育公益等方方面面，成为多元化的综合支付平台。

3）基于人工智能的金融科技业务

由于我国金融领域具有广泛的包容性和大量的历史数据与资料，所以人工智能非常适合与银行业的各产品、服务结合，尽管目前商业银行基于人工智能的金融科技业务发展还不完善，但已经出现了利用人工智能技术的金融服务。例如，目前被消费者广泛使用的刷脸支付、指纹支付等，刷脸支付和指纹支付类似，都是利用人工智能的脸部、指纹识别技术并且将其与银行或 APP 的支付系统相结合，在消费者将自己的脸部、指纹信息第一次录入银行或 APP 系统之后，便可以通过刷脸、指纹进行支付。人工智能技术对用户脸部和指纹信息的精准识别可以保障支付的安全性，同时也可以利用大数据和历史信息来完善程序，改进算法流程，提升用户的体验。

在金融与科技的深度融合中，商业银行将智能风控广泛应用于信贷业务中。其整合了传统的客户数据与来自互联网的第三方信用数据和消费数据等，在开展贷款业务的事前、事中、事后进行综合分析和判断，从而保证多方位的风险控制，有效降低商业银行在发放贷款中的信用风险、市场风险和操作风险。同时，利用机器学习等技术，银行可以实现自动化运行，一些具有机械化与重复性的任务均可以由软件来完成，从而降低人力成本与操作风险。所以商业银行将人工智能的循环神经网络技术应用于信贷业务中。循环神经网络就是指商业银行可以利用自己身后的电商平台所提供的大量用户数据，对用户进行有效分类，评估每个客户的信用程度和还款能力，依此决定是否要提供借款，大大降低了商业银行的风险与业务成本。此外，商业银行通过引入 VR 技术使得利率等复杂多样的数据通过 3D（three dimension，三维）动画的形式可视化地展现在负责银行同业拆借业务的工作人员面前，对同业拆借的行情进行建模，将每个拆借需求虚拟为一栋高楼，楼高、色彩代表资金拆借方的风险状况，虚拟场景的立体展现，将会给工作人员带来更直观的感受，使他们对利率风险的判断、拆借对手方的财务状况更加深入了解，从而提升工作效率。从我国商业银行的实际应用来看，2017 年兰州银行引入人工智能，在信贷业务中实行智能风控，同时为贷前决策、贷后管理提供有效的数据以降低金融风险。人工智能系统通过关联关系推理，挖掘识别企业与企业之间的集团关系、投资关系、担保关系，以及企业与个人间的雇佣关系等，一旦某关系节点发生重大事件或暴露金融风险，则通过人工智能系统能及时进行风险预警，从而降低未来风险发生的概率。

随着人工智能的迅速发展，商业银行金融脱媒现象严重，像余额宝这样的活期资金管理产品应运而生，在它为客户提供余额增值产品的同时也抢占了商业银行很大部分的小额活期存款，这就使商业银行不得不寻找新的存款客户。在面临新客户时，由于缺少客户历史交易资料，商业银行不得不保持谨慎原则，但同时也丧失了盈利的机会。人工智能与大数据的结合则可以帮助银行付出最低的成本获得客户的出行、交易习惯等信息，帮助银行更合理地管理客户关系。

7.2.3　商业银行金融科技创新

金融科技的发展使得商业银行不能再按照传统模式经营，必须采取新的经营模式和发展策略，重新定义自己的目标市场与业务范围。当前，商业银行正积极将科技创新融入自己的支付业务、信贷业务等各项产品中，同时也在推动服务智能化的发展。例如，在 2011 年，工商银行与第三方支付平台合作推出了"工银 e 支付"，不仅提高了商业银行的服务效率，也为银行的安全做出了保障。在服务方面，工商银行还在银行大厅设立自助服务点，与工商银行的线上服务系统相结合，大大提高了银行的工作效率。交通银行推出中国首个利用 VR 技术的 3D 网上银行。通过模拟真实的银行场景，用户可以建立一个角色，在银行里办理银行业务、与客服人员沟通、与 3D 场景内的其他客户交流。平安银行、招商银行、民生银行等积极参与金融科技的发展，与区块链技术公司建立伙伴关系，正式加入 R3 分布式分类账联盟。为了吸收存款，缓解自身的经营压力，一些小型商业银行推出了存款性投资工具。例如，廊坊银行推出的"友 e 盈结构性存款"，由客户购买产品，并且资金由廊坊银行或者委托的交易对手提供，同时廊坊银行选择与支付宝合作，在此基础上可以引入更多的资金。建设银行在 2012 年推出了"善融商务"电商平台，通过这个平台，各企业及个人可以利用银行自身的资源进行线下订货、线上交易以及产品推广等多种活动。建设银行会在此过程中收集一些对自己有用的交易信息，并通过大数据等技术进行整合分析，从而对客户的信用状况进行评估。银行可以对信用评估良好的用户给予贷款，这在一定程度上缓解了中小企业融资难、融资贵的问题。

智能投顾在我国的发展始于 2014 年，国内最先开始发展智能投顾业务的是一批互联网创业公司。2014 年 6 月蓝海智投成立，公司在 2015 年 10 月上线了国内的首款智能投顾产品。与此同时，银行开始纷纷发力，竞相布局智能投顾业务，招商银行行动最快，率先在 2016 年 12 月推出了"摩羯智投"，成为国内第一家推出智能投顾产品的商业银行。

据统计，截至 2018 年底，在五家大型商业银行中，工商银行和中国银行都已经在手机 APP 上分别发布了智能投顾产品。另外，建设银行和农业银行也明确表示在积极推动智能投顾业务。2017 年 11 月 13 日，工商银行推出"AI 投"，客户起购金额为 1 万元。2018 年 4 月 19 日，中国银行公开发布"中银慧投"，客户起购金额也为 1 万元。农业银行选择与百度共建"金融科技联合创新实验室"，2018 年 2 月"农行金额大脑"一期实验室正式投产，在农业银行将要打造的智能银行体系里明确规划有客户画像、智能投顾等。农业银行最新一代智能掌上银行建设工程（一阶段）已于 2018 年 5 月成功投产上线，其中，掌上银行推出了"农银智投"板块。建设银行也已提前布局智能投顾资管业务新模式，推出以自动化量身定制理财服务为理念的"乾元智投"品牌，通过对互联网、大数据、人工智能、组合优化等技术的综合应用，为客户提供高效便捷、个性化程度高的投资理财顾问服务。

2018 年底，在 12 家股份制商业银行中，已有 7 家推出了智能投顾产品。自招商银行最早推出"摩羯智投"之后，浦发银行也于同月推出了其智能投顾产品——"财智机器人"。它不仅可以在线上为客户提供资产配置服务，还可以与线下平台"财智速配"联动，客户可以在线上同时接收到理财经理线下给出的资产配置方案。之后，兴业银行、光大集团旗下金融控股公司、广发银行、平安银行和中信银行也陆续推出了自己的智能投顾产品。

大型商业银行由于资金雄厚，一般倾向于自主研发智能投顾产品。中小银行除了投入金融科技的资金有限外，发展智能投顾还受制于其信息技术系统，因此，到 2023 年底推出智能投顾的城市商业银行仍较少，且多采用与第三方金融科技公司合作的方式推进智能投顾业务。截至 2019 年 3 月，有多家商业银行与金融科技企业就智能投顾产品的开发达成合作协议，其中包括南京银行、浙江省农村信用社联合社、郑州银行等。2017 年 8 月，江苏银行在其手机银行上推出了"阿尔法智投"功能；2018 年 9 月，华润银行与弘量研究合作推出了"RUN 智投"。另外，上海农商银行在 2019 年 3 月 14 日发布了智能投顾业务系统 POC 供应商征集公告，拟对外采购智能投顾业务系统。

负债业务是商业银行的主要业务之一。在金融科技的推动下，我国商业银行的风格也与之前有所不同，变得更加包容开放。活期、定期储蓄等负债业务可通过 APP 的方式为客户提供令其耳目一新的金融服务。APP 内的语言变得流行化而不古板，让客户有更好的存款体验，提升了客户吸引力。商业银行为每笔存款都安排了一个存款目标，并在APP 上以储蓄罐的形式呈现给存款者，将每天的利息收入及时标注出来，以"小确幸"的形式提升银行自身的吸引力。

在互联网技术迅速发展的大背景下，无论是人工智能的普及还是区块链、大数据等新兴技术的应用，都推动着商业银行的技术创新和模式改革。商业银行依托于大数据的采集、储存和加工，通过信息技术构建便捷化平台在支付结算、理财、信贷等方面实现突破，通过区块链技术缩短业务流程，加快发展直销银行、智能服务、网络资产托管等线上服务业务，从而降低业务成本和满足新形势下客户对于金融服务的要求。同时，利用大数据和人工智能技术有利于降低商业银行的操作风险，实现商业银行传统业务与智能业务的融合。

从商业银行的营销模式而言，传统的营销模式要想取得好的宣传效果必须有大量的客户积累、时间积累及宣传积累，这就耗费了大量的人力、财力。现在大部分商业银行在利用大数据的基础上，通过 Python、云计算等技术将客户按照年龄、性别、收入、职业等进行分类，并且针对不同的客户需求进行个性化营销，定点投放广告，不但可以降低商业银行的营销成本，还可以大大提升营销效率，进而提高效益水平。

7.3　金融科技在商业银行经营管理中的应用

7.3.1　商业银行管理对金融科技的需求

金融科技在中国金融市场尤其是银行业有很高的渗透率，这是多种因素作用的结果。传统银行服务的渗透率及覆盖度不足，线下金融体系仍不发达。金融产品数量少、收益低，实体经济的投资和融资需求不能得到完全满足，银行业存在规避监管的创新需求。中国消费者更趋向采用电子化消费，中国有 40%的消费者会使用新电子支付方式，新加坡则只有 4%，中国 35%的消费者会通过金融科技接触保险产品，而东南亚市场则只有 1%至 2%。庞大的客户群使得中国的金融科技公司受到资本的青睐。数据显示，2012~2016 年中国金融科技公司的融资占亚洲总融资的比重均超过 50%。2015 年中国融资金额达到 26.8 亿美元，增长逾 3.3 倍，实现交易 26 笔。2015 年以来，陆金所、众安保险、京东金融、蚂蚁金服分别完成融资 12.1 亿美元、57.8 亿元人民币、66.5 亿元人民币、45 亿美元，成为中国规模最大的四笔金融科技融资。政府的支持是中国金融科技崛起的主要原因。尽管金融组织体系在人类历史中已经存在了几百年，传统银行业与金融科技的交融和碰撞必然充满坎坷与挫折。虽然金融科技增加了商业银行的经营压力，但商业银行经营管理的各个方面仍需要金融科技的支持。

商业银行最初的支付系统主要依附于汇票、本票、支票和信用卡，支付成本很高同时也造成了很大的资源浪费，由于票据支付有一定时滞，所以还具有时间成本。面对这些弊端，商业银行必须寻找一种可以提高银行服务效率，在降低银行服务成本的同时提高支付安全性的技术，而区块链技术恰好满足这些需求。首先，区块链可以提供分布式记账法来降低银行的中转成本，对数据的统一分类管理可以降低处理成本。其次，区块链技术采用一对一的支付方式，避免了之前跨行支付造成的时间浪费，提高了银行工作效率。最后，基于区块链技术的各种数据都是真实且不能修改的，这也提高了银行支付业务的透明度，保证了客户支付安全。

传统商业银行的贷后业务管理很分散并且用时很久，甚至在出现损失时银行都无法立刻得知，这就导致商业银行的贷后业务管理非常被动。大数据技术可以主动且集中地收集信息，将内部数据和外部数据相结合，利用数据分析模型，建立商业银行贷后风险防控系统。贷后风险防控系统不仅可以针对单一用户，在面对亲密或复杂关系的用户时，还可以启用群体式监控模式。通过整合银行内部数据并引入外部数据来建立一个大型数据库，进而形成一个比较完善的贷后预警系统。例如，兴业银行开发的"黄金眼"风险防控系统就是在大数据技术的基础上结合 Python 手段，对银行内部和外部数据进行分析来评价客户信誉，进而规避风险。

在商业银行传统信贷业务管理中，银行办理贷款以及识别风险的时间较长，且识别信贷欺诈的准确性较低，商业银行面临的系统性风险很大。人工智能自动编码器的出现可以有效提高银行的反欺诈能力，商业银行存在的海量信贷数据促进了自动编码器在风险监管中的应用与发展。在影子银行和地下钱庄的识别中自动编码器也可以发挥作用，有利于商业银行为客户提供更加高效、安全的服务。中国人民银行在 2014 年发出八张金融科技征信执照，分别授予了芝麻信用管理有限公司、腾讯征信有限公司、深圳前海征信中心股份有限公司、鹏元征信有限公司、忠诚信征信有限公司、中智诚征信有限公司、拉卡拉信用管理有限公司和北京华道征信有限公司，可以弥补中国人民银行征信的不足。芝麻信用依据电商、支付宝、余额宝的用户数据评分。支付宝中芝麻信用授权开通后，用户可以看到自己的芝麻信用分（从 350 分到 950 分）。分数随交易行为和存款数额浮动，分数越高代表信用程度越好，违约可能性越低，650 分以上属于信用中上。芝麻信用已经应用在衣食住行各个方面。芝麻信用推出了"信用签证"，分数在 700 分以上，只需要上传护照、照片、受理表三份资料，就可以申请新加坡签证。芝麻信用也和世纪佳缘等婚恋公司合作，以信用分高低筛选未来的另一半。芝麻信用在北京首都机场推出了快速安检通道，信用分达到 750 分以上的旅客，可以享受快速安检通道。神州租车是首家和芝麻信用合作的企业，当用户的芝麻分达到一定分数后，租车不用再交押金。

7.3.2　商业银行金融科技应用与风险控制

随着我国经济的不断发展与深化改革，我国金融领域的自主创新能力也在不断提升，关于金融科技的研究者越来越多，成果也逐渐丰富。金融科技属于特定领域的金融活动，其主要支持对象是科技型企业和金融机构。由于商业银行等金融机构所从事的科技创新活动具有不确定性，金融科技风险不仅具有一般金融风险的属性，还具有与科技型企业相关的金融风险的特性。所以在研究商业银行金融科技的同时，必然要涉及商业银行的风险管理问题，商业银行的风险管理目标就是尽最大努力减少风险发生的可能性，采取合理措施将风险降低至可控范围之内。

金融科技风险的最大特点就是信用风险较大。信用风险是金融风险的核心风险。金融风险是指一定量金融资产在未来时期内预期收入遭受损失的可能性。按照《巴塞尔新资本协议》对全面风险管理的要求，金融活动面临的各种风险可以归为三类：市场风险、操作风险、信用风险。

市场风险又称系统性风险，主要是由于金融市场因子如利率、汇率、证券价格波动而导致金融资产损失的可能性。总体上看，市场风险是客观环境变化带来的风险，在金融市场因子发生波动导致金融资产损失时，其对于金融科技和其他金融活动的影响方向和程度都是大体相同的，防范市场风险的措施和技术要求也是相通的。也就是说，金融科技与其他金融活动相比，在面对市场风险的应对策略方面并无特别之处。

操作风险是指由不完善或有问题的内部程序、人员和系统或外部事件造成损失的可能性。总体上看，操作风险是金融机构从业人员主观上不够认真、严谨和努力，防范操作风险的主要措施是完善内部控制机制、建立健全应对外部事件的预备方案，金融机构可以通过主观努力把操作风险降低到最低。这方面的工作原则和具体要求，无论是对金融科技还是对其他金融活动来说，也是大体相同的。

信用风险主要指违约风险，即债务人不能如期偿还债务而给金融机构等债权人造成损失的可能性。具体来看，就是借款人、证券发行人或交易对方因种种原因，不愿或无力履行合同条件而构成违约，致使银行、投资者或交易对方遭受损失的可能性。信用风险是金融活动面临的最主要风险，信用风险的大小，不仅与金融机构的主观努力密切相关，而且与债务人的性质、特点以及外部环境的发展变化密切相关。就金融科技的信用风险而言，它是与科技型企业有关的信用风险。与一般金融活动相比，金融科技的显著特点在于其定向支持科技型企业与商业银行等金融机构。商业银行等金融机构从事的科技创新活动具有较大的不确定性，这种不确定性主要来自三个方面。一是成果不确定。科技创新活动是一种开创性的活动，在科技创新之初，技术的不完善和创新成果的未知性使得创新人员和银行难以评估成功的概率以及可能产生的影响。二是市场不确定。因为信息不完全以及科技创新的未知性，科技创新成果能否被市场接受并最终占据市场也不确定。三是效益不确定。即使科技创新成果能够成功转化为市场接受的金融产品，但从投入产出效益方面来衡量，是否具备商业化能力，也存在不确定性。也就是说，由于科技创新活动的不确定性，商业银行的研发活动存在较大的失败的可能性，从而使投入其中的金融资本和社会资本更容易遭受损失。金融科技面临的市场风险、操作风险与其他金融活动相比没有显著区别，而金融科技面临的信用风险较大，这是其不同于其他金融活动的显著特点，加强信用风险管理是金融科技发展的核心内容。

控制金融科技产生的信用风险可以从以下角度考虑。

首先进行风险分散，构建多元化、多层次资本市场，包括中长期债券市场、证券投资基金市场、股票市场等。各类金融科技公司进入资本市场后可以利用资本市场的非排他性进行融资，而资本市场的其他投资者将会承担金融机构与风险投资者承受的风险，从而达到分散风险的目的。

其次是来自政府的风险补偿。由于商业银行金融科技创新通常伴随着很大风险，远远超过了金融市场的承受能力，所以政府应该利用宏观调节手段将社会资源向商业银行金融科技领域倾斜，这样有利于降低金融科技的信用风险，提高各科技企业的抗风险能力。政府通常可以通过给予财政补贴、奖励、提供税收优惠等方式进行风险补偿。

最后是风险覆盖原则。商业银行进行的金融科技产品研发活动具有很大的不确定性，可能导致初期投资的金融资本遭受损失，所以商业银行在开发新的金融科技产品时要尽量满足风险覆盖原则，即产品收益大于在开发产品时遭受风险而造成的损失，这样金融科技产品才具有商业可持续性。比如，商业银行可以推出与企业效益挂钩的贷款产品，当企业经营效益较差、收入较低时可以给予企业低利息贷款。当企业发展速度快、收益高的时候提高贷款利率来弥补之前的企业欠息，这样的风险覆盖产品可以大大降低金融科技风险。

7.3.3　商业银行金融科技投入与绩效

互联网技术的不断迭代更新和升级，推动了金融科技的快速发展，也为传统商业银行带来了全新的机遇和挑战。

商业银行创新金融产品的开发与创新金融服务平台的建设离不开银行在金融科技方面的投入，金融科技为商业银行带来的"技术溢出效应"主要表现在金融科技的普及极大地改变了商业银行的传统经营模式，降低了部分业务成本，提升了银行工作效率。在吸收和运用新技术的过程中，商业银行的产品创新能力和服务水平持续提高，不断涌现出新的盈利模式和运营模式。金融科技带来的"技术溢出效应"在商业银行支付业务、信贷业务、风险管理等方面都具有重要影响。

然而，金融科技的发展产生了较强的"竞争效应"。互联网公司逐渐侵入商业银行的核心业务市场，将金融服务无缝嵌入用户的衣、食、住、行、医、娱、教等生活场景。商业银行不再是客户获得金融服务的唯一渠道，非银行机构灵活、极致的产品体验，抢占了商业银行的传统业务板块和市场。根据现有的文献研究结果，金融科技对商业银行的盈利能力产生了消极影响，即金融科技给商业银行带来的"竞争效应"大于"技术溢出效应"，消极影响大于积极影响（于波等，2020）。不同商业银行的金融科技绩效与各银行的研究资本投入、投资环境、地域以及所有制等因素相关，例如，我国东部城市商业银行金融科技绩效相较于其他地区更为显著，国有大型商业银行和股份制银行的盈利能力受到金融科技的冲击最小。尽管金融科技会给银行带来一定的消极影响，但从长远角度看，商业银行应该积极进行金融产品与金融服务创新，合理运用金融科技，促进银行业务结构转型且提升银行自身竞争力和客户忠诚度，保证银行稳健经营与发展。如今，在"技术溢出效应"和"竞争效应"的双重作用下，如何投入最少的金融科技创新成本来获得最大的绩效成果是目前研究的重中之重。

从商业银行的角度而言，首先，商业银行要积极应用金融科技，提高对金融科技的重视度，加强金融产品与金融服务创新。在大数据、人工智能、区块链迅速发展的大背景下，国内大型商业银行的客户群体庞大、业务体系完善，可以多借鉴发达国家商业银行的经验，在做好防范风险措施的基础上与优质的科技公司合作，提高金融科技创新效率并巩固市场份额。其次，股份制商业银行可以凭借自身庞大的客户资源和完善的管理体系来加快推动其业务结构升级，以内部培训或者人才引进等方式培养一支符合金融科技发展的人才梯队。最后，商业银行也要寻找新的融资渠道，可以寻求风险投资以及社会上的闲散资本，将其投入金融产品的创新研发中，从而为商业银行金融产品与服务的金融科技创新提供有力的支撑。

从政府部门的角度而言，首先，政府要完善我国与金融科技相关的法律法规，解决当前执法过程中出现的规定不明确、操作不规范等问题。由于金融科技在提高金融市场活力的同时会引发一系列金融风险，所以政府应该针对金融市场中的各个环节和流程进行严格监督并提前准备好风险防范措施，将风险遏制在源头，降低系统性风险发生的可能性。其次，为了提高商业银行金融科技绩效，政府应该积极发挥其在金融市场中的资源配置和引导作用，尤其要对处于经济落后地区及创新效率较低的商业银行给予一定的财政支持与政策优惠，具体问题具体分析，针对不同地区构建不同的金融科技支持体系。这样有助于完善金融市场创新环境，提高创新资源的使用效率与商业银行金融科技绩效。再次，牵头金融科技公司与各商业银行的合作，最大程度发挥二者的协同作用。因为金融科技公司需要进行产业化和规模化的发展，且商业银行的金融产品和服务也需要创新，所以二者的合作可以加速为客户提供更优质、高效的服务与产品。政府部门通过协调各商业银行和金融科技公司的合作，可以促进其发挥协同效应，提高金融业服务实体经济的效率。最后，政府应加强对金融创新方面的知识产权保护，使金融体系与金融科技创新的联系更加紧密，消除两个行业间的壁垒，进而促进商业银行金融科技成果转化，提高商业银行创新能力。

本章重要概念

商业银行　　金融去中心化　　金融脱媒　　金融效率　　金融科技创新

本章复习思考题

1. 商业银行如何应对金融科技带来的去中心化与金融脱媒问题？
2. 金融科技在商业银行业务创新中的应用有哪些？
3. 结合实际，简述我国商业银行金融科技创新的现状与未来趋势。
4. 商业银行如何提高金融科技绩效水平？

第8章 金融科技与证券业

本章主要论述金融科技对证券业的影响及金融科技在证券业中的应用。本章介绍了证券发行与交易的电子化，证券发行与交易的互联网化，证券投资的智能化；证券程序化交易的内涵及特点，量化投资交易的概念与交易策略，量化投资在我国的发展状况等；智能投顾的理念与功能等。本章的重点是证券程序化的交易策略，量化投资的交易策略；难点是智能投顾的风险与监管。

8.1 金融科技对证券业的影响

8.1.1 证券发行与交易的电子化

1. 证券发行的电子化

在20世纪70年代之前，由于计算机技术和通信技术比较落后，计算机还没有普及，证券还是纸质的有形产品，且标准化程度不高，证券发行的是纸质产品，还没有实行电子化。当时，证券的发行只能靠人工操作，这使得发行成本较高，因此发行的证券品种比较单一，发行的金额较小，参与证券发行的投资者也比较有限，证券发行的效率十分低下。

在20世纪70年代之后，随着信息技术和通信技术的发展，一些发达国家的证券交易所开始引进电子交易系统（electronic trading system），纸质的证券逐渐被电子化的证券代替，证券发行开始走上了电子化的道路。随着科技的不断发展，证券发行的电子化也在不断发展和完善，使得发行的证券种类和数量不断增加，发行的证券包括股票、债券、证券投资基金、证券衍生品种等。证券发行的电子化大大降低了发行成本，证券发行的效率大幅提高。

中国证券市场起步较晚，20世纪80年代，中国开始发行纸质证券，纸质证券主要以股票、债券为主。1990年、1991年上海证券交易所和深圳证券交易所相继成立，证券发行逐渐过渡到电子化。后来，我国陆续又推出了中小板、创业板、新三板、科创板等，建立了多层次的证券市场体系。证券发行的种类也不断增加，此时发行的证券包括股票、债券、证券投资基金、期货、期权等。

2. 证券交易的电子化

在证券发行还没有实行电子化之前，证券交易只能采取人工操作方式。由于证券是纸质产品，其交易的范围较为有限，因而证券交易包括证券交易前后的信息传递、买卖意愿的撮合以及交易的执行等诸项工作，证券交易一般都是通过交易者之间面对面的讨价还价过程来实现的。此外,证券交易主要是现货交易,人们"一手交钱、一手交货",交易完成后双方钱货两清,但因为是人工操作,证券成交与资金清算、证券交割之间往往存在时间上的滞后。随着证券交易活动范围的不断扩大,人工操作方式在证券交易的各个环节均表现出很大的局限性,成为制约证券交易发展的重要因素。1968 年,美国证券交易量剧增,导致在人工清算交割危机之后,采取新的自动化证券交易方式已刻不容缓。在这一背景下,出现不久的计算机开始被用于证券交易,以现代电子通信技术为基础的电子交易系统迅速形成,电子交易方式逐渐取代人工操作方式,在证券市场上占据主导性地位。

20 世纪 70 年代以后,证券交易开始出现电子化和自动化,传统上在交易大厅公开喊价和人工撮合的交易方式逐步被取消。引进自动化的电子交易系统之后,各国的证券交易普遍实现了无纸化(dematerialization)。证券交易所与券商之间建立起了安全的联系通道和高效的运行架构,投资者在家里即可通过电话下单买卖,其委托指令由券商柜台终端通过计算机通信网络传送至交易所的撮合主机,撮合成交后实时回报,投资者在下单后可以立即查询交易结果。证券交易的电子化扩大了交易范围,大幅降低了交易成本,提高了证券交易的效率,促进了证券市场的发展。

8.1.2 证券发行与交易的互联网化

1. 证券发行的互联网化

证券发行的互联网化,又称网上证券直接公开发行,是指证券的发行者不借助或不通过承销商、投资银行等中介机构,而是利用互联网直接向潜在的投资者发布信息、传送发行文件,并通过互联网接受投资者订购要求、划拨证券和资金的一种新型证券发行方式。

证券发行的互联网化之所以出现,主要是缘于在现行的证券发行上市法规约束下,许多初创企业和中小企业普遍面临着融资上的困境。由于实力有限,银行和其他金融机构一般都不愿意借钱给这些企业,因为他们觉得这些企业没有足够的资本、财产作为抵押,借钱给他们风险太大,投资银行也很少承销这些企业股票的公开发行,因为他们觉得发行的规模太小,难以获利,即使一些风险投资公司愿意对许多处于创业初期的新兴企业投资。但经验表明,通常只有不到 5%的项目有机会获得风险投资。在这种情况下,许多初创企业和中小企业就不得不依靠自身的力量来筹措发展所需的资金。

1995 年 2 月,美国一家名为春街酿造(Spring Street Brewing)的啤酒公司开创了证券发行的互联网化的先河。这家公司的老板 Andrew Klein(安德鲁·克莱因)绕过了投资银行和经纪公司,直接在公司的网页上以每股 1.85 美元的价格向公众发行 844 581 股普通股,筹资约 160 万美元。该公司的 3500 名投资者在购买了直接发行的股票后,通过一个设在公司网页内的电子公告牌 Wit-Trade(智慧贸易)进行交易。希望进行交易的投资者将其意愿通过互联网发送到 Wit-Trade 上,然后直接进行交易。一家独立的银行负责资金的清算和交割,这使得春街酿造公司没有必要注册成为经纪商。

继春街酿造公司之后，又出现了几起成功的证券发行的互联网化的案例，如 Internet Venture（互联网创业）公司在 1998 年在互联网上直接公开发行股票，募集了 500 万美元的资金。国际上在提供网上直接公开发行服务方面较为活跃的公司主要有：虚拟华尔街公司（Virtual Wall Street）、汉布里奇公司（Openipo）等，其中，Virtual Wall Street 利用互联网将投资者和想要筹资的公司通过直接公开发行的方式汇集在一起，而不是通过传统的发行承销团，Openipo 则通过互联网进行股票发行的竞价拍卖。

证券发行的互联网化的流程是：首先，在证券直接公开发行之前，公司必须向监管当局申请并征得同意，经监管当局同意之后，公司就可以通过各种方式，包括传统的发行促销方式、电子邮件及网络营销手段等，向潜在的投资者发布信息；其次，有兴趣的投资者可以通过互联网访问公司的网站，下载公开发行的有关文件，如果认为可行，投资者就可以通过互联网定购证券，与之相对应的，发行公司对所有定购指令进行汇总，并根据定购情况向投资者发出购买确认信息；最后，投资者进行资金支付和证券交收等。

2. 证券交易的互联网化

20 世纪 90 年代，随着互联网技术的发展，出现了一种新型的证券交易方式，即证券交易的互联网化，又叫网上证券交易。这是一种基于互联网技术所进行的证券交易，投资者利用互联网，可以获取证券市场行情、上市公司的财务报表、技术指标以及各种相关信息，并通过互联网进行委托下单，实现实时交易。券商的网上交易服务是证券交易的互联网化的主要形式，是互联网在证券交易领域发展最早、应用最为深入的业务品种。券商通过互联网将投资者的委托指令输送到证券交易所的电脑撮合主机进行信息匹配和成交，通过互联网进行广告发布和证券销售、提供投资咨询服务、进行证券承销，以及向投资者发布信息资料等。

与大多数现代新技术的运用一样，券商向投资者提供的网上交易服务起源于美国。1995 年，几家美国的折扣经纪商（discount broker），包括嘉信理财（Charles Schwab）等公司，开始了大规模的网上经纪业务。一些原本为投资者提供传统性综合服务的经纪商，如美林证券（Merrill Lynch）等，也及时转变观念，开始为投资者提供网上交易服务。此外，美国还出现了一些新式的专业网上交易商，如 E-Trade（电商证券）等。

现阶段，美国网上证券经纪商的经营模式主要有四种类型：第一种模式是折扣经纪商提供网上交易服务，如嘉信理财同时提供给投资者网上交易、电话交易、店面交易等多种服务，TD Waterhouse（宏达理财）公司也采取了这一模式；第二种模式是传统的折扣经纪商兼营网上经纪业务，该模式是利用公司专业化的经纪人队伍与庞大的市场研究力量为客户提供增值服务和其他理财业务，美林证券、摩根士丹利等公司都是这种模式的典型范例；第三种模式是传统的折扣经纪商将网上经纪业务拆分出来，设立一个独立的网上经纪子公司，如 DLJdirect（帝杰网络公司）就推行了这一做法；第四种模式是纯粹的网上经纪商，这是一种完全以 Web（全球广域网）方式提供纯虚拟的投资与服务的模式，交易完全在网上进行，公司并无有形的营业网点存在，采用这种经营模式的公司包括 E-Trade、Ameritrade（美国交易证券）等。

证券交易的互联网化使得券商的业务开展不受地域限制，可以通过互联网扩大到全国，甚至全世界。因而，证券交易的互联网化扩大了券商的服务范围，促进了券商之间的竞争，降低了交易成本，提高了交易效率，促进了证券市场的健康发展。随着互联网技术的发展和普及，证券交易的互联网化已成为全球证券市场的主要交易方式。

8.1.3　证券投资的智能化

人工智能诞生于 1956 年，但在发展历程中经历了多次起伏。近年来，移动互联网、云计算、大数据等技术的发展，为人工智能的发展提供了更强大的计算能力与更丰富的数据资源，使得人工智能受到社会各界的广泛关注，并被运用到不少领域。由于证券交易过程会产生巨大的数据，证券投资分析和决策涉及大量的数学运算和逻辑推理，为人工智能的引进奠定了重要的基础，使得人工智能与证券业的结合具有天然的优势，因而证券投资的智能化是金融科技发展的必然趋势。

证券投资的智能化是指在证券投资中采用大数据、云计算、人工智能等方法，通过对相关数据进行挖掘、整理、计算、分析、推理等，智能选择投资对象、买卖时机、仓位管理并进行智能交易。在交易系统、投资策略、投资组合、买卖时机、风险控制、仓位管理等方面，通过大数据分析、智能算法、逻辑推理、智能决策、智能交易等方式提高证券投资的智能化水平，这与人工操作相比具有明显的优势。投资者在证券投资中往往会受到性格、情绪、生理反应等诸多外在因素的影响，面对证券市场的行情变化，尤其是当证券市场出现大幅波动时，投资者有时会优柔寡断、犹豫不决，甚至盲目乐观或过度悲观，从而出现投资决策失误或错失良机的现象，加大了投资风险。证券投资的智能化则可以克服人性的这些弱点，使投资者不会受情绪波动等方面的影响，通过大数据、云计算、人工智能等进行理性智能决策和智能交易，减少人为的投资决策失误，大幅降低投资成本，提高投资水平和投资效率，从而有利于提高证券投资的盈利能力和抗风险能力。

同时，证券投资的智能化使得券商开始重构业务流程，更加注重发展专业服务、深化客户关系和业务线上化，对金融科技人才和信息技术的投入大幅增加，减少了传统的证券从业人员，推进业务数字化转型。券商的行为主要包括：将线下业务向线上转移，促进业务流程的自动化和智能化，以简化业务流程、降低服务成本并提升运营效率；建立以"智能投顾"为基础的增值产品销售及服务模式，扩大客户服务的覆盖面；利用大数据分析客户需求，针对每个客户的具体需求，提供专属化、个性化的产品和服务，努力提高客户满意度，尝试数据驱动的营运模式。

例如，BCG 将人工智能在证券业的应用分为核心流程和辅助流程两部分。在核心流程方面，人工智能为证券发行、投资决策支持、销售和支付、结算和保管、报告和数据分析等业务提供了创新的多渠道信息沟通模型，这一模型可以替代大量烦琐的人工操作，促进业务流程的自动化，提升生产效率，具体应用如证券发行业务中的智能文档分析、业务报告生成，结算和保管业务中的跨资产清算，报告和数据分析业务中的迁移报告等。更重要的是，人工智能可以支持智能分析和提供决策建议，如个性化投资组合建议、证券交易决策支持、研究和分析、风险建模、机器人顾问等，进而优化原有的甚至创建新的商业模式。在辅助流程方面，人工智能可以支持风控部门、信息技术部门、人力资源部门、财务部门、法律部门等各种事务性工作，如内部合规检查、可疑活动告警、在线风险检测、简历筛选、候选人沟通、会计自动化、法律研究、协助执法等。

近年来，我国证券业开始引入人工智能，证券投资的智能化逐步显现。比如，2018 年中国银河证券与阿里云签署全面合作框架协议，主要内容包括中国银河证券数据智能体系建设、互联网金融服务创新、智能客户服务体系建设等方面。中国银河证券副总裁罗黎明在签约仪式上说："我们希望通过阿里云的技术力量和战略支持来提升公司的智能化服务水平，从而更好地为客户资产的保值增值赋能。"通过合作，中国银河证券发挥自身优势，基于综合金融服务商战略，搭建客户中心、交易中心、产品中心、运营中心、服务中心"五大中心"，不断优化客户体验，引领互联网金融实践，通过打造互联网综合金融智能服务体系夯实基础服务，推动大数据与人工智能的应用，提升公司的核心竞争力。

8.2　证券程序化交易

8.2.1　证券程序化交易的概念

证券程序化交易（program trading）的发展历史悠久，从 1975 年美国"股票组合转让与交易"的诞生到现在，证券程序化交易已经走过了非常漫长的岁月，也逐渐深入投资者的心。证券程序化交易或篮子交易，即投资者通过计算机技术和数学，将自己的交易思路及交易规则建模，构建自己的程序化交易策略，利用计算机语言，编写计算机程序代码，通过计算机程序自动确认买卖时机，发出交易信号，在金融市场中下单交易。据纽约证券交易所（New York Stock Exchange，NYSE）的规定，任何一笔包含超过 15 种股票并且总市值超过 100 万美元的交易都可以被视为证券程序化交易。证券程序化交易可利用计算机系统在一次交易中同时买卖一揽子证券，而在传统的证券交易方式下，一次交易只能买卖一只证券。可见，证券程序化交易通过可量化的分析方法，用计算机编成交易策略，用计算机辅助进行交易，一般同时完成一个证券组合的交易，而不是对组合中的各种证券单独进行买卖。

在证券程序化交易中，程序化交易系统是一个包含交易策略、交易方式、交易时机等的流程概念。程序化交易系统就是指程序化交易所处的系统，即投资者将他们对于未来交易操作的一些交易策略及参数利用计算机程序代码进行编写，进而将程序化交易策略系统化的一种方式。当上升或者下降中的一种趋势被确认时，程序化交易系统将根据程序代码设置的方式，发出多空买卖信号来确定市场中的量价模式，并且能够稳定且有效地把握住价格变化的趋势，由电脑按照设置好的程序化交易模型和既定条件自动完成交易指令。

相比人工交易，证券程序化交易具有很多优势，它能够增加证券市场的活跃程度和深度，改善市场流动性，提高市场效率。随着证券市场的发展，证券程序化交易成为证券交易的一种必然趋势。随着经济的发展，证券程序化交易融合了计算机技术、金融数学以及金融工程理论等，逐渐成为证券交易方式的一项改革与创新，同时也越来越频繁地运用在日常交易中，特别是在美国、英国等一些发达国家。我国的证券程序化交易起步较晚，由于我国证券市场的 $T+1$ 制度，证券程序化交易主要集中在期货市场。随着我国股指期货的推出，证券程序化交易在近几年内发展比较迅猛，其成交量与总成交量之比逐年增加。

8.2.2　证券程序化交易的特点

1. 纪律性

证券程序化交易具有纪律性的特点，它能够减轻投资者情绪波动对交易决策产生的不利影响，有效地克服投资者在投资中表现出的人性弱点，避免股价下跌时恐惧、股价上升时贪婪的行为模式，严格执行预先设定的操作流程，避免由于情绪波动而做出不理性的投资决策。同时，证券程序化交易还可以克服认知行为的偏差，交易系统不需要人为的干涉，只需要内部条件允许，就可以自动运行。

2. 系统性

证券程序化交易是一个系统性的工程，能够多层次、多角度地对海量数据进行观察、筛选、处理和分析等。多层次模型主要包括行业选择模型、个股选择模型、大类资产配置模型等；多角度分析主要包括宏观政策、市场结构、估值模型、成长因子、盈利模式、市场情绪等多个角度的分析。

3. 及时性

证券程序化交易能够实时获得证券市场的交易数据、信息，并快速地分析和处理所需要的信息，还能实时获取证券市场上出现的投资机会，并及时进行交易。证券市场中盈利机会稍纵即逝，如果靠投资者自己进行交易，容易错失良机，而通过有效的证券程序化交易，就能更好地把握住市场的投资机会。

4. 准确性

证券程序化交易通过市场的交易数据进行计算和逻辑推理，能够准确客观地评价证券市场上出现的投资机会，并根据预先设定的指令进行交易。投资者在交易时往往会受情绪的影响等，难以准确地分析和把握各种信息，进而做出不理性的投资行为。

5. 分散化

普通交易一次往往只能买卖一只证券，而利用证券程序化交易，可以进行计算和预测，从而构建交易组合，之后可以利用交易指令同时买卖证券交易组合中的多只证券。因而，证券程序化交易可以更容易地进行投资组合管理，有利于分散和降低投资风险。

8.2.3　证券程序化的交易策略

随着金融科技的不断发展，除了能够进行一揽子证券的买卖之外，证券程序化还能够自动执行预先设置好的交易策略，这些策略主要有以下几种。

1. 久期平均策略

久期平均策略（duration averaging strategy）是在证券组合价格较低时买入，在证券组合价格较高时卖出，以获得价差收益的交易策略。该策略应用于证券程序化交易发展的初期，它预先设定了证券组合的合理价格，其核心是高抛低吸，能够对市场波动性起到抑制作用。当证券组合价格长期维持在一个特定的价格区域时，采取这一策略的效果较好。然而，在单边下跌行情中，当证券组合价格下跌到事先设置的价格区域的下限时，证券程序化交易会自动买入该证券组合，如果证券价格持续下降，就会使投资者遭受损失。在单边上涨行情中，当证券组合价格上涨到事先设置的价格区域的上限时，证券程序化交易会自动卖出该证券组合，投资者会丧失以更高的价格卖出证券组合的机会。

2. 投资组合保险策略

投资组合保险策略（portfolio insurance strategy）是在证券中配合使用股指期货与期权，为证券组合上一道"保险"，以在单边下跌行情中锁定证券组合的最低价值，在单边上涨行情中可以抓住证券组合的盈利机会的交易策略。例如，投资者购买了沪深300股指期货，再买入沪深300看跌期权，从而获得以预先确定的价格水平卖出该指数的权利。如果沪深300指数低于预先设定的价格水平，证券程序化交易就可以执行看跌期权，将损失锁定在预期范围内；如果沪深300股价指数上涨了，则投资者损失看跌期权的保证金，而获得期货上涨的收益。投资组合保险策略可能会加剧单边市场行情，增加证券市场的波动性。

3. 套利交易策略

套利交易策略（covered interest arbitrage strategy）是证券程序化交易中应用最广泛的一种交易策略，一般发生在证券或股指现货与期货市场之间。由于证券现货价格与期货价格之间存在长期的均衡关系，当两者之间的差额大到足以超过无风险利率并能够抵补所有的交易费用时，理论上就能够进行套利交易。因而，投资者通过证券程序化交易在证券现货市场与期货市场之间，利用两类产品在不同市场上出现的价格差异，就可以买进相对低估的品种，卖空相对高估的品种，等价差回归均衡后就可以进行结算，从而获得可观的价差收益。

4. 数量化交易策略

数量化交易策略（quantitative trading strategy）是预先设定数量模型，综合考虑证券的基本面及定价模型，识别市场上被低估或高估的证券，并通过一揽子证券的买卖来获取收益的交易策略。该策略的交易规模和市场时机的选择并不需要与股指期货对应的基准指数相匹配，也不需要与基准指数包含的一揽子成份股组合相匹配。该策略使用期货、期权等衍生产品主要是为了对冲组合的风险敞口，而不是用于套利。近年来，数量化交易策略发展十分迅猛，反映了程序化交易的发展趋势。

8.3　量化投资交易

8.3.1　量化投资交易的概念

量化投资交易是指采用数学模型替代人为的主观判断,利用计算机技术实现投资理念和投资策略,以获取稳定收益为目的的交易。它在海量数据的基础上,创建数学模型,将市场数据输入模型得到最终结果。量化投资交易不是靠传统的投资经验、感觉和直觉进行投资,而是将投资理念、投资经验、投资策略用数学模型表达出来,利用计算机技术帮助投资者处理和分析信息,总结归纳市场规律,形成交易策略。

从本质上讲,量化投资交易是寻找较大概率获胜的机会,其核心是投资思想。量化是投资者进行投资所应用的一种手段和方式,一个成功的量化投资交易,首先需要有明确的投资理念和逻辑,通过数量化的手段,将投资者的理念、经验和证券投资的逻辑关系等设定为各种变量,明确变量之间的规则,并构建一个有效的量化模型。其次需要通过计算机技术等手段,利用以前的市场数据进行测试,不断跟踪检验、优化、修正和完善,直到能够将模型应用于当前的金融市场中,进行选股、择时、买卖、调仓等判断,并执行交易。

量化投资交易是以市场无效或弱势有效为基础的一种主动性投资策略,它能够在市场正常的情况下,大幅减少投资者的工作量,避免投资者情绪波动的干扰,避免投资者在极度乐观或悲观的情况下做出非理性的投资决策。量化投资交易建立在模型与数据的基础上,能够经过实证检验,在一定程度上克服思维限制与认知偏差,并可以跟踪和修正。同时,量化投资交易还具有及时性、准确性和系统性的特点,能够及时地跟踪市场,准确客观地从各个方面把握交易机会。

8.3.2　量化投资的交易策略

量化投资的交易策略很多,主要包括量化选股策略、量化择时策略、股指期货套利策略、统计套利策略、高频交易策略、期权套利策略、算法交易策略等。

1. 量化选股策略

该策略是指利用数学模型选择和确定投资对象,以期其收益超过市场平均收益水平的交易策略。根据事先设定的选股原则和方法,量化选取符合条件和要求的股票进行投资。量化选股策略有很多种,大体可以分为公司估值法、趋势法和资金法三种类型,具体包括多因子量化选股策略、行业轮动量化选股策略、趋势跟踪量化选股策略、动量反转量化选股策略等。

2. 量化择时策略

该策略是指利用数学模型来预测和判断大势的走势,并采取相应的投资策略的交易策略。如果判断结果是上涨行情，则买入持有；如果判断结果是下跌行情，则卖出清仓；如果判断结果是震荡行情，则高抛低吸。这样可以超越简单买入持有策略的收益率。量化择时策略主要包括趋势量化择时策略、高抛低吸量化择时策略、市场情绪量化择时策略、资金流向量化择时策略等。

3. 股指期货套利策略

该策略是指利用股指期货市场存在的不合理价格，同时参与股指期货与股票现货市场交易策略，或者同时进行不同期限、不同类别的股票指数合约交易，以赚取差价的交易策略。股指期货套利策略主要分为期现套利策略和跨期套利策略。

4. 统计套利策略

该策略是指利用证券价格的历史统计规律进行的一种风险套利策略，其风险在于这种历史统计规律在未来一段时间内是否继续存在。统计套利策略在方法上可以分为两类：一类是利用证券的收益率序列建立数学模型，其目标是在证券组合的 β 值等于零的条件下实现 α 收益，这一类策略被称为 β 中性策略；另一类是利用证券价格序列的协整关系建立数学模型，找出相关性较高的两个投资品种，根据它们之间长期均衡的协整关系，当价差偏离一定程度时，买入被相对低估的品种，卖空被相对高估的品种，等到价差回归均衡时平仓获利，这一类策略被称为协整策略。统计套利策略主要包括跨资产套利策略、跨市场套利策略等。

5. 高频交易策略

该策略是指利用证券市场价格的波动进行高频快速的交易，以获取收益的交易策略。比如，某种证券买入和卖出价差只有微小变化，或者某只证券在不同交易所之间存在微小价差，就可以利用高频交易来套利。这种高频交易的速度十分迅速，交易机会稍纵即逝，以至于有些交易机构将自己的"服务器群组"（server farms）安置到证券交易所附近，以缩短交易指令从发出至到达交易所的时间。目前，主流的高频策略主要有高频事件套利策略、高频统计套利策略、高频趋势策略以及高频做市商策略等。

6. 期权套利策略

该策略是指同时买进卖出同一相关期货但敲定价格不同或到期月份不同的看涨或看跌期权合约，以便未来进行对冲交易获利或到期通过履约获利的一种交易策略。期权套利策略是多种相关期权交易的组合，主要包括水平套利策略、垂直套利策略、转换套利策略、反向转换套利策略、跨式套利策略、蝶式套利策略、飞鹰式套利策略等。

7. 算法交易策略

该策略又被称为自动交易、黑盒交易或者机器交易策略，它是指通过使用计算机程序来发出交易指令的策略。在交易中，计算机程序可以决定交易时间和价格以及需要成交的证券数量等。根据各个算法的主动程度不同，可以把算法交易分为被动型算法交易、主动型算法交易、综合型算法交易三大类。

8.3.3　量化投资和传统投资的差异

量化投资与传统投资的差异主要体现在以下四个方面。

1. 分析判断的主体性差异

传统投资一般是投资者通过基本分析、技术分析等方法，分析判断大盘的走势和个股的投资价值，从而进行个股选择、资产配置、买卖时机选择及仓位控制等投资决策。量化投资在投资决策过程中，主要是利用计算机程序来分析、判断和选择所要投资的股票、买卖时机、仓位变动，并据此进行资产配置，在交易程序的运行下完成整个交易过程。

2. 分析判断的客观性差异

传统投资是通过投资者进行分析判断的，必然会受到主观因素、情绪波动等因素的影响，不确定性较高，难免会出现判断失误的情况，进而会影响最终的投资结果。量化投资是通过量化模型进行分析判断的，交易执行过程中，量化投资是通过计算机程序执行的交易，它可以克服主观情绪偏差，能够客观评价交易机会，避免了人为因素的影响，分析判断的客观性强。

3. 投资对象的广度差异

传统投资跟踪的股票数量有限以及进行分析和决策的变量受限，造成投资对象的广度受到局限，使得投资范围和投资机会受到较大限制。量化投资是利用计算机程序来进行分析判断的，跟踪的股票数量不受限制，在分析变量上也不会受到影响，可以在全市场进行跟踪监测，这使得投资对象的广度大幅增加，扩大了投资范围，增加了投资机会。

4. 投资决策的反应差异

传统投资主要靠人脑进行投资决策，接收和处理信息的速度较慢，往往还会受到很多外在因素的影响，使投资者在投资决策时经常优柔寡断、犹豫不决，反应不够迅速，甚至错失良机。量化投资利用计算机进行程序化交易，可以迅速发现、分析各种信息并快速反应和决策，把握市场稍纵即逝的机会。量化投资在速度上最出色的运用就是高频交易，它能在极短的时间内对市场的变化做出迅速反应并完成交易。

8.3.4　量化投资在我国的发展状况

我国的量化投资起步较晚，其发展大致可以分为三个阶段。2010 年之前，量化投资处于萌芽阶段；2010 年至 2015 年期间，量化投资处于初步发展阶段；2016 年至今，量化投资处于巩固发展阶段。

1. 萌芽阶段

2004 年 8 月，我国第一只量化投资基金——光大保德信量化核心基金的成立，标志着我国开启了量化投资基金的发展道路。2005 年，上投摩根阿尔法混合型证券投资基金也随之问世。由于市场、交易工具等因素的限制，量化投资还无法真正发挥其作用，其发展非常缓慢。直到 2009 年，金融危机之后，不少金融量化人才纷纷回国，量化投资开始逐渐涌现。嘉实量化阿尔法混合型证券投资基金（简称嘉实基金）、中海量化策略混合型证券投资基金、长盛量化红利策略混合型证券投资基金、富国沪深 300 指数增强证券投资基金和华商动态阿尔法灵活配置混合型证券投资基金等相继成立，这个阶段主要以公募量化投资基金为主。

2. 初步发展阶段

2010 年 3 月，上海证券交易所和深圳证券交易所开通了融资融券交易系统。2010 年 4 月，中国金融期货交易所推出了沪深 300 股指期货。这意味着我国出现了做空机制与杠杆交易，提供了不论证券市场上涨还是下跌都可能获利的机会，并派生出丰富的资产配置策略。Wind（万得）金融终端数据显示，我国 2010 年发行了 7 只公募量化投资基金和 4 只私募量化投资基金，2011 年发行了 5 只公募量化投资基金和 10 只私募量化投资基金，2012 年发行了 5 只公募量化投资基金和 33 只私募量化投资基金，2013 年发行了 14 只公募量化投资基金和 62 只私募量化投资基金，2014 年发行了 10 只公募量化投资基金和 210 只私募量化投资基金，2015 年发行了 36 只公募量化投资基金和 655 只私募量化投资基金。可以看出，虽然我国私募量化投资基金起步较晚，但后来居上，发展速度较快。

3. 巩固发展阶段

经过多年的发展，量化投资基金由于其稳健的收益和较小的回撤，在证券市场不稳定时期受到投资者的青睐，逐渐被我国金融市场认可。随着金融科技的发展，从 2016 年开始，量化投资在我国呈现出良好的发展势头，各种类型的量化投资基金不断涌现。截至 2018 年底，我国共有 390 只公募量化投资基金，其中，股票型基金有 194 只，占比 49.74%，发行规模 530.14 亿股，占比 51.79%；混合型基金有 174 只，占比 44.62%，发行规模 458.19 亿股，占比 44.76%；另类投资基金（股票多空）有 19 只，占比 4.87%，发行规模 34.96 亿股，占比 3.42%；QDII（qualified domestic institutional investor，合格境内机构投资者）基金有 3 只，占比 0.77%，发行规模 0.31 亿股，占比 0.03%。与此同时，我国的私募量化投资基金的发展也十分迅速，其数量和规模都超过了公募量化投资基金。

总的来说，我国量化投资基金的发展速度较快，它主要形成了四种量化投资策略：阿尔法策略、趋势套利策略、无风险套利策略、高频交易策略。量化投资基金的总体规模还十分有限，量化投资基金占总基金的比重还不足 5%，对金融市场的影响较低。相对于发达国家来说，量化投资基金在我国具有极大的发展潜力和空间。

8.4　证券业务中的智能投顾

8.4.1　智能投顾的起源与概念界定

1. 智能投顾的起源

智能投顾（robo-advisor）起源于 2008 年金融危机后的美国，金融危机导致传统金融业面临着巨大的业绩压力和信任危机，美国民众的个人财富普遍减少，传统投顾方式高昂的服务费用和认购门槛的局限性，推动了智能投顾在短期内迅速发展。本着拯救财富管理行业的初心，智能投顾应运而生。2008 年 Jon Stein（乔恩·斯坦）创立了 Betterment，开启了智能投顾的大幕，是美国最早的智能投顾供应商之一，它不仅为客户提供投资建议，并且直接帮助客户投资。之后，2009 年出现了 Personal Capital（个人资本），2010 年又出现了 Wealthfront。智能投顾经过多年的艰难发展，逐步得到了市场的认可，同时也给整个财富管理行业带来了颠覆性的变革。

随着智能投顾市场的发展壮大，传统金融机构意识到了提供智能投顾服务的重要性和必要性，开始以自行研发或收购的方式开展智能投顾业务。2014 年先锋基金推出智能投顾平台——先锋 PAS（personal access system，个人接入系统），2015 年摩根大通银行和高盛分别投资了社交化选股投资平台——Motif（名为模体），嘉信集团推出智能投资组合服务——嘉信智能组合（Schwab intelligent portfolios），贝莱德集团收购了机器人投顾初创公司——未来顾问（FutureAdvisor）。2016 年，高盛收购线上退休账户理财平台——奥诺斯金钱公司（Honest Dollar），瑞银集团收购智能投顾初创公司——金牛数研（SigFig）。2017 年，美银美林推出智能投顾平台——美林前沿引导投资（Merrill Edge Guided Investing）。由此可以看出，智能投顾正处在向大众普及的阶段，传统金融机构凭借已有的产品和客户优势，正逐渐占据主导地位。

截至 2023 年底，Betterment 已经成为全球最大的独立智能投顾公司，旗下管理资产近 200 亿美元。据统计，2016 年，全球智能投顾管理资产规模为 1280 美元，2018 年为 3740 美元，2021 年高达 1.43 万亿美元，预计 2026 年将达 3.13 万亿美元，客户超 5 亿，渗透率达 6.4%。

2. 智能投顾的概念界定

传统的智能投顾是一种通过现代资产配置理论，通过人工智能算法和金融科技为投资者提供数字化的资产配置服务。《2018 智能投顾白皮书》认为这样的定义显然过于简单，也无法全面覆盖"投"和"顾"的全部智能元素，因此提出智能投顾应该是侧重于智能化前端服务的智能投顾，考量的维度在于智能化的程度、服务的体验，如资产配置、基金导购、智能客服等；而侧重于投资研究过程的后台服务的考量维度在于智能算法技术运用的深度、投研的业绩水平。智能投顾服务能够为投资者提供基于多元化资产的个性化、智能化、自动化和高速化的大类资产配置、投资机会预测、投资风险预测、组合管理和风险控制等投资服务。

美国证券交易委员会对智能投顾业务的外延界定较为宽泛，智能投顾业务统称为自动化投资工具，智能投顾服务包括个人财务规划工具、投资组合选择或资产优化服务、线上投资组合管理程序等。澳大利亚证券和投资委员会将智能投顾称为数字建议，指没有人类投资顾问参与，运用算法和技术为客户提供自动化金融产品投资的一般或者个性化建议。欧洲的智能投顾主要指证券市场投顾业务中应用的自动化。

8.4.2　智能投顾的理念与功能

1. 智能投顾的理念

不同的智能投顾倡导的理念有所差异，但归纳起来，其共同的理念主要有资产配置理念、理性投资理念、长期投资理念、被动投资理念、稳健收益理念等。

（1）资产配置理念。智能投顾综合利用人工智能、大数据、投资组合、行为金融等理论与技术，结合客户风险偏好、财产状况与投资目标，根据客户自身的资产管理需求，通过算法建立模型，为客户提供自动化的资产配置和投资建议。

（2）理性投资理念。智能投顾通过数学模型、人工智能等进行分析判断，可以避免人为因素的影响，克服主观情绪偏差，避免投资者情绪波动的干扰，能够全面、客观地评价交易机会，进行理性投资，避免非理性投资带来的风险。

（3）长期投资理念。短期投资可能会获得高的投资收益，但这种收益往往难以持续，同时也面临高风险。智能投顾不追求一夜暴富的投资理念，不以短期成败论英雄，而是倡导长期投资的理念，以时间换取净值增长的空间，实现长期、稳定、持续的投资回报。

（4）被动投资理念。智能投顾往往基于资产组合理论，通过量化模型选出投资组合进行投资，遵循被动投资理念，以收费低来吸引投资者。

（5）稳健收益理念。智能投顾利用科学、合理的投资策略和方法，避免投资者在投资过程中因情绪波动而导致的非理性的投资决策，以大类资产配置的方式，获得长期、稳定、合理的收益。

2. 智能投顾的功能

智能投顾具有多种不同的功能，其主要功能包括资产管理功能、投资咨询功能、个性化服务功能、风险分散功能、动态监测和调整功能等。

（1）资产管理功能。这是智能投顾的主要功能，在智能投顾业务中，投资者是金融资产的委托人，智能投顾的经营者是金融资产的受托人，经营者根据投资者的委托，代为全权管理投资者的金融资产账户。从本质上讲，智能投顾是经营者向投资者提供的"一站式"（one-stop）金融服务。在智能投顾业务中，经营者提供金融服务并收取一定的管理费，投资者享受投资收益，同时承担相应的投资风险。

（2）投资咨询功能。智能投顾是运用数学模型、人工智能等技术开展的投资咨询业务。而投资顾问业务的提供以互联网为主要渠道，以自动智能算法为基础，在分析大量相关数据的基础上，自动生成投资决策和建议，理财方案清晰且方便操作。

（3）个性化服务功能。智能投顾重视投资者多样化的需求，可以根据投资者的投资目标、资产状况、风险偏好、行为习惯等因素，有针对性地提供符合投资者需求的个性化投资策略和建议，而且个性化服务往往优于普通投资顾问提供的服务。

（4）风险分散功能。智能投顾的理论依据是马科维茨的均值-方差模型等现代资产组合理论，以及资本资产定价模型（capital asset pricing model，CAPM）、套利定价理论（arbitrage pricing theory，APT）等，通过构建具有较小甚至负相关性系数的资产组合，可以有效地化解非系统性风险。同时，智能投顾以 ETF（exchange traded fund，交易所交易基金）为主要投资标的，即选择成本低、流动性强、跟踪误差小的金融产品进行长期投资，可以分散投资者面临的风险。

（5）动态监测和调整功能。智能投顾可以对投资组合进行全天候不间断的动态监测，而且可以根据市场趋势变化自动调整投资组合中的资产比例，使投资组合达到最佳状态，这是智能投顾发展到一定阶段的技术体现。

8.4.3　智能投顾的基本原理

智能投顾的基本原理是马科维茨提出的现代资产组合理论。1952 年，马科维茨在《金融杂志》上发表了论文《证券组合选择》，该篇论文及其观点也被称为均值-方差模型，该论文与模型被认为是现代证券组合理论体系的基石，马科维茨也因此被奉为现代金融学的开山鼻祖。均值-方差模型的核心假设包括：投资者都是风险厌恶的；所有的投资者都力图在风险既定的水平上取得最大收益；影响投资者决策的有两个参数，即期望收益率和方差。在这些假设的基础上，该模型详细论述和推导了在既定的风险水平下，如何使证券组合的期望收益率最大，或者说在既定的预期收益率下，如何使风险最小。其核心结论是，投资者可通过构建具有较小甚至负相关性系数的资产组合，实现在降低非系统性风险的同时，维持组合的期望收益率不变；或者在一个证券投资组合中，当各证券的标准差及每两种资产的相关系数一定时，减少投资组合风险的唯一办法就是纳入另一资产，扩大投资组合规模。在投资者风险厌恶的假设下，确定资产配置的有效边界，再根据投资者的理财目标和相应的期望收益率选出有效边界上的最优组合方案。

通过较为详细的调查问卷、大数据分析等一系列手段来收集客户在投资理财方面的个性化数据，如财务状况、投资理念、投资风格、资产规模、期望收益、风险偏好等。这些数据决定了有效边界模型中的期望收益率、收益率标准差等变量，运用云计算、大数据、机器学习等技术搭建的数据模型和后台算法，可以得出该模型内最适合投资者的最优投资组合。比如，针对收入不高、风险承受能力较弱的投资者，通过智能投顾的技术，可以识别出此类投资者并避免给这类用户推荐风险过高的产品。智能投顾应用现代投资组合理论后最大的特点主要体现在三个方面：一是智能投顾根据资产组合理论在金融投资者进行投资前，对其可能遇到的风险进行科学的评估，从而使得投资者能够在得知风险大小的同时，合理地进行组合并制定投资计划，最终能够获得更大的利润；二是智能投顾在对市场上存在的理财产品进行技术化的分析计算后，将资产进行有效组合，得到分散且多元化的资产组合；三是在实际应用现代投资组合理论后，智能投顾会实时得到真实的收益率数据反馈。通过与模型进行对比，智能投顾将会重新对投资组合进行配置以尽可能地消除偏差,更精准地满足投资者的收益目标。

由于得到上述有效边界模型和实现自动平衡功能必须经过大量甚至是海量的计算,所以智能投顾得益于计算机远超于人类的计算能力,其算法提供的组合模型比起人类计算得出的也更为精确、有效。

8.4.4　智能投顾的风险与监管

1. 智能投顾的风险

(1)技术风险。智能投顾利用计算机算法为客户提供投资策略和建议,并基于各项数据、依靠计算机网络为客户提供账户管理服务。智能投顾业务的开展离不开计算机网络,因而面临着与其他互联网金融相同的风险,即技术风险。技术风险主要体现在两个方面。一是网络内部风险,即自身固有的缺陷带来的风险。比较典型的是计算机算法缺陷带来的风险。算法缺陷是指因编程设计错误或因网络安全问题等非客户原因,造成智能投顾不能按照原有算法原理及程序为客户提供正常、持续服务的计算机漏洞。此外,还存在实际风险偏好与投资组合风险不一致、交易指令生成出现问题、策略模型的有效性因市场因素而减弱等风险。二是网络外部风险。这类风险主要包括黑客攻击、病毒侵入、网络异常或瘫痪、交易迟延等。网络外部风险与网络内部风险的不同之处在于,网络外部风险针对的是使用该系统的全部投资者,网络内部风险往往只针对某些使用该系统的投资者。

(2)市场风险。智能投顾会受到金融市场波动、法律法规、监管政策和投资理念等因素的影响。金融市场发生波动,必然会影响到金融资产价格,而智能投顾配置的金融资产组合也会受到冲击而面临市场风险。尤其是新兴的金融市场,如我国金融市场,由于受到市场不成熟、法律法规不健全、监管不力、投资者不成熟等因素的影响,有些投资者缺乏长期投资的理念,喜欢短线投资,看重短期收益,追涨杀跌,经常出现巨大的市场波动,使金融资产价格的波动加剧,这样必然会增加智能投顾的市场风险。

(3)信用风险。金融市场中资金融通的核心是信任。这种信任既体现在金融服务者、投资者等主体之间,也体现在各主体对整个资本市场健康发展的信心上。随着金融业务转移到互联网上,人与人之间的交流变成人与机器之间的交流,增加了虚拟性。智能投顾涉及的传统业务,均有适度性、透明度和信义义务的要求。智能投顾依据投资者的投资风格和金融大数据来提供服务,由于基于算法、大数据等生成的投资组合难以实现生成过程的透明化,有关投资组合的信息披露能否真实地反映客户的真正需求尚待考验。智能投顾的运行,可能涉及证券公司、证券咨询机构、资产管理机构等,一旦智能投顾的算法和技术等缺陷给投资者带来损失,由于缺乏健全的纠纷解决机制和风险分担机制,各责任主体会互相推诿责任,风险很容易就转嫁到客户身上,出现信用风险,增加客户对智能投顾的不信任。

(4)操作风险。智能投顾客户投资风格的确定,合同的成立与生效以及营运者运用智能投顾指令的执行、调仓、自动再平衡等功能,均可以通过互联网来实现。这些集合性功能在给投资者带来高效、便利的服务的同时，也由于智能投顾运作的专业性和复杂性，使得投资组合的产生以及资金流向更加不透明，从而产生了操作风险。操作风险主要包括两类。一是营运者的操作风险。这一风险主要表现为程序缺陷造成的指令执行失误、违背信义义务提供不符合投资者风格的建议等操作风险。二是投资者的操作风险。投资者面对智能投顾这类复杂的自动投资工具，无论是服务合同，还是交易合同或委托资产管理合同，只要投资者利用鼠标点击同意或触摸手机屏幕即可生效。投资者往往缺乏专业知识，权利义务的意识较弱，有可能在营运者软件流程的引导下签署不符合自己意思表达的格式合同，这将会增加投资者的操作风险。

（5）法律风险。第一，智能投顾业务边界的模糊性增加了监管难度。智能投顾包括投资咨询、理财顾问、委托交易和资产管理等方面，涉及金融领域不同行业的监管。在分业监管的背景下，不同业务适用不同的法律法规，如果不能有效地划分界线，就会使智能投顾业务的边界模糊，就容易造成监管真空或重复监管的问题。第二，智能投顾的"全权委托账户"服务与现行资产管理的相关规定存在矛盾。智能投顾的投资咨询、委托交易等功能有法可依，而自动调仓功能等却没有相关法律可循。第三，智能投顾的适当性义务缺乏法律上的衡量标准和依据。智能投顾难以像一般投资顾问那样对客户进行比较深入、详尽的尽职调查，及时了解客户的投资需求、财务状况与投资规划等信息，只能提供客户常规的投资需求、风险偏好等有限信息。第四，智能投顾容易违背法律规定的信义义务。智能投顾网络的虚拟性、算法产生投资组合的复杂性，形成了新的信息不对称。智能投顾的信息透明度主要体现在服务交易记录、留存数据信息、持续性信息披露、账户存管和收费模式等方面。目前监管机构还没有对智能投顾提出更为严格的信息披露标准，也缺乏相应的技术来加强信息披露，这样就容易违背法律规定的信义义务。第五，智能投顾营运者与客户之间权利义务的不平等。客户在购买智能投顾服务时，一般会与营运者签署相关协议。随着互联网金融发展以及《中华人民共和国电子签名法》的实施，形成了一种新的合同形式——互联网金融电子合同，这种合同容易导致智能投顾营运者与客户之间权利义务的不平等。

2. 智能投顾的监管

（1）智能投顾的技术风险防范。技术风险防范应坚持技术驱动型及包容性的制度设计理念，即在设计智能投顾的制度目标、制度框架、制度保障、制度特征及条款中包含的相关主体的权利与义务内容等时，要围绕智能投顾的数据处理与算法模型来进行，并通过技术伦理规范、技术应用规范及技术风险责任规范三个层次来具体构建。首先，技术伦理规范针对的是对人工智能领域相关主体提出的道德或精神准则，其相对抽象的规则内容能有效避免法律制度滞后于现实技术发展的尴尬。就智能投顾而言，其技术伦理规范应对智能投顾软件系统的技术研发与运营设置道德标准，同时应强调技术研发人员的社会责任。其次，技术应用规范是防范智能投顾技术性风险的主体规则，就规范内容而言，技术应用规范应具体由技术准入规则、技术风险监测规则以及技术风险救济规则三部分构成，每类规则分别承担防范智能投顾技术性风险的特定任务。最后，技术风险责任规范是智能投顾相关主体自觉遵守技术伦理规范与技术应用规范的制度保障，技术风险责任规范应为智能投顾参与主体制定层次分明、逻辑合理的民事、行政与刑事责任，技术责任规范可以约束相关主体的行为，从而降低智能投顾的技术性风险。

（2）完善金融监管协调机制。由于智能投顾涉及多个金融领域，分业监管不利于智能投顾的健康发展，因此需要加强多个部门监管的沟通与合作，发挥金融监管协调机制，强化功能监管与行为监管，完善交叉金融行为的监控措施。当前，我国部分商业银行、证券公司、基金公司、信托公司等推出了各自的智能投顾服务和产品，不同的金融机构，面对的监管部门也不同，这是一个监管难题。因而，需要在中央金融委员会的统一领导下，由中国人民银行、国家金融监督管理总局和中国证监会分工合作，加强金融监管协调，补齐监管短板，充分掌握智能投顾的风险特征和发展动态，对智能投顾实行穿透性监管。同时，监管部门共同开展具有战略性、前瞻性的监管协调方式与技术研究，探索适合我国智能投顾的监管协调机制。

（3）制定智能投顾的法律法规。智能投顾是一个新兴行业，目前还没有专门的法律法规，该行业的一些问题得不到很好的解决，因此需要尽快制定相关的法律法规。在制定智能投顾的法律法规时，应该考虑以下几个方面：智能投顾的业务范围、业务标准、准入制度、产品设计、用户服务、隐私保护、信息披露、责任认定、行业规范、风险管理、监管主体和方式等方面。探索建立智能投顾从业资格认证与注册备案制度，逐步明确智能投顾的相关牌照与资质要求。同时，鉴于智能投顾属于投资顾问业务范畴，需要履行更高的义务，在设计法规条款时可以秉承"一般义务＋特殊义务"的核心思想。一般义务包括投资顾问需要履行的义务，包括足够的资金、技术和人力资源，并开展监管安排、合规操作、利益冲突管理、风险管理系统等必备工作。特殊义务是源于智能投顾的特殊性而产生的义务，主要包括：第一，定期对量化模型进行回测和更新；第二，互联网的虚拟特性要求其遵守比一般投资顾问更加严格的监管要求，做到信息留痕、信息存储、不得擅自删除数据，拥有一个可以实现分流计算、存储大量信息的信息技术系统；第三，具备风险准备金或者为客户购买专业责任强制保险，以维护投资者的合法权益；第四，适当增加系统访问客户数据库的频率，保证能够以较高的频率更新客户的风险偏好及期望收益；第五，根据智能投顾的特点进行信息披露等。

（4）规范智能投顾营运者的行为。智能投顾一般采用电子化的合同，具有虚拟性、易更改性及特定用户群体的特征，因此应规范智能投顾营运者的行为，制定相关规范性服务合同大体框架，采用类似"正负面清单"的方法设计框架，避免智能投顾营运者利用合同漏洞来获利的行为，以免发生道德风险。同时，智能投顾技术仍处于不断开发整合中，技术的完整性、安全性还有待验证，技术可能存在技术缺陷、数据陷阱和数据黑洞。智能投顾营运者要严格履行投资者告知义务，不要夸大对智能投顾的宣传，以免误导投资者的决策，将智能投顾列为辅助决策手段而非唯一决策手段，执行严格的投资者资格审查规则，开展投资者风险承担的适当性评测。此外，智能投顾营运者要加强智能投顾产品的风险揭示与披露，鼓励通过智能投顾与线下投资顾问相结合的方式提供服务。

（5）建立智能投顾监管机构。目前，国内还没有专门针对智能投顾的监管机构，使得该行业的发展不规范，需要建立相应的智能投顾监管机构。智能投顾监管机构按照"双峰"监管理念对智能投顾进行功能监管和行为监管。智能投顾本质上是投资顾问业务，需要按照现有的证券投资顾问相关规范进行功能监管，即对智能投顾进行准入监管、业务监管，为其网络安全性能及信息技术提供指导监督，切实保障投资者相关权益，对智能投顾的经营业绩、风险性、创新性、客户反馈等方面进行综合测评，对有问题的智能投顾提供及时的技术指导，并责令其及时整顿，对问题特别严重的勒令清算，以避免出现大的动荡。行为监管旨在纠正智能投顾平台的机会主义行为，防止欺诈和不公正交易，加强个人隐私保护，确保信息采集、提供、存储和交易的合法性，保护消费者利益。此外，由于我国智能投顾尚处于初期阶段，监管机构可促进智能投顾之间进行经验交流、技术共享，推进良性竞争发展的同时，也让各智能投顾之间形成竞争者监督体制。

本章重要概念

证券交易的电子化　　证券交易的互联网化　　证券投资的智能化　　证券程序化交易　量化投资交易　智能投顾　智能投顾风险

本章复习思考题

1. 简述证券发行与交易的电子化。
2. 简述证券投资的智能化。
3. 证券程序化交易的概念及交易策略是什么？
4. 量化投资交易的概念及交易策略是什么？
5. 量化投资和传统投资的差异有哪些？
6. 简述量化投资在我国的发展状况。
7. 智能投顾的概念及功能是什么？
8. 论述智能投顾的风险与监管。

第9章 金融科技与保险业

本章主要学习金融科技对保险业的影响、金融科技推进保险业互联网化、金融科技在保险业务运营中的应用等内容。

9.1 金融科技对保险业的影响

随着云计算、大数据、人工智能、物联网和区块链等主流技术的普及和应用，金融科技正在全球范围内颠覆并重塑传统保险业的发展模式。金融科技促使更多的经营主体涌入保险生态，通过引领保险需求创新，优化保险消费市场，重塑保险业的运营生态。金融科技还有助于促进保险业"补短板"，助推普惠金融服务的实现。2006年底，中国科技部与中国保监会联合发文，大力推行金融科技应用于保险，其作用正逐渐凸显。一方面，金融科技作为现代金融和服务业的重要力量，提供保险保障、分散化解风险的功能，能有效激励企业的研发活动，促进其自主创新能力的提升，为科技发展注入新的活力；另一方面，政策、科技、保险三者的综合运用，使高新技术企业在科技创新过程中，避免为抗击风险而消耗过多精力，能把更多的资源投入到自主创新工作中来。要把握金融科技发展带来的重要机遇，有必要对保险业进行深入解构和研判。本节讨论了金融科技对保险业的影响，主要可分为四个方面，即金融科技对保险精算、保险定价、保险营销与获客以及对保险理赔的影响。

9.1.1 对保险精算的影响

保险精算是依据经济学的基本原理和知识，利用技术手段对各种保险经济活动未来的财务风险进行分析、估价和管理。人工智能等金融科技新技术的应用以及海量数据的积累，为保险公司构建智能风控模型奠定了基础。欺诈与骗保是保险业高质量发展的主要制约因素。传统反欺诈基于已知的欺诈模式设置了相应的规则，欺诈风控效率较低且缺乏前瞻性。在传统风控模式下，保险公司主要依靠"人工＋经验"的方式管控承保和理赔风险，保险欺诈时有发生；保险公司的"孤岛式运营"使得重复性工作普遍存在，降低了风控效果，增加了风控成本。智能风控模型为保险公司识别欺诈行为、提升风控和理赔决策能力提供了新的技术方案，有助于消除反欺诈过程中人为的不确定因素，降低风控成本，赋能保险业高质量发展。

智能风控模型的构建通常包括数据收集与大数据分析、欺诈风险系统化定量评估、关键风险因子识别、模型构建与校验、鉴别规则选定等步骤。智能风控模型既可用于前端承保环节，也可用于后端理赔环节。在承保端，投保人根据模型选定的要素填写相关信息，智能风控模型自动识别合格投保人，并对存在欺诈风险的投保申请根据风险等级发出相应的风险预警。保险公司根据风险预警提示核保查验或直接拒保，以有效防控欺诈风险。在理赔端，智能风控模型可以应用大数据与人工智能识别虚假索赔等欺诈风险，优化理赔流程。例如，在车险理赔中，通过对大量理赔案例的分析，计算各项保险事故的出险概率和损失分布，并揭示汽车零部件和维修项目的内在联系；然后运用人工智能识别汽车零部件的异常采购，从而锁定可疑的欺诈客户和维修厂。物联网在汽车行业的应用——车联网与区块链的结合，可以跟踪汽车的行驶轨迹和实时操控数据，在空间和时间上解决汽车作为车险标的物的唯一性问题。一旦发生保险事故，区块链可以记录和追溯事故的时间、地点及处理情况等，并且可以将其不可篡改地记入分布式网络，使其成为保险公司防范欺诈骗赔的重要依据。

此外，随着金融科技与保险业的深度融合，可能会出现未知的新型风险，也可能会出现新的保险欺诈手段，从而对保险公司的风控机制构成挑战。通过引入深度学习神经网络和类脑人工智能，并结合区块链等技术，智能风控模型将具备主动免疫和自适应学习能力，针对欺诈风险的变化持续迭代升级。例如，平安集团的金融壹账通，积极将金融科技运用到保险领域，推出了"智能保险云"，包括"智能认证"和"智能闪赔"两大产品，赋能保险业。2018 年 2 月，金融壹账通推出区块链方案"壹账链"，不仅为生态系统中的金融机构和中小企业提供高性能、低成本的底层区块链云平台服务，也为监管部门创造了透明、高效的监管环境。同时，中国保险学会与金融壹账通发起成立了国内首家"保险智能风控实验室"，研究建立多险种的智能反欺诈系统，为保险业欺诈风险分析和监测预警提供支持。金融科技驱动的智能风控模式极大地提升了风控效果。风险管控是保险行业稳健、可持续发展的前提。保险公司经营中面临的风险主要有业务风险、财务风险和资金运用风险。

2018 年以来，随着金融科技与保险业的深度融合，保险业的风险管理开启了智能风控模式。智能风控运用人工智能、大数据、物联网和区块链等技术实现智能预警和多维核验。在智能风控模式下，人们可以利用海量风险规则进行风险筛查；可以对高风险案件环节设置风险预警方案及时预警；可以针对不同客户进行个性化风险管控；可以通过机器学习提升风控精度，应对新增的风险类别。智能风控降低了保险公司的运营风险，提升了其盈利能力，推动了保险业的持续健康发展。

9.1.2　对保险定价的影响

保险定价即保险费率厘定，是保险运营的重要环节。在金融科技的赋能下，保险定价有望从"总体风险定量"转向"个体风险定量"，能够根据大数据"千人千面"的分析结果，主动识别和量化风险，做到"千人千价"。精准定价可以为消费者提供更加公平和个性化的保险服务，同时减少逆向选择与道德风险，助力行业高质量发展。随着车联网的普及，精准定价在车险领域的应用最为广泛，平安保险早在 2016 年就基于 UBI（usage-based insurance，按使用计价保险）提出了"一人一车一价"的定价方案。UBI 产品不再仅依靠车辆历史数据定价，而是在加入了驾驶行为、车辆使用量、路况环境等多维实时数据后，根据车联网、人工智能、大数据等技术开发精准动态定价模型,再依托旗下平安好车主APP为每位车主提供差异化费率的专属保险方案,实现了车险定价模型由"从车"向"从人＋从车"的转变。蚂蚁金服开发的"车险分"产品也是一款精准定价的金融科技产品。该产品根据职业特性风险、身份特质风险、驾驶习惯及稳定水平、信用历史、消费习惯等细分标签,对车主进行精准画像和风险分析,并得出相应的车险标准。以驾驶习惯为例,一方面,蚂蚁金服通过地图服务,可以了解用户的出行线路,线路较为固定的人群往往比线路变化大的人群有更低的风险;另一方面,信用越高,道德风险就相对越低。如果将人群按照"从人"因素带来的不同风险来划分并量化为不同的分数,那么使用"车险分"的保险公司就可以依据这个分数对车险产品进行精准定价,同时可以减少保险公司的逆向选择。精准定价车险产品不仅颠覆了传统车险产品的定价逻辑,而且实现了商业模式创新,保险公司可以直接检测和评估驾驶行为,驾驶习惯和技能优良的驾驶员会优先选择精准定价的车险产品,因为这类产品可以给驾驶员带来"安慰剂效应"(即使驾驶员得到心理舒缓的效果),降低赔付成本,提升公司经济效益。此外,无人机等新科技成果也有助于推动精准定价在更多保险产品中的应用。例如,在家庭财产险领域,可通过无人机定期航拍房屋屋顶的图片,并运用人工智能自动评估房屋维护程度,进行风险定价。综上,金融科技可以动态监测客户风险因素,掌握客户潜在需求,实现精确营销和精准快速报价出单,降低综合成本,优化客户结构。

9.1.3 对保险营销与获客的影响

在金融科技的影响下,保险营销正在从传统的线下人工营销方式向互联网与线下有机结合的保险营销方式转变,保险营销正在从表层渠道变革向中层模式优化阶段发展,网络比价平台、直销网站、APP、跨渠道动态营销等模式基本已经落地,而基于线上场景的扩展和新技术的应用提高了保险业务流程的互联网程度,数据来源的扩展和业务流程数据的获取为风险定价、核保、理赔流程再造提供支持,成为现阶段保险业互联网化发展的重要内容,未来保险业通过数字化转型,确立以客户需求为核心的经验战略,基于区块链、云计算等保险科技,通过建立用户账户体系挖掘客户需求的数字化方法,以及建立适应数字化运用需求的组织架构和营销体系,成为保险业更为宏大的命题。

客户是保险机构的生命线,谁获得的客户越多,谁就越能够在激烈的市场竞争中立于不败之地。传统保险机构的营销手段基本上是采取线下人工营销的方式进行,获客能力基本停留在其营业区域的物理空间之内。互联网营销渠道和技术的运用,则突破了传统保险物理市场的限制,从理论上讲,保险机构可以利用互联网营销渠道,面向全国甚至全球范围内的客户开展保险营销,拓展保险业务市场,这不仅大大增强了保险机构的获客能力,而且也提高了保险营销的效率,降低了保险营销的成本。

9.1.4 对保险理赔的影响

保险理赔是保险公司对被保险人或受益人索赔行为的响应,是保险公司必须履行的义务。将金融科技应用在保险业中不仅可以简化理赔，而且可以将数字化延伸到理赔的过程中。传统理赔因周期较长、手续复杂、客户体验差、投诉纠纷多而成为制约保险业高质量发展的因素。随着金融科技的应用，自动理赔有望解决上述痛点。基于人工智能的计算机视觉、影像识别和传送技术能实现快速定损和反欺诈识别；物联网传感器和数据采集技术的应用极大地提高了理赔效率和准确度；区块链的智能合约机制大大拓展了金融科技在理赔领域的应用场景。2018 年 5 月，蚂蚁金服推出定损宝 2.0 版，将 1.0 版中图像定损技术升级为视频定损技术，投保人只需将反映车辆受损状况的图片、视频实时上传，处于云端的人工智能机器人就能快速准确地给出识别和定损结果，实现了事故的远程自主定损和自动理赔。第三方平台小雨伞保险自主研发的人工智能理算系统推出的闪赔服务，能在短时间内完成大量精确度要求较高的小额理赔业务，最大限度地优化客户体验。保险巨头大都会人寿（MetLife）也借助以太坊实现了部分寿险产品的自动理赔。由程序员 Vitalik Buterin（维塔利克·布特林）创建的以太坊是区块链 2.0 阶段的代表，最突出的特征是引入了可编程的智能合约机制。大都会人寿利用以太坊区块链革新理赔流程，推出了世界上第一个专注于人寿保险业的区块链试点计划。该计划建立了一个名为"Life-chain"（生命链）的智能合约平台，可快速帮助已故者的亲属或其他受益人确认保险事故是否属于索赔范畴并自动启动理赔程序，在有效防控风险的前提下，大幅简化理赔程序和提高透明度。随着人工智能的进一步发展，在标准化程度较高、保险责任清晰的互联网保险产品中，还能实现理赔的全自动化。2018 年 7 月，蚂蚁金服依托支付宝平台完成了国内首笔无人工干预的"全流程 AI 快赔"，将识别、审核的处理时长从原来的平均 49 小时大幅缩短至"秒级"，显著提升了理赔的时效性，标志着我国互联网保险智能理赔取得了新突破。

另外，智能理赔在欺诈风险防控上也可以发挥重要作用，它能够突破传统理赔中欺诈风险调查的局限，降低风控成本，提高运营效率。例如，在生鲜产品保险理赔中，能否快速、精准地识别客户上传的生鲜死亡照片等索赔材料的真实性，是欺诈风险防控的关键，而借助图像识别、机器学习等金融科技新技术可以快速鉴别虚假照片，实现智能风控与自动理赔。

9.2　金融科技推进保险业互联网化

9.2.1　互联网保险的含义及特征

1. 互联网保险的含义

近年来，互联网电子商务发展迅速，给保险业带来了巨大冲击和变革，互联网保险成为保险业的必然选择。在发达国家，互联网保险已成为其保费收入的重要来源，例如，美国 2010 年互联网保险保费收入就已超过其总保费的 25%，全球的平均水平也达到 5%。2013 年腾讯集团、阿里巴巴和平安集团联合成立国内首家专注于互联网保险的创新型保险公司——众安保险，这成为我国保险业界热烈讨论的话题。

那么，什么是互联网保险呢？一般而言，狭义的互联网保险，即保险电子商务，是指保险公司运用电子商务模式进行产品销售，在互联网平台上实现保险咨询、设计、投保、缴费、变更、理赔和支付的全过程网络化经济活动。广义的互联网保险则不仅包括保险公司通过互联网进行的保险产品销售活动，还包括通过互联网进行的内部经验管理活动，以及保险公司之间、保险公司与其他公司之间、保险公司与保险监管部门和税务部门的网络化信息交流活动。《互联网保险业务监管暂行办法》对互联网保险给出的定义是："互联网保险业务是指保险机构依托互联网和移动通信等技术，通过自营网络平台、第三方网络平台等订立保险合同，提供保险服务的业务。"

2. 互联网保险的具体内容

互联网保险涵盖很多具体内容，各保险公司提供的服务也不一样，互联网保险从不同角度可以划分为不同的业务内容。从保险业务流程来看，互联网保险的具体内容主要包括以下几个方面。

1）数据的收集和分析

数据是互联网保险的起点，通过网络数据的收集和运用保险精算技术，可以设计出更加符合人们需求的保险产品。传统保险也存在数据收集和分析，即市场调研，而互联网保险收集和分析的数据是网上存在的大数据，而非简单的社会调查问卷。

2）保险产品设计和营销

根据数据分析结果设计出保险产品后，保险面临的首要问题是销售，只有达到一定的销量，保险公司才能盈利。在这个环节中，互联网保险的优势是非常明显的，基于互联网技术的精准营销运用已经十分成熟。美国搜索巨头 Google 在线广告已经打败传统纸质广告，互联网精准营销能够更准确地进行目标客户识别，这比"广撒网"式的传统营销手段效率更高。

3）专业保险需求分析

有保险需求的客户常常不知道选择何种保险，这是困扰客户的主要问题。保险公司一般都把保险需求评估工具通过简单易懂的方式提供在相关网页上，投保人往往只需要填写一些简单的信息，就能大致上确定适合自己的保险。这种减少客户选择困扰的辅助分析工具能够把客户的潜在需求变成有效需求，这也是保险产品和目标客户进行匹配的过程。

4）保险产品购买服务

在客户确定自己需要的保险产品之后，保险公司要做的就是如何简单快捷地提供产品购买服务。随着互联网的普及，互联网保险的在线购买服务已完全成熟。广大网民都能娴熟地运用互联网实现保险购买意愿，流程简便。

5）在线核保与理赔服务

通过推出的在线核保与理赔服务，客户可以通过熟悉作业流程、争议解决办法、理赔所需文件等透明化信息，非常便利地实现线上理赔。核保环节是保险公司业务处理的必备过程，把核保过程线上化有利于提高互联网保险的受理速度。当客户发生事故需要理赔时，通常存在一种等待的焦虑。目前保险业遭遇投诉的重点也是理赔难，很多保险公司在营销方面做得很好，但理赔环节的客户体验不尽如人意。因此，线上理赔环节的透明化，可以让客户知道当前理赔到了哪个环节、存在什么问题等，减轻客户的焦虑，提高用户黏度。

6）实时交流服务

有些客户可能对互联网保险存在不信任感或者缺乏安全感，如果保险公司能够提供在线的客服交流服务，则能够打消客户的顾虑，坚定客户选择互联网保险的决心。互联网保险存在的一个问题就是信任问题，由于网络的虚拟性，人们容易对网络产生一种不信任感和不安全感。在线客服能减少这种不安全感，坚定客户选择互联网保险的决心。

当然，随着互联网的发展和保险行业的创新，新的线上保险服务也不断推陈出新，互联网保险涵盖的内容也将越来越丰富。

3. 互联网保险的特征

互联网保险作为互联网与保险的结合体，它既保留了传统保险的功能，又具有互联网的特质，构筑了互联网保险独一无二的优势，促进了互联网保险的爆炸式增长。互联网保险的主要特点有以下几点。

1）虚拟性

互联网保险不存在面对面式的柜台交易，而是将交易以电子商务的形式在网上完成，这与传统保险的人员销售和理赔完全不同。一方面，这种虚拟化的交易使得互联网保险具有非常大的成本优势，另一方面，虚拟化产生的不安全感也可能使客户不愿意购买互联网保险。随着电子商务的发展，越来越多的人参与网络购物和投保，虽然网络投保的虚拟性会给消费者在购买保险产品时带来一定的风险和不确定性，并影响其购买决策，但消费者还是逐渐开始接受和适应网络保险的发展。

2）时效性

保险公司可以通过互联网，实现全天候、随时随地的服务。互联网的普及，极大地提高了人们工作和生活的效率，特别是移动互联网的发展，使随时随地处理公私事务变成现实，人们逐渐摆脱了实体店营业时间不足的问题。互联网保险同时免去了代理人和经纪人等中介环节，大大缩短了投保、承保、保费支付和保险金支付等进程的时间，提高了保险销售、管理和理赔的效率。

3）经济性

互联网将帮助整个保险价值链降低成本，这对于时常处于亏损边缘的国内保险公司而言是一个巨大的诱惑。通过互联网销售保单，保险公司可以节省机构网点的运营费用和支付给代理人或经纪人的佣金，大幅节约了经营成本，这是互联网保险相对于传统保险而言最大的优势。成本的降低不仅有利于增强保险公司的盈利能力，也有利于保险公司降低保险费率，进而使消费者从中获益。

4）交互性

互联网保险拉近了保险公司与客户之间的距离，增强了双方的交互式信息交流。客户可以方便快捷地从保险服务系统中获得公司背景和具体险种的详细情况，还可以自由选择、对比保险公司的产品。通过保险公司和客户的这种交互式信息交流，客户随时可以提出自己的意见，甚至间接参与保险产品的设计。在保险服务期内，客户还可以轻松地获得在线保单变更、理赔报案、查询理赔状况、保单验真、续保、管理保单的服务，互联网保险能够切实体现以客户为中心的服务理念。

5）灵活性

互联网保险在风险识别控制、产品种类定价和获取客户渠道等方面都比传统保险灵活，可以最大限度地激发市场的活力，使市场在资源配置中更好地发挥决定性作用。保险公司能够方便快捷地为客户提供所需要的资料，客户可以将不同保险公司的产品进行横向比较，而保险公司也能够运用大数据进行分析，很短的时间内就能确定是否承保。

9.2.2 互联网保险的种类

互联网保险险种设计以条款较简单、通俗易懂且费用相对较小的险种为主，这样消费者就可以在了解条款之后，实现自助购买。互联网保险的种类大致分为以下四种：传统保险、投资理财保险、保证保险和众筹类保险。

1. 传统保险

保险双方当事人的权利义务关系通过保险条款来约束，有些保险单，如工程保险、部分的人身保险，条款复杂，使用了一定的专业术语，没有接触过保险业的消费者理解起来有一定的难度，需要专业销售人员的讲解。互联网保险由于是在网络上进行销售，没有专业人员为客户进行讲解，因此，上述复杂条款的保险单不适合线上操作。互联网保险产品条款的主要特点是简单易懂，消费者不用专业人士帮助解释，通过自己浏览网页就能充分理解保险条款和保险保障内容，并能确知保险价格，从而能够比较便捷地满足消费者的保险需求。简单地讲，互联网保险通过建立强大的互联网系统、集合大量资源，做到将"简便"留给消费者，才是关键。车险的保险期限短，条款简单固定、通俗易懂，车辆面临的风险也是人们很容易理解的，因此，在互联网保险上占有较大的比例。

2. 投资理财保险

投资理财保险在大类上，属于创新型人寿保险，集保险保障及一定的投资功能于一体，主要有分红险、投连险和万能险。相对于健康保险，人寿保险的业务处理更简单，保险条款也相对固定，更适用于互联网保险。投资理财保险可以作为普通投资品的补充，如果运用得好，将会大大提高家庭理财的稳健性，现已发展成为互联网保险的一股热流。2016年上半年互联网保险保费1431.1亿元，接近2015年全年的保费，其中，互联网人身保险保费收入1133.9亿元，所收保费规模远远超过互联网财产保险。其中，万能险和投连险等理财型保险产品占互联网人身保险的60.7%。万能险产品占据的市场份额超过了50%，很多中小型保险公司通过万能险、投连险等理财型保险产品实现了保费收入增加突破。

3. 保证保险

"参聚险"是由我国首家互联网保险公司众安保险和阿里巴巴旗下网购平台"聚划

算"共同为"聚划算"的卖家定制的,用于代替保证金的保险服务产品。参加"聚划算"活动的卖家每次要缴纳 10 万到 50 万元的保证金,缴纳保证金的目的是保障消费者的合法权益。如果卖家违反了"消费者保障服务协议"相关内容,平台就可以启用卖家缴纳的保证金对消费者进行赔偿。但是这些保证金并不是在活动结束后立即返还给卖家,而是在卖家参加"聚划算"活动结束后半个月至一个月之后返还,在此期间,卖家缴纳的保证金会被冻结,保证金数额较大,且短时间不会返回卖家账户,会给众多卖家造成巨大压力。通过互联网保证类保险的创新,商家可以通过购买"参聚险"来代替保证金,以实现相同的效果。具体地,如果卖家需要支付 50 万元的保证金,则支付 1500 元的保费(费率为 0.3%),就可以达到同样的资金冻结的效果。"参聚险"推出后仅一周的时间里,就因流程简单、操作简便,且解决了商家的资金压力,受到大量卖家的极力追捧,保额迅速超过亿元。

4. 众筹类保险

众筹是当前经济社会中比较流行的一种融资模式,它将人们手中闲散不用的资金聚集起来让其发挥出更大的经济价值。众筹类保险作为互联网保险的一部分现在越来越热,深受大众的追捧。随着经济水平的提高、医疗水平的进步,人们对身体健康越来越重视,众筹类健康险应运而生。人们通过互联网签署一份风险共同保障协议,并缴纳规定数量的保费,承诺在某人发生重大疾病时,从之前的集资款中取出一部分数额的资金为其进行医疗救助。早在 2013 年 11 月,长安责任保险公司就与众筹网联合推出了一款"爱情保险"的众筹活动。该险种设计的保费是 520 元,人们可以在众筹网上进行资金筹集,当参与者达到 10 000 人时,"爱情保险"即生效,5 年后投保人凭借与投保时指定对象的结婚证就可以领取 999 元。众筹类保险直接滤掉了保险的产品设计和风险评估等传统保险所必需的环节,定价简单,不需要经过精算师的大量计算,也省去了保险公司的经营成本,仅包含纯保费加上平台费用,节省了大量的人力、物力和财力。

9.2.3　互联网保险的运营模式

互联网保险的运营模式可以根据销售平台及客户来源的不同,划分为以下四种类型,分别是保险公司网站、第三方保险网站、基于第三方电子商务平台的保险和专业网络保险公司。

1. 保险公司网站:传统保险公司的互联网化

运营模式关乎着公司的竞争力,是行业转型升级的重要推动力。经过十几年的发展,我国各种互联网保险的运营模式在市场的洗礼中逐步形成自己的特色和优势。保险公司网站是最早出现,也是最早被各大保险公司采用的运营模式。保险公司网站是指传统保险公司为了更好地展现自身品牌、服务客户和销售产品建立的自主经营的互联网站点。保险公司网站是互联网保险最为基础的运营模式,大部分保险公司都开设了官方网站以便客户查询相关信息。随着互联网保险重要性的日益凸显和信息技术的逐渐成熟，保险公司网站的功能已由最初发布险种信息和宣传公司形象等简单功能向多元化功能转变。这些多元化功能具体包括建设专门的在线商城进行互联网直销，以及产品报价、实时投保、网上支付、自助理赔、在线客服等。

1）保险公司网站运营模式运行需要的条件

在互联网保险刚刚起步的阶段，有能力建设自身官方网站的保险公司主要是资金雄厚的大型保险公司。但是随着信息技术的发展尤其是云技术的成熟，架设官方网站并在上面开展业务已经不存在技术门槛，每家保险公司都设有自己的官方网站，但不是所有保险公司都能经营好自己的官方网站，因此，采用网站运营模式的保险公司应该具备以下条件。

第一，雄厚的资金。对保险公司而言，官方网站不仅销售保险品，还承载着公司服务窗口的使命。为了展现品牌、销售保险产品、开展线上核保和理赔等业务，官方网站应该有较大的访问流量。对于互联网站点而言，网站流量至关重要，谁有流量谁就有控制权。保险公司官方网站为了获取更多的流量，必须投入大量资金，从百度、Google、搜狗等搜索引擎和流量大的门户网站购买流量。没有雄厚的资金就没有足够多的流量，如果再考虑流量到客户的转化率，网站建设需要的资金则更多。

第二，完整的产品体系。在当今这个复杂的市场经济社会中，人们对保险的需求趋于多样化，单靠一两款产品无法满足客户的需求。客户选择产品存在时间成本，拥有完整的产品体系，可以满足客户在不同时期、不同状态下的需求。此外，保险公司官网为了获取流量常常花费巨大的成本，更丰富的产品体系有利于充分利用这些流量，同时将流量成本均摊到不同的产品中，从而降低单一产品的流量成本。

第三，强大的后台管理能力。透明是互联网保险一个显著特征，因此官方网站要高效运营，需要强大的后台营运和服务能力。互联网保险绝对不仅仅是将传统保险的业务流程搬到线上，而是要依据大数据打造快捷高效的服务平台。在传统的线下保险市场，当一个消费者要从一家公司的产品切换到另外一家公司的产品时，至少存在交通和时间成本，因此客户黏性较高。但是在互联网保险市场，客户从一家公司转到另一家公司只需挪动一下鼠标，此时，比拼的就是后台的运营能力了，谁能提供更好的客户体验，谁就能赢得市场。

2）保险公司网站运营模式的特点

保险公司网站运营模式的特点是保险业务的部分流程在网上进行，其他的环节仍然在线下实体店完成。换言之，这种互联网保险运营模式基本上是把传统险种的部分环节搬到网上，并未完全实现保险全部流程的互联网化。保险公司网站运营模式是保险公司将传统保险产品与互联网进行嫁接，利用计算机网络技术对传统保险产业进行改造，全面提高企业整体素质，实现保险业传统服务模式的重大变革。它侧重于改进公司服务的内容和形式，以此支持保险营销队伍，开拓新的销售方式。此类模式拥有明确的业务和顾客资源，有母公司强有力的支持，但主要的业务还是要依赖传统部门完成。这就涉及线上与线下资源整合能力的问题，传统保险公司对线下市场的把控能力或许很强，但互联网保险是利用大数据，并遵循互联网思维进行保险业务创新，是从另一个角度对保险进行整合。因此，传统保险公司因其固化业务思维和利益格局，在互联网保险创新方面反而不能进行大刀阔斧的改革。基于保险公司网站运营模式的特点，保险公司需要强大的线上线下资源整合能力。

O2O（online to offline，线上线下商务）是指线下的商务机构与互联网结合，使互联网成为线下交易的前台，这个概念最早来源于美国。O2O 的概念非常广泛，某企业或消费者只要产业链既涉及线上，又涉及线下，就可通称为 O2O。保险公司网站运营模式最大的特点恰恰是互联网保险与产业链成功连接，使得保险产品营销既涉及线上又涉及线下。在网上营销保险产品，是互联网保险的开端，也是保险网络化的起点。在互联网普及后，保险公司自然希望通过互联网吸引投保人，促进保险产品的销售，而其他环节业务仍然可能会在线下网点办理。因此，保险公司网站运营模式天然具有 O2O 的属性。

实际上，现在保险公司对保险产品的营销不仅仅局限于自己的官方网站，毕竟这类网站的流量是有限的，因而还会把自己的保险产品营销放到其他网站。在搜索引擎购买关键字，以便在消费者使用搜索工具时最先被搜索到；在各类网站上投放广告，根据消费者习惯进行精准营销；利用微博、微信等社交软件进行口碑营销；这些才是网上营销的主流形式。只有通过多渠道的营销，才可能为官网带来足够多的访问流量，才能获取更多的客户。

3）保险公司网站运营模式存在的问题

保险公司网站运营模式是最早出现的互联网保险运营模式，其发展相对成熟，但是也面临许多问题，主要有以下两个。

第一，流量获取问题。该模式最大的问题是流量获取成本太高。在网络时代，人们的基本互联网需求主要是信息、社交、电子商务，其他需求尚未成为主流。在美国，著名的互联网公司是 Google、Facebook（脸书）和亚马逊，对应的细分领域分别是关于信息获取的搜索引擎、社交网络和电子商务。在我国，著名的互联网公司是百度、腾讯集团和阿里巴巴，它们对应的细分领域也是搜索引擎、社交网络和电子商务。在这一背景下，互联网的流量主要集中在搜索引擎、社交网络和电子商务网站，这导致独立的保险公司官方网站的流量不足，必须从这些网站购买。因为没有足够的流量就没有足够多的互联网客户，如果推广和投保人分布都不满足大数法则，保险公司将不能进行稳定的风险控制。流量获取问题是保险公司网站运营模式最需要解决的问题。

第二，线下网点分布问题。O2O 的特点使得保险公司依旧依赖线下网点来办理业务，因此线下网点分布关系保险的发展。实际上，网上营销仅触发了消费者的购买意愿，实际交易并未发生，如果需要投保，还需要到线下的营业网点办理。一旦保险公司营业网点少或者难以找到，顾客随时可能不购买保险或者找到营业网点多、容易找到的保险公司进行投保。保险公司还面临网上客户分散于全国各地，但是部分地区线下网点覆盖不到的情况。互联网不受地域限制，任何人只要连上就能够浏览各个站点，这使得客户分布于全国各地，而且部分地区客户密度极低。这时保险公司就难以做到网点覆盖，O2O 无法实现，互联网保险无从谈起。因此，如何合理实现线下网点分布成为该模式要解决的问题。

2. 第三方保险网站：专业细分的保险产品网上商城

第三方保险网站是指保险公司以外的其他专门销售保险产品的网站。作为独立的第三方销售平台，这类保险网站集合了最新的保险资讯，同时提供多家保险公司的产品信息，以便客户对复杂的现存保险产品进行对比，选择合适自己的保险项目。目前，第三方保险网站主要可以概括为两类：第一类是类似网易保险的综合类平台，通过选择产品、保险费用测算、填写投保信息、支付保费和保险公司出保单的几个简单步骤，用户可以随时完成方便快捷的线上投保；第二类是保险咨询平台，如向日葵保险网，这类平台提供的服务非常多元，包括产品查询、产品对比、保费测算、个性推荐、定制方案、保险问答和咨询代理人服务等，以此来满足每一个人的投保需求。

3. 基于第三方电子商务平台的保险：网络购物平台上的保险专场

基于第三方电子商务平台的保险开始是指独立于买卖双方，基于互联网为买卖双方提供服务的交易网站，近年来成为发展互联网保险的重要渠道，如淘宝、京东等。这类大型电子商务平台由于拥有大流量和大数据等优势，吸引了越来越多的保险公司进驻它们旗下销售保险产品。随着保险业务的发展，电子商务平台也开始依据自身平台上的消费者诉求，联合保险公司开发出适用于平台交易双方的保险项目，如蚂蚁金服推出的消费保险项目，虽然最初仅限于退货运费险，以满足消费者对于降低网购退货成本的诉求，但在获得商业实践的认可之后，平台开始针对各个商品类目和交易环节开发不同的创新保险产品，如衣服褪色险、鞋子脱胶险等。当互联网技术通过场景将保险作为风险防范手段推送给各个行业后，保险产品的创新将是无穷的，如华安保险借助互联网的力量，基于食品安全责任风险和从马路上将陌生的老人扶起来可能引发赔偿风险这样的场景，开发出了"吃货险"和"扶老人险"。

1）基于第三方电子商务平台的保险运营模式的优势

大型电子商务平台依靠丰富的网站内容和完整的产品体系，在获取用户方面具有极大的优势。互联网保险作为一种虚拟产品，与传统生活服务类产品相比具有得天独厚的线上优势，因此越来越受到阿里巴巴、京东以及苏宁易购等大型电子商务平台的青睐。此模式主要有以下三个方面的优势。

第一，流量优势。关于信息获取的搜索引擎、社交网络、电子商务作为互联网的硬需求具有明显的互联网入口优势，同时拥有海量的流量。根据互联网流量监测机构comScore（康姆斯高公司）提供的数据，全球访问量最高的大网站中，Facebook、Google、Youtube（优兔）位列前三名，中国的腾讯、百度和淘宝则是中国访问量最高的三个网站。因此，电子商务平台开展互联网保险具有巨大的流量优势。

第二，互联网技术优势。当下热门的互联网技术有大数据和云计算，这两个技术是互联网保险的核心技术。大数据时代，保险和互联网融合已成保险业的发展方向。互联网保险时代的到来给保险业的数据驾驭能力带来了新的挑战，也为保险业的发展提供了前所未有的潜力。借助电子商务平台挖掘客户的大数据，发现客户需求，既是保险公司官网模式电商的梦想，也是平安保险、人民保险、泰康保险等大型保险公司多年来不计成本地持续投入建立自家电子商务平台的原因。相对而言，电子商务平台在大数据方面具有无可比拟的优势。例如，阿里巴巴通过淘宝、天猫商城等掌握了用户消费习惯的数据，通过支付宝可知悉用户支付数据，通过恒生电子就可以深入金融领域核心地带。未来保险业更多的竞争将是产品和服务的差异化竞争，而差异化竞争必须有技术强有力的支持。移动展业、移动理赔保全已普遍推广，可以预见更多的人将通过平板电脑、手机终端等服务云的方式完成保险产品和服务的获取，保险云即将发挥更加重要的作用。在利用信息技术促进业务发展、提升客户服务质量和创新方面驱动业务模式，第三方电子商务平台同样因互联网经营积累的技术具备独有的竞争力。

第三，互联网保险创新优势。在当前的经济环境中，互联网绝对是最开放的行业，也是竞争最激烈的行业。强烈的行业竞争迫使互联网公司必须不断创新，这样才不至于被淘汰。因其极大的成长空间，风险投资对互联网公司可谓情有独钟。这导致互联网公司的创新成本极低，其强烈的创新意识和危机感是传统保险公司所不具备的。互联网领域有一个很残酷的现实，互联网上的产品实在太多，所以对用户来说，每一个标签能够标识一个产品已经很不容易，因此互联网是一个赢者通吃的领域。这种危机感倒逼第三方电子商务平台不断创新、不断跨越到传统行业领地、不断颠覆传统金融业。实际上，最热门的互联网保险产品就产生于第三方电子商务平台。可以说，行业的竞争和互联网的特性使得第三方电子商务平台在开展互联网保险业务中具有创新优势。借助大数据和云计算技术，第三方电子商务平台对用户习惯更加了解，这也有利于它们进行互联网保险创新。

2）基于第三方电子商务平台的保险运营模式存在的问题

第三方电子商务平台一个最大的问题是，如何让用户选择互联网保险。互联网保险市场的潜力巨大，欧美很多国家的车险保费的 30%、寿险保费的近 10%来自互联网。随着团体保险、银保业务相继进入发展瓶颈，各个渠道的成本不断攀升，相应地造成产品竞争力明显不足，很多大型保险公司开始加大网销、电销渠道投入，互联网保险成为保险业的一个新的发展方向。第三方电子商务平台拥有海量的用户和流量，但如何让客户选择互联网保险消费才是互联网保险发展的动力源泉。第三方电子商务平台遵循的是透明化、个性化、简单化的价值理念，要想形成一种网络商业模式和业态，必须遵循网络运行规则，适应网络消费习惯，形成网络经济链条。在新一轮互联网客户和资源争夺战中，市场需要一场产品的革命。互联网保险要求保险公司真正实现以客户为中心，以客户现实的需求、透明的利益为服务标的，那种依托手续费和佣金强力推销的"说教模式"越来越不被网络消费者接受。这要求在第三方电子商务平台上的保险公司具有高速的产品研发节奏、灵活的产品设计，特别是在费率、责任、标的人群方面进行个性化的产品开发时，需要对合同条款、产品核心内容进行通俗表现和简单演示的处理。保险公司必须随时跟上互联网的发展趋势，结合第三方电子商务平台分析的用户消费习惯，在网上实现个性化的咨询、投保、支付、保全、理赔一揽子客户服务，让习惯网络消费的人们享受互联网的便捷服务。

4. 专业网络保险公司：完全线上的互联网保险公司

专业网络保险公司是指完全通过互联网进行保险业务，为客户提供保险全过程的网络化服务公司。这类平台与传统保险公司最大的区别在于它不设立物理营业网点，完全通过互联网进行承保和理赔服务。专业网络保险公司运营模式是在电子商务化背景下诞生的新型保险运营模式，就国内而言，最典型的例子便是华泰保险推出的退货运费险和众安保险推出的保证金计划。这种专业网络保险公司运营模式完全在线上完成，没有线上与线下的区别，甚至不需要线下参与。它没有传统保险公司的分支机构，而是纯粹的虚拟保险，全部过程都在网上完成。专业网络保险公司运营模式在网上开展保险服务，能够有针对性地提供个性化的保险产品，十分灵活，这是它的优势。

专业网络保险公司运营模式起源于电子商务领域，与电子商务有着诸多的相似之处，该模式必须具备以下两点。

第一，电子商务规模足够大。在 20 世纪 90 年代就有人提出互联网保险，但互联网保险却迟迟未出现，这是因为互联网尚未普及。同样的道理，如果电子商务规模太小，这类保险显然难以盈利。当电子商务规模足够大时，用户网上消费的习惯才能够逐步形成和巩固，互联网保险的需求才能产生。

第二，大数据采集和分析能力。没有实体公司的依托，专业网络保险公司必须具备非常强的数据分析能力。以众安保险为例，该公司拥有海量数据和大数据深度挖掘及分析能力。根据这些数据，完全可以模拟出产品的目标客户的需求，然后针对性地设计产品。这种模式的互联网保险是信息时代才可能产生的，也只有大数据应用逐步成熟的时候才能得到应用。

各类运营模式的比较如表 9-1 所示。

表 9-1　互联网保险运营模式对比分析

种类	优势	劣势
保险公司网站	品牌效应、信誉好、可信度高	产品限于本公司，数量较少、信息量不足、可实现功能较差
第三方保险网站	打造专业的交易平台、社会化网络效应、有效降低道德风险	品牌建设和赢得消费者信任需要一个长期的过程
基于第三方电子商务平台的保险	注重客户体验、利于产品创新	为保障安全而严格限制产品和企业，导致顾客选择余地小
专业网络保险公司	覆盖多家产品、顾客选择权最大化、庞大的客户群和较高人气	产品受保险公司制约

9.3　金融科技在保险业务运营中的应用

9.3.1　大数据与保险定价

保险业一直以来都以数据、专业人才为特征，需要用大量的数据计算产品合适的价格，或者进行风险管理，随着互联网的发展，更与大数据有密不可分的联系。保险公司通过对大数据的分析，可以了解客户的上网习惯，从中挖掘潜在的保险需求，进而设计新的产品，这样才能提升保险产品的竞争力。不仅如此，保险公司还可以建立保险业的大数据平台，分析控制每个投保人的风险，从而达到风险管理和控制的目的。目前我国保险业在大数据方面已经取得了一定的进步，部分成果如表 9-2 所示。

表 9-2　我国保险业的大数据发展成果

时间	成果	用途
2010 年	阳光保险集团建成保险业第一家数据挖掘系统	运用数据挖掘系统进行了一些保险大数据应用项目，同时为保险业培育出了国内第一批数据挖掘师
2011 年	中国财产再保险公司全面启动客户关系管理，着手数据分析	通过分析这些数据，可以得到一些产品的保险费率水平，帮助公司了解自身与行业合理定价水平的差距，从而可以促进企业理性分析、合理经营
2012 年	中国大地保险与 IBM 合作开展企业内容管理解决方案	消除了冗余、低效的流程管理，促进了更高效的信息整合与使用。同时，还可以帮助公司提高其流程和信息质量
2013 年	中国财产再保险公司行业数据分析中心正式挂牌成立	保险企业在大数据方面努力的一次标志性事件，目的是打造国内财产保险业数据的积累、共享和分析平台
2014 年	中国保险信息技术管理有限责任公司成立	中国保险业首家大数据公司，旨在建立一个统一、完善的保险信息共享平台。利用信息技术手段，收集保险经营数据，为保险业的发展和监管提供基础性的信息服务支持

1. 大数据助力保险定价的理论依据

1）从保险产品定价过程观察

互联网保险时代会产生海量的动态风险标的数据。这些风险数据能否精确、实时地反映潜在可保标的或用户的风险程度、投保人购买服务的倾向和保险公司将来要赔付的风险水平，都与大数据在保险中的应用有关。从这些大数据的使用上看，保险公司是通过对产品的定价和营销、用户信息管理与维护、核保理赔等日常经营环节中涉及的大量数据进行整合和深度分析的。在基于数据分析的基础上，保险公司开发了保险产品，精算定价包括客户定位、市场细分、产品开发设计、精算定价与营销全过程，以便为用户带来量身定做的保险产品、更加便捷和贴心的保险服务与体验。从精算定价实践上看，保险产品定价可以根据因果关系计算理赔概率。在对新研发的产品进行定价时，保险公司可利用自身强大的大数据管理系统，通过核保核赔的程序，借助大数据的计算，提供给客户最合理的保险产品定价。

2）从保险产品定价要素观察

保险公司要重点寻找、分析与产品定价具有强相关性的影响因素，综合考虑保险理赔事件发生的概率、客户的行为方式与习惯，研发保险产品。保险公司通过大数据技术，借助内部大量的模型和外部数据的整合、评分，对客户进行风险评分，实现"一人一价"精算定价的目标。以退货运费险为例，通过大数据分析消费者和商家的退货记录和偏好，并进行个性化定价，保证了每位用户都能以最合理的价格获得相应保障。另外，大数据的适用范围宽泛，小到一个产品和一个具体的被保险人，大到脱贫攻坚、乡村振兴、制造业发展、物流、能源等保险项目的保险定制服务。

3）从保险产品定价精准性观察

保险公司通过大数据分析，在线实现针对用户特点进行个性化、精准化的产品推荐，使得潜在的保险客户能够更准确方便地找到自身需要的产品和服务。在大数据和云计算的驱动下，保险公司能够在线为保险客户价值数字化提供全面量化的风险评估体系，有效地管理客户面临的风险因素。例如，太平洋寿险提供智能化、定制化的大数据技术应用方案，赋能公司整体服务能力迭代升级。其自主研发的精准核保模型，可以实现风险的精准识别和鉴定，从而改变传统保险的精算定价和风险管控方式。该模型一方面可以甄别高风险人群，降低赔付损失；另一方面也可以提升核保效率，优化客户体验。保险公司自主研发的"健康风险评分"模型工具则能够帮助保险公司优化产品设计，优化产品精算定价模型，开发多元、灵活、受众和场景具体的保险产品。

4）从保险公司风险管控能力观察

风险管控能力越强，保险人定价越低，因此，大数据助推风险管控，变相为保险定价提供了理论依据。对潜在风险进行更精确的量化分析和有效识别互联网保险不仅实现了大数据的核保核赔，也在更大程度上避免了保险欺诈行为的发生。具体地，一是通过数据筛选、案例学习等途径构建大数据风险因子库，建立健康风险预测、客户欺诈行为、关联交易行为等模型，精准分层识别风险，实现可视化风险管理。二是借助分等级的大数据风险管控预测模型，将客户分为不同的风险等级，随着风险等级的提高，实际出险率也呈现上升趋势，从而实现差别管理。三是统一在线风险管控平台可提升全产品线的风险管控水平，现已应用于在线前台业务板块、中台运营板块及后台各部门的日常工作中，在线反欺诈大数据智能风险管控系统效果明显。

2. 大数据在保险定价方面的应用

1）部门共享应用

大数据技术给保险业带来的主要变化之一便是使精算定价过程中基于样本的精算转化为基于全量的精算。关于寿险产品，保险公司以已有的精算模型为基础，综合资产的划分、行业平均价格水准等条件进行精算定价；关于财险产品，保险公司往往以历史数据生成损失模型，加之各种其他要素的分析考量，来确定实际收取的保费。以上两种都是保险公司进行的基于样本的精算定价的传统模式，应用的数据量在保险公司数据库中占比小，容易导致目标客户群体少和比较优势小的问题。然而基于大数据分析技术的全量精算可以为保险公司抢占保险市场份额，提高保险产品的价格竞争力。以寿险产品为例，经营周期长是寿险产品的典型特征，每经营一份产品，大量相关数据和信息便会在寿险公司内部缓存，长此以往，即便是一家普通保险公司，其寿险部门也会形成一个庞大的数据信息库。同时，社会变化也会给寿险部门带来巨量的数据累积。如果寿险部门在进行精算定价时仍采取传统模型，忽视这两种海量数据及其变化，仅局限于保险监管部门发布的早期图表和使用已久的过时信息，那么相应的寿险产品的风险预测就不准确，寿险产品的后续销售业务就会受阻，保险公司的经营利润率就会降低，甚至会伤害公司的可持续发展能力。因此寿险部门在进行精算定价时要充分利用大数据，参考国际国内行业先进报告，利用大数据分析技术获得合理的寿险产品定价，增加定价的灵活性，获得寿险产品市场价格的比较优势。

2）公司共享应用

大数定律的定义是大量重复的随机实践中呈现的几乎必然的规律。将这个理论应用于保险业，可以得出当一个群体的投保数量达到一定数量时，就有可能设计针对该群体的特殊保险产品的结论。就单个公司而言，保险产品开发人员可以按照大数定律的原理对客户群体进行科学划分，开发出针对性强、使用度高的保险产品。大数据背景下的数据共享可以汇聚整个行业绝大部分公司的相关数据，并对海量数据进行整合与提炼，形成一个全面、细致、专业的客户数据体系。保险公司利用经过大数据加工处理后的客户数据体系，不仅能满足群体的保险需求，甚至能细分到个人，为单个客户量身定制保险产品，最大限度地挖掘潜在的客户价值。

　　3）行业共享应用

　　保险产品种类众多，保险项目通常涉及多个行业，因此保险公司在开发一项保险产品时，必须分析对应的多个行业的有效信息，进行跨行业的海量数据的整理与分析，大数据技术可以有效地提高产品开发人员的工作效率。这里以巨灾保险为例，说明大数据分析技术在具体保险产品定价过程中的应用。巨灾具有发生频率低、破坏范围广、财产损失大的显著特征，因此保险公司在开发巨灾保险的过程中需要充分预测风险并进行合理分保，否则极有可能造成保险公司可赔付资金不足的严重后果。巨灾保险包括许多类型，如地震、海啸、台风、火山喷发等，这些巨灾保险在进行巨灾风险预测时，都需要借助极其专业的学科和行业知识。然而，在运用大数据分析技术之前，我国巨灾保险长期面临数理技术不够发达、风险分析能力不成熟和数据积累不充足的问题。引入大数据技术后，我国巨灾保险产品在精算定价和风险分析上进步得非常快，与发达国家的差距越来越小。

　　综上可知，大数据分析技术的高效应用可以有效降低保险产品的定价风险、提高保险产品定价的合理性。在利用大数据分析技术优化保险定价策略方面，保险公司在进行产品定价时应当充分考虑公司的完整数据和行业总体数据，扩大产品的定价空间；在开发保险产品时要注意数据的特殊性，满足客户个性化需求；涉及跨行业的保险产品的开发应当主动借鉴其他行业和其他国家的先进数据。

9.3.2　核保核赔中的金融科技

　　保险公司的价值创造不仅在于保费收入和组合投资，承保理赔服务也是体现其管理水平的重要环节。平安集团旗下金融科技公司金融壹账通于 2017 年 9 月在北京发布"智能保险云"，首次推出"智能认证""智能闪赔"两大产品，并首次面向全行业开放其保险经营的核心技术。"智能保险云"融合了人脸识别、语音语义识别、声纹识别、微表情等 17 项核心技术，解决了保险业在投保、理赔环节存在的诸多痛点。平安集团公布的相关数据显示，"智能认证"投入使用后，新契约投保退保率降至 1.4%，远低于行业平均水平（4%）；投保时间可缩短到原来的 1/30，双录时间缩短 3/4，质检成功率提升 65%。通过人工认证结合线上智能化认证，理赔处理时间由 3 天提速至 30 分钟，由此带来的客户满意度提升了 1 倍的保单加保率。同时，智能认证技术可覆盖保险公司 90% 以上的客服环节。基于"智能闪赔"技术，2017 年上半年平安产险处理车险理赔案件超过 499 万件，客户净推荐值（net promoter score，NPS）高达 82%，智能拦截风险渗漏达 30 亿元。该技术以线上线下的交互为特色，为保险公司提供一系列智能化服务和极致化体验，全面提升了保险业科技运用水平，推动了保险全行业在效率、风控、成本、客户体验等方面的提升，将保险与人工智能紧密结合，为客户提供便捷的服务。另外，金融壹账通区块链平台还采用了独有的数据加密授权技术，运用高性能 MAX（最大限度）底层框架，保障了其在运行过程中的安全性。平安集团数据显示，截至 2017 年 6 月 30 日，专利申请数高达 1458 项，人脸识别技术精准度达到 99.8%，其在业界首创图像定损概念，利用图像和深度学习技术完成极速理赔，将定损速度提升了 4000 倍。

9.3.3　保险营销中的数字技术

从保险服务的角度来看，人工智能以及大数据分析技术的发展，使保险产品的定价更加个性化，并且费率厘定也更加科学，使精准保险服务成为可能，为保险营销提供了便利，大幅降低了营销成本。保险公司通过金融科技，对不同行业内的保险信息进行识别，持续开拓新的保险市场。同时，金融科技的发展也打破了保险业时间与空间的界限，双方可以在相应平台的支持下围绕保险产品展开交流，在意愿达成后，会生成电子保单，双方快速建立保险合同，效率更高。例如，京东推出的新保险产品基于对客户行为的数据分析，可以精准判断客户需求，实现精确营销，并将保险信息、投保、核保等服务全程网络化，为客户提供量身定制的用户体验。借助其整体数据以及在此基础上的用户画像，京东能够为寿险、健康险、车险甚至意外险等产品的设计和精算提供数据参考，设计出更符合某些特定人群的定制化产品。此外，通过京东数据，保险公司也将更好地实现对用户的全生命周期管理。腾讯集团推出了智慧车险并研发了移动展业功能，可以借助微信生态圈，帮助保险代理人和分销渠道实现异业联盟、降低展业成本。智慧车险的功能包括在线投保出单、微信场景支付、在线理赔等；同时还通过社交场景，鼓励用户将投保页面分享给好友，投保用户可获得奖励，通过社交车险来提升交易额。腾讯集团借助微信强大的联结能力，不仅可大幅改善车主的投保、理赔体验，也能提升保险公司的营运效率，增加销售额，助力保险行业实现"互联网＋"的转型。

本章重要概念

　　保险精算　　保险定价　　保险理赔　　互联网保险　　保险营销

本章复习思考题

　　1. 金融科技影响保险发展的具体表现有哪些？
　　2. 请简述互联网保险的含义与特征。
　　3. 金融科技推进保险互联网化的运营模式有哪些？
　　4. 请简述大数据助力保险定价的理论依据。
　　5. 大数据在保险定价中的应用体现在哪些方面？
　　6. 请简述金融科技在保险核保核赔中的作用。
　　7. 谈谈你对数字技术运用于保险营销的看法。

第 10 章　金融科技与基金业

本章主要学习金融科技对基金业的影响、基金业的网络化与智能化发展、基金业的智能化技术应用等，重点掌握基金业的智能化技术应用等内容。

10.1　金融科技对基金业的影响

随着金融与科技的深度融合，国民投资理财的需求不断增加，基金业未来的投研、风控、服务内容与服务方式也面临重大变革。金融科技可以提高资产管理的投资决策水平，完成公募基金烦琐的量化分析工作，进而对市场和上市公司的海量数据等进行快速处理，做到数据收集、信息整合、智能计算、量化分析，促进基金高效率营销。

10.1.1　金融科技对基金公司业务的影响

基金公司是指从事证券投资基金管理业务的企业法人，主要任务是发行和管理基金。其内部架构大体有管理部门、投资部门、研究部门、风控部门、财务部门、销售部门。这些部门有着各自的业务。金融科技对基金公司业务的影响主要集中在以下几个方面。

1. 智能运营

金融科技给基金公司的用户运营业务带来了很大的影响。目前，公募基金行业在数据获取的技术使用上相对成熟，开始重视全公司范围的数据管理，未来在深度挖掘数据的基础上必然逐渐走向全智能化运营之路，短期内急剧增长的基金用户群体偏小白、偏年轻，投资产品固定收益化，因此当前围绕这部分用户群体的"精耕细作"成了未来获得竞争优势的关键，所以目前智能化运营的重点聚焦在用户端。

近几年，各大基金公司纷纷开始向金融科技发力，完成运营业务的智能化转型升级。博时基金在 2017 年与微软达成技术合作，2018 年成立金融科技中心，未来通过互联网、人工智能、大数据、云计算、区块链等金融科技的创新及应用研究为智能化运营体系提供支撑，用户运营端借助蚂蚁财富等科技平台以及自身能力的提升实现智能化运营，从而建成"研究—创新—应用"的智能化运营发展体系。南方基金通过统一的数据中心对用户运营数据进行集中分析和深度挖掘，实现对用户全生命周期的精细化运营。该基金的数据中心不仅将自然语言处理技术与基金业务场景深度结合，通过日志分析、知识积累，不断强化机器学习，识别用户意图，为客户提供更加自然的交互场景，而且借助海量的数据储备，精准识别客户行为特征，并进行客户特征分析、归纳，丰富用户画像，为全生命周期用户智能服务提供支撑。

2. 智能投顾

传统投顾主要是指拥有相关资质的投资顾问机构，接受客户委托，在客户授权的范围内，按照协议约定为客户做出投资基金的具体品种、数量和买卖时机的选择，并代替客户进行基金产品申购、赎回、转换等交易申请。

智能投顾是一种在线财富管理服务，具体指根据现代资产组合理论，结合个人投资者的具体风险偏好与理财目标，通过后台算法计算并与用户友好型界面相连接，利用 ETF 组建证券投资组合，并持续跟踪市场变化，在这些资产偏离目标配置过远的时候进行再平衡。

2013 年以来，公募基金用户规模大幅增加，传统的投顾手段难以服务大体量用户群体，在数字化发展的时代，与用户深度互动、不断优化用户投资体验才能赢得用户，智能投顾产品在优化用户体验、实现深度互动、提高服务效率、降低服务成本方面具有天然发展优势，其他资产管理机构在智能投顾方面的探索也在推动着基金公司的智能投顾尝试。

智能投顾是资产管理行业涉足金融科技最为主要的一个方向，比如，招商银行、工商银行分别于 2016 年、2017 年上线了智能投顾工具"摩羯智投"和"AI 投"。近年来，我国基金公司开始自主研发针对自家公司的智能投顾工具。例如，利用大数据及量化科技应用、智能投顾、区块链等技术，鹏华基金打造了具有自主知识产权的技术平台——"A 加平台"，将自身专业的资产管理能力与金融科技的创新能力全面融合，运用数字化、场景化、社交化等创新技术手段直面投资者，提供精准的财富管理解决方案。2017 年 7 月，银华基金"天玑智投"正式亮相，它结合本土化现代资产组合理论，基于人工智能，并通过大数据实现对客户的精准刻画，采用云计算自动进行市场分析，筛选有价值的基金，自动构建智能资产组合并及时控制风险。此外，银华基金"天玑智投"系统根据投资者的风险类型匹配合适的智能组合策略，7×24 小时进行智能投后管理，为客户提供专属定制服务。

目前，基金业的智能投顾产品尚处于探索阶段，投资端智能化程度显著不足，顾问端仅仅优化了操作的便捷性，缺乏与用户的深度互动，智能投顾探索不应局限于基金公司，而应引入更多外部科技力量推动智能投顾的快速发展。

3. 智能风控

金融科技可有效提升公司管理水平和风控能力，同时，也能对传统风险管理方式进行革新，金融公司通过把法律法规和内控规则嵌入业务流程，构建出具有前瞻性、有效性的风险管理机制。比如，博时基金在近五年来积极探索大数据、人工智能技术赋能公司的风险管理效能，未来在横向层面计划打通投资、销售、运作等各个层面的横向数据壁垒，实现数据获取渠道的畅通，纵向层面进一步深入研究与开发风控分析模型。

资产管理公司投资股票、债券，都要对发债主体和上市公司进行基本的判断。基金公司会通过公报、季报和年报获取风险指标，还可以通过新的社交媒体，还有自然语言的理解技术，来抓取这些上市公司发展的信息，形成企业的画像，用于提升客户的信用风险管理能力。金融科技给基金的风险管理能力带来了很大的提升，促进了基金核心业务的发展。

4. 智能投研

近几年，中国公募行业的量化投资发展快速，而不论是基金经理的主动投资还是量化投资，基本的步骤是：数据的获取；设计投资策略模型，谋划有价值的投资决策；交给交易部执行量化投资决策并进行有效交易。

人工智能和大数据在量化投资中起着核心技术支撑作用。例如，银华基金创立的固收投研平台通过 230 个相关网站获取实时信息，建立 24 小时全网舆情信息监测机制，提供信用债投资决策中所需的全部信息，通过人工智能高效解析相关信息、自然语言处理神经语言技术判断舆情的市场感知与投资偏好倾向，辅助研究人员和业务人员决策，极大地提高了研究人员的工作效率，提升信息获取的速度以及判断的准确性。固收投研平台是银华基金在智能投研领域的一个尝试，投研效率提升效果显著。如果说投资研究的实质是数据分析与决策，那么实业数据的质量和数量决定了最终投资决策结果的准确性，数据越多，数据质量越高，对市场的判断就越准确。大数据的数据量更大，数据维度更全，颗粒度更细，指标针对性更强，因而利用大数据进行投资研判会更加精准有效。

在金融科技的辅助下，基金经理能够更快、更高效地进行深度研究和投资决策，放眼未来，通过人工智能来改造传统的投研体系和方法，可能会部分甚至完全替代基金经理，而且趋势很明显。但是，不能过分夸大金融科技的作用，需要理性看待。

10.1.2　金融科技对基金营销的影响

随着我国基金业迈入金融科技时代，基金营销正逐渐向智能营销转型。在传统销售渠道中，基金公司难以直接触及用户，在提升用户体验感、积累用户大数据方面的能力较弱，营销效率低下、营销成本较高，同时难以实现营销深度互动和效果分析。

随着银行、券商代销渠道的逐步互联网化，以及基金公司直销平台、移动客户端的推出，基金销售线上化、移动化程度进一步加深，2018 年第三季度末，网销基金规模达108 360.8 亿元，通过线上销售的公募基金占比已达 81%以上，2021 年突破 25 万亿元。基金业已迈入深度科技赋能和"智慧金融"阶段，从目前基金公司对科技人员、资源的投入逐渐加深可以看出，大数据、云计算、人工智能等技术将进一步改造公募基金营销环节。

2017 年 6 月蚂蚁财富向基金公司开放"财富号"，相继天天基金网、京东金融等也不同程度地开放了自运营平台，尤其像以蚂蚁财富为代表的高技术能力平台的开放，体现了多渠道价值协同的效应，将提升公募基金的智能营销水平，这种多渠道价值协同是行业生态结构不断优化的结果。蚂蚁财富的自运营平台"财富号"与此前的淘宝店或其他第三方销售平台最为显著的优势是开放，蚂蚁财富将开放其超级用户数据库，提升其数据挖掘能力、人工智能或认知服务、互联网平台运营能力，使得在"财富号"上实现海量触达和精准匹配成为可能。蚂蚁财富首度宣布向金融机构开放最新的人工智能技术，助推金融理财更快进入智能时代。基金公司入驻之后，将直接面对海量的潜在客户，通过蚂蚁财富的用户画像和专业链接能力，加上机构的专业金融能力，让理财走进更多大众的生活，拓展中国的理财市场。在当前第三方基金销售平台销售规模、利润双降的背景下，这一举措改变了原先"理财超市"式的营销方式，令基金公司直接面对海量的潜在客户，从而实现个性化、定制化的自主营销。金融机构自运营以及应用人工智能技术的最大意义在于，金融机构不再是拼渠道、拼价格，而是感知每个人的具体需求，推出个性化的智能服务。

基金公司通过借助第三方科技平台营销工具以及自身技术能力提升了整体营销的智能化水平，以实际调研的国投瑞银为例，其借助蚂蚁财富平台的智能营销工具实现了营运能力的提升，节支提效、精准度、用户增长以及营销覆盖面都得到大幅度优化，基金公司营销费用下降的同时，营销效率和精度大幅提升，触达用户的深度和广度也会得到跃升。

基金公司与第三方科技平台深度合作后，基金公司通过平台方实施智能营销的成效显著，公募基金行业在智能营销不同方面的能力提升不同：在用户洞察、营销效果分析方面的提升效果显著，但在营销互动、智能化方面仍有待进一步优化。

10.2 基金业的网络化与智能化发展

在金融科技的加持下，基金业正从互联网金融阶段逐步向智能投顾阶段过渡。下面主要介绍基金业的互联网化和智能投顾化。

10.2.1 基金业的互联网化

自 2013 年起，随着大数据、云计算、互联网等技术的快速发展，互联网与金融业的融合越来越深入，在金融业快速触网的同时，互联网企业借助第三方支付、网络借贷、众筹融资、网络金融产品销售等业务迅速进入金融业，互联网基金开始出现并快速发展。由于当时基金业与大数据、云计算、人工智能等技术的结合度还不高，因此停留在传统基金的互联网化阶段。

1. 基本概述

1）概念界定

互联网基金就是利用互联网的云计算、大数据、互联网等技术，对传统的基金交易过程进行变革。互联网减少了基金市场的信息不对称，使得基金交易更为高效率、低成本的同时，降低了基金的购买门槛。

2）主要模式

目前市场上最主要的互联网基金模式有以下四种类型。

（1）第三方支付平台模式。在该模式下，基金公司与第三方支付平台合作，共同推出基金产品。例如，基金公司和支付宝、财付通、汇付天下、快钱等第三方支付平台联手推出了互联网基金产品。中国证监会早在 2012 年就要求第三方支付平台的基金投资人账户必须通过实名认证，未实名认证的客户需要通过银行卡认证后，才可以直接购买基金产品。基金公司利用第三方支付平台丰富的数据资源，大大降低了客户挖掘费用，实现了精准化的产品推介。第三方支付平台海量的支付数据可以帮助基金公司对流动性进行预测，在保证充足流动性的前提下，实现最高收益。而且，依靠成熟的第三方支付平台，省去了基金公司在支付安全技术方面投入的资金，双方合作实现了共赢。但是，基金公司通过第三方支付平台销售基金，需要向平台支付一定的中介费用。而且基金公司一旦过分依赖第三方支付平台，有可能会处于比较被动的地位，在一些第三方支付平台强大的品牌光芒之下，不利于树立基金公司的品牌形象。

（2）基金超市模式。基金超市模式是第三方支付平台将大量基金公司的产品进行集中展示，供消费者对比、选购的一种模式。此类第三方支付平台有淘宝理财、京东金融、百度财富、天天基金网、和讯基金等，这些平台通过向基金公司收取一定的中介费用来盈利。在基金超市类平台购买理财产品同样需要通过实名认证，除了淘宝等有支付平台作为支撑的基金超市，其他基金超市平台一般都需要关联银行卡，才能购买理财产品。

互联网基金超市为投资者提供了丰富的产品，给予了投资者较大的选择空间。而且这些第三方支付平台在销售基金方面比较专业，部分平台还提供投资咨询、基金资讯、基金论坛、投资工具等板块，为投资者提供了更多的基金增值服务。

基金公司委托基金超市平台销售产品，一定程度上可以提高销售额，但是由于基金超市中销售主体数量众多，产品价格非常透明，基金公司不得不面临巨大的竞争压力。而且在这些第三方支付平台进行产品销售，基金公司也需要额外支付一些中介费用，这提高了基金的销售成本，压缩了基金公司的利润。

（3）网络银行销售模式。该模式即银行将基金公司委托其销售的基金产品展示到网络银行平台，供投资者购买，银行从中收取一定比例的中介费用。在网络银行申购基金产品，需要开通该银行的银行账户，开通之后即可进行产品申购、赎回等操作。在这种模式下，银行为基金公司挖掘潜在客户提供了丰富的数据，银行的大品牌效应、专业的投资理财经验、成熟的支付技术可以使银行轻松获得投资者的信任。网络银行销售模式还有平台上的基金产品比较丰富、投资者的选择余地大的优势。

但是如果基金公司过分依赖银行，那么基金公司同样存在与第三方支付平台合作时一样的困境——难以打造自己的品牌形象。另外，银行作为中介机构，必然向基金公司收取一定的费用作为产品推介的补偿，这也增加了基金公司的成本。

（4）互联网销售模式。互联网基金销售模式是基金公司通过自建网站或者移动客户端，进行基金的展示和销售的一种模式。其收入来源与线下的基金公司大致一样，分别为散户买卖基金手续费、管理费、基金盈利的分红和专户理财的收入等。在基金公司官网投资基金产品的基本流程为申请注册、实名认证、绑定本人名下的银行卡、申购以及申购的确定和赎回。基金公司直接通过官网销售产品，减少了中介环节，因此免去了中介费用，而且官网的建立有利于树立基金公司的品牌形象，提高投资者对公司的信任感。基金公司丰富的理财知识也使得直销平台更加专业和可靠。

但是基金公司的客户积累不如其他中介机构，需要自己进行客户营销，产品推介成本较高。此外,基金公司自建一个直销平台的成本和技术要求也非常高,需要建立专门的技术团队,特别是在支付板块,必须花费较多人力物力保证投资者的资金安全,这对于小型基金公司来说是一个巨大的负担。此外,直销平台上只销售本基金公司产品,在产品丰富度方面不具有优势。

2. 发展情况

1) 发展历程

2013 年 6 月,支付宝与天弘基金公司合作,开通余额宝功能,将基金销售业务搬上互联网,直销中国第一只互联网基金。2014 年 2 月底,余额宝用户突破 8000 万,对应的天弘基金资产规模突破 5000 亿元,占全部货币市场基金资产规模的一半以上。余额宝的成功本质上是互联网和金融合作的成功,也体现在互联网时代服务中低收入人群、发展草根金融的重要价值,这促使整个基金业重新审视自己的产品、服务和用户,并开始关注更广泛的人群,思考如何吸引以前被排斥在外的人群。在余额宝快速扩张的同时,其他互联网企业和金融机构也纷纷开发类似产品,如腾讯财付通、百度百发、华夏银行的理财通、工商银行的现金宝等。

为使传统基金销售实现互联网化,基金公司加大了信息技术投入,通过改造升级官方网站、自建移动客户端等方式来实现基金互联网化。当然,基金互联网化不仅是销售渠道的互联网化,一批基金公司先行者也积极利用互联网思维和先进的信息技术改进产品设计和提升用户体验,并取得一定的成果。但是基金公司在互联网化的过程中由于受到知名度、流量以及人们互联网使用习惯等方面的限制,发展速度有限。实践证明,基金公司与互联网平台合作的发展态势最佳,基金公司具有产品设计、研究和投资等金融领域的专业优势,而互联网平台具有技术、流量、关注和改进用户体验等方面的优势,双方合作能很好地实现优势互补,加快基金互联网化的进程,实现用户、基金公司和互联网平台共赢的局面。

随着互联网与金融业的融合,互联网基金得到了快速的发展。我国互联网用户的数量在不断激增,互联网金融的快速发展,给人们的生活提供了更加便捷的服务,因此近年来互联网基金的潜在用户非常多,互联网基金行业也在市场上不断地拓宽了其发展的空间。生活水平的提高增加了人们的收益,而且人们的理财意识也在不断地增强,人们对理财的需求使得互联网基金的发展具有强大的潜力与空间。再加上第三方支付平台的出现,以及中国证监会对互联网基金做出的新规定,使得互联网基金的发展呈现出非常强劲的发展势头。

2) 发展特点

新时期互联网基金的发展呈现出如下几个特点。

第一,发展速度快。我国互联网基金兴起于 2013 年 6 月,支付宝与天弘基金合作开发出了余额宝,仅仅不到一年的时间,我国互联网基金的发展以及用户购买力使得该产品炙手可热。

第二,第三方支付平台是目前最主要的投资渠道,其次是网络银行和基金公司官网。第三方支付平台的客户基础较好,这是其销售优势之一。中国投资者对银行的信赖度高,使得网络银行渠道深受欢迎。2014 年中国基金用户通过网上申购基金时使用第三方支付平台、网络银行、基金公司官网的占比分别为 46%、45.6% 和 28.7%。

第三，直销模式快速推进。随着投资者对互联网基金的接受度越来越高，基金公司的官网越发完善，更多的投资者会选择直接通过基金公司官网购买基金产品，以减少中间环节。基金公司通过直销模式减少了中介费用，从而能为消费者提供收益更高的产品。

第四，互联网基金产品种类多，规模较大。以余额宝为代表的互联网基金是非常典型的案例，截至 2014 年 2 月 26 日，余额宝的在线注册用户突破 8100 人，而成交额达到了 5000 亿元以上，这说明互联网基金的产品种类可以满足不同层次用户的需求。

第五，互联网基金具有较强的功能性，而且收益率较高。以余额宝为例，我国互联网基金产品可以支持多个银行卡绑定，并且可以实现两小时之内实时转账的变现功能，可以说互联网基金和银行卡账户的资金可以通过实时转账来完成转换，方便了用户的随存随取。再加上互联网基金大多数产品的平均年化收益率可以高达 5%，因此，我国互联网基金呈现出较强的功能性和较高的收益率，有较多的用户购买。

第六，货币型基金规模最大，股票型基金销量上升。由于货币型基金更加符合互联网金融产品低起点、高流动性的特点，所以成长迅速。随着人们对互联网基金的接受度的提高，高收益股票型基金吸引了越来越多的风险偏好型投资者。

3. 风险分析

余额宝等互联网基金平台在近 10 年发展迅猛，引发了基金理财热。但是互联网基金低门槛、高收益的背后也隐藏了巨大风险，比较突出的风险有以下几点。一是法律风险。目前法律对互联网基金平台的基金购买资格、存贷比、存款准备金等没有做出限制。一旦法律对互联网基金平台制定出更为严格的规定，那么这些平台想要维持经营将变得困难。二是流动性风险。货币基金是互联网基金产品的主力军，占据了很大的市场份额。这些产品一般都以 $T+0$ 实时到账制度吸引投资者，然而基金公司与银行签订的存款协议一般都是有期限的，这就产生了期限错配问题。互联网基金平台很难应对消费者的大规模赎回行为，互联网的实时性放大了基金业的流动性风险。三是市场化风险。一旦利率市场化改革完成，互联网基金的套利空间就难以保持。

4. 监管建议

完善互联网基金的相关法律是当务之急，只有制定一套统一的标准，明确各主体的责任义务，才能减少行业乱象和违法行为。这套标准应该包含以下内容。第一，完善的信息披露制度。基金作为一种理财产品，存在投资风险，互联网基金平台必须对产品的风险充分披露，保证投资者的知情权。第二，有效保护信息和资金安全的技术标准。互联网基金平台要达到必要的技术标准，保证支付环节和客户信息的安全性。第三，降低流动性风险的标准。监管部门需要对互联网基金平台的流动性进行监控，可以要求平台留存一定比例的备付金，对基金产品，特别是 $T+0$ 货币基金的投资范围要进行一定限制，减少期限错配现象。在监管过程中，国家金融监督管理总局、中国证监会与中国人民银行等监管部门应加强合作。互联网基金的销售已经出现跨地域、跨账户、跨机构的特点，单靠一个监管部门必然会出现监管真空地带，所以需要各监管部门合作，共同维护行业发展。

10.2.2　基金业的智能投顾化

近年来，随着人们投资理财需求的增加以及大数据、人工智能等技术的发展，智能投顾在国内外受到广泛关注，吸引了越来越多的中等收入水平的投资者。我国智能投顾平台最早出现于 2015 年，截至 2023 年底，国内提供智能投顾服务或者正在研发智能投顾产品的互联网理财平台已经超过 40 家。包括百度金融、蚂蚁金服、京东金融等互联网平台，同时传统金融机构也展开布局，如嘉实基金、平安集团、民生银行、招商银行等先后推出多款智能投顾产品和业务。此外，市场还涌现了一批智能投顾初创企业，如弥财、璇玑、投米 RA 等。

1. 智能投顾的内涵及主要模式

智能投顾又称机器人投顾，是指通过互联网技术，以投资者的风险偏好和财务状况为依据，利用大数据和量化模型（主要是资产组合理论），为客户提供基于指数型基金的资产配置方案和财富管理服务，并根据市场情况进行持仓追踪和动态调整。智能投顾涉及的大数据主要包括金融交易大数据和客户行为大数据。拥有金融交易大数据的公司主要以传统金融机构为主。拥有客户行为大数据的公司主要以互联网公司为主。一方面，资产配置决策都建立在客户行为大数据的基础上，以实现个性化、精准化匹配用户风险偏好的目的；另一方面，投资组合的构建以及再平衡的过程都依靠对金融交易大数据的分析处理。

智能投顾的主要对象为 ETF，即交易型开放式指数基金，又称交易所交易基金。ETF是一种跟踪标的指数变化，且在证券交易所上市交易的基金。它是开放式基金的一种特殊类型，综合了封闭式基金和开放式基金的优点，投资者既可以在二级市场买卖 ETF 份额，又可以向基金管理公司申购或赎回 ETF 份额，不过申购赎回必须以一揽子股票（或有少量现金）换取基金份额或者以基金份额换回一揽子股票（或有少量现金）。

智能投顾最早出现在美国，近年来我国一些创业企业、互联网巨头和金融机构也看到了智能投顾的广阔前景，纷纷投身其中，推出了一批智能投顾产品和平台。我国智能投顾平台业务可以分为三种模式：一是完全模仿美国主流智能投顾平台的业务模式，对接海外证券公司后直接投资美国市场 ETF，以投米 RA、蓝海智投和弥财为代表；二是以金融壹账通、京东智投、招商银行"摩羯智投"为代表，为投资者提供配置建议和一键购买按钮，不参与后续账户操作。投资标的涉及国内公募基金、QDII 基金、保险、P2P等。这类更像金融超市和导流工具；三是以璇玑、金贝塔为代表，投资于国内资产的投顾公司，不能对账户进行后续操作，仅担任基金销售角色，这类平台是国内智能投顾采用的主流模式。

在个人理财领域，投资者在在线理财平台上输入个人财务状况、风险偏好和理财目标等数据后，平台运用分布式计算、大数据分析、量化建模等技术手段为投资者提供智能化和自动化的资产配置方案，如投资咨询建议、投资分析报告、投资组合选择等。同时，平台还可跟踪市场变化，在资产配置偏离投资目标时及时提醒用户进行再平衡调整。

2. 智能投顾的优势

智能投顾的优势主要体现在以下几个方面。

（1）降低门槛，让更多客户享受到投顾服务。传统投资的门槛为 100 万美元，导致可投资产在 100 万美元以下，有资产保值、增值强烈诉求的中产家庭一直无法享受到投顾服务。在美国，中产家庭人数巨大，占总人口 95%以上，其中，大约有 3400 万人是投顾服务的潜在客户。智能投顾的门槛通常在 0～10 万美元不等，可以很好地填补这一市场空白。

（2）费用低廉。一是人力成本低。传统投顾人力成本高，管理费用普遍大于 1%，而目前智能投顾管理费普遍在 0～0.5%。由于智能投顾不需要招聘线下理财顾问团队，随着理财规模的增大，边际成本将进一步降低。随着未来个人理财需求的爆发，规模效益逐步显现，智能投顾的成本优势将更加明显。二是交易成本低。智能投顾的投资标的以 ETF 为主，其费率相对于主动型基金大大降低，ETF 总费用在 0.55%以下，而主动型基金在 1%以上。

（3）信息透明。由于传统投顾公司和基金公司是代销关系，基金公司会在传统投顾公司成功销售产品后给予一定比例的提成奖励，这导致两家公司高度利益相关。此外，投资顾问的很多服务条款晦涩难懂，选取投资标的的过程也不透明，如果传统投顾公司为了产品提成，推荐提成比例更高的产品，而不是收益更好的产品，这将严重损害投资者的利益。智能投顾的出现很好地解决了这个问题，智能投顾在金融产品选择范围、收取费用等方面都需要披露充分，客户随时随地可查看投资信息。由于智能投顾严格遵守执行程序为客户理财，不会出现因为私利而误导客户操作的现象，这在一定程度上减少了道德风险，增加了客户对该产品的信任感。

（4）提供增值服务——资产组合再平衡。资产组合再平衡指当资产组合在随着市场变化而偏离目标资产配置时，智能投顾会定期自动买进或卖出，将组合占比重新复原到目标投资配置比例。传统的投资顾问通常会结合市场情况和客户的风险承受能力，经过很长时间的沟通，最终对资产进行再配置，但是这一系列的操作需要耗费大量的时间和人力，导致成本增加。智能投顾可以根据用户问卷调查和市场情况自动调整配置比例，大幅提升效率，降低成本。

3. 中国和美国智能投顾行业对比分析

1）美国智能投顾行业分析

截至 2020 年底，美国智能投顾行业的资产管理规模大致在 2.2 万亿美元。伴随着 Wealthfront 的成功，一大批智能投顾公司在美国出现。智能投顾公司按照服务场景的不同可以分为半智能投顾公司和全智能投顾公司。半智能投顾公司：投资顾问和规划服务主要是为客户投资做出建议，以及为客户量身定做投资策略，最后由客户自己购买基金，最终的决策权仍然在客户。全智能投顾公司：平台自动为客户购买 ETF 等基金，客户将决策权交给了机器。需要注意的是，这种做法受到监管，并非所有国家都可以全自动操作。

从美国市场的发展情况来看，虽然 Betterment 和 Wealthfront 成立较早，但是以嘉信为代表的传统金融机构以"半智能投顾"的方式后来居上，占据了最大的市场份额。

2）中国智能投顾行业分析

中国的智能投顾市场仍处在早期阶段，但未来发展空间巨大。在资金端，根据 BCG 的数据，2015 年底中国个人可投资资产总额已达到 110 万亿元。不断积累的居民财富催生了大量的理财需求，为智能投顾市场提供了资金空间。

在资产端，随着余额宝等互联网理财平台的觉醒，普通投资者更加接受了线上理财的方式。据中国社会科学院金融研究所、腾讯理财通和腾讯研究院金融研究中心联合发布的首份《国人工资报告》，2013～2016 年，我国互联网理财规模增长了 6.8 倍，互联网理财规模由 2013 年的 3853 亿元增长至 2016 年的 2.6 万亿元，到 2020 年达到 16.74 万亿元。目前中国智能投顾平台主要有：平安集团旗下金融壹账通、嘉实基金旗下金贝塔、资配易、钱景、财鲸、蓝海财富、弥财、投米 RA、蓝海智投、雪球财经、京东智投、同花顺"i 问财"等。中国智能投顾主要平台及运行特点如表 10-1 所示。

表 10-1　中国智能投顾主要平台及运行特点

平台名称	上线时间	投资门槛	资产配置范围	费用	产品特色
平安集团旗下金融壹账通	2015～2016 年	0	平安集团旗下全部理财产品	0	依托集团优势整合客户信息和资源，建立理财综合账户
嘉实基金旗下金贝塔	2014 年 8 月	0	A 股	0	背靠嘉实财富，汇聚上百位实名认证的证券分析师、专业投研人士
资配易	2014 年 6 月	0	A 股	实际收益的 20%	国内首个 A 股机器人投顾，提供从投资策略模板生产到交易执行的全智能化服务
钱景	2014 年 8 月	0	公募基金	0	根据用户的风险偏好，选择不同的投资基金组合
财鲸	2015 年 8 月	0	美股	0	通过人工智能系统，实时提醒市场波动和卖出点提示，构建投资者喜爱的海外投资组合，其收益率表现在 90% 概率下超越对应的主题 ETF 或相关指数基金收益率
蓝海财富	2015 年 10 月	50 万美元	美国公募基金	账户总金额的 0.5%	可以通过投资一组 QDII 股票和 QDII 债券基金，做到人民币不出境也能实现避险保值
弥财	2015 年 10 月	5 万元	用 ETF 基金跟踪 8 个不同的指数，包括上证指数，标普 500 指数，纳斯达克指数，中国公司债券等	账户总金额的 0.5%	海外投资，24 小时管理账户和资产，自动调整投资比例
投米 RA	2016 年 4 月	0	美元 ETF	0	投资者可以根据自己的主观判断选择合适的投资风格
蓝海智投	2015 年 10 月	0	美国公募基金	账户总金额的 0.5%	可以通过投资一组 QDII 股票和 QDII 债券基金，做到人民币不出境也能实现避险保值

续表

平台名称	上线时间	投资门槛	资产配置范围	费用	产品特色
雪球财经	2010 年 4 月	0	内地、中国香港市场的股票、债券和基金等产品，美国市场的股票、债券和基金等产品	0	社交属性更强，用户可以自己创建资产组合，每个组合下面还可以进行评论互动
京东智投	2015 年 8 月	0	基金、保险、固收、票据等领域京东金融覆盖的产品	0	结合京东大数据体系，依托京东金融丰富的产品线，提供免费个性化智能投资组合
同花顺"i 问财"	2011 年 11 月	0	A 股	0	依托于强大的自然语言处理技术和财经大数据基础，帮助用户轻松获取海量的数据，筛选出股票、基金等，运用人工智能技术打造更懂财经的个性化智能助理

3）中国和美国智能投顾的差异

中国和美国智能投顾的差异主要有两方面：市场差异和投资者文化差异。在市场方面，美国的智能投顾市场迅速发展的原因主要有两个。其一，在 2008 年金融危机后，美国传统金融机构失信于民，为智能投顾发展建立了民众基础。以 Betterment 和 Wealthfront 为代表的智能投顾公司通过程序交易，避免了人为操纵，得到投资者的信任，智能投顾公司得以借此机会迅速发展。其二，美国 ETF 市场非常成熟，种类繁多。截至 2016 年，美国有 1600 多只 ETF（净资产 2.1 万亿美元），这为智能投顾产品提供了非常丰富的投资标的，以满足不同类型的用户需求，加强了客户黏性。

截至 2023 年底，国内 ETF 达到 897 只，总规模达到 2.05 万亿元，但主要是传统的指数型（非货币类）ETF（870 只），由于国内机构投资者占比较小，股票市场波动剧烈，构建的被动式基金的稳定性较差，通过 ETF 构建的被动式基金难以有效分散风险。

在投资者文化方面，中国和美国的投资者对金融机构的信任度不同。在经历了多次金融危机后，美国投资者对金融机构的态度更加理性，对科技和程序化交易更加信任。中国资本市场上从没有经历过真正意义上的金融危机，民众对大型金融机构十分信任。目前，中国的银行理财产品安全性非常高，而且收益率都非常可观。因此，中国投资者更倾向于通过银行推荐的方式购买理财产品。

另外，中国和美国投资者的投资信心也有差异。相对美国投资者的理性，中国投资者尤其是中等收入投资者，对自己的投资能力非常有信心，习惯于自己操作并承担较大风险，不太能接受第三方投资者带来的投资亏损。

市场和投资者文化的差异，直接导致了中国智能投顾的创业公司在短期内产品业务的发展极其受限，获客成本非常高。依靠大平台的智能投顾业务，在短期内可能会发展较好。

从长期来说，随着中国的资本账户逐渐开放，可用于对冲风险的金融产品逐渐完善，投资者的心态逐渐趋于理性，国内刚性兑付的制度逐渐退出历史的舞台，中国智能投顾的创业公司才有了健康发展的土壤。这些创业公司的投资价值主要体现在被大型金融企业并购，从而整合发展资源上。金融机构获得技术，创业企业获得客户，达到双赢局面。例如，华泰证券以 7.8 亿美元收购美国领先的资产管理平台 AssetMark（艾斯玛），在这一案例中，AssetMark 能在金融科技领域帮助华泰证券发展核心信息技术系统和互联网平台，通过其在金融科技领域的经验，协助公司完善移动理财服务。这将是未来中国大多数智能投顾公司的发展历程。

4. 智能投顾的未来展望

虽然像 Wealthfront 和 Betterment 这样的创业公司成立时间早、技术领先，但目前已经被后来居上的嘉信超越。新兴的创业公司要获得成功面临较大的挑战，这些挑战主要表现在交易费用、门槛和管理费用三方面。

（1）交易费用。智能投顾公司的核心是通过被动投资策略，购买 ETF 降低管理费，并提供资产组合再平衡等增值服务为客户提高收益，增加客户忠诚度。事实上，该技术含金量不高，目前以嘉信、先锋基金为代表的传统金融服务商的智能投顾业务均提供此类增值服务。

（2）门槛。先锋基金的门槛为 5 万美元，嘉信的门槛为 5000 美元，在这一方面，创业公司可以暂时以超低门槛抢夺客户。但随着智能投顾技术日渐成熟，传统企业未来将覆盖更多的长尾客户。事实上，先锋基金 2014 年以前一直以 50 万美元为门槛服务投资者，到 2015 年将门槛降到了 10 万美元。低投资门槛很难为创业公司在市场中提供长久的竞争力。

（3）管理费用。独立的创业公司征收 0.3%左右的咨询管理费作为主要的营收来源。对于传统机构来说，智能投顾业务既可以成为盈利产品，也可以成为客户的增值产品，其本身可以利用智能投顾业务获得客户，并利用其他服务来获取收益。另外，传统机构的资金更加充裕，它们有更大的动力和更多的资金打价格战，抢夺客户，打压市场上的其他竞争者。嘉信免收服务费，就是基于对上述情况的考虑。

传统金融服务商智能投顾业务具有交易费用和管理费用低廉、门槛低等核心优势。而在获客成本和客户黏性方面，创业公司短时间内无法与传统金融企业相提并论。创业公司核心竞争力不明显，在未来智能投顾会形成传统金融机构为主，其他创业或中小型机构共同生存的局面。

10.3　基金业的智能化技术应用

本节将介绍基金业智能化技术的具体应用，包括基金业传统销售渠道的智能化转型和具有代表性的互联网基金机构。

10.3.1　基金业智能化销售渠道

1. 基金业传统销售渠道分析

如何增加销售渠道、提高基金销售效率是基金业面临的共同问题。在美国，基金业是一个营销驱动的行业。销售渠道作为连接投资者与基金机构的桥梁,成为用户关系构建和维护的重要影响因素,对基金市场的发展起到了关键推动作用。

1)国外销售渠道分析

美国在共同基金投资基金行业的发展过程中扮演着重要的角色,基金规模庞大、类型繁多、投资范围广泛。截至 2016 年底,美国共同基金资产规模超过了 19.2 万亿美元,占全球共同基金资产规模的 47%,是全球最大的共同基金市场。根据美国投资公司协会的分类,美国共同基金销售渠道主要包括雇主养老金计划、专业投资机构、基金公司直销和基金超市等。销售渠道不单是直销和分销的划分,第三方中介机构开始占据渠道首领地位,传统直销渠道和银行、保险公司等代销渠道都变为从属地位,大部分基金公司的直销业务开始外包给第三方中介机构。与此同时,雇主养老金计划和基金超市等新型渠道也开始出现。共同基金拥有税收方面的优势,成为养老金持有人倾向的投资方向,并在 20 世纪 90 年代迎来迅猛发展,雇主养老金计划成为共同基金的主要渠道。基金超市费率优惠可以满足投资者一次性购买多种基金的需求,成为共同基金的另一个重要创新渠道。美国的共同基金行业迎来飞速发展阶段,销售渠道也开始不断完善,呈现出多层次的发展趋势,渠道深度和广度都得到了提升。

德国、法国、意大利等欧洲国家实行全能银行的混业经营政策,商业银行从事多项金融业务,包括基金业务,所以这些国家的基金销售渠道以银行渠道为主,并且商业银行还是多家基金公司的大股东,经过多年的发展,这些大型商业银行不断发展,网点规模不断扩大,公信力不断增强,在金融体系中的地位越来越高,垄断了基金的销售渠道。英国的基金销售渠道与这些国家不同,呈现出多元化的销售渠道体系,包括银行代销、理财顾问和基金公司直销等多种形式,并且英国的销售渠道以理财顾问渠道为主,金融监管体制确保了良好的渠道竞争环境,多层次的销售渠道促使英国基金市场不断发展。

基金在日本被称为信托投资,是大部分日本人选择的投资方式。日本的基金公司大部分由证券公司发起设立,所以日本的基金销售渠道也赖证券公司。券商为了赚取基金交易费和销售服务费,常常会建议用户更换手中持有的基金,很少将精力放在投资者教育方面,销售宣传不规范,监管也有很多问题。韩国的国土面积不大,金融机构却有很多,基金销售渠道竞争非常激烈。银行渠道凭借网点优势和公信力优势占据渠道霸主地位。但银行渠道由于人员金融知识薄弱、银行为用户提供信息的速度相对缓慢而饱受质疑。金融危机爆发以来,韩国权益类基金回报率下降,用户大量赎回基金,对银行渠道的不满也越来越严重。

从国外基金销售渠道来看,渠道多元化是形成健康完善的渠道体系的前提。多元化的竞争环境可以打破一种渠道垄断的格局,促使各渠道做好投资者服务,充分的竞争也使各渠道的销售人员不断学习基金知识。尤其是基金超市的出现,为投资者提供了丰富的基金产品而大受用户欢迎。可以利用互联网等新兴信息技术,为投资者提供便捷专业的投资理财服务。

2)国内销售渠道分析

与国外基金市场相比,国内基金业起步晚但发展势头迅猛。截至 2017 年 6 月 30 日,我国已发布公募产品的基金管理公司达 117 家,公募基金 4355 只,资产规模总计

10.07 万亿元。我国基金销售业务需要由中国证监会核准资格，基金管理公司获得基金销售牌照，公募基金销售呈现以商业银行和基金管理公司为主，券商、独立基金销售机构和互联网平台为辅的格局。伴随着开放式基金的不断发展，国内基金销售渠道越来越丰富，除了商业银行，还包括证券公司、保险公司、期货公司和第三方基金销售平台等。总结起来，基金销售渠道主要分为代销渠道和直销渠道两部分（图 10-1）。

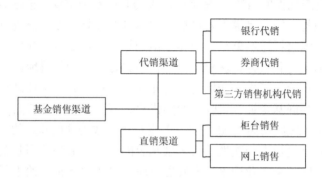

图 10-1　基金销售渠道

代销渠道是指银行代销、券商代销和第三方销售机构代销等。直销渠道主要包括传统的柜台销售和网上销售。随着互联网的快速发展，独立基金销售机构逐渐建立网销平台实现线上销售，更多的互联网平台开始与基金公司独立基金销售机构合作。中国的基金销售渠道向多样化方向发展，互联网起着举足轻重的作用。

2. 基金业智能化销售渠道分析

近年来，随着传统基金销售业务竞争的日趋激烈和人工智能技术的运用，蚂蚁金服、天天基金网等第三方基金销售平台，以及各大银行、券商渠道旗下的基金零售业务，都在寻求转型升级。基金公司过去习惯作为产品供应方的角色，很少直接面对客户。以财富管理领域为例，基金公司等机构之前接触客户，必须依赖理财超市类的平台。在业内人士看来，在当前第三方基金销售平台销售规模、利润双降的背景下，这一举措改变了原先理财超市式的营销方式，基金公司开始加强与互联网平台的合作，推出自运营平台，这使得基金公司可以直接面对海量的潜在客户，从而实现个性化、定制化、智能化的自主营销。

2017 年 4 月，京东金融上线首家金融机构自运营平台——京东行家。首批九家国内排名靠前的知名基金公司，竞相入驻京东行家，免费实现积木式移动官网的快速搭建和自运营，从签约、审核到入驻上线，仅两小时内即可完成。

与传统的基金超市、货架式互联网销售不同，京东行家为基金公司提供了更多满足其产品开发的大数据以及用户洞察信息，并提供了多样化的运营工具和定制的专业化服务。据悉，京东行家依托平台研发、运营及大数据优势，致力于用大数据、云计算、机器学习和人工智能等技术，向入驻机构提供包括运营服务、用户资源及流量分发、数据及研发支持等三大特色服务。特别是在用户资源及流量分发上，京东行家与入驻机构共享京东金融亿级优质用户资源，为入驻机构提供优质用户资源，实现不同产品的有效分发。未来，京东金融将多年运营积累的大数据、人工智能、云计算等方面的金融科技能力，以"价值分享的企业服务"模式，为金融机构提供更加优质的技术服务，进一步帮助金融机构触达用户，提升效率、降低成本，改善用户体验。

2017 年 6 月，蚂蚁金服推出自运营平台"财富号"，首批有天弘基金、兴全基金、民生加银基金、国泰基金、建信基金、博时基金、南方基金等 7 家基金公司在此平台上经营品牌专区。此外，蚂蚁金服首度宣布向金融机构开放最新的人工智能技术，助推金融理财更快进入智能时代。事实上，早在 2013 年，高调登场的淘宝基金店就曾吸引了几十家基金公司纷纷入驻，然而效果不甚理想。一方面，淘宝用户多为小额消费者，对投资并不敏感，目标客户定位不够精准；另一方面，基金投资风险较高，且涉及的金额往往较大，如果只是通过投资者简单地浏览淘宝店难以促成交易。种种原因导致淘宝基金店后期经营萧条，最终全面下架。业内专家指出，作为"升级版淘宝店"，"财富号"最大的进步在于客户定位更加精准。"财富号"的潜在客户群普遍具有一定的理财意识和投资意向。此外，与基金淘宝店相比，"财富号"取消了很多功能限制，给基金公司施展技能创造了更广阔的空间。

10.3.2　基于互联网平台的基金销售机构

基于互联网平台的基金销售机构是指不具有基金销售资格的电商平台、门户网站、互联网金融平台等，它们与基金公司或独立基金销售机构合作，开展基金销售业务。例如，京东金融可以提供一站式在线投融资服务，蚂蚁聚宝可以提供一站式理财服务。

基于互联网平台的基金销售机构将打破传统销售模式，以用户需求为核心，基于互联网与海量用户实时互动的能力，使得"以用户为中心"不再是口号，金融服务的边界大大拓展，面对长尾用户的更为精准、小额和个性化的数字普惠金融成为全新的发展方向。

本章重要概念

投资基金　智能运营　智能投研　智能风控　互联网基金

本章复习思考题

1. 金融科技给基金业务带来了哪些方面的影响？
2. 现阶段市场上最主要的互联网基金有哪几种类型？
3. 新时期我国互联网基金的发展具有哪些特点？
4. 中国和美国基金业的智能投顾服务有哪些不同之处？
5. 基金业的传统销售渠道有哪些特点？智能化销售渠道有哪些优势？

第 11 章　金融科技发展中的互联网金融

20 世纪 90 年代中期随着互联网的大规模商业应用，以银行、证券为代表的金融机构开始利用互联网技术提供相应的金融服务，正规金融机构以外的互联网金融活动则是伴随着电子商务的快速发展而出现的。2013 年被称为中国的互联网金融元年，传统金融机构、互联网科技公司、电商平台和民间借贷性质的企业组织纷纷利用互联网、大数据、移动通信等技术创新金融服务模式，移动支付、P2P 网络借贷、网络众筹等迅猛发展。本章重点介绍金融科技发展中的互联网金融，具体包括 P2P 网络借贷、网络小额贷款、网络众筹融资、互联网财富管理四个方面的内容。

11.1　P2P 网络借贷

P2P，最先起源于信息技术行业，被译为对等网络。P2P，可以简单地理解为互联网终端的一种传输协议，在该协议下，成千上万台彼此连接的计算机处于对等的地位，整个网络不依赖专用的集中服务器，用户可以通过直接交换来共享计算机资源和服务。

11.1.1　P2P 网贷平台的概念界定

P2P 网络借贷是指个体和个体之间通过互联网平台进行的直接借贷活动。个体包括自然人、法人及其他组织。P2P 网络借贷则是将信息技术行业 P2P "对等地位不依赖专用集中服务器"的特点延伸至金融领域。

P2P 网贷平台扮演的是信息中介而非信用中介的角色，它并不是金融机构。信息中介是利用市场的不对称，依靠提供信息来获取民间盈利的机构。信用中介是指买卖双方在交易过程中，由平台保管买卖双方交易的资金和相关的文件，根据买卖双方履行合同的情况，平台按协议约定和买卖双方的授权、指令，向买卖双方转移资金、相关文件，平台以中立的信用中介地位促成交易的安全完成。信用中介是商业银行最基本、最能反映其经营活动特征的职能。

P2P 网贷平台定位于信息中介平台，提供风险评估、信息公开、法律咨询等附加服务，它主要为出借方和借款方提供相关的服务和信息。P2P 网贷平台作为网络借贷的信息中介，负责对资金需求方的个人信用、财务状况等进行详细的考察和评定。同时将优质的资金需求方推荐给有投资需求的资金供给方，供其选择和出借资金，完成资金需求方和资金供给方点对点的资金交易。由于 P2P 网贷平台定位于信息中介平台，因此不得吸收公众存款、不得归集资金设立资金池、不得为出借方提供任何形式的担保等。

11.1.2 P2P 网贷平台的运营模式

P2P 网络借贷平台运营模式主要包括纯线上模式、债权转让模式、O2O 模式、担保模式和混合模式等。

1. 纯线上模式

在纯线上模式中，P2P 网贷平台本身不参与借款，借款人和投资人均通过网络、电话等渠道获取对方的信息，对借款人的信用评估、审核也在线上进行，P2P 网贷平台只是提供信息匹配、交互、撮合和资信评估等信用中介服务，不提供借贷服务，平台承担的风险较小，对信贷技术的要求较高。这是 P2P 网贷平台最原始的运作模式。纯线上模式的 P2P 网贷平台的优势在于规范透明、交易成本低，但也存在着数据获取难度大以及坏账率高的缺陷。

2. 债权转让模式

在这一模式下，借款人和投资人之间存在着一个专业放款中介，即在 P2P 借贷平台，如果一个借款人符合放款标准，那么在借款列表满标（指在一个借贷列表的投标期限内，所有资金已经全部筹集到位，达到 100% 的进度，此时该借款列表已经饱和，无法继续接受新的投标）之后，P2P 网贷平台将把所筹资金打入借款人账户中。由于 P2P 网贷平台先以自有资金放贷，然后把债权转让给投资人，再以回流的资金继续放贷。债权转让模式多见于线下 P2P 网络借贷平台，因此也是纯线下模式的代名词。但这种模式经常因其体量大、信息不够透明而招致非议。典型的债权转让模式平台是美国的 Prosper。

3. O2O 模式

O2O 即 online to offline 的缩写，是指 P2P 网贷平台在线下寻找借款人，自身或者联合合作机构（如公司）审核借款人的资信、还款能力，通过审核的借款人的借款需求将会被发布到线上，同时 P2P 网贷平台会在线上公开借款人的信息以及相关的法律服务流程，用于吸引投资人。实际上，大多数 P2P 网贷平台在线上完成筹资，在线下设立门店，与小额信贷公司合作或成立营销团队，寻找需要借款的用户并进行实地考察，这样一方面能够面对面审核借款人的信用水平，另一方面也能够有效地开发借款人。过去，P2P 网络借贷公司基本上采用"线上 + 线下"的模式，将线下获得的债权进行拆分组合，并打包为"固定收益类"的理财计划，线上销售给理财投资者。

4. 担保模式

担保模式指在借贷关系中引入担保，以规避投资者风险。常见的担保模式主要有以下四种。

1）第三方担保公司担保

第三方担保公司负责审核借款人的资信状况，为其提供担保，在借款人无法按时偿还借款时，向投资人提供担保代偿。第三方担保公司的类型分为一般担保公司担保和融资性担保公司担保。一般担保公司担保的保障分为一般责任和连带责任。与 P2P 网贷平台合作的大多数是一般担保公司，而且一般责任担保存在和不存在几乎无差别。连带责任担保可以起到作用，但是市场上的连带责任担保不多。融资性担保公司比一般担保公司要求更严格，注册资金要求至少 500 万元，一般都在 5000 万元左右，受 10 倍杠杆限制。随着 P2P 网贷平台规模的上升，融资性担保公司的可保规模也需要提升。

2）风险准备金担保

风险准备金担保模式是目前行业内主流的一种模式。风险准备金是指为维护企业业务的正常运转，提前准备好的资金，在风险发生时可用于财务担保和弥补风险带来的损失。P2P 网贷平台将风险准备金交由银行等第三方托管。当借贷人还款逾期或违约时，P2P 网贷平台需要从事先建立的风险准备金账户中提取资金，归还给投资人，最大限度地保障投资人的利益。

3）抵押担保

抵押担保模式是指借款人以房产、汽车等固定资产作为抵押来借款，当还款逾期或违约时，P2P 网贷平台和投资人有权处理抵押物来收回资金。从坏账数据来看，抵押担保模式在 P2P 网贷行业的坏账率是最低的。

4）保险公司担保

有些 P2P 网络借贷平台开始探索引入保险公司合作，保险公司不仅发挥了风险分担的作用，同时也发挥了担保作用。P2P 网贷平台与保险公司合作的方式大致有四种：一是平台为投资者购买一个基于个人账户资金安全的保障保险；二是基于平台可能发生的道德风险等购买保险产品；三是为担保的抵押物购买相关财产险；四是为信用标的购买信用保证保险。

保险适合借款人多、利用大数法则来规避风险的情况，而很多 P2P 网贷平台的借款人很少，风控标准也不统一，限制了保险公司在 P2P 网络借贷过程中的巨大作用。保险公司担保如同融资性担保，同样需要承担担保费率，而且比担保公司的成本更高，降低了投资人的收益。通常 P2P 网贷平台和保险公司比较认可的合作方式是投资者在投资的时候可自主选择是否投保。如果保险公司能参与借款人审核、网贷平台运作和风险管理整个流程，此类业务则大有发展空间；但如果做不到这一点，由于基础数据缺乏，风险难以管控，保险公司则轻易不敢涉足。

5. 混合模式

很多 P2P 网贷平台的模式划分并不明显，其通常分别在客户端、产品端和投资端选择多种模式进行有效组合。例如，有的平台在客户端会按照借款金额不同而要求采取不同的担保方式（主要有保证、抵押、质押、留置、定金五种形式）；有的平台既从线上开发借款人，也从线下寻找借款人。

综上所述，P2P 网贷平台的运营模式对比如表 11-1 所示。

表 11-1　P2P 网贷平台的运营模式对比

商业模式	参与机构	平台性质	业务模式
纯线上模式	P2P 网贷平台	中介机构	线上
债权转让模式	P2P 网贷平台 + 专业放贷人	中介机构 + 放贷人	线下为主
O2O 模式	P2P 网贷平台、小额信贷公司	中介机构	线上 + 线下
担保模式	P2P 网贷平台、担保机构	中介机构 + 担保机构	线上 + 线下
混合模式	P2P 网贷平台、小额信贷公司、担保机构	中介机构 + 放贷人 + 担保机构	线上 + 线下

11.1.3　P2P 网贷平台的运行风险

P2P 网贷平台经营时面临诸多风险，主要有以下几类。

1. 流动性风险

流动性主要指在 P2P 网贷平台承诺为出借人垫付逾期借款的情况下，平台履行出借人兑现要求的能力。流动性风险是指因为市场交易量不足或缺乏愿意交易的对手，导致未能在理想的时间点完成交易的风险。

当 P2P 网贷平台的流动性不足的时候，它就无法以合理的成本迅速减少负债或变现资产以获取足够的资金，从而影响盈利水平。当平台持有的、用于支付需求的流动资产只占负债总额的很小部分，网络借贷的大量债权人同时要求兑现债权（如挤兑行为）时，网贷平台就面临流动性风险。

2. 信用风险

信用风险主要来自两个方面，一是借款人到期没有偿还资金的风险，二是 P2P 网贷平台虚构债权吸引投资人资金的风险。

首先，P2P 网贷平台对借款人的信用评估不够专业全面。P2P 网络借贷行业门槛较低，部分 P2P 网贷平台缺少对借款人进行信用风险评估的专业人员，造成 P2P 网贷平台风险管理能力不过关，增加了易违约借款人的比率；另外，大多数 P2P 网贷平台无法像银行一样登录征信系统了解借款人的资信情况并进行有效的贷后管理。与银行体系的不良贷款率、贷存比、资本充足率等成熟的风险考核指标相比，P2P 网贷平台没有标准的风险考核体系。

其次，P2P 网贷平台的经营者可能通过虚假增信和虚假债权等手段吸引投资人的资金，将其用于其他用途。虚假的借款需求很可能是 P2P 网贷平台为补救前期的坏账而产生的，即 P2P 网贷平台为弥补旧的资金缺口而挖掘了新的更大的资金缺口。如此这般"拆东墙补西墙"的行为,最终只会演变成"庞氏骗局",受损的还是广大投资者的利益。

3. 操作风险

操作风险是指由于规则漏洞、系统不稳定和人员操作不当导致直接或间接损失的风险。在 P2P 网络借贷中,借贷双方的资金需要通过中间账户进行处理,中间账户处理着出借人和借款人之间大量的资金往来事项,而中间账户的资金和流动性情况处于监管真空从而招致风险发生。P2P 网贷平台一般没有严格的资金收集、管理和使用程序,以及妥善保管资金的相应制度规范,导致业务人员能够轻易地挪用平台用户充值的资金,从而带来较高的风险。

4. 法律风险

P2P 网贷平台的法律风险主要是指由于平台外部的法律环境发生变化或者由于平台未按照法律规定或合同约定行使权力、履行义务,而对平台造成负面法律后果的可能性。法律风险包括两个层面:一是制度环境的宏观层面,即法律法规的制定和修订给平台带来的风险;二是平台个体的微观层面,即平台违背现有法律法规招致的法律诉讼或者监管处罚的风险。

从宏观层面的法律风险来看,针对网络借贷的法律法规尚在完善过程中,这将会给整个网络借贷行业的生存和发展带来风险。从微观层面的法律风险来看,在平台疏于自律、内控失效等情况下,平台可能存在捏造借款信息从事非法集资活动的风险。

P2P 网络借贷行业快速发展的同时也存在不少安全隐患,由于行业内的 P2P 网贷平台水平不一、鱼龙混杂,因此,平台倒闭、跑路事件造成投资者亏损的情况不断发生,给社会造成了恶劣的影响。一方面,越发激烈的竞争将会逐步淘汰劣质平台;另一方面,随着监管机制的健全、法律的出台以及征信体系的不断完善,2020 年国家对 P2P 网络借贷行业进行了全面清理,我国 P2P 网贷平台从高峰时期的 5000 多家迅速清零,国外 P2P 网贷平台仍在不断发展中。

11.2　网络小额贷款

网络小额贷款由传统小额贷款演化而成。传统小额贷款公司在开发试点后,曾经历过高速发展,但受业务地域限制和互联网金融崛起的影响,持续走弱。网络小额贷款契合了互联网技术应用与小额信贷便捷、快速的特性,依托电子商务或互联网企业的供应链,可为产业链上下游企业提供小额信贷服务,并可在全国范围内开展业务,拓展业务范围。与传统的小额贷款相比,网络小额贷款最大的突破是打破区域限制。其本质上还是小额贷款,只是利用互联网来做信贷业务,在运营上受到严格的规范和监管。

11.2.1　网络小额贷款的概念界定

网络小额贷款也称互联网小额贷款，主要是通过网络平台获取借款客户，综合运用网络平台积累的客户数据，包括网络消费、网络交易行为数据及使用场景信息等，分析评定借款客户的信用风险，确定授信方式和额度，并在线上完成贷款申请、风险审核、贷款审批、贷款发放和贷款回收等全流程的小额贷款业务。

表 11-2 为网络小额贷款公司、小额贷款公司、网贷平台三者的概念梳理。网络小额贷款公司是小额贷款公司的一种，具有放贷性质，二者均由地方金融办负责牌照发放和监管事宜，只是在经营区域上有限制，可比喻为"兄弟"关系。网贷平台定位为信息中介机构，不具有放贷资质，与网络小额贷款有本质差异，可比喻为"邻居"关系。

表 11-2　网络小额贷款公司、小额贷款公司、网贷平台的概念梳理

业态	定义
网络小额贷款公司	主要是通过网络平台获取借款客户，综合运用网络平台积累的客户数据，包括网络消费、网络交易行为数据及使用场景信息等，分析评定借款客户的信用风险，确定授信方式和额度，并在线上完成贷款申请、风险审核、贷款审批、贷款发放和贷款回收等全流程的小额贷款业务
小额贷款公司	由自然人、企业法人与其他社会组织投资设立，不吸收公众存款，经营小额贷款业务的有限责任公司或股份有限公司
网贷平台	即网络借贷信息中介，是依法设立，专门从事网络借贷信息中介业务活动的金融信息中介机构。该类机构以互联网为主要渠道，为借款人与出借人（即贷款人）实现直接借贷提供信息搜集、信息公布、资信评估、信息交互、借贷撮合等服务

据网贷之家研究中心不完全统计，截至 2019 年 11 月 11 日，全国共批设了 262 家网络小额贷款公司，其中，有 245 家完成工商登记。从地域分布来看，这 262 家公司主要分布在 21 个省份，其中，广东省最多，60 家；其次是重庆市，45 家；江苏省和江西省排名第三和第四，分别为 26 家和 23 家；浙江省排名第五，为 22 家。这五个省市批设的网络小额贷款公司总数排名全国前五，占全国批设总数的 67.18%。

11.2.2　网络小额贷款的运营模式

网络小额贷款的运营模式有两种，即平台金融模式和供应链金融模式。

1. 平台金融模式

平台金融模式以阿里小额贷款为代表，平台上聚集了众多商户，企业凭借平台多年积累的交易数据，利用互联网技术，借助平台向企业或个人提供快速便捷的金融服务。

平台金融模式的特点在于，企业以交易数据为基础对客户的资金状况进行分析，贷款客户多为个人以及难以从银行得到贷款支持的小微企业，贷款无须抵押和担保，并且能够快速发放，且发放的贷款多为短期贷款。同时，平台金融模式中的企业必须在前期进行长时间交易数据的积累，在交易数据的积累过程中完善交易设备和电子设备，并进行数据分析所需的基础设施积累和人才积累。

2. 供应链金融模式

供应链金融模式以苏宁云商、京东商城为代表，是以核心客户为依托，以真实贸易背景为前提，运用自偿性贸易融资的方式，通过应收账款质押登记、第三方监管等专业手段封闭资金流或控制物权，为供应链上下游企业提供的综合性金融产品和服务。供应链金融模式是一种独特的商业融资模式，金融机构依托产业供应链核心企业对单个企业或上下游多个企业提供全面的金融服务，以保证供应链上核心企业及上下游配套企业"产—供—销"链条的稳固和顺畅流转，降低整个供应链的运作成本，并通过金融资本与实体经济的协作，构筑银行、企业和供应链互利共存、持续发展的产业生态链。

11.2.3　网络小额贷款的运行风险

网络小额贷款平台面临诸多风险，按照影响因素的不同将风险划分为以下四类。

1. 技术风险

网络小额贷款依靠线上大数据平台进行线上审核与审批，而这一平台面临着网络系统风险。例如，平台崩溃、系统故障或设备损坏，会影响到网络小额贷款的正常运行，增加公司的运营风险。同时，网络小额贷款公司在日常运营过程中，更多依赖网络的运转以及线上的数据处理。如果其系统遭到入侵或者系统出现故障，就可能影响业务的正常处理，比如，贷款审批难以及时完成或者过低估计借款人的信用风险为以后的贷款回收留下隐患等。

2. 信用风险

网络小额贷款公司通常依据电商平台数据库中积累的网店商家的信用及交易数据，通过数据库的信息测算以及标准化审核，发放贷款。传统银行通常从财务角度来分析风险，掌握企业的各类财务报表数据，而网络小额贷款公司要想获取这些数据比较困难。事实上，没有这部分数据的辅助，网络小额贷款公司的信用风险识别能力会被削弱。

3. 流动性风险

根据国家相关规定，网络小额贷款公司的资金来源主要是原始股东的资本金、捐赠金，以及不超过两个金融机构的融资，但融资总额有限制，一般不得超过资本净额的 50%。由于网络小额贷款公司只贷不存，那么可用于放贷的资金就会受到限制，其贷款的业务规模及范围就会有所局限。这样网络小额贷款公司就不能有效发挥金融杠杆的作用，公司的资本金不足，资金周转能力下降，抗风险能力自然不强。

4. 政策风险

网络小额贷款的发展与国家政策法规有很大的关系，政策监管力度的大小及宽严都会影响到网络小额贷款的生存和发展。当前，由于国家支持电子商务的发展，所以对网络小额贷款的监管没那么严格，存在监管套利空间。如果国家相关部门出台相关政策，加强对其放贷业务的监管，网络小额贷款公司就可能会面临一些挑战，进而产生运作风险。

11.2.4　网络小额贷款的发展趋势

1. 推动网络小额贷款公司加入中国人民银行征信系统

网络小额贷款公司尚未加入中国人民银行征信系统，其获取客户信息的成本高、难度大，既阻碍了其业务发展，又加大了自身乃至整个金融体系的风险。未来在国家支持中小企业融资的大背景下，随着网络小额贷款公司业务规模的扩张，管理和风险控制能力不足的缺陷将进一步暴露。加入中国人民银行征信系统有利于网络小额贷款公司以低廉的成本获取客户信用信息，提高贷款决策的科学性。

加入中国人民银行征信系统，有助于提高运营水平，有利于从目前的政府监管体系顺利平稳地过渡到银行业监管体系。另外，目前网络小额贷款公司处于多头监管的局面，有些监管很难有效进行。将网络小额贷款公司加入中国人民银行征信系统有助于监管机构掌握其发放贷款的质量，且有助于地方政府高效履行监管职责。

2. 提高网络小额贷款公司融入资金比例

目前网络小额贷款公司不是银行业金融机构，不可以接受存款，也不能接受银行的同业拆借利率，利率只能按银行一年期基准利率下浮 10%。未来在支持网络小额贷款公司发展、提高网络小额贷款公司盈利能力的过程中，应当允许网络小额贷款公司适当提高从银行融资的比例，并实行差异化政策。出台相应的管理办法，允许网络小额贷款公司同业拆借，给予再贷款资格，降低网络小额贷款公司融资成本。通过增资扩股增加资本金，鼓励引导民间资本进入网络小额贷款领域。此外，通过私募股权投资、资产证券化等方式，利用资本市场筹措资金帮助网络小额贷款公司扩大经营规模，提高服务小微企业的深度。

11.3　网络众筹融资

11.3.1　网络众筹融资的概念与特点

众筹一词源自英文 crowdfunding，意指大众筹资，是指项目发起人通过网络众筹平台展示项目、获得支持以筹集项目所需资金，并以实物、服务或股权等作为回报的资金募集方式。整个网络众筹融资过程主要包括三方参与主体——项目发起人、网络众筹平台、项目支持人。项目发起人简称发起人，是在网络众筹平台上推出项目以融资的个人或团体，他们通常富有创意，但缺少资金支持。网络众筹平台只负责审核并展示项目发起人申请发起的项目，同时为项目发起人筹集资金，它是同时为项目发起人和项目支持人服务的网络平台。项目支持人指通过网络众筹平台支持项目，并给项目发起人提供资金、实物等支持的网络群体。网络众筹融资参与主体的关系如图 11-1 所示。

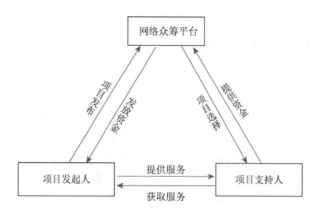

图 11-1 网络众筹融资参与主体的关系

网络众筹融资因速度快、参与感强、传播路径多样而受到融资者和投资者的青睐，其宽松、包容的文化氛围，新型、平等的点对点交易结构使其成为创新的热土。在融资过程中，项目发起人在网络众筹平台上设计、建立属于自己项目的宣传网页，用于向公众介绍项目的基本情况和实施计划，以寻求小额资金支持。项目支持人的投资资金最初并不直接到达筹资人手中，而由网络众筹平台持有。项目发起人的项目如果在筹资期限内达到预定的金额，则项目筹资成功，网络众筹平台将所筹资金划拨给项目发起人。待项目成功实施后，项目发起人将项目实施的物质或非物质成果反馈给出资人。在此过程中，网络众筹平台主要负责接收和审核筹资创意、整理出资人信息、监督所筹资金的使用、辅导项目运营并公开项目实施成果等活动，并从所筹资金中抽取一定比例的服务费用作为收益。

网络众筹模式的核心是网络众筹平台，它连接了大众投资人和作为筹资人的企业或个人。大众通过网络众筹平台了解筹资的信息，并通过平台与筹资人进行沟通，当确定了需要投资的项目，会与网络众筹平台和筹资人签订协议，通过银行或支付机构支付资金，银行或支付机构先保管投资人资金并作为保证金处理，再决定转移多少资金给筹资人，如果筹资人没有达到预期目标，则将资金退还给投资人。同时，在项目启动后进行监督。当投资的期限结束后，融资人会直接给大众投资者以相应的回报，并且把情况反馈给网络众筹平台。

11.3.2 网络众筹平台的运营模式

根据项目的融资形式、项目支持者的支持形式、项目支持者的汇报形式、项目支持者的支持动机等因素，网络众筹平台的运营模式可以分为以下四种。

1. 捐赠式网络众筹

捐赠式网络众筹指出资者以捐赠或者公益的形式，不求任何回报地为项目或者企业提供资金。大众可以通过网站直接捐赠或者赞助小额的资金。一些公益机构的网站允许直接在网络上捐款，通过网络来扩大捐款的来源。公益机构的管理者或组织公益活动的个人可利用自身在网络社区和社交网站中的影响力，发起资金赞助活动。大部分捐赠式网络众筹规模通常比较小，包括教育、社团、宗教、健康、环境、社会等方面的项目。在国外，发展比较成熟的捐赠式网络众筹平台有美国的GoFundMe、英国的 Prizeo。

2. 奖励式网络众筹

奖励式网络众筹是指筹资者从出资者处获得资金，等项目成功后以实物、服务或者媒体回报等非金融形式回馈给出资者。这种奖励以筹资者的项目产品为主，项目产品可以是实物形式，也可以是非实物形式，如电影的首映体验等。奖励式网络众筹通常用于创新项目的融资方面，如电影、技术产品或者音乐等方面的融资。奖励式网络众筹在众筹平台中的占比最大，美国的众筹平台 Kickstarter 就是一个运作非常成熟的奖励式网络众筹平台。

奖励式网络众筹很重要的特点在于预售商品，出资者提供资金给筹资者生产新产品，是在对该产品有兴趣的前提下的订购。通过网络众筹可以获得潜在消费者对于该产品的市场反馈，筹资者可以替代传统的市场需求调研，在很大程度上规避了盲目生产带来的风险和资源的浪费。这样的网络众筹不仅获得生产新产品的资金支持，也促进了新产品通过互联网市场的有效推广，实现了筹资和营销的完美结合。

奖励式网络众筹的覆盖范围非常广泛，包括商业和企业、音乐、电影、表演艺术、社会事件、时尚等。同时，奖励式网络众筹也可以作为其他众筹模式的有益补充，例如，股权式网络众筹和债权式网络众筹中都可以加入奖励式网络众筹的元素，作为其补充手段，吸引投资者，从而促进项目的成功。

3. 股权式网络众筹

股权式网络众筹主要是指通过互联网形式进行公开小额股权融资的活动。股权式网络众筹必须通过股权众筹融资中介机构平台进行。

股权式网络众筹在国外多用于解决初创期企业融资难的问题，尤其是一些高科技的创业项目。以美国 Earlyshare（早点分享）众筹平台为例，Earlyshare 把投资企业分为两种：一种是已经建立的小企业，投资者根据企业过去的发展状况和企业未来的发展计划来判断是否投资；另一种是有创意的创业者需吸引投资建立新的公司。Earlyshare 分别为两种类型的企业设计了不同的网络众筹流程，前者旨在强调企业的投资回报率，后者旨在宣传该创意的商业前景。每个筹资的企业会设定筹资目标，一旦达到筹资目标，投资人的资金就会被转交给企业，而投资人则根据投资金额获得企业的股权。

股权式网络众筹在我国又分为凭证式众筹、会籍式众筹和天使式众筹。

凭证式众筹主要是指在互联网上通过销售凭证和股权捆绑的形式进行募资，出资人付出资金得到相关凭证，该凭证又直接与创业企业或项目的股权挂钩。购买了筹资者发行的凭证后，出资人可以获得相关的非物质回报，如电子杂志阅览权、业务培训权等，甚至可以获得按持股比例进行公司利润分红的回报。出资人如果不想再持有凭证，可以转让凭证或者要求筹资者进行回购。

会籍式众筹主要是指出资者在互联网通过熟人引荐并出资，而成为被投资企业的股东。出资人成为会员，不仅可以获得更加符合自身需求的服务和产品，还可能赚到钱，更关键的是可以在这个圈子里集聚更多的资源和人脉。会籍式众筹成功的关键有三个方面。一是合适的出资人越多越好。要成为出资人，存在一定的门槛和标准，那就是不仅对出资人的财务状况有一定的要求，而且还要对出资人的身份、地位、生活方式甚至品格等进行严格的审查。二是通过引入信任关系提升众筹参与群体的信任基础。出资人一般是熟人或者交际圈内人士，且召集人有一定的人脉影响力，这样才能建立起可靠的信任基础。三是有共同的价值目标。这个价值目标除了获得一定的经济效益之外，还包括要在人脉资源、社会地位、特别体验等方面形成出资者的共识。

天使式众筹更接近天使投资或风险投资的模式，出资人通过互联网寻找投资企业或项目，付出资金或直接或间接地成为该公司的股东，同时往往有明确的财务回报要求。

筹资人（创业公司）在网络众筹平台上发布创意项目，众筹平台进行专业审核后，一般由一个对项目非常看好的出资人作为领投人，领投人认投后，其他认投人跟着认投。等待融资额度凑满后，领投人和认投人先按照各自的出资比例占有创业公司出让的股份，然后再线下办理有限合伙企业的设立、投资协议的签订以及工商登记变更等事项。天使式众筹比较适合中小企业的创业项目，尤其是高科技创意项目。在融资过程中，领投人的角色比较重要，不仅会认投部分融资，而且会帮助创业者确定价格和条款，协助众筹融资的完成，在融资完成后还会帮助并鼓励创业者，和创业者沟通公司的重要事项并协调与其他认投人的关系。

4. 债权式网络众筹

债权式网络众筹是指筹资人向出资人借款并承诺给予出资人一定比例的利息回报的模式。出资人一般是普通民众，只要愿意并满意筹资人提供的利息回报，谁都可以成为出资人。这种模式和 P2P 网络借贷非常相似，P2P 网络借贷可以看作是债权式众筹的转型。这是伴随着互联网发展与民间借贷的兴起而出现的一种金融脱媒现象。与银行贷款不同，债权式众筹主要是指企业或个人通过众筹平台向若干出资人借款。国外比较著名的债权式众筹平台有英国的 Zopa、美国的 Prosper 和 Lending Club 等。

债权式网络众筹的特征是门槛低，面对的是社交平台的所有用户，其借贷关系清晰、投资回报明确，所以融资效率在四种网络众筹模式中是最高的，从在债权式网络众筹平台上发起项目到完成募集花费的时间大约只为股权式网络众筹和奖励式网络众筹的一半。

四类众筹模式的比较如表 11-3 所示。

表 11-3　四类网络众筹平台的运营模式比较

特点	捐赠式网络众筹	奖励式网络众筹	股权式网络众筹	债权式网络众筹
回报方式	成就、荣誉感等心理回报	实物、服务、荣誉等	公司股权、股份，合伙份额	还本付息
模式实质	公益	团购、预付费	股份合资、合伙投资	债务型集资
适用法律	公益捐赠法规	团购、预付费管理法规	《中华人民共和国公司法》《证券法》《中华人民共和国合伙企业法》	《中华人民共和国合同法》《中国人民银行贷款通则》等

11.3.3　网络众筹平台风险

网络众筹平台面临的风险主要有以下四种类型。

1. 信用风险

网络众筹面临的信用风险主要来自虚假信息风险和资金托管风险。

虚假信息风险主要是指众筹平台对项目发起者的资格审核不够，出现项目发起者在资金募集成功之后不能兑现其承诺的状况。其产生的根源在于我国缺乏健全的信用体系。信用体系不健全使个人、企业的信用水平难以获取和记录，导致游离于中国人民银行征信系统之外的众筹平台缺乏可靠的数据支持。

在融资过程中，网络众筹平台实际上在其中充当支付中介的角色，资金募集与融资方获得资金存在时间差，再加上监管制度不够完善，整个资金流转过程没有资金托管部门监督，如果网络众筹平台出现信用危机，投资者的损失将难以追回。

2. 法律风险

由于我国有关众筹的相关法律法规仍未出台，网络众筹在我国的发展实践中需要面对的法律风险主要有非法集资和非法发行证券。

3. 技术风险

技术风险主要是指技术不成熟、寿命不确定或持续创新能力不足等带来的产品难以获得市场竞争优势的风险。

4. 管理风险

网络众筹作为新兴行业，在管理体系方面尚不成熟，很容易引起管理混乱。在经济利益的驱动下，网络众筹平台缺少对项目的严格考核，又无监管约束，极易在主观上降低创业项目的上线门槛，从而放行更多项目进入众筹平台募资，同时，不能排除平台与融资企业之间存在内幕交易、关联交易，甚至是"自融"行为的可能性。同时，融资方为了尽可能得到投资人的青睐，提高募资的成功率，在项目的描述上将倾力包装，尽量回避项目的风险，采用一些夸大和误导性的宣传以吸引投资者。当融资成功后，在追求自身利益最大化的强大驱动力下，融资方很可能不按契约、擅自更改募集资金的用途违规使用资金，损害投资者利益。

11.3.4　网络众筹平台的发展趋势

未来网络众筹平台的发展趋势主要表现在垂直化、移动化和服务化三个方面。

1. 网络众筹平台的垂直化

垂直网站是未来的一大潮流，网络众筹平台也不例外。为了增加资金申请和投资的数量，每个平台都会展示它的专业领域，如关注公司的垂直搜索、运行周期或地理位置等。

选择做垂直众筹平台，除了去同质化外，还有两个重要的原因。其一，垂直众筹平台专一性的特点，使得平台能够规模化、低成本地细分众筹领域，满足个性化需求并形成独具特色的社区文化和基因，从而让投融资关系更加融洽。其二，垂直众筹平台可以无限大地体现平台的专业性、权威性并定位精准地吸引到特定投资人群反复投资，增加黏性。

2. 网络众筹平台的移动化

通过智能手机不仅能随时访问众筹平台，还能随时关注各种各样的社交圈子，如家庭、学校、工作及生活区域等，并在社交圈子中交流众筹的相关信息，智能手机将促使众筹成为主流。通过全天候移动互联网接口，投资者可以持续关注众筹的新动向，与其他参与者进行交流，很方便地为某个新创公司投资。移动手段更适合众筹这种以创意为导向的平台。

3. 网络众筹平台的服务化

网络众筹发展还存在一些未涉猎的领域，如还没有为创业者提供一体化服务的网络众筹。对于创业者来说，拿到启动资金只是创业的开始，后续的创业指导、培训才是至关重要的，尤其是在众筹平台上的创业者大部分都是初次创业的情况下，创业者的刚性融资需求决定众筹平台绝对不能仅是一个众筹项目的展示平台，还必须是一个给创业者提供整合服务的一体化服务平台。未来的网络众筹平台，很可能会提供"创新工厂"的机制，发挥孵化作用，真正地体现出众筹的价值。

11.4　互联网财富管理

11.4.1　互联网财富管理的概念与特点

1. 互联网财富管理的界定

众多国际商业银行将财富管理作为提高盈利、保持增长，进而给股东高额回报的重要业务。财富管理，是指以客户为中心，设计出一套全面的财务规划，通过向客户提供现金、信用、保险、投资组合等一系列的金融服务，对客户的资产、负债、流动性进行管理，以满足客户不同阶段的财务需求，帮助客户达到降低风险、财富增值的目的。财富管理的范围包括现金储蓄及管理、债务管理、个人风险管理、保险计划、投资组合管理、退休计划及遗产安排等。

互联网财富管理是指互联网大型电商集团、传统金融机构（如银行、证券、保险等）、进行业务升级和转型的互联网金融平台（如陆金所等）以及非金融实业企业设立的互联网财富管理平台（如万达集团旗下的万达财富）等参与者借助互联网工具为客户提供现金管理、基金投资、股票投资、信托私募投资、房地产投资、海外资产投资、网络借贷等金融服务，以帮助客户实现财富管理和财富增值的目的。与传统财富管理不同，互联网财富管理将财富管理的客户群体由少数金字塔尖高净值群体逐渐扩展到全客层群体，极大地拓展了互联网财富管理的服务范围、潜在用户规模和应用场景。

2. 互联网财富管理的特点

（1）门槛低。互联网财富管理面向全部人群，尤其是低净值人群。新的信息与金融技术，不仅使资金供给者（财富管理需求者）与财富管理媒介直接对接和配置，而且使原先只能被动接受金融机构服务的普通公众都能够更加主动地进行财富管理活动。

（2）成本低。互联网等技术的运用，使得金融服务渠道突破了时间和空间上的限制。金融机构不再完全依靠物理网点扩张来实现业务拓展，可节省较多的人工成本。智能手机的兴起让理财者能实时通过 APP、移动互联网办理业务，社交媒体的出现让理财者能够实时与财富管理机构进行互动。

（3）数据整合度高。互联网与财富管理的结合使得财富管理机构能够借助互联网数据，分析出客户的风险喜好、投资偏好以及其他个性特征等，助力财富管理机构形成更精准的客户定位，推动更精准的客户营销，从而引导财富管理机构更好地为客户服务。

（4）财富管理高效化。P2P 平台、众筹融资等新型筹资平台为投融资双方创造了高效配置资源的平台。"宝宝类"平台企业提供的低门槛和多样化的理财产品为众多中小投资者提供了更多可供投资的渠道。互联网金融的支付、投融资、信息服务等多个功能的有效拓展满足了互联网时代用户的新型需求。

11.4.2　互联网财富管理模式

依据财富管理的智能化程度将互联网财富管理分为以下五种模式。

1. 被动型投资理财平台

被动型投资理财平台也称智能投资平台，是一种结合人工智能、大数据、云计算等新兴技术以及现代资产组合理论的在线投资顾问服务模式。这种模式主要通过计算机算法，根据用户的风险偏好，向投资者推荐由 ETF 组成的投资组合。智能投资平台能够根据投资者的风险偏好和财务状况提供个性化的服务，实现最优资产配置；用户可以在任何时间段注册自己的专属账户、评测风险水平、制订投资计划。大部分智能投资产品将资产配置于全球各类 ETF，能最大限度地进行地域分散性配置，资产配置地域范围广，抗风险能力较强。

2. 主动型理财咨询平台

主动型理财咨询平台主要为主动投资者提供主动投资产品以及主动投资涉及的相关服务，如财经资讯、投资社交、大数据舆情分析、投资策略分享与跟投等服务。

3. 互联网理财顾问平台

互联网理财顾问平台通过互联网技术将传统投顾服务的服务对象延展至高净值以外的长尾客户。面向理财师的互联网理财顾问平台主要为理财师提供金融产品和智能化客户管理服务，面向投资人的互联网理财顾问平台则通过将传统的线下理财互联网化，理财师为投资者提供线上理财服务，或者以"高佣金"吸引理财师通过线上为投资人提供服务，平台对投资人和理财师发挥撮合作用。这类平台一方面解决了理财顾问由于技术条件、地理条件等限制无法扩张其工作的地域范围的问题，另一方面降低服务门槛使得非高净值人士也能够享受到理财顾问服务。

4. 个人财务账户管理平台

个人财务账户管理平台通过用户的消费数据、投资状况和财务信息的记录，分析用户的收支结构，帮助用户开源与节流、制订消费计划并改进消费习惯。一些平台还会根据用户的消费数据、收支结构为用户提供购买相应金融产品的建议。这种"记账 + 理财"的模式是未来互联网财富管理的主流模式。

5. 自助化财富管理平台

自动化财富管理平台是指用户可以根据自身财务状况和风险偏好进行自选的线上全品类金融超市。这类平台是中国目前最主流的互联网财富管理平台。国外的自助化财富管理平台主要聚集了各类金融机构提供的产品，提供比价服务，根据用户情况进行筛选匹配，推荐金融产品。国内的自助化财富管理平台则主要是由互联网巨头和传统金融机构牵头，为用户提供多样的产品和服务。互联网巨头利用自身在客户资源以及技术上的优势进入财富管理领域，为其用户提供金融产品自助服务。阿里巴巴旗下的蚂蚁金服、京东旗下的京东金融，分别利用了淘宝、京东积累下来的客户资源进行财富管理。

本章重要概念

互联网金融　P2P 网络借贷　网络小额贷款　网络众筹　互联网财富管理

本章复习思考题

1. P2P 网络借贷平台有哪几种运营模式？它们之间的区别是什么？

2. P2P 网络借贷平台的运行风险有哪些？与传统借贷相比，这些风险有什么不同？

3. 网络小额贷款与传统的小额贷款公司有什么区别？

4. 众筹融资的概念是什么？有哪些运营模式？

5. 什么是奖励式众筹？请结合案例作简单分析。

6. 简述互联网财富管理的特点与模式。

7. 列举你了解的互联网财富管理平台，亲自使用，并简述体验的感受。

第 12 章 金融科技与货币、货币支付

本章主要讲授货币的交易清算与支付功能、货币清算与支付对技术的要求、科技促进货币形态演化、技术推进下的几种新型货币、现代支付方式与结算工具、金融科技影响下的货币支付创新等内容，重点掌握货币的交易清算与支付功能、现代支付方式与结算工具以及金融科技影响下的货币支付创新等内容。

12.1 货币的交易清算与支付功能

12.1.1 货币交易清算与支付功能的内涵及表现

在现代生活中，人们几乎每天都会在各种场合中接触和使用货币，货币随着商品经济的发展而逐渐形成价值尺度、流通手段、贮藏手段、支付手段和世界货币的五大职能。其中，货币的流通手段和支付手段职能派生出货币的支付手段。货币的支付手段是交易双方以货币（现金或者银行存款）或者信贷的形式，来清偿商品交换和劳务活动等交易行为引起的债务，了结债权债务关系，是完成付款人向收款人转移可以接受的货币债权的过程，是社会经济活动引起的货币转移行为。

通常而言，支付功能可以划分为三个标准化过程：交易、清算和结算。货币的交易功能是在商品或服务的买卖过程中通过价格计算、确认和货币支付等来实现的，是货币充当一般等价物的重要体现。货币的清偿功能是指在收付款人的开户金融机构之间交换支付工具以及计算双方金融机构之间待结算的债权债务金额，并最终通过货币完成债权债务结清的过程。收付款人之间债权债务的计算可分为全额和净额两种计算方式。货币的结算功能是指完成债权最终转移的过程，它包括收集待结算的债权并进行完整性检查、保证结算资金具有可用性、结清金融机构之间的债权债务以及记录和通知有关各方。特别地，结算与清算均是实现债权债务清偿的经济手段，只不过两者的使用领域有所不同。结算是货币行使流通手段和支付手段职能的综合体现，其涉及者可以是各种行为的当事人，所以结算具有广泛的社会性，经济行为的参与者均与结算行为有着密切的联系；而清算则更具专门化，参加者主要是那些提供结算服务的银行及清算机构。

在现代经济中，商业银行存款已成为经济行为者用于清偿债权债务关系的主要货币手段。商业银行为用户提供在银行间转移资金的服务，以及银行本身的经济活动，产生了银行同业间的债权债务关系。中央银行为银行间债务清算提供了最终的货币清偿手段，支付得以完成。所以，支付全过程在两个层次完成，下层是商业银行与客户之间的资金支付与结算，上层是中央银行与商业银行之间的资金支付与清算。两个层次支付活动的

全过程，将经济交往活动各方与商业银行、中央银行维系在一起，构成了银行支付体系，如图 12-1 所示。

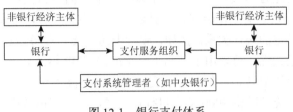

图 12-1　银行支付体系

12.1.2　货币清算与支付的基本原则

随着世界范围内的支付清算量的不断增长和各国支付清算系统的迅速发展，世界主要经济体的金融监管机构就制定一套综合、全面、普遍适用和能长久延续的支付清算通用惯例与原则达成了共识。国际清算银行支付结算体系委员会在 2001 年 1 月公布了"具有全局重要性支付系统的核心原则"（core principles for systemically important payment systems）。这份核心原则报告系统性地提出了各国的支付清算系统需要遵守的十条原则。具体内容有：支付清算系统应当具有充分的法律基础；支付清算系统的规则与程序应能使参与者清楚地理解该系统对金融风险可能产生的影响；支付清算系统应当具有管理信用风险和流动性风险的确定程序；支付清算系统的最终结算应当在生效日即时提供；采用多边净额方式的系统应当有能力确保至少有一笔大额结算债务的参与者无法完成结算时，仍然能够及时完成当日结算；用于结算的资产最好是参与者在中央银行持有的债权；支付系统应当确保高度的安全性和操作的可靠性，并拥有应急安排以保证每日的结算得以及时完成；支付清算系统提供的支付手段应切实可行并具有效率；支付清算系统应当建立客观、公开的参与者准则，使支付机构可以公开、公平地进入系统；支付清算系统的管理体制安排应当有效、可靠和透明。

12.1.3　货币支付清算与经济发展

从货币的角度看，现代经济就是货币经济，而经济的运行需要货币支付清算体系的支撑，支付清算系统是一国重要的金融基础设施之一，是现代经济、金融运行的核心平台。良好的支付清算基础设施能够促进货币的流通和商品的交换，从而促进经济的发展，反之，不匹配经济发展状况的支付清算基础设施会导致通货膨胀、通货紧缩等现象，引发相关的经济和金融风险，进而阻碍经济的发展。所以，支付清算系统能够及时、全面、系统地揭示金融运行的数量特征及其聚合状态，因而具有不可替代的、强大的经济金融分析功能。换言之，支付清算的各种指标能够准确刻画经济运行状况。这是因为在现代生活中，货币更多的是以银行存款的形式存在，支付清算过程也更多地在电子平台上进行，这使得支付清算系统的数据能够相当程度地反映经济发展的状况。虽然目前的支付清算数据还不全面，但基于有限的数据，仍能获得关于宏观经济和金融稳定的大量信息，从而便于经济参与主体更加清晰、准确地了解经济金融状况，为政府有关部门制定宏观经济政策提供参考。

支付清算系统的运行与实体经济的紧密联系，使我们能够根据其对重要宏观经济变量进行验证和预测。无论是非现金支付工具还是支付系统业务，都有一些指标与宏观经济变量之间存在着稳定的统计关系。例如，银行卡跨行支付业务增长率与实际 GDP 增长率之间有着很强的相关性，可以用于预测下一季度的 GDP 增速。

支付清算系统可以显著地降低社会的交易成本，提高支付效率，促进经济发展。比如，小额批量支付系统可以将 2000 笔支付打包发送，利用规模效应，使得每一笔支付的成本迅速下降。另外，支付清算体系还能够使得各金融市场密切联系，确保货币政策传导机制畅通。中央银行通过为金融机构提供最终结算资产、清算账户、现代化支付系统、各种支付工具和资源，将银行机构、清算机构、证券结算机构、外汇交易机构、中央对手等金融业中有关各方紧密联系在一起，提高了金融资源的使用效益，同时，也有利于中央银行实施货币政策，有利于货币政策的传导。

综上所述，支付清算系统是货币支付清算体系的核心，是市场经济货币资金流转的中枢，是维系经济金融正常运行的基础之一。支付清算系统在度量市场经济风险、预测经济发展状况、制定宏观经济政策、稳定经济发展方面起着非常重要和不可替代的独特作用。

12.2　货币清算与支付对技术的要求

货币支付清算体系是现代金融系统的重要组成部分，是国民经济运行的主动脉。近年来，互联网、云计算、大数据、人工智能和区块链等新兴技术与金融业深度融合，新科技对于金融业务的影响越发深远，逐渐形成新时期的金融科技。货币支付清算体系本身具有很强的科技属性，对技术有很高的要求，是金融科技运用的重要领域。当前，我国的支付清算行业已经进入新发展时期，逐步实现从量的扩张到质的提升，从关注速率、份额等基础指标转变为关注安全、服务等进阶指标。党的十六届三中全会明确提出"要建立和完善统一、高效、安全的支付清算系统"，这使得支付清算体系的技术需要满足安全、便捷、高效率和低成本的要求。

12.2.1　安全性保障技术

近年来，由于金融科技的进步和支付结算工具的创新，货币支付清算体系正在向自动化、信息化、电子化方向发展。与此同时，货币支付清算风险也随之增加，并出现新的形式、新的特点，直接威胁着支付清算系统的资金安全，中央银行和金融机构有责任也有义务通过多种有效方式防范货币支付清算风险。在技术层面，为保障货币支付清算体系的安全，应当适时更新电子支付清算网络系统，查找和填补网络缺陷，确保计算机设备、通信环境和机房建设状况等达到安全运行标准，软件系统则要加强防火墙建设和网络监测，保障信息在传输中或在存储介质中不发生丢失和泄露，使其经得住窃密和黑客攻击的考验，确保银行和客户资金的安全。区块链技术在支付行业的运用为支付清算提供了安全保障，区块链技术具有公开、不可篡改的属性，从而能提供去中心化的信任机制，具备改变金融基础架构的潜力。区块链技术能够直接连接收付款人，降低跨行、跨境交易的成本，确保交易记录透明、不可篡改，降低运营风险。

12.2.2　便捷性保障技术

在相关金融科技的推动下，货币支付清算体系的发展史是一步步简化支付清算流程和提高支付清算便捷性的过程。移动互联网、人工智能和大数据等新技术的应用，提升了支付清算服务普惠程度。以移动互联网和人工智能为代表的新技术和智能手机新工具，与支付行业结合，形成了大量的移动支付工具，如支付宝、微信支付和银闪付等，极大地提高了支付的便捷性。货币支付清算体系深度融合了大数据和云计算，扩大了金融服务的延展性，提升了金融服务的稳定性，大大优化了支付清算系统的运营流程，提高了便捷性。

12.2.3　效率提升技术

近年来，我国支付行业快速发展，在 2019 年，全国银行共办理非现金支付业务3310.19 亿笔，金额 3779.49 万亿元，同比分别增长 50.25%和 0.29%，与 2017 年相比，分别增长 134.9%和 0.52%。2021 年，全国银行共办理非现金支付业务 4395.06 亿笔，金额 4415.56 万亿元，同比分别增长 23.90%和 10.03%。其中，银行共办理电子支付业务2749.69 亿笔，金额 2976.22 万亿元，同比分别增长 16.90%和 9.75%[①]。我国的支付行业规模巨大、增长迅速，对支付清算的效率提出了更高的要求。

金融科技的发展可以提升货币支付清算业务的处理效率。一方面利用互联网、物联网打造平台经济模式，可以充分整合产业链上下游优势资源，简化供需双方的交易中间环节，提高资金供需匹配精准度，提升资金融通效率；另一方面，利用云计算技术构建跨层级、跨区域的分布式支付体系，可按需分配、弹性扩展资源，最大限度地提高支付业务的响应速度和支付效率。当前，我国正在对大额实时支付系统等金融市场基础设施进行升级和优化，以提高系统稳健性和支付结算效率。其中，分布式账本技术（distributed ledger technology，DLT）成为系统改造过程中的备选技术方案。从理论层面来看，依托DLT 特性，网络中的节点可以提升重要信息的一致性，无须额外的人工对账操作，交易处理速度得以加快。此外，DLT 能够减少人为干预因素，进一步提高合同的执行效率，由此带来支付清算效率的提升。

12.2.4　成本控制技术

大数据和人工智能在支付领域的应用使得支付清算系统能够更容易地控制成本，这

---

① 资料来源：《中国支付清算发展报告（2019）》和《中国支付清算发展报告（2021）》。

主要有两点原因。首先，以往的支付结算和支付清算系统中存在大量机械烦琐的环节，引进人工智能技术，通过生物识别、机械学习和智能运算能够将大量人工和半自动的环节转化为全自动化运行，长期来看会显著降低支付清算系统的运行成本。其次，大数据在支付清算领域主要应用于用户行为分析和交易欺诈防控，可以利用账户基本信息、交易历史、位置历史、历史行为模式、正在发生行为模式等，结合智能规则引擎进行实时的精准营销和交易反欺诈分析，降低整个系统的交易成本，从而达到成本控制的目的。

12.3　科技促进货币形态演化

12.3.1　技术推进下的货币形态演化进程

1. 从实物货币、金属货币到纸质货币

在人类的发展历史中，货币形态经过了实物货币、金属货币、纸质货币、电子货币四个过程。最早出现的货币形态是实物货币，实物货币通常是从某些商品中直接分离出来的，本身具有价值和特定的使用价值，因此实物货币通常是足值货币。在人类历史上，最常见的实物货币有粮食、家畜、布匹、农具、盐、贝壳等，我国早在公元前 2000 年前就使用了实物货币，我国最早出现的实物货币是贝壳。实物货币由于体积大、不方便携带、不易计量、不便于保存等诸多缺点，逐渐被金属货币取代。

金属货币指的是金、银、铜、铁等金属，相较于实物货币来说，金属货币本身就具有较高的商品属性的价值，同时金属货币还有方便储存、易于计量、容易分割、易于保存等优势，使得金属货币逐渐取代了实物货币。金属货币经历了以铜、铁的贱金属向金、银等贵金属演变和以称量货币向铸币演变的过程，称量货币是指在交易时称量交易金属的重量，以重量作为金属的价值的货币，称量货币在交易中不方便携带，难以满足商品生产和交易的需求，因此铸币逐渐替代了称量货币，铸币最早是由某些商人发行的，以自己的信誉为担保，在货币上刻上印记，标明其重量而在市场上确保流通，是最早的私人铸币，但是私人铸币的私人信用有限，而且具有很强的地域性，流通范围比较局限，不能满足广大商品的交易需求。随后国家的中央政府开始介入铸币的生产和流通等一些环节，由国家统一规划铸造，并且对金属的重量、成色等作标准化规定，刻上花纹、字体等印记，此时的铸币被称为国家铸币，也是普遍所说的铸币。马克思曾说："金银天然不是货币，但货币天然是金银。"但是贵金属的产量有限，而且金属的称量和成色的划分较为麻烦，因此金属货币不是一种理想的货币。

纸币本质上是一种信用货币，信用货币一般是指以国家信用为担保，通过信用机制发行的货币。信用货币包括辅币、纸币、存款货币等，主要特征是：①首先信用货币本身不具有内在价值，只是作为一种价值符号发挥货币的职能，其次国家发行信用货币不以黄金作为储备，即信用货币不能与黄金兑换；②信用货币是一种债权债务凭证，包括现金和存款货币，它们都由银行发行。现金相当于是中央银行对公众发行的债券，存款是商业银行对存户的负债，因此信用货币是银行的债务凭证，国家理论上赋予其无限法

偿的能力。纸币是由国家发行并强制发挥货币职能的货币，纸币除了具有上述信用货币的特征以外，也被国家认定为法定货币，中央银行可以通过调整货币供应量，对信用规模进行调整，达到影响经济的目的。

2. 技术推动存款货币向电子货币发展

在经济和科技的迅速发展下，各个国家的各经济主体之间的资金业务往来越加频繁，对于交易支付也有了更高的追求，在需求推动和技术进步下，存款货币和电子货币应运而生。存款货币是以发行货币的储蓄机构的信用作为担保的信用货币，存户在银行开立活期存款账户，存户凭借存款向银行下达支付命令，银行签发支票，无须现金兑换即可完成支付行为，存款货币代替现金货币充当了流通手段和支付手段，在信用制度发达的国家，存款货币占据重要的地位，大多数交易都是通过存款货币完成的。

电子货币是法定货币的电子化或数字化形式，以磁卡或账号的形式存储在金融信息系统内，是具备支付手段和贮藏手段的货币。电子货币除了具有信用货币的一般特性以外，还具有以下特殊属性。①发行主体多元化。传统货币是由国家机构垄断发行的，而电子货币的发行主体有中央银行、商业银行以及其他金融机构。②电子货币是法定货币，是以国家信誉为担保的货币。③电子货币以非实物的形态存在，这是与其他货币最大的不同，电子货币通过在互联网上传递电子信息来进行支付和结算等业务，因此相较于传统货币，电子货币最大的优点就是方便快捷，无论交易双方距离多远都可以迅速完成交易，大大降低了交易成本。电子货币的主要形态有信用卡、电子支票、电子钱包等。

3. 金融科技推动虚拟货币与加密货币发展

虚拟货币是相对于真实货币而言的，指没有实物形态的以电子数字形式存在的货币，在某些时候既可以充当支付工具，也可以充当储存工具，如网络虚拟空间中使用的 Q 币、使用加密技术的比特币等，虚拟货币与电子货币同样都是以非实物形态存在的货币，最大的不同在于，虚拟货币不是由货币当局发行，与法定货币没有必然的联系，但是在某些时候可以充当法定货币。随着金融科技的发展，为了保证支付交易的安全，开始在用虚拟货币进行交易的过程中使用加密技术以保证交易的安全。这种货币被称为加密货币，加密货币以比特币为代表，是一种基于密码学和网络 P2P 技术，由计算机产生，并在互联网上发行和流通的虚拟货币，在货币支付和存储过程中均使用加密技术来保证安全。

12.3.2　技术推进下的货币形态演化特征

1. 交易过程中支付清算的便捷性

从物物交换到货币媒介，从金银铸币到银行账户，从纸质票据到移动支付，从货到付款到同时支付，支付清算伴随货币走过了漫长的岁月。从实物货币到金属货币再到信用货币的变化过程中，最大的特点是支付越来越便捷，甚至如今的电子货币可以超越距离和实体货币载体，这使得即使身处世界两端的经济主体也能完成交易和支付清算。历史上出现的各种货币形态，它们被取代的原因很大程度上就是新的货币形态比原货币形态更便捷，最典型的例子便是纸质货币取代贵金属货币，纸质货币极大地提升了货币的便捷性，降低了经济活动的交易成本。

2. 价值属性逐步消失，支付属性不断增强

支付属性是伴随着货币的出现而产生的，支付是货币最重要和本源的功能。没有货币就没有支付，而没有支付功能的货币也无法称其为货币。支付通过货币形式成为实现商品交换的最后一个环节，并促进了商品的生产和持续的交换。最初出现的实物货币本身就具有特定的使用价值，如黄金作为货币来充当一般等价物，是因为它具有货币的一些特征——易于携带、稀缺性等。同时，黄金作为实物货币，一般都保持着原来的自然形态，黄金还能够作为装饰品，因此黄金本身也具有价值属性。后来的纸质货币几乎不存在任何价值，只存在使用价值，而电子货币和法定数字货币更是只是虚拟的数字，完全以国家的信用作为担保。由此可见，在货币形态的演化过程中，货币的价值属性在逐步消失，而支付属性在不断增强。

12.4 技术推进下的几种新型货币

以前流通的金属货币、纸币（信用货币）等均属于具有实物形态的货币。但近年来，在技术推进下出现了电子货币、网络虚拟货币和数字加密货币三种新型货币形态，这些都是广义数字货币，其中，广义数字货币包括电子货币和虚拟货币两种，虚拟货币又包括网络虚拟货币和狭义数字货币两种，狭义数字货币分为私人数字货币和法定数字货币。各类货币的关系如图 12-2 所示。下面分别介绍电子货币、虚拟货币和数字加密货币三种新型货币。

具有实物形态的货币	广义数字货币			
	电子货币	虚拟货币		
		网络虚拟货币	狭义数字货币	
			私人数字货币	法定数字货币

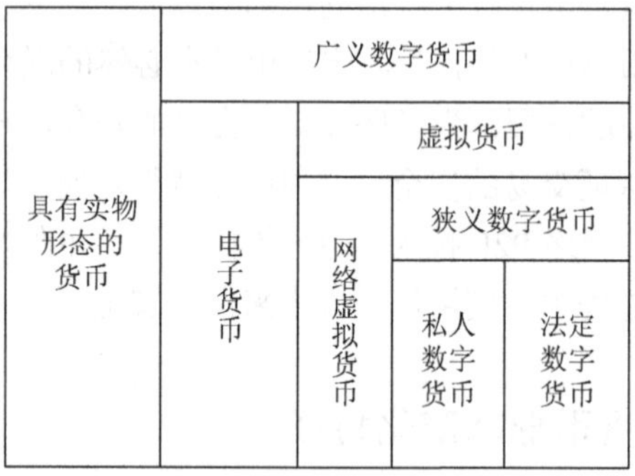

图 12-2 广义数字货币、电子货币、虚拟货币概念矩阵

12.4.1 电子货币

1. 现代电子信息技术发展与支付电子化

随着电子信息技术和网络经济的快速发展及其在经济社会活动中的广泛应用，人们

的支付方式发生了深刻变化。非现金结算方式逐渐取代传统的现金结算方式，非纸质的电子支付工具逐渐取代纸质支付工具，出现支付电子化的现象和趋势。电子支付是人们利用计算机、互联网进行资金转移偿付的行为，是支付方式的高级阶段。具体来说，在支付领域，信息技术的广泛使用产生了各种电子支付工具，人们可以利用这些电子支付工具进行资金的转移或债务偿还，常见的电子支付工具有银行卡、电子支票和电子货币。

近些年随着数字化经济的发展，电子支付工具中的电子货币发展迅速。电子货币是指以商用电子化工具和各类交易卡为媒介、以计算机技术和通信技术为手段、以电子数据流形式存储在银行的计算机系统，并通过计算机网络以信息传递形式实现流通和支付功能的货币，如信用卡、储蓄卡、IC（integrated circuit，集成电路）卡、各种消费卡、电子支票、电子钱包、网络货币等，几乎包括所有与资金有关的电子化的支付工具和支付方式。除此之外，数字加密货币也是一种法定货币的数字传输机制，它通过电子渠道转移法定货币的价值。显然，数字加密货币作为网络货币的一种，也是电子货币。电子货币因其载体为计算机网络、流通媒介为电子网络，而具有及时性、隐秘性、安全性等主要特征。

及时性是指使用电子货币完成的支付行为具有快速性和时效性，是通过电子流通媒介并在操作瞬间借记付款方的货币账户（如储蓄账户）或载体（如现金卡），同时贷记收款方的货币账户或载体而完成的支付行为。因此交易的发生时间很短暂，一系列的识别、认证、记录数据变更工作完成得很迅速。这样的特征使电子货币相对传统货币而言，更方便快捷，省去了人工识别现钞货币、点算（特别是在额度较大或者是金额比较零散的时候）保存、转移存储等步骤，加速了资金流动，方便了收付款双方。

隐秘性是指电子货币支持的交易都在计算机系统和电子网络上进行，没有显见的现钞货币或其他纸基凭证。所以交易有一定的隐秘性，为保护商业秘密、尊重交易双方的隐私，提供了可行的途径。

安全性是指在数额较大的交易中使用电子货币进行支付时，还需要收款人提供身份识别证明，如个人密码、密钥甚至指纹等来验证交易的合法性，从而确保电子货币支付的安全。这些保护措施的安全性要远远高于现钞货币的安全防伪措施，因此其安全可靠程度是更容易被接受的。

2. 电子货币发行与基础设施

关于电子货币发行，首先要明确电子货币发行主体，当今各国在明确电子货币的发行主体问题上并无统一的解决方案，而是根据具体国情而定。目前，电子货币的发行主体有中央银行、商业银行和非银行机构。

（1）电子货币的发行主体为中央银行。这是最传统最保守也是最安全的发行方式。中央银行严格控制现金数量和电子货币的总量，在发行通货的时候也会控制好需求和流通供给情况。这种电子货币的主要作用就是替代现金流通。

（2）电子货币的发行主体为商业银行。不管在我国还是在一些发达国家中，电子货币的发行主体都为商业银行，而且在法律上也明确规定了相关的管理与调控规程。电子货币的发行主体为商业银行，其发行方式主要是消费者利用手中的现金或存款货币来向商业银行等价值兑换电子货币。而中央银行间接控制商业银行的电子货币，电子货币的主要监管主体还是中央银行，主要目的还是根据经济社会发展对货币的客观需要而相机控制货币的供应量。

（3）电子货币的发行主体为非银行机构。目前，许多非银行机构也发行了电子货币，如电信和信息技术行业。它们掌握了电子货币的核心信息和技术，也拥有着自己的客户群，从而很容易进入电子货币的市场中。这种发行机制对中央银行的货币政策有着很复杂的影响。为了保持电子货币和现金货币的稳定性，中央银行会制定出相应的政策来控制货币供给量。

电子货币发行之后，要进行运作。电子货币的运作是指电子货币的应用方式，即用一定金额的现金或存款从电子货币发行机构的营业柜台兑换或通过其网站业务兑换，获得相等金额的电子货币，并通过网上支付的方式将相等金额的电子货币数据转移给收款方，从而完成债务的清偿行为。一般将电子货币的基本运作流程分为三个步骤：发行、流通和回收（图 12-3）。①发行，电子货币使用者 X 向电子货币发行者 A（银行、信用卡公司等）提供一定金额的现金或存款，并请求发行电子货币，A 接收来自 X 的相关信息后，将相当于同等金额的电子货币的数据对 X 授信，X 即可使用。②流通，电子货币使用者 X 接收来自 A 的电子货币，为了清偿对电子货币使用者 Y 的债务，将电子货币的数据对 Y 授信，即 Y 收到 X 传过来的相应电子货币的数据。③回收，Y 把收到的相应电子货币的数据传给电子货币发行者 A，要求兑换支付。A 根据 Y 的支付请求，将电子货币兑换成现金支付给 Y 或者存入 Y 的存款账户。

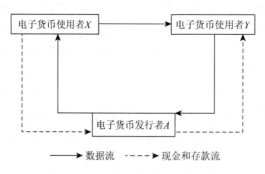

图 12-3　电子货币的基本运作流程

电子货币的主要参与机构包括发行人、网络服务商、设备提供商、商家、消费者和清算机构。电子货币基础设施依赖电子货币系统。电子货币系统的核心是现代密码学技术，其安全性、可靠性等属性，也主要依赖密码算法。

3. 电子货币支付中的安全、权益保护与监管问题

随着电子商务和互联网技术的快速发展，电子货币支付已成为社会生活领域的重要方式。但在电子货币支付过程中也逐渐暴露出一些问题，如安全问题、权益保护问题和监管问题。

1）安全问题

电子货币支付中的安全问题主要体现在网络信息安全技术有待提高。电子货币是以

电子技术的发展为基础的。它的兑换和使用过程都是以信息的形式来进行存储和传输。随着互联网技术的快速发展，让人们生活更加便利的同时也使黑客的侵入更有迹可循。黑客能够通过互联网侵入电子货币的交易流程，对支付平台及网络安全造成危害，最终盗取用户的信息数据，让用户的核心数据信息丧失机密性与完整性，信息安全变得越来越难以保证，目前的电子支付安全保障技术还不能完全解决这个问题，需要不断提高数据加密技术、防火墙技术等信息安全技术。

2）权益保护问题

消费者在使用电子货币支付时，可能存在如下风险：①可能因欺诈、盗窃、电子支付技术系统损坏或电子支付服务者的运营错误产生经济损失；②支付不及时或者不完全的风险；③因电子支付产品使用中信息可能被泄露而被他人用于欺诈等而形成的风险。这些风险可能会损害消费者权益，目前消费者权益保护中存在的问题有消费者权益保护法律法规不完善、支付技术存在安全隐患、消费者隐私泄露等。

3）监管问题

电子货币支付的监管需要一个完善的监管体系。首先，在法律监管上，尽管我国颁布了关于电子支付的法律法规，如《电子支付指引（第一号）》《非金融机构支付服务管理办法》等，但是还没有一部对电子支付中各方的权利义务清楚界定的法律法规，存在法律不完善的问题。其次，在市场监管上，电子支付平台缺乏有效管理，有关部门对电子支付平台的监管力度不足。最后，金融机构在内部风险控制上也存在不足。我国商业银行内部控制制度建设滞后于金融电子化的发展，信息系统安全管理的基本框架、管理机制、策略方法和工作流程还不完善，一些制度得不到认真执行，会给电子货币支付安全运行造成风险。

12.4.2　虚拟货币

1. 互联网技术与虚拟货币

互联网技术的出现和发展为虚拟货币的产生创造了条件。互联网为用户提供了大量信息交流和沟通的场所，随着以社交网络、搜索引擎以及云计算等为代表的互联网技术的发展，虚拟环境下，为满足用户购买虚拟商品和服务的支付需求，无实体的虚拟货币出现了。虚拟货币以互联网电子信息为载体，是产生于网络虚拟环境的一种新型支付工具和交易媒介，只具备货币的部分职能，是一种具有购买力的近似货币。

由对虚拟货币的概念分析可知，虚拟货币具有以下特征。

（1）虚拟性。首先，虚拟货币实际上是一种数字化的信息，没有特定物质形态，通过密码学和去中心化网络来保护交易的安全性和匿名性。其次，虚拟货币存在于网络虚拟空间中，用来作为信息商品的交易媒介及虚拟财富的储存手段。

（2）近似货币。对于现有的虚拟货币而言，由于其流通范围相对狭小，不能固定充当所有商品的一般等价物，但在其流通范围内，已经具备了货币的价值尺度和流通手段的职能，因此属于近似货币。

（3）应用有限性。虚拟货币大都由非金融机构发行，通常只能购买发行者提供的现实商品、信息产品或服务。通过与其他公司协商，虚拟货币也可以购买部分其他公司提供的现实商品、信息产品或服务。因此，虚拟货币的支付对象和购买客体都具有有限性。

2. 虚拟货币的适应性

虚拟货币的适应性是指在不同的虚拟环境下，虚拟货币的表现形式不同，虚拟货币能够适应环境的变化。虚拟货币的表现形式有以下几类。

第一类是泛虚拟货币。主要是一种商业积分性质的货币，用商业积分可以抵扣相应的现金。例如，集分宝，是由支付宝提供的积分服务，它可以作为现金使用，用途非常广泛，可以在支付宝合作网站使用，如在淘宝、天猫商城等网站抵扣相应现金进行购物，同时还支持还信用卡、缴水电煤费用、兑换彩票或礼品甚至是捐款献爱心。

第二类是服务币。服务币主要是指虚拟社区运营商为了鼓励用户之间进行资源共享而设立的一种虚拟货币，用户要获得这种虚拟货币，必须按照虚拟社区的规则参与特定的虚拟社区活动。例如，豆瓣小豆，是豆瓣社区为了促进用户互动而设立的虚拟货币，除了系统的不定期奖励发放，用户还可以通过在豆瓣社区创作优秀的作品来获得小豆，然后通过小豆换取折价券或代金券，去豆瓣合作的网站购买实体商品。

第三类是游戏币。游戏币是虚拟社区发行的可以用现实货币来购买的一种虚拟货币，购买后一般不能或者很难兑换回现实货币。使用游戏币可以在虚拟社区购买虚拟商品或服务，一般不能购买实体商品或服务。例如，腾讯公司发行的 Q 币，可以用来购买腾讯公司自己提供的虚拟商品或服务。

第四类是类货币。类货币是指没有发行主体，与现实货币有兑换汇率，用户既可以用现实货币来购买，也可将其出售换回现实货币的一种虚拟货币，类货币既可以购买虚拟商品和服务，也可以购买实体商品和服务。例如，比特币和莱特币，没有特定的发行机构，都是 P2P 形式的虚拟货币，以一种点对点的计算机传输技术为基础并通过大量计算产生，是一种去中心化的支付系统。

3. 虚拟货币的风险

虚拟货币在发展过程中存在一些风险，具体的风险如下。

1）信用风险

对于虚拟货币发行人来说，虚拟货币持有人要求虚拟货币发行人披露更多商业信息，虚拟货币发行人承担过多信息披露义务，导致信息披露成本增加，甚至会存在泄露虚拟货币发行人商业秘密的风险。

对于虚拟货币持有人来说，如果发行商不能履行承诺，会导致虚拟货币不能兑换商品或赎回法定货币，从而造成虚拟货币持有人的损失；如果发行商内部管理不善，会导致发行商内部员工损害虚拟货币持有人的利益；如果发行商滥发虚拟货币，会导致虚拟货币贬值；一旦发行商出现诈骗行为，用户购买虚拟货币后，虚拟社区停止运营，会造成用户的经济损失；虚拟货币发行人在利益的诱惑下可能将其收集到的用户个人信息资料用于协议规定以外的用途，甚至出售给第三方，侵害虚拟货币持有人的个人隐私权。

2）法律风险

对于虚拟货币发行人来说，在运营商合法履约开放服务器期间，运营商不管是经营不善还是恶意中止运营，只要用户未明确表示抛弃其虚拟财产，用户要求发行商或运营商赔偿他失去的虚拟货币或虚拟财产，法庭都会给予支持，这对虚拟货币发行人来说是一种法律风险。

对于虚拟货币持有人来说，发行商擅自删除用户的虚拟货币或者用户的虚拟货币被黑客和犯罪分子盗窃，存在法庭由于取证困难而无法提供救济的情况，这会给虚拟货币持有人带来一定的风险。

3）洗钱风险

洗钱是指将非法收入合法化的过程，往往伴随着贩毒、走私、恐怖活动、贪污腐败和偷税漏税等违法犯罪活动，洗钱会破坏市场经济有序竞争，并威胁到金融体系的安全与稳定，对社会有很大的危害。

虚拟货币电子交易等全新支付手段的出现，在推动金融服务模式创新的同时，其高流动性、虚拟性、隐蔽性、低成本性和可以远程转移的特性容易被洗钱活动利用。虽然相关法律法规规定虚拟货币发行商和运营商不准提供虚拟货币与现实货币的自由兑换服务，但由于存在第三方交易平台，虚拟货币与现实货币的自由兑换成为可能，为犯罪分子利用虚拟货币进行洗钱提供了便利。

12.4.3　数字加密货币

1. 内涵及特征

数字加密货币指不依托任何实物，使用密码算法的数字货币。数字加密货币的代表是比特币，比特币的概念最初由中本聪在 2008 年 11 月 1 日提出，并于 2009 年 1 月 3 日正式诞生。比特币是根据中本聪的思路设计发布的开源软件以及建构其上的 P2P 网络而开发的一种 P2P 形式的虚拟的数字加密货币。

数字加密货币具有以下特征。

（1）去中心化。数字加密货币是不依靠法定货币机构发行，不受中央银行管控，完全去中心化，没有发行机构，不可能操纵发行数量的一种货币。外部任何相关行业和机构无权关闭或决定数字加密货币的发行。数字加密货币不受任何国家、政府机构以及中央银行的管控。数字加密货币的价格可能有所波动。数字加密货币一旦产生并投入使用，就永不会消失，因为它也是一种具有价值的信用货币。

（2）匿名性。交易双方可以随意生成自己的私钥，并通知付款人利用相应的公钥来支付款项。使用者以公钥的哈希作为自己的名称，因此不需要真实的姓名和身份来与系统进行交互，公钥的哈希是拥有这些数字加密货币的唯一凭证，系统只会对持有者的公钥进行验证，并不会获取关于持有者的任何隐私信息，任何操作都是匿名的，安全系数非常高。

（3）可编程。数字加密货币的一个显著特性就是区块链或分布式账本赋予的可编程性。数字加密货币在分布式账本上表现为计算机代码，交易时则是在账户或网络地址上进行代码之间的交换。

（4）加密性。数字加密货币建立在基于密码学的安全通信上（也就是非对称加密、数字签名等技术），同时使用密码学（哈希函数、共识算法）的设计来确保货币流通各个环节的安全性。

2. 几个理论问题

1）共识经济理论

共识经济是指在经济活动中，由一个固定的抽象概念或者符号形成的共识机制。共识机制，是通过特殊节点的投票，在很短的时间内完成对交易的验证和确认的一种机制。在这种机制中，对一笔交易，如果利益不相干的若干个节点能够达成共识，就可以认为全网对此也能够达成共识。共识机制是区块链技术的重要组件。区块链的共识机制体系包括算法共识、决策共识和市场共识，这三者互相关联且密不可分。算法共识是分布式网络中节点运行的算法规则，决策共识反映分布式节点的控制实体制定或修改算法规则的过程，市场共识是算法共识和决策共识在市场和价格层面的反映，会对算法共识和决策共识产生重要的反作用。区块链中常见的共识机制包括：工作量证明机制、权益证明机制、股份授权证明机制和混合共识机制等。

2）中心化与去中心化

中心化的意思是中心决定节点。节点必须依赖中心，节点离开了中心就无法生存。

去中心化是互联网发展过程中形成的社会关系形态和内容产生形态，是相对于中心化而言的新型网络内容生产过程。在计算机技术领域，去中心化结构使用了分布式核算和存储，不存在中心化的节点，任意节点的权利和义务都是均等的，系统中的数据块由整个系统中具有维护功能的节点来共同维护。任一节点停止工作都不会影响系统整体的运作。去中心化是区块链最基本的特征，区块链不依赖中心的管理节点，就能够实现数据的分布式记录、存储和更新。

3）中央银行数字加密货币

中央银行数字加密货币是中央银行发行的、以数字形态存在的、实现支付双方点对点交易、分散结算的货币。中央银行数字加密货币体系的核心要素为"一币、两库、三中心"。一币是指中央银行数字加密货币，由中央银行担保并签名发行的代表具体金额的加密数字串。两库是指中央银行的发行库和商业银行的银行库，同时还包括在流通市场上个人或单位用户使用 CBDC（central bank digital currency，中央银行数字货币）的数字货币钱包。三中心是指认证中心、登记中心和大数据分析中心。认证中心主要就中央银行对 CBDC 机构及用户身份信息进行集中管理，是系统安全的基础组件，也是可控匿名设计的重要环节。登记中心负责记录 CBDC 及对应用户身份，完成权属登记，记录的全过程包括 CBDC 的产生、流通、清点核对及消亡等。大数据分析中心主要负责反洗钱、支付行为分析、监管调控指标分析等。

4）智能化协议与技术

智能化协议也称智能合约，智能合约是由密码学家尼克·萨博（Nick Szabo）于 1994 年在其论文《智能合约》中提出来的。尼克·萨博将智能合约定义为一套数字形式描述的承诺，包括合约参与方可以基于智能合约而执行这些承诺的协议。这些承诺定义了合约参与方的权利和义务，而数字形式意味着权利义务需要被写入代码中由计算机网络自动执行。智能合约可以对收到的信息进行回应、接收和储存，以及向外发送信息和价值。其工作原理在于，当数据和描述信息传入智能合约后，合约资源集合中的资源状态会被更新，进而触发智能合约借助状态机进行判断。如果自动状态机中某个或某几个动作的触发条件满足，则状态机会根据预设信息选择合约动作自动执行。需要注意的是，智能合约只是一个事务处理系统，使数字化承诺在满足触发条件时自动执行，而不会产生或者修改智能合约。

区块链技术是利用块链式数据结构来验证与存储数据、利用分布式节点共识算法来生成和更新数据、利用密码学的方式保证数据传输和访问的安全、利用由自动化脚本代码组成的智能合约来编程和操作数据的一种全新的分布式基础架构与计算方式，具有分布式、去中心化、可靠数据库、开源可编程、集体维护、安全可信、交易准匿名等诸多特点。区块链技术为智能合约提供了可信的执行环境，不仅可以支持可编程合约，而且具有去中心化、不可篡改、可回溯等特征，天然适合于智能合约。

5）数字加密货币监管机制

以比特币为代表的数字加密货币具有交易匿名性、不可追溯、去中心化等特点，容易为洗钱、贩毒、走私、恐怖集资等违法犯罪活动提供渠道，存在非法交易风险。而且市场价格的高波动性带来的泡沫存在投资风险。为应对数字加密货币交易带来的乱象以及消费者权益受损风险，一些国家制定了相关监管规则。

（1）交易监管。一是要求从事数字加密货币业务的机构需要获取许可证。比如，日本要求交易所在金融服务管理局进行注册。德国要求从事数字加密货币业务需要得到政府的许可。二是约束交易平台以及参与主体的行为。2018 年 3 月 7 日，美国证券交易委员会发布《关于可能违法数字资产在线交易平台的声明》，着重提示投资者参与数字资产在线交易应考虑的风险要点，帮助投资者最大限度地规避风险，同时警示数字资产交易平台运营者应注意平台的合法性和合规性，提出具体的监管要求，以保障数字资产交易和运营的合法合规。三是增加反洗钱和充分了解客户（know your customer，KYC）的要求。法国、澳大利亚、加拿大等国家要求进行身份验证，上报交易细节，遵循反洗钱、KYC 规则，实施洗钱、恐怖融资风险控制。

（2）税收监管。以比特币为代表的数字加密货币容易成为一种逃税手段。而且，在税收上面临着应以财产的形式还是以货币的形式以及用何种支付工具来缴纳的问题，现阶段有些国家对数字加密货币的税收监管还处于"监管空白"，有些国家则倾向于将数字加密货币按照财产对待。但对新创建的私人数字货币如何进行征税仍是个难题。

（3）支付监管。虽然目前大部分国家没有认可比特币等数字加密货币是法定货币，但一些国家支持数字加密货币的支付功能，认为数字加密货币可用来直接交换商品和服务，并通过立法或税收政策来规范数字加密货币的支付功能。

（4）ICO 监管。对 ICO 代币的界定，各国目前倾向于按实质重于形式的监管原则，判定 ICO 是一种证券行为，向投资者警示欺诈与洗钱风险。2017 年 7 月 25 日，美国证券交易委员会发布的调查报告表示，将 ICO 代币定性为证券，强调所有符合联邦证券法关于证券定义的 ICO 项目以及相关交易平台提供的数字资产都将纳入美国证券交易委员会的监管范畴。2017 年 9 月 4 日，中国人民银行等七部门联合发布《关于防范代币发行融资风险的公告》，明确"代币发行融资中使用的代币或'虚拟货币'不由货币当局发行，不具有法偿性与强制性等货币属性，不具有与货币等同的法律地位，不能也不应作为货币在市场上流通使用"，并规定任何组织和个人不得非法从事代币发行融资活动，各类代币发行融资活动应当立即停止。

3. 数字货币在全球和我国的试点与发展情况

数字经济已经成为带动各国经济高质量发展的重要引擎，法定数字货币系统将成为数字经济发展中重要的基础设施。近年来，多国中央银行以各种形式公布了关于 CBDC 的计划，有的已经开始部署，有的甚至完成了初步测试。

2021 年 1 月，国际清算银行发布的一份调查报告显示，截至 2020 年末，全球 65 家中央银行积极从事 CBDC 工作的占比已达到 86%，比四年前的水平增长了 30% 以上。不仅如此，各国中央银行对 CBDC 的研发也逐步迈向更高阶段，约 60% 的中央银行正在进行概念验证或实验，这一占比在 2019 年末仅为 42%，并且，14% 的中央银行已经在推进试点工作了。

2020 年 10 月 20 日，全球第一个在其全境范围内落地的 CBDC——巴哈马中央银行发行的"沙元"正式推出。巴哈马"沙元"试点采用持有量上限规则，以防止对传统银行产生大量的存款替代。2021 年 3 月 31 日，东加勒比中央银行（Eastern Caribbean Central Bank，ECCB）启用其中央银行数字货币 DCash，从而成为首个发行 CBDC 的货币联盟中央银行。

除小型经济体外，世界的主要中央银行也在探索自己的选择。中国人民银行发行的数字人民币（E-CNY）在其中走在前列。2020 年 10 月，深圳首次开展数字人民币红包试点，随后苏州、北京、成都等地先后加入，场景覆盖范围逐步扩大。

数字人民币的快速发展引起了国际社会特别是美国和欧盟的重视和警惕。2020 年 6 月，美国民主党和共和党分别提出了"美联储账户"（FedAccount）和"数字美元项目"（Digital Dollar Project）两项美国版 CBDC 方案。美国波士顿联邦储备银行与麻省理工学院也正在合作进行 CBDC 的研究。2020 年 10 月 9 日，国际清算银行与英国、加拿大、日本、瑞典、瑞士、欧元区、美国的中央银行共同发布了一份名为《中央银行数字货币：基础原则与核心特征》的研究报告。该报告从支付（包括跨境支付）、货币政策、金融稳定和中央银行目标之间的平衡等方面阐述了中央银行发行 CBDC 的动机及其中存在的风险和挑战，并提出了 CBDC 的核心特征值和应遵循的基本原则。虽然该报告表示参与的各家中央银行并非确定要发行 CBDC，但它们仍然提供了一些 CBDC 的设计思路和技术选择，并表达了这七家中央银行继续合作的意愿。

2020 年 10 月 2 日，欧洲中央银行发布了《数字欧元报告》，详细论述了数字欧元发行需要的情境、隐含的要求，分析了其可能对银行业、支付行业、货币政策、跨境使用，以及欧洲中央银行自身盈利能力和风险承担等方面的影响，并提出了在准入、隐私保护、限制机制、离线应用、计息、基础设施等方面的功能设计，这是对数字欧元的详尽阐述。

此外，一些国际合作项目也在推进，包括欧洲中央银行和日本中央银行的"星云项目"（Project Stella），国际清算银行创新中心、瑞士国家银行和瑞士证券交易所的 Helvetia（赫尔维希亚）项目，以及国际清算银行创新中心与泰国、中国和阿联酋中央银行合作运营的"多边央行数字货币桥"（Multiple-CBDC Bridge）项目等。"多边央行数字货币桥"项目通过共同研究分布式账本技术在 CBDC 跨境支付中的应用方案，开发概念验证（proof of concept，PoC）原型，以支持全天候、实时的跨境 CBDC 交易等。

在我国，早在 2014 年中国人民银行就开始部署数字货币的前瞻性研究。2016 年，中国人民银行数字货币研究所成立，成为全球最早从事法定 CBDC 研发的官方机构，并在 2017 年底牵头各商业机构开展数字人民币体系的研发。

2020 年 4 月，中国人民银行宣布数字人民币先行在深圳、苏州、雄安、成都及冬奥场景进行内部封闭试点测试，之后又增加了上海、海南、长沙、西安、青岛、大连六个试点测试地区，形成"10＋1"格局。目前杭州、广州、重庆等城市都已纳入试点地区。同时，数字人民币试点场景愈加丰富，中国人民银行发布的《中国数字人民币的研发进展白皮书》显示，截至 2021 年 6 月 30 日，数字人民币试点场景已超 132 万个，覆盖生活缴费、餐饮服务、交通出行、购物消费、政务服务等多个领域。我国目前主要通过数字人民币红包这一惠民方式推广数字人民币，截至 2023 年 7 月底已发放总额超 2.69 亿的数字人民币红包，此外各试点也在不同场景推出了创新性测试。例如，深圳是全国率先开展数字人民币试点的城市，承担着先行先试的责任。数字货币深圳的应用场景较多集中于餐饮、零售、出行和生活缴费等日常高频支付领域，这为后续试点奠定了一定的技术与公共认知基础。例如，在日常出行方面，深圳市交通运输局联合中国人民银行、农业银行、建设银行和深圳通有限公司，正式启动数字人民币在公共交通绿色出行领域试点应用的工作，提倡市民在公共交通领域积极使用数字人民币参与绿色出行。市民不仅可以使用数字人民币在深圳通 APP 中进行扫描乘车，并据此进行免密代扣，还可在 APP 中办理购卡、充值等业务。总之，随着数字人民币在全国的成功试点与推广运用，数字人民币必将具有广阔的未来。

12.5　现代支付方式与结算工具

12.5.1　现代支付方式

1. 行内支付系统

在我国，商业银行大多采用总分行制的组织结构，行内支付系统是同一银行的不同分支机构之间因资金汇划、缴存、借贷而产生债权债务关系，需要一定的清算组织和一定的清算程序与方法来进行支付指令的发送与接收、对账与确认、收付数额的统计轧差、全额或净额的结清，以便于清偿债权债务关系的系统。行内支付系统就是实现行内支付指令传送和资金清算结算的系统，并不是独立存在于银行信息系统之外的一个系统，是银行业务系统的重要组成部分。

如图 12-4 所示，我国行内支付系统以总行为中心，以各分支银行为组织结构，在这个系统内，各个层级的银行实行汇划资金、自主核算的财务管理制度。随着信息技术的发展和银行自身管理水平的提高，联行系统也在不断提升换代，从早期的手工联行系统发展到电子资金汇兑系统，进而发展到电子资金汇划与清算系统，行内支付系统正在向着业务流程电子化、高效化，功能全面化的方向发展。电子资金汇划与清算系统的业务囊括商业银行内部结算资金调拨、电子资金汇划及清算业务，具有清算网络结构层次少、资金清算速度快等特点。

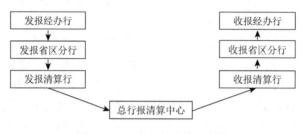

图 12-4　行内支付系统示意图

2. 行间结算系统

行间结算系统主要是指由一国中央银行主导的国内支付结算系统，与各国自身的经济政策制度相关。在我国，中国人民银行通过建设以大额、小额支付系统为主要应用系统的现代化支付结算系统，逐步形成以中国现代化支付系统为核心的中国支付结算体系。

大额实时支付系统，简称大额支付系统，是中国人民银行根据我国的实际需要，利用现代计算机技术和通信网络开发建设的，处理同城和异地跨行之间和行内的大额贷记及紧急小额贷记支付业务、中国人民银行系统的贷记支付业务以及即时转账业务等的应用系统。大额实时支付系统的参与者根据其参与支付系统的身份不同分为直接参与者和间接参与者。直接参与者是指与大额实时支付系统连接，直接通过支付系统办理支付清算业务的机构，包括中国人民银行总行、在中国人民银行开设清算账户的银行和非银行金融机构。间接参与者是指委托直接参与者通过大额实时支付系统办理支付清算业务的机构。大额实时支付系统在物理结构上设立了两级处理中心，即国家处理中心（national processing center，NPC）和城市处理中心（city clearing processing center，CCPC）（31 个省会城市和深圳市均设有城市处理中心），NPC 分别与各 CCPC 相连接。按业务处理流程的不同，大额实时支付系统处理的业务分为大额支付业务、即时转账支付业务、中国人民银行内部转账业务和同城轧差净额业务。其中，大额支付业务和即时转账支付业务是大额实时支付系统处理的两类主要支付业务。

小额批量支付系统简称小额支付系统，是另一个重要的支付结算系统，是我国现代化支付系统的主要业务子系统和组成部分。小额批量支付系统是一个净额延时支付系统，主要处理同城和异地纸凭证截留的借记支付业务和小额贷记支付业务。小额批量支付系统采取支付指令批量发送，轧差净额清算资金，并按照净额结算资金，为社会提供低成本、大业务量的支付清算服务。小额批量支付系统满足社会支付清算的多样化需求，能够支撑多种支付工具的使用，并且能够 7×24 小时连续无间断地运行，成为银行业金融机构跨行支付清算的安全高效的平台。小额批量支付系统的参与者包括商业银行、非金融支付服务机构、中国人民银行和中国银联等。小额批量支付系统与大额实时支付系统具有相同的系统架构，作为两个相互独立的业务系统，两者共用同一系统物理平台和数据通信网络。小额批量支付系统处理的基本业务类型可分为贷记业务、借记业务和信息类业务。其中，贷记业务分为普通贷记支付业务、定期贷记支付业务和实时贷记支付业务；借记业务分为普通借记支付业务、定期借记支付业务和实时借记支付业务。

网上支付跨行清算系统主要处理规定金额以下的网上跨行支付业务以及跨行账户信息查询业务。网上跨行支付业务采取实时轧差、定时结算的方式。2010 年 9 月，我国的网上支付跨行清算系统正式投入运行，这是我国金融信息化、电子化进程中的一个重要里程碑。该系统的运行有利于中国人民银行更好地履行职能，进一步提高网上支付等新型电子支付业务跨行清算的处理效率，支持并促进电子商务的快速发展。网上支付跨行清算系统以网银中心为核心，为商业银行网上银行业务处理系统和经中国人民银行批准获得支付业务许可证的非金融支付服务机构业务系统提供直联方式的接入点。

3. 国际资金清算系统

当两个或两个以上的国家或者地区之间发生国际贸易、国际投资等经贸活动时，会产生国际的债权债务，这时就需要借助一定的结算工具和支付清算系统来进行国际的资金清算，以实现资金跨国和跨地区转移。自 EDI（electronic data interchange，电子数据交换）技术和 SWIFT 问世之后，各个金融市场的银行会员之间能够进行多种货币的资金调拨、托收和信用证等业务，还能够通过电子化交易手段形成 7×24 小时不间断的全球清算体系，大大简化了跨境支付清算程序。

美元是主要的国际货币，它在经济金融、贸易投资以及价值储备等领域被广泛地接受和使用，国际的货币支付清算大多是对美元的清算。现阶段经常使用的美元交易清算系统是纽约清算所银行同业支付系统（Clearing House Interbank Payment System，CHIPS），它是全球最大的支付清算系统之一，由纽约清算所协会（New York Clearing House Association，NYCHA）经营管理，主要进行跨国美元交易的清算。CHIPS 是一个净额多边清算的大额贷记支付系统，也是一个实时的、终结性的清算系统，对支付指令连续进行撮合、轧差和结算。国际贸易和国际投资存在各种各样的风险，其中的信用风险显著地影响着 CHIPS 这样的国际清算系统。为了控制信用风险，CHIPS 提供了双边信用限额和多边信用限额来控制风险。双边信用限额是指清算成员双方根据信用评估分别给对方确定一个愿意为其提供的信用透支额度；多边信用限额则是根据各个清算成员对某一清算成员提供的双边信用限额，按比例确定清算成员的总信用透支额度。

欧元是欧盟的法定货币，这使得其天然具有国际性，又因为欧盟强大的政治经济实力，使得欧元成为美元之后最为通用的国际货币，同时也是世界上最有影响力，能够超越国家主权的流通货币。欧元的大额支付清算系统主要包括：第二代泛欧实时全额自动清算（The Trans-European Automated Real-time Gross Settlement Express Transfer 2，

TARGET2）系统和欧洲银行业协会（European Banks Association，EBA）的欧元系统。

TARGET2 系统是通过单一共享平台，将各成员国实时全额结算系统连接起来的开放式系统，主要用于大额资金结算，以及实时总额结算，如图 12-5 所示。

图 12-5　TARGET2 系统组织关系示意图

为保证 TARGET2 系统的正常运行，TARGET2 中的各成员国中央银行需要在 TARGET2 中保有一个专用母账户，用于管理准备金、日内信贷等。如果一国的成员（金融机构）准备金不充裕，各国中央银行可以通过该账户提供日内信贷。欧洲中央银行是 TARGET2 系统的总协调人，虽然欧洲中央银行在 TARGET2 系统中没有净头寸，但当某成员国中央银行专用母账户头寸不足时，欧洲中央银行会从收款方成员国中央银行的专用母账户拆借资金，以便向头寸不足的成员国中央银行融资，TARGET2 系统的支付流程如图 12-6 所示。

图 12-6　TARGET2 系统的支付流程

为了在欧盟内向欧元贷记转账提供一个多边净额结算的大额实时支付系统，EBA 创立了 EURO1。该系统由根据法国法律设置的三家机构进行管理，即 EBA、EBA 清算公司和 EBA 行政事务管理公司，这三家机构通过一个主协议进行规范，其中，EBA 清算公司的股东都是清算银行，负责 EURO1 系统的运营和管理。EURO1 是一个国际性的系统，参与银行的主办国来自所有欧盟国家和部分非欧盟国家（如美国、日本、澳大利亚等）。EURO1 根据单一债务构成方案原则进行，在 EURO1 进行的支付处理不会在参与者之间产生双边的支付债权或债务，也没有任何形式的来自对参与者债权债务进行连续调整而产生的抵消、替代和轧差处理。单债务构成方案原则的目的是防止在交易日结束时因某一参与者违约无法偿还某一笔债务而引发的任何形式的解退处理。

12.5.2　现代支付结算工具

1. 现金支付

现金是人们在日常生活中最常用的支付结算工具，是信用货币的重要形态，是由国家法律规定的，实行强制流通的货币。现金不以任何贵金属为基础，独立地发挥着货币的职能。在我国，现金主要是指流通中的现钞，是由我国法律确定的，在一定范围内立即可以投入流通的交换媒介。它具有普遍的可接受性，可以有效地立即用来购买商品、货物、劳务或偿还债务。目前流通的人民币，是中国人民银行在 1999 年发行的第五套人民币。此外，中国人民银行还会根据一些重大题材，不定期发行一定数量的可流通纪念币。目前，现金基本分布在城乡居民和企事业单位中，只有极少部分现金会流到海外。现金交易大部分发生在银行储蓄存取款、日常消费性支出、农副产品收购支出等。现金使用者主要利用两种方式提取现金：一是通过使用储蓄卡从各商业银行储蓄网点或 ATM 提取现金；二是通过签发支票提取现金。

现金支付能在日常生活中占据重要的位置是因为其有独特的优势，从总体来说，现金支付具有简便、安全的特点，有利于商品交易的完成，也有利于商品交换的发展，特别是促进了零售商品经济的发展。从支付的角度而言，现金既是支付工具，又是支付媒介。并且，现金是面对面的支付工具，无须验证瞬间完成，不存在流动性风险和信用风险。现金作为货币债权，是国家的法定货币，具有法定的清偿能力。但现金支付也存在一定的劣势，现金需要保管、携带、运送和查验，使得其交易成本较高，又由于没有转账结算的记录，现金交易的透明度不高，不便于审计跟踪和对违约支付进行记录。

2. 非现金支付

传统的非现金支付方式一般指各种票据。票据是指出票人约定自己或者委托付款人在见票时或者指定的日期向收款人或持票人无条件支付一定金额并可流通转让的有价证券，包括汇票、本票和支票。现代的非现金支付方式就是通常所说的指电子支付，电子支付是人们通过互联网和终端设备进行货币偿付和债权债务转移的行为。电子支付使用的电子支付结算工具是在各种微电子、信息技术发展到一定程度后产生的，是在经济生活中经常使用的新型支付工具。电子支付工具从其基本形态上看是电子数据，它以金融电子化网络为基础，通过计算机网络系统以传输电子信息的方式实现支付功能，利用电子支付工具可以方便地实现现金存取、汇兑、直接消费和使用贷款等功能。它们中的大多数需要依赖非纸质电磁介质存在，大量使用安全认证、密码等复杂电子信息技术。现代的非现金支付工具种类繁多，存在不同的分类方式和研究角度，按照支付模式的不同，非现金支付工具有银行卡、电子现金、第三方支付、银行网关支付等。

（1）银行卡。银行卡是最为常见的非现金支付工具，它是由各国中央银行批准的金融机构或独立发卡机构发行的，能够进行现金存取、转账结算和消费信用的 IC 卡，可以分为信用卡、储蓄卡和准贷记卡等。作为一种卡式支付工具，银行卡能够规避使用现金时产生的保管、携带、运送和查验等交易成本，也能够通过支付活动产生大量的交易支付信息，使得交易更加安全、透明和便于追踪。

（2）电子现金。当货币以数字形式存在，进而行使交易支付结算功能时，就产生了电子现金这一现代非现金结算工具。电子现金通常以一定介质形式存在，通过一定的认证手段验证其存在。目前在我国，电子现金通常以电子钱包和智能卡的形式存在。电子钱包通常是以软件或 APP 的形式，内置于计算机和智能手机等互联网终端中，在使用时通常需要特定的验证、认证方式才能进行电子支付。以智能卡为物理介质的电子现金目前同样非常普遍，如各地的公交卡、地铁卡等，另外许多公共事业的缴费 IC 卡都是以智能卡形式存在的电子现金。

（3）第三方支付。随着支付宝、微信支付、云闪付等新型移动支付工具的大放异彩，第三方支付工具在现阶段甚至变得比银行卡更普及、更重要。那么什么是第三方支付呢？普遍认为，第三方支付就是指获得有关部门批准，具有一定信誉保障的、独立的第三方企业或机构，属于非金融机构，通过网联平台，提供与银行支付结算系统相连接的交易支持平台，第三方支付多存在于互联网环境下，随着互联网及其终端的发展而壮大。

（4）银行网关支付。银行网关支付指的是交易双方在其指定的结算银行的电子支付系统或在线支付系统中直接进行支付和转账。与第三方支付相比，银行网关支付不需要经过第三方的交易平台，这要求交易双方都有在一家银行开立结算户头，同时收款方需要和银行签约并获得银行为其设立的支付网关。

12.6　金融科技影响下的货币支付创新

12.6.1　第三方支付

1. 互联网技术与第三方支付

随着信息技术的不断发展，互联网的应用已经渗透到各行各业，并由此引起了以融合为特点的产业改革。互联网与金融的融合产生了互联网金融，互联网技术在支付领域得到了广泛应用。当前，移动支付技术、手机定位技术以及二维码技术的广泛应用，极大地方便了用户随时随地购物消费，便利度大幅提升，因此越来越多的消费者开始由线下转移至线上。另外，互联网行业在信息收集上更有优势，尤其在大数据和云计算普遍使用的情况下，互联网能针对客户的需求进行个性化产品设计，客户在产品选择上更具有自主性，互联网技术的不断进步，推动着第三方支付的不断发展。

第三方支付产生的背景是为了解决电子商务活动中买卖双方互相不信任的问题，迎合同步交换的市场需求。第三方支付是指具备一定实力和信誉保障的第三方支付机构，采用与各大银行签约的方式，基于互联网提供的线上线下支付渠道，使交易双方完成支付的方式。第三方支付作为中央银行电子支付体系的重要组成部分，是实现资金流信息化的重要途径，能够有效提升资金流动的效率，并降低资金流动的成本。

2. 第三方支付的技术模式

第三方支付平台运用先进的信息技术，分别与银行和用户对接，将原本复杂的资金转移过程简单化、安全化，提高了企业的资金使用效率。从第三方支付平台的功能特色来看，第三方支付可以分为支付网关模式和支付账户模式。目前市场上第三方支付平台的运营模式可以归为两大类，一类是以快钱为典型代表的独立第三方支付模式；另一类就是以支付宝、财付通为首的依托自有 B2C、C2C 电子商务网站的有交易平台的担保支付模式。

1）独立第三方支付模式

独立第三方支付模式，是指第三方支付平台完全独立于电子商务网站，不负有担保功能，仅仅为用户提供支付服务和支付系统解决方案，平台前端有各种支付方法供网上商户和消费者选择，同时，平台后端连着众多的银行，平台负责各银行之间的账务清算。独立的第三方支付平台实质上充当了支付网关的角色，但不同于早期的纯网关型公司，它们开设了类似于支付宝的虚拟账户，从而可以收集其服务的商家的信息，用来作为为客户提供支付结算功能之外的增值服务的依据。

独立第三方支付平台主要面向 B2B、B2C 市场，为有结算需求的商户和政企单位提供支付方案。第三方支付平台的直接客户是企业，通过企业间接吸引消费者。独立第三方支付平台与依托电商网站的支付宝相比更为灵活，能够积极地响应不同企业、不同行业的个性化要求，面向大客户推出个性化的定制支付方案，从而方便行业上下游的资金周转，也使其客户的消费者能够便捷付款。独立第三方支付平台的线上业务规模远比不上支付宝和财付通，但其线下业务规模不容小觑。独立第三方支付平台的收益来自银行的手续费分成以及为客户提供定制产品的收入。但是，该模式没有完善的信用评价体系，容易被同行复制，迅速提升在行业中的覆盖率以及用户黏性是其制胜的关键。

2）有交易平台的担保支付模式

有交易平台的担保支付模式，是指第三方支付平台捆绑着大型电子商务网站，并同各大银行建立合作关系，凭借其公司的实力和信誉充当交易双方的支付和信用中介，在商家与客户间搭建安全、便捷、低成本的资金划拨通道。

在此类支付模式中，买方在电商网站选购商品后，使用第三方支付平台提供的账户进行货款支付，此时货款暂由平台托管并由平台通知卖家在货款到达后立即发货；待买方检验物品并进行确认后，通知平台付款给卖家，此时第三方支付平台再将款项转至卖方账户。这种模式的实质是第三方支付平台作为买卖双方的信用中介，在买家收到商品前，代替买卖双方暂时保管货款，以防止欺诈和拒付行为出现。

3. 第三方支付的生态场景

支付与场景的关系相辅相成。随着互联网和智能手机的普及，第三方支付快速发展，如今的第三支付已不仅仅局限于最初的互联网支付，而是成为线上线下全面覆盖、应用场景更为丰富的综合支付工具，朝着线上线下全生态场景发展。

（1）线上交易的支付。线上交易是第三方支付使用的最原始的渠道之一。线上交易可以通过移动支付、互联网支付等多种渠道，使消费者买到更丰富的产品，也为电商平台提供了良好的收益渠道。线上消费类交易，如网购支付、线上休闲娱乐、线上航旅产品预订、游戏充值等。线上生活费用缴纳如水费、电费、煤气费等各种费用，直接通过在第三方支付平台划款的形式向有关部门缴纳费用，一方面节省了上班族的时间和精力，另一方面也简化了相关部门的程序，提高了行政机关与有关企业的办事效率。除此之外，还有金融类交易，包括 P2P 投资、基金申购、保险购买、小额网贷等。

（2）线下生活服务市场。线下生活服务市场是第三方支付进入日常生活的重要渠道，其应用广泛，发展前景良好。线下生活服务市场涵盖商超便利店、餐饮住宿、电影演出、生活护理、休闲娱乐等许多方面。

不论是线上场景还是线下场景，对各种消费场景支付需求的开发和满足，促进了支付行业的变革，支付行业的进步会使得消费者在各类场景中的消费体验更加便捷舒适。目前第三方支付在线上场景的竞争格局大势已定，各支付巨头纷纷在线下场景拓展上发力。

12.6.2　移动支付

1. 移动支付技术发展

移动支付是指借助移动通信设备、利用无线通信技术转移货币价值以清偿债权债务关系的一种支付方式。移动支付依赖无线通信技术和各种识别技术，随着以大数据、云计算、人工智能、物联网等为代表的互联网技术在支付领域的应用，移动支付技术也不断革新。

1）移动通信技术

移动通信是一种支持通信设备在移动状态下进行信息发送、传输、共享的无线通信模式，具有移动性的特点。经过多年的发展，移动通信技术从传统的蜂窝移动发展到了现在的高速数字移动。第一代移动通信技术模拟了蜂窝移动通信网，主要特点是采用频分复用，实现了话音传输，但话音质量差；第二代移动通信技术以 GSM（global system for mobile communications，全球移动通信系统）技术为代表，实现高质量话音传输和低速数据业务；第三代移动通信技术以 CDMA（code-division multiple access，码多分址）为核心技术，解决中速数据传输问题；第四代移动通信技术集 3G 和 Wi-Fi 技术于一体，能实现高质量视频图像传输；第五代移动通信技术旨在实现万物互联服务，目前正朝着多元化、智能化、综合化的方向发展。移动通信技术的发展不断满足了用户的多样化需求，为移动支付业务打下坚实的基础。

2）RFID 技术

RFID 简称射频识别，是一种非接触式的自动识别技术。RFID 利用射频信号通过空间耦合实现无接触信息传递并通过所传递的信息达到识别目的。通常，RFID 硬件结构由三部分组成：①标签（tag），或者电子标签，由耦合元件及芯片组成，每个标签对应唯一的电子编码，附在物体上标识目标对象；②阅读器（reader），对标签信息进行读取或写入的设备，有手持式和固定式两种形式；③天线（antenna），是标签和阅读器间传递射频信号的装置。工作原理如下：电子标签中一般保存有约定格式的电子数据，在实际应用中，电子标签附着在待识别物体的表面。阅读器可无接触地读取并识别电子标签中保存的电子数据，从而达到自动识别体的目的。阅读器通常与电脑相连，读取的标签信息被传送到电脑上进行下一步处理。

3）NFC 技术

NFC 即近场通信，是一种短距离高频无线通信技术，允许移动电子设备之间进行非接触式点对点数据传输。NFC 技术由 RFID 技术及互联互通技术整合演变而成，主要用于手机等手持设备中，在手机中嵌入非接触卡，在短距离内与兼容设备进行识别和数据交换，可以让用户简单直观地交换信息、查看服务内容。NFC 的工作模式分为主动模式、被动模式和双向模式。在主动模式下，NFC 终端作为一个读卡器，发出射频场去识别和读写其他 NFC 设备信息；在被动模式下，NFC 终端被模拟成一张卡，被其他设备读写信息；双向模式则是 NFC 终端双方都主动发出射频场来建立点对点的通信模式。

4）二维码支付技术

二维码是一种可读性条码，以黑白矩形图案表示二进制数据，终端扫描这些数据借助网络便可实现支付。二维码技术是根据特定规则将数字信息编码成图像的技术，具有信息容量大和容错性好的特点。随着智能手机的广泛普及和移动互联网的发展，二维码支付在移动支付领域飞速发展。

5）生物识别技术

生物识别技术是指将计算机与光学、声学、生物传感器和生物统计学原理等密切结合，利用人体固有的生理特性，来进行个人身份认证的一种技术。生物识别技术比传统的身份鉴定方法更安全和方便。其原理是将人体生物特征与支付账户进行关联，并与生物特征库中的用户信息相匹配，身份信息认证无误后即可完成支付。

2. 移动支付模式

移动支付是指用户可以通过移动通信设备，对购买的商品或服务进行货币价值转移的一种支付方式。整个移动支付的价值链由移动通信运营商、金融机构、商家、消费者、移动设备提供商、第三方移动支付运营商等多个主体构成。根据运营主体的不同可以将移动支付划分为以下四种模式。

1）移动通信运营商主导模式

这种模式以移动通信运营商为主导，银行不参与其中。在这种模式中，消费者预先充值其话费账户，当用移动手机购买商品或服务时，话费账户作为支付账户，交易费用直接从话费账户中扣除，然后移动通信运营商和商家进行统一结算，如图 12-7 所示。这种

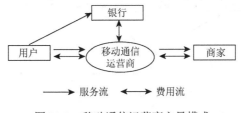

图 12-7　移动通信运营商主导模式

模式的优势在于移动通信运营商直接与用户联系，不需要金融机构参与，技术操作简单。但这种模式也存在很大的短板，一般仅限于小额支付，无法满足用户的多样化支付需求。

2）金融机构主导模式

在金融机构主导模式中，银行为用户提供交易平台和支付途径，移动通信运营商处在产业链的下游，不参与具体的支付活动，仅仅提供信息传递服务。在金融机构主导模式中，银行通过搭建的专线与移动通信运营商的支付系统对接，用户可以直接通过银行卡账户进行消费，也可以将银行卡账户与手机绑定，间接利用银行卡账户进行交易，如图 12-8 所示。

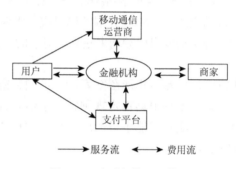

图 12-8　金融机构主导模式

这种模式的优势在于商业银行具有丰富的交易结算经验，拥有强大的数据清算平台，能够为用户提供安全高效的移动支付结算服务。并且在传统的支付方式影响下，用户对金融机构的认可度高。这种模式的缺陷在于银行间的竞争激烈，不同银行的支付平台很难兼容，利益难以协调，各家银行独立开发支付系统的成本较高。

3）第三方移动支付运营商主导模式

在第三方移动支付运营商主导模式中，第三方移动支付运营商作为独立的主体处在移动支付产业链的核心位置，移动通信运营商和金融机构只是作为合作伙伴存在。第三方移动支付运营商与移动通信运营商、金融机构、商家和用户建立了一对多的关系，用户在第三方移动支付平台完成移动支付，第三方移动支付平台再与金融机构和移动通信运营商完成对接，如图 12-9 所示。

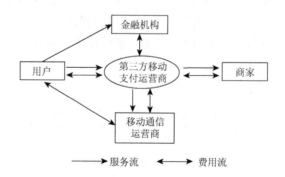

图 12-9　第三方移动支付运营商主导模式

　　在这种模式下，金融机构、移动通信运营商及用户的权责更为明确，分工更为合理。这种模式的优势在于产业链结构较为灵活，第三方移动支付运营商可与不同的金融机构和移动通信运营商建立合作关系，用户只需要与第三方移动支付运营商保持联系即可。但是这种模式对第三方移动支付运营商的资金管理能力、市场拓展能力、客户维护能力等都有较高的要求。

　　4）移动通信运营商与金融机构合作模式

　　在移动通信运营商与金融机构合作模式中，移动通信运营商和金融机构发挥各自的优势，建立深度合作，共同参与管理用户的支付活动，二者同处于产业链的核心位置，如图 12-10 所示。对于移动通信运营商和金融机构来说，独立主导运营移动支付业务虽然会带来丰厚的垄断利润，但是在业务推广和运行的过程中都会遇到诸多的瓶颈和障碍。双方合作运营不仅可以发挥各自资源的优势来保障移动支付技术的安全和账户信用的管理，使得交易顺利进行，而且双方可以利用更多的时间和资源来研发自己的核心技术，通过优势互补来增强产业链的竞争力。

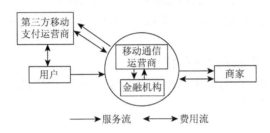

图 12-10　移动通信运营商与金融机构合作模式

3. 移动支付的优势

　　移动支付结合了移动通信与电子支付技术，提供实时、安全、便捷的支付服务，与其他电子支付方式相比，其优势主要表现在以下五个方面。

　　（1）移动性。移动终端本身具有的移动性，使得消费者可以从必须到指定地点办理特定业务的束缚中解脱出来，摆脱支付的特定地域限制。

　　（2）实时性。移动通信技术和互联网平台的结合使得支付可以不受金融机构和商家营业时间的限制，实现 24 小时的全天候支付服务。

　　（3）快捷性。移动支付因其无须兑付零钱、缴费准确、功能多样和无须人工服务等特点，相对于传统支付方式具有明显的快捷性。这是移动支付区别于传统银行卡支付很重要的特点，用户可以方便地使用移动通信设备通过移动互联网，随时随地进行交易，并进行账务管理，免去了携带现金和信用卡才能消费或前往营业厅办理业务的麻烦，并降低了交易的时间成本，充分体现了移动支付便利快捷的特点。

　　（4）安全性。移动支付作为电子商务重要的支付环节，直接涉及用户和移动通信运营商的资金安全。因此，支付安全是移动支付的关键问题之一。移动通信设备用户对于隐私性的要求远高于 PC 用户，这决定了移动互联网终端应用在分享数据时既要保障认证客户的有效性，也要保证信息的安全性。这一点有别于互联网公开、透明的特点。移动通信设备的隐私性保障了支付的安全可靠。

（5）整合性。移动支付的优势在于它将消费者的利益、银行的信用以及商家的营销能力等资源最大限度地整合起来，使产业资源布局得以优化。

本章重要概念

交易　结算　清算　实物货币　信用货币　电子货币　虚拟货币　数字加密货币　行内结算系统　行间结算系统　第三方支付　移动支付

本章复习思考题

1. 请简述支付、清算和结算的含义以及三者之间的联系与区别。
2. 新技术的发展给货币支付清算体系带来了哪些方面的提升？
3. 简述法定数字货币在全球的进展和我国的试点情况。
4. 货币形态的演化经历了哪几个阶段？请从技术进步的角度描述货币形态演化的过程。
5. 什么是虚拟货币？它具有哪些特征？
6. 什么是大额实时支付系统和小额批量支付系统？它们的功能和应用有何差异？
7. 移动支付有哪些优势？

第 13 章　金融科技与货币供求

随着金融科技的快速发展，金融科技对货币供求的影响逐渐显现出来，进而影响着货币政策的调控方式和机制。本章重点学习和掌握金融科技对货币需求、货币供给、货币供求均衡的影响。

13.1　金融科技与货币需求

从一个国家的角度考虑，货币需求是指在一定资源（如财富拥有额、国民生产总值、恒久收入等）条件下，整个社会需要多少货币来执行其有关的职能；从微观经济主体的角度考虑，货币需求则是指在不同条件下个人愿意以货币形式持有其合法财产的需求。凯恩斯认为，人们的货币需求主要有交易性、预防性和投机性三种货币需求。下面分别介绍金融科技作用下的电子货币、网络虚拟货币、数字货币对货币需求的影响。

13.1.1　电子货币对货币需求的影响

1. 电子货币对交易性货币需求的影响

凯恩斯在 1936 年的《就业、利息和货币通论》中将货币交易需求的原因归结为持有现金的一个原因是度过得到收入与进行支出之间的间隔，这种动机的强度主要取决于收入以及得到收入与进行支出之间间隔的长度。虽然凯恩斯并不否认货币交易需求同利率有关，但他并未给出一个具体明确的关系。围绕这一问题，鲍莫尔（Baumol）和托宾（Tobin）分别对交易性货币需求提出了决定性的理论，这一理论被称为货币需求的存货模型，该模型为

$$M_d = \sqrt{YF / 2r} \tag{13-1}$$

其中，M_d 为货币交易需求；Y 为交易总额（即名义收入）；F 为每次交易的变现成本；r 为利率（衡量持有货币的机会成本）。该模型证明了货币交易需求与利率和收入之间均存在一定的关系，即变现成本 F 越多，或者支出 Y 越多，或者利率 r 越低，个人持有的货币就越多。

图 13-1 呈现了放弃的利息（$rY/2N$）、去银行的成本（$F \times N$）和总成本（$rY/2N + F \times N$）均取决于去银行的次数 N，存在一个 N 值使得总成本最小化，这个值就是图 13-1 中标记的 N^*，$N^* = \sqrt{rY / 2F}$，相应地可以解出货币交易需求量为 $M_d = \sqrt{YF / 2r}$。

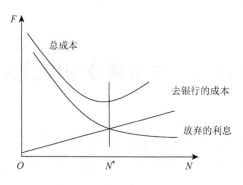

图 13-1　持有货币的成本

在传统的宏观经济分析中，通常会把资产分为两种：用作交换媒介（现金、支票账户等）的资产和用作价值储藏手段的资产（股票、债券、储蓄账户等）。现在在金融科技支撑下日益盛行的电子货币，既可以作为便捷交易的交换媒介，也可以作为电子存款资产以带来一定的利息收入。为了使分析简化，我们假设最初是以债券的形式得到收入，且用于商品或劳务购买的各项支出都要用货币进行支付，而不能用债券支付，这里的货币可以是流通中的现金也可以是各类电子货币。假设个人或完全持有现金或完全持有电子货币，债券利率为 r_b，电子货币利率为 r_e，$r_b > r_e$，而现金不会带来任何利息，下面分别进行具体分析。

1）个人完全持有现金进行交易

我们把 Baumol-Tobin 模型解释为通货需求模型，用它来解释银行之外所持有的货币量，实际上，可以更为广义地解释这个模型。设想有一个持有某种由货币资产（现金或电子货币）和非货币资产（债券）构成的资产组合的个人。货币资产可用于交易但只有电子货币具有收益率。Baumol-Tobin 模型中的 r 又代表货币资产收益与非货币资产收益之间的差额，F 代表把非货币资产转换成货币资产的成本，如手续费（称之为转换成本），因此，Baumol-Tobin 模型描述了个人对货币资产的需求。根据 Baumol-Tobin 模型，个人为交易支付承担的总成本是放弃的利息和转换成本之和：总成本 = 放弃的利息 + 转换成本。

将个人完全持有现金进行交易情况下的总成本记为 C_m，单次转换成本记为 F_m，转换次数为 N_m，交易总额记为 Y，则有

$$C_m = r_b \times Y / 2N_m + F_m \times N_m \tag{13-2}$$

据此可以求出使成本最小的最优转换次数 N_m^* 和平均货币持有量 M_m^*：
$N_m^* = \sqrt{r_b \times Y / 2F_m}$，$M_m^* = Y / 2N_m^* = \sqrt{YF_m / 2r_b}$

2）个人完全持有电子货币进行交易

同样，根据 Baumol-Tobin 模型，个人为交易支付承担的总成本是放弃的利息和转换成本之和。将个人完全持有电子货币进行交易情况下的总成本记为 C_e，单次转换成本记为 F_e，转换次数记为 N_e，支出记为 Y，则有

$$C_e = (r_b - r_e) \times Y / 2N_e + F_e \times N_e \tag{13-3}$$

据此同样可以求出使成本最小的最优转换次数 N_e^* 和平均货币持有量 M_e^*：

$N_e^* = \sqrt{(r_b - r_e) \times Y / 2F_e}$， $M_e^* = Y / 2N_e^* = \sqrt{YF_e / 2(r_b - r_e)}$

不论是从债券转换成现金还是从债券转换成电子货币，假设每次转换的手续费（转换成本）为相同的 F，即 $F_m = F_e = F$，则个人完全持有现金进行交易时的平均货币持有量 M_m^* 和个人完全持有电子货币进行交易时的平均货币持有量 M_e^* 分别为 $M_m^* = \sqrt{YF / 2r_b}$， $M_e^* = \sqrt{YF / 2(r_b - r_e)}$。

对比这两种情况下的平均货币持有量可以发现：第一，持有现金和持有电子货币的交易性货币需求与债券利率 r_b 负相关，与每次的转换成本 F（如果这种成本不取决于转换包括的债券数量）正相关；第二，当 $r_e > 0$，此时的电子货币相对现金而言具有收益性，因此，持有现金作为交易货币的成本要高于电子货币，此时，电子货币作为交易货币，可以对现金货币形成完全替代，与现金相比人们更愿意持有电子货币，并且此时持有电子货币的交易性货币需求将与其利率 r_e 正相关。

电子支付提供了方便迅捷的资产转换渠道，为各层次货币之间的转化提供了便利。一方面，随着移动支付等新型支付方式的发展，电子支付的便利性使这种转化越来越贴近生活，人们可以随时随地跨越时空的限制来实现这种转化。另一方面，在具备电子支付手段的条件下，人们完成高层次货币或金融资产向低层次货币的转换所需承担的转换成本逐渐降低。这些特点使得高层次货币或金融资产随着电子支付的发展仍能保持较高的流动性，从而使其兼具流动性与收益性，不同层次的货币在流动性的差别上趋向于缩小，因此电子货币减少了交易性货币需求。

2. 电子货币对预防性货币需求的影响

电子货币与传统货币相比具有明显的优势，这是电子货币快速发展的原因，人们对电子货币的偏好必然会使其对传统货币产生替代效应，而这种替代又会影响货币需求。为简化起见，假定各类资产收益是已知的，并假定个人在持有货币或债券之间做出选择。货币具有流动性，不支付利息；债券无流动性，按其利率支付利息。惠伦在 Baumol-Tobin 交易需求模型上增加的一点是，为应对未预料到的商品或劳务交易，人们会以短期通知的方式出售债券以获得货币，或者不得不推迟这桩商品或劳务交易，进而需要承担额外的惩罚成本。因此，融通交易的成本包括手续费、放弃的利息收入和惩罚成本，则与使用货币相关的成本函数为

$$C = r_b \times M + B_0 \times Y / W + \beta p(N > M) \tag{13-4}$$

其中，C 为持有预防现金余额的名义成本；r_b 为债券利率；M 为持有的现金余额；B_0 为每次转化为现金的名义手续费；Y 为总的名义收入或支出；W 为每次从有息债券中提取的现金数量；β 为缺乏现金余额的名义惩罚成本；N 为净支付（支出减收入）；$p(N > M)$ 为 $(N > M)$ 的概率。

假定个人持有的现金余额 M 等于 $K\sigma$，其中，σ 为净支付 N 的标准差。根据切比雪夫不等式，变量 N 偏离其均值（假定为 0）不超过其标准差 σ 的 K 倍的概率为 $p(-K\sigma < N < K\sigma) \geq 1 - 1/K^2$，因此有 $p(N > M) \leq 1/K^2$。假定个人的风险厌恶程度足

以使他根据 $p(N > M)$ 的最大值来定自己的货币持有量, 在这种情况下, $p(N > M) = 1/(M/\sigma)^2 = (\sigma/M)^2$, 将 $p(N > M) = (\sigma/M)^2$ 代入式 (13-4) 中, 得

$$C = r_b \times M + B_0 \times Y/W + \beta\sigma^2/M^2 \tag{13-5}$$

又由于 $M = W/2$, 代入式 (13-5) 中得

$$C = r_b \times M + \frac{1}{2}B_0 \times Y/M + \beta\sigma^2/M^2 \tag{13-6}$$

为使持有货币的成本最小化, 式 (13-6) 中 C 对 M 的偏导数为 0, 即

$$\frac{\partial C}{\partial M} = r_b - \frac{1}{2}B_0 \times Y/M^2 - 2\beta\sigma^2/M^3 = 0 \tag{13-7}$$

式 (13-7) 两边同乘 M^3, 得

$$r_b \times M^3 - \frac{1}{2}B_0YM - 2\beta\sigma^2 = 0 \tag{13-8}$$

在惠伦模型的分析框架下, 简化每次转化为现金的名义手续费为 0, 即 $B_0 = 0$。将 $B_0 = 0$ 代入式 (13-8) 中可得

$$M = (2\beta)^{1/3} r_b^{-1/3} (\sigma^2)^{1/3} \tag{13-9}$$

预防性货币需求是为了应对未来收入的不确定性。持有货币不再具有时间方面的优势, 但存在安全性和收益性方面的优势。假定个人或完全持有现金或完全持有电子货币, 下面讨论引入电子货币情况下的成本最小化条件。不考虑电子货币的比较优势, 即它避免了持有其他货币每次转化为现金货币时需要承担的额外的转换手续费, 即先假定 B_0 不变, 可将式 (13-4) 修正为

$$C_e = (r_b - r_e) \times M_e + B_e \times Y/W_e + \beta p(N > M) \tag{13-10}$$

其中, C_e 为持有预防电子货币余额的名义成本; r_b 为债券利率; r_e 为电子货币利率, 并且 $r_b > r_e$; M_e 为持有的电子货币余额; B_e 为每次转化为电子货币的名义手续费; W_e 为每次从有息债券中提取的电子货币数量。与上面的推导类似, 得到成本最小的一阶条件为

$$\frac{\partial C_e}{\partial M_e} = (r_b - r_e) - \frac{1}{2}B_e \times Y/M_e^2 - 2\beta\sigma^2/M_e^3 = 0 \tag{13-11}$$

若模仿惠伦模型的分析框架, 简化每次转化为电子货币的名义手续费为 0, 即 $B_e = 0$, 求得 $M_e = (2\beta)^{1/3} (r_b - r_e)^{-1/3} (\sigma^2)^{1/3}$, 对比 $M = (2\beta)^{1/3} r_b^{-1/3} (\sigma^2)^{1/3}$ 和 $M_e = (2\beta)^{1/3} (r_b - r_e)^{-1/3} (\sigma^2)^{1/3}$ 可以发现, 持有现金和持有电子货币的预防性货币需求均与债券利率 r_b 负相关, 与净支付 N 的标准差 σ 正相关。电子货币相对现金具有收益性, 持有电子货币作为预防性货币的成本要低于现金, 人们会减少对预防性现金的需求, 电子货币对预防性现金需求产生替代。因此, 电子货币也会减少预防性货币需求。

3. 电子货币对投机性货币需求的影响

假设可以用于投机目的的名义财产总量为 W。个人可以以现金、电子货币和债券的形式来持有这些财产, 债券的名义价值为票面年利息 (r) 与票面金额 (B) 之比。在做决策时债券的现期利率是 r_1。一旦做出持有固定比例的债券资产和货币资产的决定, 这

一比例就会在某个时期内（如一年）不变。现在可以确定地预期年底的利率是 $r_{1,2}^e$，为了简单起见，假设这种预期并不取决于现期利率 r_1。货币资产的投机性货币需求取决于 r_1 和 $r_{1,2}^e$ 之间的关系：对于投资于债券的每一元钱，个人预期在一年内肯定能赚到 r_1 的利息，再加上资本收益（capital gain，CG）（如果 CG＜0，则是损失），它的多少取决于 r_1 和 $r_{1,2}^e$ 之间的关系。债券的 CG 可以用下式来衡量：

$$CG = 预期债券价格 - 现期债券价格 \tag{13-12}$$

资本收益率可以表述为

$$g = CG/现期债券价格 = \left(\frac{1}{r_{1,2}^e} - \frac{1}{r_1} \right) \Big/ \frac{1}{r_1} = \frac{r_1}{r_{1,2}^e} - 1 \tag{13-13}$$

通过购买并持有价值一元钱的债券，个人确定预期在年底时能赚到 $(r_1 + g)$。为了方便起见，在分析货币的投机性货币需求时，假定个人在货币资产部分完全持有现金或完全持有电子货币。

1）财产在债券和现金之间的分配

这里先分析财产在债券和现金之间的分配情形。此时个人根据假设预期持有现金赚到的钱是零，所以如果他预期持有债券能得到净利润（即 $r_1 + g > 0$），那么以利润最大化为目的，个人就会以债券形式持有他的全部财产，如果他预期持有债券会得到净损失（即 $r_1 + g < 0$），那么个人就会以现金形式持有他的全部财产。因为假设预期持有债券而得到的净利润受现期利率的影响（$r_{1,2}^e$ 是固定的），所以 r_1 有着某种临界值，在 r_1 为该值时预期的债券净利润为零（即 $r_1 + g = 0$）。因为价值一元钱的债券，其资本收益是 $g = \frac{r_1}{r_{1,2}^e} - 1$，所以可以通过令 $\frac{r_1}{r_{1,2}^e} - 1 + r_1 = 0$ 解出 r_1 的这个临界值，将其记作 r^*，通过运算可得

$$r^* = r_{1,2}^e \big/ \left(1 + r_{1,2}^e \right) \tag{13-14}$$

图 13-2 中的阶梯形线条可以表示个人的投机性货币需求，可以看出，当 $r_1 > r^*$ 时，个人将预期有净收益（即 $r_1 + g > 0$），那么个人以现金形式持有财产的比例为零（即 $M_m / W = 0$），个人将只持有债券；当 $r_1 < r^*$ 时，个人将预期有净损失（即 $r_1 + g < 0$），此时个人以现金形式持有财产的比例为 1（即 $M_m / W = 1$），个人将只持有现金；当 $r_1 = r^*$ 时，个人愿意以现金形式持有任意比例的财产，因为在这种利率下，债券和现金都不能带来净收益。

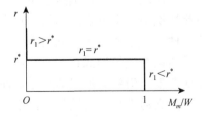

图 13-2 个人的投机性货币需求

2）财产在债券和电子货币之间的分配

接下来分析财产在债券和电子货币之间的分配情形。此时个人预期持有电子货币会赚到 r_e，如果他预期持有债券得到的净利润大于持有电子货币赚到的利息（即 $r_1 + g > r_e$），则这个以利润最大化为目的的人就会以债券形式持有他的全部财产；如果预期持有债券得到的净利润小于持有电子货币赚到的利息（即 $r_1 + g < r_e$），那么他就会以电子货币形式持有他的全部财产。所以 r_1 有着某种临界值，在 r_1 为该值时预期的债券净利润等于持有电子货币赚到的利息（$r_1 + g = r_e$）。因为价值一元钱的债券，其资本收益是 $g = \dfrac{r_1}{r_{1.2}^e} - 1$，所以可以通过令 $\dfrac{r_1}{r_{1.2}^e} - 1 + r_1 = r_e$ 解出 r_1 这个临界值，将其记作 r^{**}，通过运算可得

$$r^{**} = r_{1.2}^e \times (1 + r_e) / (1 + r_{1.2}^e) \qquad (13\text{-}15)$$

因此，当 $r_1 > r^{**}$ 时，预期债券的净收益大于电子货币的利息收益（即 $r_1 + g > r_e$），那么个人以电子货币形式持有财产的比例为零（即 $M_e / W = 0$），个人将只持有债券；当 $r_1 < r^{**}$ 时，预期债券的净收益小于电子货币的利息收益（即 $r_1 + g < r_e$），此时个人以电子货币形式持有财产的比例为 1（即 $M_e / W = 1$），个人将只持有电子货币；当 $r_1 = r^{**}$ 时，个人愿意以电子货币形式持有任意比例的财产，因为在这种情况下，债券和电子货币带来的收益相同。由于 $r_e > 0$ 且 $r_e > r_b$，电子货币会减少投机性现金货币需求。

由于金融资产的流动性高低与其收益成反比，在不损失或很少损失流动性的前提下，人们更愿意持有流动性低的金融资产以获得更多收益，因此货币层次有由低向高转化的趋势。随着金融科技支持下的电子货币的普及和发展，用途不同的货币间的转化成本大大降低，有效降低了信息成本和交易费用。另外，电子货币具有方便性、通用性和高效性等特点，使得电子货币的使用和结算不受时间、地点、服务对象等的限制。因此，电子货币的存在可以使不同层次的货币实现快速、低成本的相互转化，即人们持有较高层次形态的货币并不会降低货币的流动性，从而使不同动机的货币需求之间的界限越来越模糊。电子货币具有虚拟性的特点，通过电子指令，持有者可以实现不同金融资产之间的相互转化。例如，银行卡中的活期存款属于 M_1 范畴，持卡人可以很容易将其变现，从而活期存款减少，流通中现金 M_0 增加。反之，持卡人也可以将现金存入银行卡将其转化为活期存款，从而使 M_0 转化为 M_1。两种不同货币形态可以实现方便和低成本的转化，使得持有较高层次形态的货币并不会降低或很少降低货币的流动性，从而缩小了不同层次货币之间的流动性差异，加速了不同层次货币之间的转化，同时造成货币结构的不稳定。在此情况下，金融资产以何种形态存在不再重要，即电子货币增强了不同货币之间的替代性。一般情况下，满足交易性和预防性货币需求所需的货币的层次相对较低，主要以活期存款等形式存在。在电子货币存在条件下，人们可以持有更高层次的货币如定期存款、债券等形式的货币，而能同时不损失流动性或很少损失流动性，因此人们会减少交易性和预防性货币需求。投机性货币需求所需的货币的层次相对较高，电子货币在不损失流动性的情况下为追求更大的收益会增加投机性货币需求。

13.1.2　网络虚拟货币对货币需求的影响

随着互联网技术的快速发展，金融科技对货币形态的影响使得网络虚拟货币逐渐产生。

1. 网络虚拟货币的本质属性与分类

1）网络虚拟货币的本质属性

第一，网络虚拟货币的信用货币属性分析。与货币的一般等价物属性不同，网络虚拟货币只代表发行者提供的特定游戏装备和服务。其被接受的范围仅限于有特定需求的人群，与商品供求状况相同。这种特殊服务需要被特定的游戏管理系统识别，因此，不同游戏商发行的网络虚拟货币必然不可通用，由此形成分散发行、自成体系的格局，导致每一种网络虚拟货币都只能以单薄的私人信用作为保证，不存在"普遍接受"的经济基础。网络虚拟货币具有分散发行的必然性。当网络虚拟货币走向统一发行时，才能形成通用性，成为新的信用货币，冲击货币流通。但这种可能性是不存在的。原因在于，如果某个游戏开发商允许玩家用其他游戏公司发行的网络虚拟货币进行支付，其产品销售将得不到应有的回报，而其他游戏商则可坐收渔翁之利。如果要求私人商品预售券相互通用，要维护每一个游戏开发商的利益就必须在事后进行复杂的财务处理，需要成立一个清算中心，大量的交易成本必然需要各游戏开发商分担。避免这种成本的最好方式就是网络虚拟货币分散发行、不可通用。所以，网络虚拟货币是不会走向集中统一发行的。

第二，网络虚拟货币的金融资产属性分析。仅就发行者多元化这一表象而言，网络虚拟货币与金融资产存在共性。但与金融资产发行严格的市场准入规定和法定流通程序相比，网络虚拟货币发行没有市场准入规定，也没有流通程序的制度安排。信用关系的维系仅靠私下的约定，遵循普通商品交易的法则。由于没有国家管理的介入，其发行者私人信用担保的缺陷得不到弥补，使网络虚拟货币不具有流动性。从发行者的发行目的和是否承诺还本付息的角度考察，网络虚拟货币与金融资产截然不同。网络虚拟货币发行者的目的是销售游戏附属商品，而不在于融资，没有偿还和付息的基础。购买者的目的是消费游戏附属产品而不是投资，也不存在要求偿还和收益的动机。网络虚拟货币发行者不向购买者提出还本付息的承诺，也没有到期日的约定。其运动具有单向的不可逆特点，决定了其不具有投资价值。

以上分析表明，网络虚拟货币既没有信用货币的属性也没有金融资产的属性，不能被列入货币范畴。其本质是：特定游戏商进行特定游戏附属商品预售行为的证券化。

2）网络虚拟货币的分类

欧洲中央银行基于网络虚拟货币是否与实际经济以及实际货币存在互动关系，对网络虚拟货币进行了三种分类，如表 13-1 所示。并且，这种互动关系主要基于两个渠道进行：一是基于货币互换的货币流动，二是基于购买实际商品和服务的货币流动。

表 13-1　欧洲中央银行的网络虚拟货币分类

分类	特征	与实际经济的联系	与现实世界货币的联系
类型 I	封闭的网络虚拟货币系统	无	无
类型 II	单向流动的网络虚拟货币系统	某些网络虚拟货币可用于购买现实世界的商品和服务	网络虚拟货币能直接用现实世界的货币以特定的汇率购买，但不能换回原先的货币
类型 III	双向流动的网络虚拟货币系统	可购买现实世界的商品和服务	基于特定的汇率用现实世界的货币买和卖网络虚拟货币

考虑到欧洲中央银行对类型 II 虚拟货币的划分不利于分析网络虚拟货币对货币流通的影响，因此，Guo and Chow（2008）对网络虚拟货币的分类进行了改进，将网络虚拟货币分为四类，如表 13-2 所示。

表 13-2　Guo 和 Chow（2008）的网络虚拟货币分类

分类	与虚拟经济的联系	与实际经济的联系	与现实世界货币的联系
类型 I	只能用于购买网络虚拟商品和服务	无	无
类型 II	能用于购买网络虚拟商品和服务	可购买现实世界的商品和服务	无
类型 III	能用于购买网络虚拟商品和服务	可购买现实世界的商品和服务	基于特定的汇率用现实世界的货币购买虚拟货币
类型 IV	能用于购买网络虚拟商品和服务	可购买现实世界的商品和服务	基于特定的汇率用现实世界的货币买和卖虚拟货币

2. 网络虚拟货币及对货币需求的影响

网络虚拟货币的类型不同，其对货币需求的影响也不同。本书将基于 Guo 和 Chow（2008）的网络虚拟货币分类分析网络虚拟货币对货币需求的影响。

如果网络虚拟货币属于类型 I，即网络虚拟货币只能购买网络虚拟商品和服务，这时网络虚拟货币社区就是一个封闭的虚拟社区，网络虚拟货币的升贬值除了影响该虚拟社区外，并不会影响实际货币的需求。

如果网络虚拟货币属于类型 II，即网络虚拟货币不但能购买网络虚拟商品和服务，也能购买现实世界的商品和服务。这时，网络虚拟货币会降低现实世界货币（传统货币和电子货币）的需求量，影响程度取决于网络虚拟货币在现实世界的使用规模，规模越大，则现实世界的货币需求下降得越多。

如果网络虚拟货币属于类型 III，即现实世界的商品和服务不仅可以使用网络虚拟货币来购买，也可以使用现实世界的货币来购买。在这种情形下，网络虚拟货币对现实世界货币的影响比较复杂。一方面，和类型 II 一样，网络虚拟货币对现实世界商品和服务的购买会降低公众对现实世界货币的需求；另一方面，网络虚拟货币可以用现实世界货币购买，这会增加对现实世界货币的需求。这时，网络虚拟货币对现实世界货币需求的影响方向取决于这两个方面影响的相对强弱。

如果网络虚拟货币属于类型IV，则既可用网络虚拟货币购买现实世界的商品和服务，也可用现实世界的货币购买网络虚拟货币，还可以将网络虚拟货币卖回为现实世界货币。在这种情形下，网络虚拟货币对现实世界商品和服务的购买，会降低对现实世界货币的需求；而用现实世界货币购买网络虚拟货币，会增加对现实世界货币的需求。从净效应来看，网络虚拟货币和现实世界货币之间的相互转换，会增加对现实世界货币的需求。这时，网络虚拟货币对现实世界货币需求的影响取决于网络虚拟货币对现实世界商品和服务的购买导致的对现实世界货币需求的降低效应，以及网络虚拟货币和现实世界货币之间的相互转换导致的对现实世界货币需求增加效应的相对强弱。

3. 涵盖网络虚拟货币的新货币需求理论探索

在网络虚拟货币发行后，随着网络支付和结算技术的发展，不同类型资产之间的转换成本大大降低，使得凯恩斯基于动机说的三种货币需求之间的界限日益模糊，因此，凯恩斯的货币需求理论不适用于分析网络虚拟货币的货币需求。本节考虑基于货币数量论的弗里德曼货币需求函数来构建涵盖网络虚拟货币的新货币需求理论。

1）涵盖网络虚拟货币的新货币交易数量论

费雪的货币需求理论集中体现在货币数量方程 $MV = PT$ 上，M 表示货币供应数量，T 表示商品供应总量，考虑到交易者交易时既可以使用现金，也可以使用活期存款，该方程可以变为

$$M_C V_C + M_D V_D = PT \qquad (13\text{-}16)$$

其中，M_C 和 M_D 分别为通货和活期存款；V_C 和 V_D 分别为通货和活期存款的流通速度。在网络虚拟货币发行后，网络虚拟货币及其流通速度分别用 M_V 和 V_V 表示，现实世界货币及其流通速度分别用 M_R 和 V_R 表示，则货币数量方程可以变为

$$M_V V_V + M_R V_R = PT \qquad (13\text{-}17)$$

式（13-17）就是涵盖网络虚拟货币的新货币交易数量论。其中，T 为交易的商品数量，它不仅包括现实世界的商品，也包括虚拟世界的商品；P 为现实世界的商品以及虚拟世界的商品的平均价格。如果用 P_R 和 T_R 分别表示交易的现实世界商品的平均价格和数量，P_V 和 T_V 分别表示交易的虚拟世界商品的平均价格和数量，则式（13-17）可以进一步变为

$$M_V V_V + M_R V_R = P_V T_V + P_R T_R \qquad (13\text{-}18)$$

就具体的货币流通速度而言，V_R 取决于现实世界货币的流通速度，包括通货、活期存款以及电子货币。当前，网络虚拟货币的使用范围比较窄，主要用于网络虚拟商品的在线支付，因此，$V_R > V_V$，网络虚拟货币对通货、活期存款以及电子货币的替代一般会导致货币流通速度下降。

2）基于弗里德曼货币需求函数的新货币需求理论

虚拟社区居民持有网络虚拟货币的目的主要是便于在虚拟社区购买虚拟商品和服务，人们对网络虚拟货币的需求量主要取决于人们购买虚拟商品和服务获得的满足感。

其中，6～30 岁的人比较热衷于网络游戏，他们有时间，也能从网络虚拟活动中获得较高的满足感，此外，计算机、网络等基础设施的完善程度也会影响人们对网络虚拟货币的需求。因此，人们消费虚拟商品和服务获得的效用，人口结构以及计算机、网络等基础设施的完善程度会对网络虚拟货币的需求有较大影响。人们消费虚拟商品和服务获得的效用主要取决于虚拟商品本身的质量，以及虚拟商品相对其他具有类似效用的产品的吸引力。人们消费虚拟商品和服务获得的效用越高，6～30 岁的人的比例就越高，计算机、网络等基础设施的完善程度越好，对虚拟货币的需求就会越多。

弗里德曼货币需求函数中影响传统货币需求的因素也会影响网络虚拟货币的需求。一是其他资产的收益率，如债券、基金等的收益率，这些资产的收益率越高，持有网络虚拟货币余额的机会成本会越大，从而会抑制对网络虚拟货币的需求。二是通货膨胀预期，通货膨胀预期通常会抑制货币需求，从而也会抑制对网络虚拟货币的需求。三是永久性收入水平对货币余额会产生正向影响，对网络虚拟货币的需求通常也会产生正向影响。四是人力财富的不确定性较高，人力财富与非人力财富的比率越高，则人力财富转变为实际财富的不确定性越高，人们持有的货币会越多，但可能会抑制对网络虚拟货币的需求。五是个人的嗜好和品位的变化会影响个人的效用函数，从而影响财富在收益性资产和货币余额间的配置。个人的嗜好和品位的变化对货币余额的影响可正可负，其对网络虚拟货币的影响同样可正可负。

除上述影响因素外，社会治安的状况也会影响现金和电子货币的持有量。人们持有电子货币的目的主要是基于交易的便利性，尤其是基于卡的产品，要比直接持有现金更安全、交易更方便。因此，一个国家环境的安全性以及支付设备的完善程度会影响人们对现金和电子货币的需求。一个国家环境的安全性程度越低，支付设备的完善程度越好，人们持有的电子货币会越多，而持有的现金会越少。基于上述影响因素，可以构建涵盖网络虚拟货币的新货币需求函数

$$m_d = f(r_1, r_2, r_3, \cdots, r_k; \pi^e; w; y_f; \varphi; s; \vartheta; \text{hs}; u_v) \qquad (13\text{-}19)$$

其中，m_d 为实际货币余额，包括现实世界货币（传统货币和电子货币）和网络虚拟货币，它等于名义货币余额 M_d 除以价格水平 p，即 $m_d = M_d / p$；$r_1, r_2, r_3, \cdots, r_k$ 为其他资产的收益率，如债券、股票、存款等；π^e 为通货膨胀率预期；w 为人力财富和非人力财富的比率；y_f 为永久性收入水平；φ 为个人的嗜好和品位；s 为国家环境的安全性程度；ϑ 为计算机、网络、支付等基础设施的完善程度；hs 为人口结构，即 6 岁至 30 岁的人所占的比例；u_v 为人们消费虚拟商品和服务获得的效用，可以用虚拟经济占 GDP 的比重来简单度量。

13.1.3　数字货币对货币需求的影响

1. 私人数字货币对货币需求的影响

私人数字货币的存在与发展离不开互联网的发展以及区块链技术的诞生，它的影响与意义都日益深远。当前私人数字货币的获取方式主要有两类：第一类是通过自身主动投入大量的人力物力"挖矿"而得；第二类是通过第三方运营平台或私人联系与

其他私人数字货币持有者进行资源交易而得。目前私人数字货币的流通范围依然有限，但是在这有限的范围内，对传统信用货币形成了一定程度的替代，执行着本该由传统信用货币特有的流通、支付职能。这种情况下，持有私人数字货币的社会公众以及接受私人数字货币交易的社会公众就不需要经常持有过去使用传统信用货币支付时所决定的相同的货币数量。也就是说，此时社会公众的基于交易动机和预防动机的货币需求下降了。由于私人数字货币的日益进步与渗透，这种替代效应将会越发明显。私人数字货币自身不但具有作为交易货币的货币属性，而且还具有作为虚拟资产的商品属性，同时它的交易成本低廉，天然具有全球性、通缩性等特点，不但在一定程度上满足了社会公众对于流动性的要求，而且还吸引了更多的资金投向更高风险和更高收益的虚拟资产。

综上所述，随着私人数字货币的继续渗透与普及，其对货币需求产生的作用是双重的，虽然私人数字货币的进步将会导致社会公众的基于交易动机和预防动机的货币需求下降，但是同时它也会导致社会公众的基于投机动机的货币需求上升。此外按照凯恩斯货币需求理论的结论，基于交易动机和预防动机的货币需求是比较稳定的，因为这二者主要是由收入水平来决定的，而收入水平在短期内是比较稳定的。另外，基于投机动机的货币需求由于受到个人对于利率与市场行情判断的重大影响，同时这种判断又存在极大的主观性，所以这种货币需求是非常不稳定的。因此，有式 $M_d = M_1 + M_2 = L_1(Y) + L_2(r)$，$Y$ 为收入，r 为利率，L_1 和 L_2 分别为用于预防动机和交易动机的货币需求与用于投机动机的货币需求。可得，货币需求组合中，稳定性项目的作用在下降，而不稳定项目的作用又在升高，这将导致货币需求的整体变化加大，稳定性下降。

2. 法定数字货币对货币需求的影响

研究法定数字货币对货币需求的影响从凯恩斯货币需求理论中三大持币动机，即交易动机、预防动机以及投机动机的角度出发，假设货币需求总量 $M_d = M_1 + M_2 + M_3$（M_1 为交易性货币需求数量；M_2 为预防性货币需求数量；M_3 为投机性货币需求数量）。

1）法定数字货币对于交易性货币需求的影响

根据 Baumol-Tobin 模型，人们没有必要都持有现金货币，因为现金货币没有收益，应将部分现金转换为生息资产，为此支付的代价为生息资产转换为现金时需要的手续费以及放弃的利息收入。基于理性人假设，交易性货币需求的目标是使持币成本 $C = bY / K + rK / 2$ 达到最小值，其中，b 为生息资产转换为现金时需要的手续费，Y 为收入，r 为生息资产收益率，K 为每次变现的金额。用一阶微分可以求出成本最小时的 $K_{\min} = \sqrt{2bY / r}$，此时平均交易性货币需求余额 $M_1 = K_{\min} / 2 = \sqrt{bY / 2r}$。从中可以得出以下结论：①当交易量或手续费增加时，最适度的交易性货币需求将增加；②交易性货币需求与利率呈负相关关系；③利率变动导致交易性货币需求的动机并不是等比例变动的，而是利率变动 1%，交易性货币需求反向变动 0.5%。

再进一步假设法定数字货币存储在电子账户时不存在额外收益，这点与实物现金相似，那么由于利率波动而导致的利息收入的缺失与实物现金也相似，但由于法定数字货币的交易免手续费，且交易不受时空的限制，从而交易成本近乎为零。因而法定数字货币的出现将导致对于传统纸质货币的交易性需求下降，表现为对传统货币的替代效应。

在实际场景应用中,移动支付的快速发展对于高效、快捷的法定数字货币的需求量会显著大于实物现金,交易性货币需求在移动支付以及转账领域会对实物现金造成大规模的挤出效应,因此用于交易的实物现金很大一部分将被法定数字货币取代。

2)法定数字货币对于预防性货币需求的影响

在研究预防性货币需求量变动时,我们引用惠伦模型进行推论:$M_2 = aQ^{2/3}b^{1/3}r^{-1/3}$,其中,$a = 2^{1/3}$,$Q$为货币支出分布的标准差,$b$为非流动性成本,$r$为生息资产的收益率(即利率)或持有现金的机会成本。这表明最适度的预防性货币需求与净支出的方差Q^2和非流动性成本b呈正相关,与利率r呈负相关,结论与 Baumol-Tobin 模型基本一致,不同的是惠伦模型中预防性货币需求对非流动性成本以及利率的弹性分别是 1/3 以及 –1/3。当人们持有法定数字货币时,非流动性成本会下降,另外考虑宏观市场的利率因素时,预防性货币需求 M_2 对短期市场利率 r 的弹性会增加,表示预防性货币需求 M_2 对短期金融产品市场利率 r 的变动更加敏感,此时预防性货币需求与法定数字货币的收益率息息相关,若法定数字货币的收益率大于实物现金的收益率,居民将会有更丰富的预防性货币需求。基于现有的法定数字货币的投资渠道有限,其与实物现金收益率的差额暂不能确定,但法定数字货币几乎没有流动成本,这会导致在预防性货币需求方面对传统货币发生较大规模的替代效应。因而法定数字货币的出现会导致实物现金预防性货币需求下降,具体程度主要取决于法定数字货币与实物现金收益率的大小。

3)法定数字货币对于投机性货币需求的影响

法定数字货币与实物现金在考虑投机性货币需求时最直观的指标是收益率的大小,在预防性货币需求的分析中,我们指出与实物现金相比,法定数字货币对于利率 r 的敏感程度要更高,对于利率波动的弹性更大。在凯恩斯的投机性货币需求理论中,投机性货币需求与短期债券市场利率成反比,我们将短期债券市场的投资债券替换成短期金融市场的投资工具,投机性货币的需求量可以定义成法定数字货币收益率的增函数,短期金融市场投资工具收益率的减函数。随着现阶段大数据、云计算等技术的发展,金融科技将助力短期金融市场投资工具的发展,能减小不同金融工具之间的流动性差异,短期理财产品将呈现同质化的特点。因而身处互联网时代的投资者将拥有更多的投机性货币,法定数字货币与实物现金的比例取决于法定数字货币收益率的相对大小,基于目前的发展境况,金融产品收益率同质化的趋势可能会弱化这种差异性,因而法定数字货币并不一定能在投机性货币需求中胜于实物现金,但在整体投机性货币需求的程度上,法定数字货币需求会随着金融市场的不断完善和发展而得到提高。

在移动支付快速发展的今天,交易性货币需求、预防性货币需求以及投机性货币需求之间的界限不再那么清晰,在上述法定数字货币对三种货币需求的分析中,我们可以归纳总结出法定数字货币需求量的多少整体上与短期金融工具的收益率呈正相关关系,与利率呈负相关关系,且对利率的弹性要比实物现金大,相较于其他因素,法定数字货币的收益率对货币需求的影响在不断增加。在非流动成本方面,三种货币需求都表现出了法定数字货币对于实物现金的替代效应。随着电子化交易的进一步发展,这种替代效应会呈现出增加的趋势。在总需求方面,法定数字货币的出现会使货币需求量增加,且对实物现金产生替代效应。

13.2　金融科技与货币供给

13.2.1　现代货币供给机制

货币供给是某一国或货币区的银行系统向经济体中投入、创造、增加（或缩减）货币的过程。它是一个存量概念，是一个国家在某一特定时点上保持的不属政府和银行所有的硬币、纸币和银行存款的总和。货币供给的主要内容包括：货币层次的划分、货币创造过程、货币供给的决定因素等。在现代市场经济中，货币流通的范围不断扩大，形式不断丰富，现金和活期存款普遍被认为是货币，定期存款和某些可以随时转化为现金的信用工具（如公债、人寿保险单、信用卡）也被认为具有货币性质。

1. 货币层次

以货币流动性的强弱为标准，货币层次主要划分为 M_0、M_1、M_2、M_3 等。$M_0=$ 流通中的现金，$M_1=M_0+$ 活期存款 + 旅行支票 + 其他支票存款，$M_2=M_1+$ 小额定期存款 + 居民储蓄存款 + 散户货币市场共同基金 + 单位定期存款 + 单位其他存款 + 证券公司客户保证金，$M_3=M_2+$ 金融债券 + 商业票据 + 大额可转让定期存单等其他金融资产。

其中，M_1 反映经济中的现实购买力，M_2 不仅反映现实购买力，还反映潜在购买力，M_3 是为金融创新而增设的。若 M_1 增速较快，则消费和终端市场活跃；若 M_2 增速较快，则投资和中间市场活跃。中央银行和各商业银行可以据此判定货币政策。M_2 过高而 M_1 过低，表明投资过热、需求不旺，有发生危机的风险；M_1 过高而 M_2 过低，表明需求强劲、投资不足，有涨价风险。

2. 货币供给过程

货币创造过程也被称为货币供给过程，是指银行主体通过其货币经营活动而创造出货币的过程，它包括商业银行通过派生存款机制向流通领域供给货币的过程和中央银行通过调节基础货币量而影响货币供给的过程。

货币供给过程有两个基本环节：一是中央银行供给基础货币，二是商业银行创造存款记账货币。中央银行供给基础货币有三种途径。一是变动其储备资产，在外汇市场买卖外汇或贵金属；二是变动对政府的债权，进行公开市场操作，买卖政府债券；三是变动对商业银行的债权，对商业银行办理再贴现或再贷款业务。

基础货币一般包括通货与准备金总额。通货供给环节通常包括三个步骤：①由一国货币当局下属的印制部门（隶属于中央银行或隶属于财政部）印刷和铸造通货；②商业银行因其业务经营活动而需要用通货进行支付时，便按规定程序通知中央银行，由中央银行运出通货，并贷给商业银行；③商业银行通过存款兑现方式对客户进行支付，将货币投入商品流通领域，供给到非银行部门手中。

通货虽然由中央银行供给，但中央银行并不直接把通货送到非银行部门手中，而是以商业银行为中介，借助存款兑现途径间接将通货送到非银行部门手中。由于通货供给在程序上是通过商业银行的客户兑现存款的途径实现的，因此通货的供给数量完全取决于非银行部门的通货持有意愿。非银行部门有权随时将所持存款兑现为通货，商业银行有义务随时满足非银行部门的存款兑现需求。如果非银行部门的通货持有意愿得不到满足，商业银行就会因其不能履行保证清偿的法定义务，而被迫停业或破产。上述通货供给是就扩张过程而言的，从收缩过程说明通货供给，程序则正好相反。就存款货币而言，商业银行的存款负债有多种类型，究竟哪些属于存款货币，而应当归入货币供应量之中尚无定论，目前公认活期存款属于存款货币。

在不兑现信用货币制度下，商业银行的活期存款与通货一样，能够完全充当流通手段和支付手段，存款者可据以签发支票进行商品或劳务的购买、支付和清偿债务。因此，客户在得到商业银行的贷款和投资以后，一般并不立即提现，而是把得到的款项作为活期存款存入同自己有业务往来的商业银行之中，以便随时据以签发支票。这样，商业银行在对客户放款和投资时，就可以通过贷记方式，一方面增加客户的一笔贷款，另一方面在客户的活期存款账户增加一笔相应数额的活期存款。所以，商业银行一旦获得相应的准备金，就可以通过账户的分录使自己的资产（放款与投资）和负债（活期存款）同时增加。从整个商业银行体系看，即使每家商业银行只能贷出它收受的存款的一部分，全部商业银行却能把它们的贷款与投资数额扩大到其所收受的存款的若干倍。换言之，从整个商业银行体系看，一旦中央银行供给的基础货币被注入商业银行内，被某一商业银行收受为活期存款，在扣除相应的存款准备金之后，就会在各家商业银行之间辗转使用，从而最终被放大为多倍的活期存款。

决定货币供给的因素包括：中央银行增发货币情况、中央银行调节商业银行可贷资金力度、商业银行派生资金的能力、经济发展状况以及企业和居民的货币需求状况等。货币供给有两种形式：以货币单位表示的名义货币供给和以流通中货币所能购买的商品和服务表示的实际货币供给。

13.2.2　金融科技对货币供给的影响

金融科技发展迅猛，对金融领域产生了深远的影响，金融科技依托大数据、区块链、云计算、人工智能等新兴前沿技术，对传统金融市场以及金融服务造成冲击，依托金融科技衍生出的电子货币、网络虚拟货币、数字货币等都对一国或者一个货币区的货币供给机制提出了挑战，也创造了前所未有的机遇。目前，大多数国家都加入了金融科技以及数字货币的研发，俄罗斯中央银行发布《金融科技发展纲要2018—2020》，以纲要的形式对金融科技的发展进行规划。德国对金融科技的发展一直秉持开放包容的态度，是世界上首个承认比特币合法地位的国家，其对金融科技的监管也处于世界前列。美国对于数字货币的基本态度是谨慎对待且不阻碍其发展。2016年，中国人民银行公开宣告争取早日推出中央银行发行的数字货币，当前数字人民币已在我国部分城市试点推广。下面分别阐释电子货币、网络虚拟货币和数字货币对货币供给的影响。

1. 电子货币对货币供给的影响

电子货币对货币供给的影响主要体现在两个方面，首先是电子货币纳入货币统计范畴后对货币供给的影响，其次是电子货币对其他货币的影响。如果电子货币纳入货币统计范畴，带来的必然结果就是货币供应量的增加，但是是否将电子货币直接纳入货币统计口径还有待商榷。电子货币对其他货币的影响较为复杂，电子货币作为一种新的货币形式和支付手段，其发行通常会带来现金、存款或存款准备金的变动，并通过货币创造机制产生乘数效应，对货币供给产生更加显著的影响。

在货币供给方式上，电子货币更大程度上起到对传统货币的替代作用，承担了货币职能，是对中央银行货币发行权的分散。在货币供给量上，电子货币影响准备金及银行存款数额，依托存款派生过程，增加货币供给，直接发挥货币创造机制的作用，从而影响货币供应量，改变货币乘数。在这一过程中，第三方支付平台作为电子货币发行的主力军，能进一步扩大货币乘数的效应，其作用不可忽视。

2. 网络虚拟货币对货币供给的影响

在我国，到目前为止，网络虚拟货币并没有得到承认，根据中国人民银行等部门发布的通知、公告，网络虚拟货币不是由货币当局发行，不具有法偿性和强制性等货币属性，并不是真正意义上的货币，不具有与货币等同的法律地位，不能且不应作为货币在市场上流通使用，公民投资和交易网络虚拟货币不受法律保护。所以，网络虚拟货币对我国的货币供给几乎没有影响。

3. 数字货币对货币供给的影响

1）数字货币对货币发行方式的影响

中国人民银行数字货币研究项目组认为法定数字货币的发行和流通在设计上仍然可以采用传统纸币使用的"中央银行—商业银行"二元体系，即由中国人民银行根据社会需求发行货币到商业银行的银行库，再由商业银行直接面向全社会提供数字货币服务，从而实现数字货币的发行和流通。商业银行的清算和结算业务以及用户与用户之间的货币交易业务可以通过原有的账户收付关系结算完成。但数字货币的运送和保管方式与纸币已经迥然不同：运送方式从物理运送变成了电子传送，保管方式从中国人民银行的发行库和银行机构的业务库变成了储存数字货币的云计算空间。因此，法定数字货币发行和回笼的安全程度、效率会极大提高。在终端用户实际使用中，法定数字货币体系的双层架构的双层是指中央银行和商业银行，分别是基于账户（account-based）和基于钱包（wallet-based）这两种形式，把原有的银行账户系统和基于数字货币钱包的账户系统相结合，而进行分层并用并共存于同一体系之中。这样我国法定数字货币将由中国人民银行的数字货币发行库、商业银行的数字货币业务库和私人部门银行账户体系三部分组成。

2）数字货币对货币政策的影响

长期以来，中国人民银行并没有完全掌握纸币在脱离金融体系后的流通情况，很难对基础货币运行进行有效的监测，影响了货币政策的有效性。法定数字货币的推出，将会有效改变这一局面。中国人民银行在法定数字货币的设计上将会采用大数据分析、"条件触发机制"、人工智能等创新机制，这些机制加入理论上将会使我国货币政策传导过程更加通畅，货币政策实施更加精确有效，使得对货币供应量及其结构、流通速度、货币乘数、时空分布等方面的测算更为精确，可以有效提升货币政策操作的准确性。从货币层次来看，我国研发的法定数字货币属于 M_0 范畴，是对传统实物货币的补充与替代。因此，法定数字货币将会对流通中的通货产生替代作用。这不仅会减少流通中的现金，还会影响活期存款和银行准备金，进而对基础货币、货币乘数、货币供给机制产生影响。

3）数字货币对现金货币的影响

由于法定数字货币对现金货币具有替代作用，现金货币将会最先受到法定数字货币的冲击。法定数字货币发行后，会造成现金货币的交易支付需求大幅减少。新增的法定数字货币会受到货币流动性提高的影响，部分流向资本市场，因此新增的法定数字货币数量将会小于缩减的现金货币数量，现金货币数量会因为现金交易支付需要的减少而减少，同时由于支付效率的提高，货币的流动性大为提升，这些都会造成现金货币数量在短期内快速减少。由于现金货币在缩减的同时会新增数字货币，所以长期来看，数字货币会逐渐替代现金货币，只有在不便于运用数字货币进行支付结算的领域，现金货币才有被继续使用的可能。

4）数字货币对准备金的影响

在法定数字货币发展初期，由于法定数字货币对通货具有替代作用，客户会将多余的现金返还银行，造成银行持有现金增加。当银行的现金持有量超过最优规模后，银行会将多出的现金储存到中国人民银行，造成中国人民银行准备金数量在短期内大量增加。客户手中多余的现金将逐渐消失，中国人民银行的准备金数量又会逐步减少。随着法定数字货币接受程度的提高，客户的提款率降低。因此，各商业银行的准备金需求会下降，中国人民银行将面临降低准备金率的压力。随着跨国竞争的加剧，中国人民银行将会进一步被迫降低准备金率用以提高法定数字货币的跨国竞争力。因此在中国人民银行没有特殊干预的情况下，银行准备金总额在短期内会先呈现大幅增长的趋势，当客户手中多余的现金逐渐消失之后，其又会呈现长期的下降趋势。

5）数字货币对基础货币的影响

基础货币主要由通货和准备金组成，因此基础货币的数量也会受到法定数字货币的冲击。在法定数字货币发行之后，由于替代作用及流动性变化的影响，通货数量会在短期内会大幅下降，大量的通货会导致准备金短期内的大幅上涨，但是大量的通货并不会全部作为银行的准备金，所以基础货币总量在短期内依然会下降。长期来看，由于通货和准备金数量都会下降，基础货币数量也会下降。

6）数字货币对货币乘数的影响

货币乘数即货币供给与基础货币的比率。由于法定数字货币的发行对货币供给和基础货币都产生了影响，货币乘数也会受到法定数字货币的影响。基础货币为 M_b，法定准备金为 R_s，超额准备金为 R_e，活期存款为 D_d，定期存款为 D_t，活期存款准备金率为 r_d，定期存款准备金率为 r_t，银行库存现金为 C_b，社会公众手持现金为 C_c，通货为 C。则有

$$R_s = D_d \times r_d + D_t \times r_t \tag{13-20}$$

$$C = C_b + C_c \tag{13-21}$$

$$M_b = R_s + R_e + C \tag{13-22}$$

法定数字货币将会对现金通货及存款产生一定程度的挤压。在法定数字货币之后，随着货币流动性的提高，融资途径增多，活期存款与定期存款减少，现金通货、超额准备金、法定准备金均会发生一定程度的缩减。缩减后的法定准备金为 R_s^*，超额准备金为 R_e^*，活期存款为 D_d^*，定期存款为 D_t^*，活期存款准备金率为 r_d^*，定期存款准备金率为 r_t^*，银行库存现金为 C_b^*，社会公众手持现金为 C_C^*，通货为 C^*，基础货币为 M_b^*，L 为数字货币。则有

$$R_s^* = D_d^* \times r_d^* + D_t^* \times r_t^* \tag{13-23}$$

$$C^* = C_b^* + C_C^* + L \tag{13-24}$$

$$M_b^* = R_s^* + R_e^* + C^* = D_d^* \times r_d^* + D_t^* \times r_t^* + R_e^* + C_b^* + C_C^* + L \tag{13-25}$$

现金存款比为

$$j = \frac{C^* + L}{D_d^*} \tag{13-26}$$

定期存款与活期存款之比为

$$t = \frac{D_t^*}{D_d^*} \tag{13-27}$$

超额准备金与活期存款之比为超额准备金率 e

$$e = \frac{R_e^*}{D_d^*} \tag{13-28}$$

代入式（13-26）～式（13-28），式（13-25）可改为

$$M_b^* = D_d^* \times r_d^* + D_d^* \times t \times r_t^* + D_d^* \times e + D_d^* \times j = D_d^*(r_d^* + t \times r_t^* + e + j) \tag{13-29}$$

货币乘数为

$$k = \frac{m_1}{M_b^*} = \frac{C^* + D_d^* + L}{M_b^*} = \frac{D_d^*(1+j)}{D_d^*(r_d^* + t \times r_t^* + e + j)} = \frac{1+j}{r_d^* + t \times r_t^* + e + j} \tag{13-30}$$

k 是法定数字货币发行流通后的新的货币乘数，与现金存款比 j、定期存款与活期存款之比 t、超额准备金与活期存款之比 e，以及活期存款准备金率 r_d^* 和定期存款准备金率 r_t^* 相关。随着法定数字货币的普及，现金货币将逐渐被替代，金融资产间的转换速度加快，公众对于现金的需求会越来越少，j 将变小。另外，商业银行在法定数字货币背景下的准备金需求会减少，同时货币流动性的提高可以带动金融创新的发展和同业拆借效率的提升，因此，活期存款准备金率 r_d^*、定期存款准备金率 r_t^* 和超额准备金率 e 都将减小。法定数字货币的发行将使得金融资产的流动性增加，金融产品也将更加丰富，各种理财产品都有着较高的资产回报率和流动性。在高利息的驱使下，法定数字货币会加速定期存款向活期存款的转换，这时 t 会变小。

我们假设货币乘数 k 是一个关于 r_d^*、t、r_t^*、e、j 的函数

$$f(k) = \frac{1+j}{r_d^* + t \times r_t^* + e + j} \tag{13-31}$$

如果假定 r_d^*、t、r_t^*、e 均为常数，对函数 $f(k)$ 求导，则有

$$\frac{\partial f}{\partial j} = \frac{(r_d^* + t \times r_t^* + e + j) - (1+j)}{(r_d^* + t \times r_t^* + e + j)^2} = \frac{(r_d^* + t \times r_t^* + e - 1)}{(r_d^* + t \times r_t^* + e + j)^2} < 0 \tag{13-32}$$

法定数字货币实施之后，现金存款比 j、活期存款准备金率 r_d^*、定期存款准备金率 r_t^*、超额准备金率 e，以及定期存款与活期存款之比 t 都会变小，这些系数都与货币乘数 k 呈负相关，因此货币乘数变大。货币供应量也将受到货币乘数的影响产生大幅波动，因此，货币供应量作为中介指标的地位将受到挑战。

13.3　金融科技与货币供求均衡

13.3.1　货币供求均衡与社会总供求均衡

1. 货币供求均衡

货币供求均衡是指银行体系的货币供应量与经济社会发展对货币的客观需要量基本相适应，并且二者在数量上大致保持相等的一种状态。也就是说，货币供求均衡就是货币供应量与促进经济社会发展所必需的货币量之间大体均等。公式表示为 $M_s = M_d$。其中，M_s 为货币供应量，M_d 为货币必需量，一般来说货币供应量可由政府金融机构外生决定，而货币必需量则由商品和劳务交易产生的对货币的客观需求内生决定。

凯恩斯认为人们对货币的需求基于三种动机，即交易动机、预防动机和投机动机。交易性货币需求是收入的增函数，而投机性货币需求是利率的减函数，从而得出货币需求函数为

$$M_d = L_1(Y) + L_2(r) = kY - hr \tag{13-33}$$

其中，Y 为国民收入（产出）或 GDP；k 为交易性货币需求对收入变化的敏感性系数；r 为利率；h 表示投机性货币需求对利率变化的敏感性系数；L_1 为出于交易动机和谨慎动机对货币的需求量；L_2 为出于投机动机对货币的需求量。

一般来说，货币供应量可由政府金融机构外生决定，则货币供求均衡表示为

$$\frac{M_s}{P} = kY - hr \tag{13-34}$$

其中，P 为物价水平，即物价指数。在货币市场中，在货币供给等于货币需求时，收入与利率的各种组合点的轨迹就组成了 LM（liquidity preference-money supply，流动性偏好-货币供给）曲线。曲线上的任一点都代表一定利率和收入的组合，在这样的组合下，货币需求与货币供给都是相等的，即货币市场是均衡的。LM 曲线主要受货币政策的影响。扩张性的货币政策（中央银行扩大货币供应量）将会使收入不变，利率下降，即 LM 曲线向右平行移动，如图 13-3 所示。

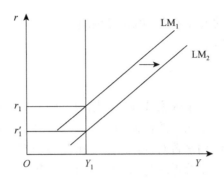

图 13-3　扩张性货币政策，LM 曲线向右平移，利率下降

如图 13-4 所示，一般的 LM 曲线把平面图分为三个部分，分别是凯恩斯区域、中间区域和古典区域：①利率降到很低的水平（r_1），货币的投机需求趋于无限大，货币的投机需求曲线会成为一条水平线，相对应的 LM 曲线上也有一段水平状态的区域，这一区域通常就是凯恩斯区域。在凯恩斯区域中，利率水平较低，假设政府实行扩张性货币政策，增加了货币供给，但不能降低利率，也不能增加收入，因而扩张性货币政策在这时无效。相反，扩张性财政政策，可以使收入在利率不发生变化的情况下提高，因而财政政策有很大的效果；②利率上升到很高的水平（r_2），货币的投机需求将等于零，这时人们除了为满足商品或劳务交易需求还必须持有一部分货币外，不会为投机需求而持有货币。货币的投机需求曲线表现为一条与纵轴相重合的垂直线，LM 曲线也成为一条垂直线。LM 曲线呈垂直状态的这一区域被称为古典区域；③古典区域和凯恩斯区域之间这段 LM 曲线是中间区域，LM 曲线的斜率在古典区域为无穷大，在凯恩斯区域为零，在中间区域为正值。

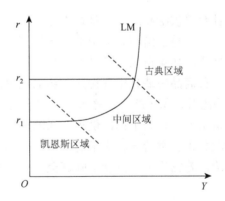

图 13-4　LM 曲线三类区域划分

市场经济条件下货币均衡的实现有赖于三个条件，即健全的利率机制、发达的金融市场以及有效的中央银行调控机制。当供给与需求处于均衡点时的利率称为均衡利率。在市场经济条件下，利率不仅是货币供求是否均衡的重要信号，而且对货币供求具有明显的调节功能。因此，货币均衡便可以通过利率机制的作用实现。在完全市场经济条件下，货币均衡最主要的实现机制是利率机制。除利率机制之外，影响货币均衡实现的主

要因素还有：①中央银行的调控手段；②国家财政收支状况；③生产部门结构是否合理；④国际收支是否基本平衡等。

2. 社会总供求均衡

社会总供求均衡是指在一个国家或地区范围内，同一计算口径、同一时期内社会总供给与社会总需求在总量和结构上的协调和平衡。社会总供求均衡有两个方面的含义：一是总量是否平衡，二是结构是否对称。总量平衡是最基本的含义，分析总供求关系总是偏重对总量平衡的分析。将总需求与总供给结合在一起放在一个坐标图上，用以解释国民收入和价格水平是如何被同时决定的，考察价格变化的原因以及社会经济如何实现总需求与总供给的均衡就是总需求-总供给（aggregate demand-aggregate supply，AD-AS）模型，如图 13-5 所示。

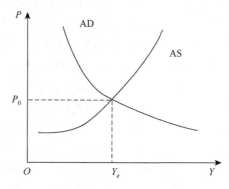

图 13-5 AD-AS 模型决定的国民收入与价格水平

在市场经济条件下，社会总供给和总需求是否均衡，可以从两个方面考察。①商品供需差率。供需差率反映了社会总供给和总需求的失衡程度，供需差率的绝对值越大，社会总供求的失衡情况越严重。如果市场上商品不短缺，市场不疲软，即意味着社会总供求基本均衡。若市场上多种商品短缺且出现排队购买的现象，意味着总供给小于总需求；若市场上多种商品销售困难、积压严重，意味着总供给大于总需求。②通货膨胀率。由于供需差额最终会通过价格的波动来平抑，供求关系的变动会引起价格的变化，因此可以通过通货膨胀率的变动分析总供给与总需求的关系。若物价总水平上升幅度较大，则意味着总需求超过总供给；若物价水平持续下降甚至为负，则意味着总需求相对总供给不足。

3. 货币供求均衡与社会总供求均衡的关系

1）货币供给与社会总需求

（1）货币供给与社会总需求的联系。在现代商品经济条件下，任何需求都表现为有货币支付能力的需求。任何需求的实现，都必须支付货币，如果没有货币的支付，就没有实际的购买，社会基本的消费需求和投资需求就不能实现。因此，一定时期内，社会的货币收支流量就构成了当期的社会总需求。社会总需求的变动，一般说，来源于货币供给量的变动，但是，货币供给量变动以后，能在多大的程度上引起社会总需求的相应变动，则取决于货币持有者的资产偏好和行为，即货币持有者的资产选择行为。当货币供给量增加以后，人们持有的货币量增加。如果人们不是把这些增加的货币用于消费或投资，而是全部用于储蓄，则对社会总需求不会产生影响。因为这些增加的货币量并没有完成现实的购买过程而发挥交易与支付职能，所以对商品市场和资本市场都没有直接的影响。如果货币供给量增加以后，人们不是将这些增加的货币用于窖藏，而是用于增加对投资品的购买，从而增加了社会总需求中的投资支出，会直接影响到投资品市场的供求状况。

（2）货币供给与社会总需求的区别。第一，货币供给与社会总需求二者在质上是不同的。货币供给是一个存量的概念，是一个时点的货币量；而社会总需求是一个流量的概念，是一定时期内的货币流通量。此外，在货币供给中，既含有潜在货币，也含有流动性货币，而真正构成社会总需求的只能是流通性的货币。第二，货币供给的变动与社会总需求的变动，在量上也是不一致的。货币供给变动以后，既会引起流通中的货币量变动，也会引起货币流通速度变动。社会总需求是由流通性货币及其流通速度两部分决定的，而货币供应则是由流通性货币（包括电子货币、数字货币、现金和活期存款等）和非流通性货币（指定期存款，到期后才会进入流通领域）两部分构成的。因此，一定量的货币供给增加以后是否会引起社会总需求增加以及增加的幅度为多大，则主要取决于以下两个因素：其一是货币供给中潜在性货币与流通性货币的比例；其二是货币流通速度的变化情况。一般说来，流通性货币所占的比重大，流通速度加快，社会总需求增加。所以，货币供给的变动与社会总需求的变动，在量上往往是不相同的。第三，货币供给变动与社会总需求的变动在时间上也是不一致的。弗里德曼根据美国的实际情况的研究表明，货币供给变动以后，一般要经过 6～9 个月的时间，才会引起社会总需求的变动，而引起实际经济的变动，则需要 18 个月左右的时间。从我国的实际情况看，近几年的实践也表明，货币供给的变动与社会总需求的变动，在时间上是有差别的。

2）货币供给量、社会总需求和社会总供给

在社会总供求关系中，货币供给的变动对社会总需求的影响，会由两条途径传导到社会总供给。一是货币供给增加，社会总需求相应增加。这时，如果社会有闲置的生产要素，货币量的增加将促使生产要素结合，社会总供给增加，对货币的需求也相应增加，从而货币市场和商品市场恢复均衡。二是货币供给增加，社会总需求增加，但由于种种原因，没有引起生产的发展，而是引起物价上涨，从而引起总供给的价值总额增加，而货币的实际需求并没有增加，货币市场和商品市场只是由于物价的上涨而处于一种强制的均衡状态。这两条途径中显然前者是社会最愿意接受的，而后者则是不可取的，社会只能被迫接受。那么，怎样才能实现第一种途径的均衡呢？前提条件就是社会潜在生产要素的开发和利用，这也是社会总供求均衡的重要条件。现实的总需求大于现实的总供给，必须与一定时期内潜在生产要素相适应。现实的潜在生产要素指的是与现有生产力水平、生产结构和社会经济制度等因素相适应的，短期内可利用的能源、矿藏以及劳动力资源等。这些潜在的生产要素通过货币的作用就能很快地转化为现实的生产要素，形成生产能力，生产出产品，即商品的短期供应弹性很大。但是，那些由于与现有生产力水平、产业和技术结构以及社会经济制度等不相适应而闲置的生产要素，应排除在潜在的生产要素之外。

货币供给量通过社会总需求，进而影响社会总供给的途径，可能有以下几种。

（1）直接引起商品供给增加。在货币量适度增加引起的社会总需求增加与潜在生产要素完全相适应的情况下，社会总需求的增加就会导致社会生产的发展和市场商品供给量的增加，因而不会对物价水平产生大的影响。在生产力水平没有较大提高的条件下，生产的发展和实际产出的增加，会导致产品的边际成本上升，从而引起物价的上涨。但是，其上涨的幅度一般很小，属于正常的物价波动。在这种情况下，实际产出对货币的弹性较大，而价格对货币的弹性较小，货币量的增加引起的总有效需求量的增加，在短期内就能直接引起商品供给增加。

（2）过度需求会导致物价上升。在货币供应量增加引起社会总需求增加，从而超过了潜在生产要素动员所需要的货币量的情况下，货币供应量的增加一方面会促使生产的发展和实际产出的增加；另一方面则会引起物价水平的上涨。因为，那些适量的货币已经将那些潜在生产要素转化为现实的生产要素，投入到了现实的生产过程之中，促使生产规模扩大和实际产出增加，而多余的那一部分货币形成了过度需求。这部分过多的需求必然会冲击社会再生产过程，从而导致一般物价水平的上升。也就是说，在这种情况之下，实际产出和价格对货币的弹性都比较大。货币量的增加引起的总有效需求量的增加，一方面在短期内能引起市场商品供给的增加，另一方面也会导致物价水平的迅速上涨。

（3）潜在生产要素利用不平衡，物价会上涨。在货币供应量增加引起的社会总需求增加，与潜在生产要素在量上是相适应的，而在潜在生产要素结构比例不相适应的情况下，社会总需求增加，一方面只能把部分潜在生产要素动员起来，投入到现实的生产过程中去，扩大生产规模，增加实际产出；另一方面，有一部分潜在生产要素则不能被充分动员起来，以转化为现实的生产要素。这部分增加的总需求就会由于潜在生产要素的结构比例的不合理，造成流通中的货币过多，从而引起物价的上涨。也就是说，由于货币量的增加形成的社会总需求的比例与潜在生产要素的比例不相适应，潜在生产要素并没有得到很好的利用，物价就开始上升。首先是紧缺商品或资源的价格上涨，其次，由于下述两个原因，而引起一般物价水平的上涨。第一，部分商品价格上涨以后，改变了原来的物价结构，各商品生产者之间，由于相互看齐和彼此攀比的影响，而引起一般物价水平的上涨。第二，部分商品和资源的价格上涨以后，如果这些价格上涨的商品或资源与生产资料有关，则势必会增加生产资料的产品成本，从而引起一系列商品和资源的价格上涨；如果与生活资料有关，那么，势必会增加使用这部分生活资料的劳动力的再生产成本，由此，劳动者必然会要求增加名义工资，而工资上升必然会引起产品的生产成本上升，从而引起一系列商品和资源的价格上涨。实际上，这两种情况往往同时出现。在此情况下，产量对货币的弹性很小，而物价对货币的弹性很大，如果增加的总需求与潜在生产要素在比例和结构上完全不相适应，那么在短期内，产量对货币的弹性会趋近于零，而物价对货币的弹性会趋近于1。也就是说，由于比例和结构的不合理，一方面潜在生产要素并没有被动员利用起来；另一方面，物价水平则随着总需求的增加而迅速上涨，这是货币失衡和经济效益差的突出表现。

13.3.2 金融科技对货币供求均衡的影响

金融科技的发展推动了传统金融的深刻变革，以微信、支付宝为代表的第三方支付的发展势头强劲，电子货币、网络虚拟货币以及数字货币的发行和交易给货币供需带来了较大影响，在新的形势下，有必要客观探讨金融科技对我国货币均衡的影响。

在传统"IS-LM"[①]模型诞生并影响宏观经济分析的岁月里，金融科技的影响十分薄弱，在整个经济系统的占比与影响力较小，因此彼时金融科技对货币的供需、价格的变化等影响并没有引起经济学家的重视。但是随着金融科技的蓬勃发展，宏观经济的分析如果再单纯地只考虑商品市场与货币市场的影响已经不再能够准确地反映真实情况，于是金融资产交易市场的引入便顺理成章。三者之间互有关联，相互影响。金融资产交易市场就是指包含大量易于交易、变现能力强的金融资产的市场，传统的"IS-LM"模型当中并没有将金融资产考虑进去，而是只考虑了金融资产持有者的利息收益，这就相当于限定了该金融资产是不可交易的，也就是只考虑了金融资产的利率因素。但是随着金融科技的不断进步，金融资产交易更加便捷迅速，金融资产的价格因素也变得格外重要，金融资产的持有者更愿意通过金融资产的不断交易或者投机买卖，赚取比单纯的利息收益更高的资产买卖差价的收益，也就是资本利得。因此建立在可交易金融资产的"IS-LM-FM"[②]一般均衡模型（反映了产品市场、货币市场和金融资产交易市场同时达到均衡状态）的提出为当前复杂的宏观经济系统提供了一个更加完备合理的分析工具。

1. 金融科技对产品市场的影响

对于产品市场，这里只引入厂商和居民两个部门。那么社会总投资加上社会总消费就是社会总需求，即社会总收入。用公式表达就是：$Y = C + I$，其中，Y 为社会总需求，C 为社会总消费，I 为社会总投资。其中，消费是由收入主导的，同时两者为正相关关系；投资是由利率主导的，两者为负相关关系。因此，可以将上述公式转化为

$$Y = aY + (b_1 - b_2 r) \tag{13-35}$$

其中，a 为居民的消费偏好或边际消费倾向；b_1 为不受利率影响的自发性投资水平；b_2 为厂商投资对于利率变化的敏感度，且 $0 < a < 1, b_1 > 0, b_2 > 0$。

由此金融科技的普及与发展对于产品市场造成的影响便可以进行较为细致的分析。随着金融科技的普及，社会投融资渠道增加，社会投资对资金的需求更加多样化，对利率的依赖性和反应速度都有所下降。因此式（13-35）可转化为

$$Y = aY + (b_1 - b_2(T)r) \tag{13-36}$$

其中，T 为金融科技的发展状态。$b_2(T)$ 为 T 时间金融科技发展对利率 r 的反应系数，

① IS 为 investment-saving，投资储蓄。

② FM 为 financial assets-money supply，满足金融资产投资的货币供给。

$b_2(T) > 0$。此时，必然存在着用于反映金融科技发展对时间 T 变动敏感性的弹性，即一阶导数 $b_2'(T) < 0$，这就意味着金融科技越发展，社会投资对于利率的依赖性越低、反应速度越慢。将式（13-36）稍做变化不难推导出此表达式

$$r = b_1 / b_2(T) - Y(1-a) / b_2(T) \qquad (13\text{-}37)$$

显然此时 $-(1-a) / b_2(T)$ 的绝对值就是 IS 曲线的斜率，又由于 $0 < a < 1, b_1 > 0, b_2 > 0$，不难得到如果 T 值不断增加，那么 $-(1-a) / b_2(T)$ 的绝对值就跟着增加，也就是 IS 曲线的倾斜度将会愈加趋向于竖直，如图 13-6 所示。

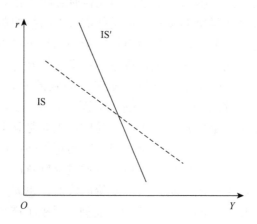

图 13-6　金融科技发展对 IS 曲线的影响

2. 金融科技对货币市场的影响

凯恩斯认为公众对货币的需求主要由三个方面的动机决定，即交易动机、预防动机和投机动机，同时给出了影响深远的货币需求公式：$M_d = L_1(Y) + L_2(r)$。这里的 $L_1(Y)$ 意味着由收入 Y 主导的基于交易动机和预防动机的货币需求，且与 Y 呈正相关；$L_2(r)$ 意味着由利率 r 主导的基于投机动机的货币需求，且与 r 呈负相关。因此为了便于分析，可以将式 $M_d = L_1(Y) + L_2(r)$ 稍做变化得

$$M_d = P_1 Y + P_2 r \qquad (13\text{-}38)$$

其中，P_1 为基于单位收入变动决定的货币需求量；P_2 为基于单位利率变动决定的货币需求量。$P_1 > 0$，$P_2 < 0$。金融科技的蓬勃发展将会对传统信用货币形成一定程度的替代，执行着本该由传统信用货币执行的流通、支付手段，同时它促使了更多更深化的金融工具的创新，极大地加快了金融经济的流转效率与变现能力，因此社会公众的基于交易动机和预防动机的货币需求将会不可避免出现相对下降的趋势。随着金融科技的不断发展，虚拟货币等不但具有交易货币的类货币属性，而且还具有虚拟资产的商品属性，同时它的交易成本低廉，天然具有全球性、通缩性等，所以它还极大地增强了投机市场的活跃程度。基于投机动机的货币需求因此而变得很不稳定，对于利率变化的敏感度不断提高，反应速度进一步加快。因此将金融科技（T）的影响纳入式（13-38）可得

$$M_d = P_1(T)Y + P_2(T)r \qquad (13\text{-}39)$$

$P_1(T) > 0$，$P_2(T) < 0$，且 $P_1'(T) < 0$，这就意味着随着金融科技的发展，基于交易动机和预防动机的货币需求将会相对下降；$P_2'(T) > 0$，这就意味着随着金融科技的发展，基于投机动机的货币需求对于利率波动将会越发敏锐，反应速度进一步加快。再引入货币市场的均衡表达式：$M_d = M_s / P$，M_s 为货币供给量，将上述表达式稍作变换不难得

$$r = (M_s / P) / P_2(T) - Y P_1(T) / P_2(T) \tag{13-40}$$

那么显而易见，此时 $-P_1(T) / P_2(T)$ 的绝对值就是 LM 曲线的斜率，又 $P_1(T) > 0$，$P_2(T) < 0$，$P_1'(T) < 0$，$P_2'(T) < 0$，则可以推出如果 T 值不断增加，那么 $-P_1(T) / P_2(T)$ 的绝对值将越来越小，也就是 LM 曲线的倾斜度将会愈加趋向于水平，如图 13-7 所示。

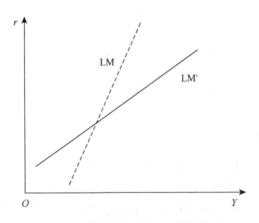

图 13-7　金融科技发展对 LM 曲线的影响

3. 金融科技对金融资产交易市场的影响

对于金融科技对金融资产交易市场的影响的分析则是基本上只考虑资产商品的特性，虚拟货币的蓬勃发展将会在短期内推动其作为金融资产的价格的上涨，从而进一步促使金融资产报酬率上升。那么此时这将会导致金融资产交易市场本来的均衡状态出现偏离，货币供给在实体经济与虚拟经济间的配比将会改变，许多实体经济中的货币将会转移至金融资产交易市场当中，从而继续带动金融资产交易价格的上涨。此外，这项经济行为除继续加强对金融资产交易市场的刺激之外，也许还会带来实体经济的萧条，若是中央银行在此时受相机决策思维的影响采取了相应的反经济周期的操作，增加了货币供给量，那么增加的货币供给量将会再次由于金融资产报酬率的上升而转移至金融资产交易市场当中，继续推动金融资产价格的上涨。

但是从长期来看，金融资产价格的上涨将会带来与之前相反的影响。这主要有两个原因：一是由于金融资产价格的不断上涨，人们的风险规避意识越来越强，对于金融资产的未来预期报酬率将会出现下滑的判断，这种市场预期性判断将会推动着金融资产价格逐步到达市场的顶点然后走向下跌趋势；二是由于货币供给的增加是有自身规律并且有控制的，当货币供给出现紧缩，那么流入金融资产交易市场的货币量自然也会下降，金融资产价格的上涨速度也会下降。综上所述，金融资产的需求曲线和金融资产的供给

曲线将会产生两个以上的交叉点，也就是金融资产交易市场的均衡是多点式的，如图 13-8 所示，其中，M_F 是指金融资产交易市场的货币量，M_{Fd} 是指金融资产交易市场的货币需求，M_{Fs} 是指金融资产交易市场的货币供给。

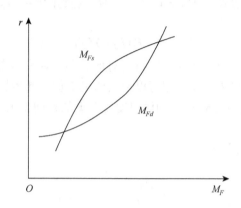

图 13-8　金融科技对金融资产交易市场的影响

4. 三个市场的融合

产品市场、货币市场和金融资产交易市场在金融科技不断发展的条件下将会产生怎样的变化，还需要将三者融合考虑，厘清三者之间的关系与意义。三者各自的市场均衡条件在本节中已经一一列举，在这里便不再赘述。IS-LM-FM 模型如图 13-9 所示。

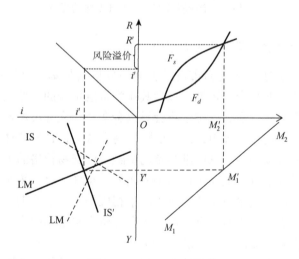

图 13-9　IS-LM-FM 模型

伴随金融科技的持续进步与渗透，三个市场都实现了新的均衡。在金融资产交易市场实现均衡的条件下，虚拟资产的报酬率上升至 R'，该市场的货币量为 M_2'，按照公式 $M = M_1 + M_2$，那么在这个状态下如果产品市场和货币市场同样实现均衡，其货币量应为 M_1'，同时相应的收入和利率分为 Y' 和 i'，再依据对称性将此利率值折射到 R 轴，即可

清楚观察到 R' 和 i' 的关系，$R' - i'$ 即此时可交易金融资产的风险溢价。

13.3.3　金融科技影响下的货币供求均衡调节机制

将金融科技引入货币供求的理论分析框架，初步探究金融科技影响下的货币供求均衡调节机制。首先，金融科技的发展会引起公众流动性偏好的变化，也会改变货币需求行为和货币选择意愿，从而改变微观主体的持币动机。其次，持币动机改变的结果又会使公众更多地选择持有电子货币等，从而加大其对传统货币的替代效应，这种替代效应主要包括替代加速效应和替代转化效应两个方面。最后，金融科技的替代效应会改变现金使用量和准备金水平，从而影响基础货币的可控性，同样，也会影响中央银行法定存款准备金政策的效果，改变商业银行的超额准备金水平及公众对现金的持有意愿，从而增强货币乘数的内生性，最终影响货币供给。

1. 金融科技对货币政策中介目标的影响

随着金融科技的快速发展，中央银行的调控能力受到冲击。大体上可以把货币政策的中介目标分为两类：一是货币供应量目标，以 M_1、M_2 为代表；二是价格信号目标，以利率为代表。货币当局制定货币政策不能同时盯住两类指标。当出现经济波动时，要想保持利率稳定，必须调整货币供应量，要想维持货币供应量，只有放开利率。

根据金融资产的流动性可将货币供应量分为 M_0、M_1、M_2 等不同的层次，从而准确地对货币层次进行划分，这是货币供应量作为中介目标的前提，金融科技的广泛应用会对这一目标产生影响。比如，虚拟货币，与法定货币不同，其发行主体是不同的网络经营商，不再是中央银行，其便捷性会加快货币的流通速度，给货币供应量的定义和计量带来很大的困难，货币供应量的可测性就降低了。以存款货币派生创造过程为基础，分析发现金融科技影响下，电子货币、网络虚拟货币、数字货币等对现金的替代效应使得现金漏损率、存款准备金率降低，使基础货币减少，货币乘数增大，货币供应量受到货币乘数作用的影响也会产生大幅波动。同时，货币乘数中各因素的不确定性将增加货币供应量的测度和控制难度。在相关性方面，保证货币流通速度稳定或变化可预测，才能保证货币供应量和最终目标之间的相关性，否则，即使货币当局对货币的发行拥有足够的控制力，货币政策的最终目标也会出现较大的偏差。货币的流通速度因金融科技的出现变得更加不可预测，进而影响到货币供应量与最终目标的相关性。货币供应量作为中介目标的可测性、可控性以及相关性下降，数量型中介目标的有效性会受到削弱。金融科技的大量使用使得货币供应量不再具有外生性，货币当局实行以货币供应量为中介目标的前提条件被破坏。

在利率方面，虽然利率可以快速反应货币市场的供求状况，但是金融科技会对货币的供给和需求造成影响，使其波动更加剧烈，利率的形成机制也更加复杂。首先，选取市场中所有利率的加权平均数作为货币政策的中介目标更为合理，而中央银行只能获得公布利率，大部分民间借贷市场上的利率无法获得，借款的手续费、补偿性余额、银行对企业的限制及信用配给制度的存在也会对公布利率造成不同程度的影响，金融科技的广泛应用使得有关利率的信息变得更加不易获得。同时，即使市场上所有的利率水平都已获得，其加权平均数的计算也是一大难题，如权重的确定、不同年份利率水平的加权问题。其次，利率是由货币供给与需求共同决定的，金融科技的出现使得货币供给的内生性增强、可控性下降的同时，也降低了中央银行对利率的控制能力。最后，社会的发展、科技的进步使得人们对现金的需求日益下降，人们对各类金融资产的投资比例上升，货币需求与收入的相关性下降，而与利率的相关性却上升了。货币需求的波动更加频繁，这种波动又使利率面临更加复杂的形成机制。

2. 金融科技对货币政策工具的影响

一般来说，货币政策工具主要包括一般性货币政策工具、选择性货币政策工具、直接信用控制工具和间接信用控制工具。运用最广泛的是一般性货币政策工具，包括法定存款准备金政策、公开市场操作、再贴现政策。金融科技的发展，对三种政策工具的作用必定会出现一定的影响。

1）金融科技对法定存款准备金政策的影响

法定存款准备金政策是中央银行调节货币供应量的重要的货币政策之一。法定存款准备金政策运用如此频繁原因在于，法定存款准备金率在货币乘数中占重要地位，它的改变会改变货币乘数，对货币供应量造成倍数扩张的影响。但是法定存款准备金政策也具有一定的局限性。首先，从理论上来看，法定存款准备金率的小幅度调整也会带来货币供应量的巨大震动。同时，现金漏损率、超额准备金率等因素也影响法定存款准备金率的政策效果。其次，法定存款准备金政策作用的领域主要是银行传统的信贷领域，但近年来，金融创新不断，金融市场发展快速，银行传统业务在金融业务中的比重下降，法定存款准备金政策对社会信用总量的调节效果也受到较大的影响。最后，法定存款准备金政策的有效性也因货币供应量越来越不适合作为货币政策的中介目标而受到质疑。金融科技的发展使得中央银行更难确定法定存款准备金率。首先要考虑虚拟货币、电子货币等是否需要向中央银行缴纳存款准备金，如果需要，其发行主体及监管主体该如何明确。如果明确了货币地位，中央银行在制定法定存款准备金率时就应当将其考虑在内。其次，虚拟货币、电子货币等是由不同的网络经营商发行的，其发行量的测算也是个难题。不同于法定货币，许多基于金融科技的新型货币只是以数据形式表现出来的无形货币，发行市场极易混乱，为防止此现象的发生，其发行权限应限制在特定的主体上，但此要求在当前情况下难以实现。另外，虚拟货币种类繁多，有些可以像现实货币一样进行借贷，支付存款利息，但会造成货币乘数和基础货币的波动，且其波动幅度难以测定，法定存款准备金政策的效果变得更加不易控制，中央银行难以确定调整法定存款准备金率的时机与幅度。因此，金融科技的快速发展使法定存款准备金融政策面临巨大挑战。

2）金融科技对公开市场操作的影响

公开市场操作是指中央银行通过在公开市场上买卖有价证券向社会注入或回收基础货币，进而调节货币供应量的一种手段。中央银行对货币发行权的垄断是公开市场操作的前提，但金融科技的发展影响了中央银行的垄断地位，公开市场操作的效果也受到影响。例如，如果虚拟货币能被公众广泛接受且存在虚拟货币借贷行为，当经济过热时，中央银行在公开市场上卖出国债，在传统经济条件下，商业银行通过购买国债使其在中央银行准备金的减少，在货币乘数的作用下，货币供应量减少，利率上升，投资减少，经济过热得到抑制。但如果此时虚拟货币的经营商出于自身利益的考虑，增加虚拟货币的发行量，中央银行的政策效果就会受到影响。即使虚拟货币纳入监管，不允许进行如上操作，也会对中央银行的公开市场操作造成影响。公开市场操作对货币供应量的调节是通过调节基础货币来完成的，而虚拟货币的出现本身就会对基础货币产生影响，对中央银行公开市场操作的政策效果进行评价时，很难分清楚基础货币的变动是由虚拟货币造成的，还是由政策影响造成的，二者的影响幅度各为多大也很难确定。同时，中央银行能够及时进行大规模货币吞吐操作的前提是中央银行具有充足的资产规模，一旦虚拟货币大规模进入流通领域，中央银行的资产负债规模会降低，从而影响到公开市场操作的时效性和灵活性。

3）金融科技对再贴现政策的影响

再贴现政策作为货币政策工具，其内在机理是通过调整再贴现率，影响货币资金的价格，进而影响货币供应量。当虚拟货币和网络虚拟银行结合在一起时，中央银行通过再贴现政策影响货币资金价格的能力和货币资金价格调整货币供应量的能力，都受到了一定的挑战。在利率市场化的情况下，资金提供者之间产生的发行收益将会使发行市场处于充分竞争的状态，导致市场的长期均衡利率下降，最终维持在一个较低的水平上，市场对中央银行的再贴现政策变得更加敏感。当再贴现率被用作政策信号时，网络虚拟银行的高效性，将使市场主体对再贴现率变动的反应速度加快。同时，由于虚拟货币、电子货币的发行者众多，使其能够在一定程度上无须依赖中央银行而按照自身意愿进行头寸调节。

3. 金融科技对货币供求均衡调节机制的影响

在金融科技的影响下，货币供求均衡调节机制可从以下两个方面进行探讨。

1）总需求与重新规划货币、信贷口径

在现代商品经济条件下，任何需求都表现为有货币支付能力的需求。如今，金融科技快速发展，改变了货币供应的形式和结构，第三方支付的快速发展使得货币供给量的外生性降低，内生性增大。电子货币对纸币、部分银行存款产生的替代效应使得现金漏损率降低，使得商业银行为满足客户的现金需求而计提的准备金率降低，基础货币随着现金漏损率和准备金率的降低而减少，流通中现金变化量与货币供给变化量出现了反向变动趋势。同时货币乘数增大，存款货币银行（商业银行）信用创造规模随之扩大，货币创造过程中信用扩张带来的引致效应可以创造出更多流通货币，放大电子货币替代效应对货币供给量的影响。电子货币对流通中现金的替代效应使得狭义货币供给量、广义货币供给量均增加，进而使得社会总需求难以预测。因而，重新规划货币、信贷口径就很有必要。

在金融科技快速发展情况下，货币层次划分和计量的现有方法面临着挑战。传统上，根据流动性的不同，货币可以划分为多个层次，如 M_0、M_1、M_2 等。货币层次的划分，对于货币供求的研究、货币政策的制定与实施、金融市场的运行分析等有着重要的意义。但是，网络金融客户快速增加，使得货币各层次之间的界限正在淡化，利用网络金融服务，客户通过电子指令，可以在瞬间实现现金与储蓄、定期存款与活期存款之间的相互转换，即使它们之间仍存在着一些流动性方面的差别，这种差别正在日益缩小。同时，对于那些为账户余额提供利息的电子货币而言，当消费者使用它们进行消费时，已很难分辨这时的货币是现金，还是储蓄存款。更有甚者，在综合性的网络银行上，客户同样可以瞬间完成储蓄与用于购买证券或基金的保证金之间的转换，而后购买证券或基金的保证金甚至不在原来的 M_2 统计范围之内。同样的问题也出现在卡式的电子货币中，例如，商业机构发行的预付卡，既可以作为特定的现金使用，又可以作为一种短期的回购债券。网络金融交易的地域模糊性，使货币的计量混乱。消费者在利用电子商务买卖商品（尤其是音乐、软件、数据等不需要以物质形态传输的商品）过程中，使用多国货币进行交易已成为现实。同样，客户可将来自国外的各种收入，直接以外币的形式存放在其网络银行的账户之中，供日后消费使用。因而，在统计一国经济中的货币量时，不得不考虑居民手中持有的、未存放于本国银行中的货币的影响。因而有必要重新规划货币、信贷口径，明确电子货币、虚拟货币等的统计口径，完善相关统计数据，规范第三方支付平台的业务开展模式，完善支付清算系统和网联平台电子货币的统计监测体系。

2）大口径货币供求与社会总供求均衡

重新规划货币、信贷口径后，在大口径货币供求下，货币供给量变动通过影响社会总需求，进而影响社会总供给，可能有以下几种情形。首先，货币供给量变动直接引起商品供给量增加。在货币供给量增加引起的社会总需求增加与潜在生产要素完全相适应的情况下，社会总需求增加就会导致社会生产的发展和商品供给量增加，但不会对物价水平产生大的影响。其次，过度需求会导致物价上升。在货币供给量增加引起社会总需求增加，从而超过了潜在生产要素供给量的情况下，货币供给量的增加一方面会促使生产的发展，实际产出增加；另一方面则会引起物价水平的上涨。最后，潜在生产要素利用不平衡，物价会上涨。在货币供给量增加引起的社会总需求增加与潜在生产要素在量上是相适应的，而在比例和结构上不相适应的情况下，社会总需求增加，一方面只能把部分潜在生产要素动员起来，投入到现实的生产过程中去，扩大生产规模，增加实际产出；另一方面，有一部分潜在生产要素则不能被动员起来，以转化为现实的生产要素。这部分增加的社会总需求就会由于潜在生产要素的结构和比例的不合理，导致货币过多，从而引起物价的上涨。

本章重要概念

货币需求　　交易性货币需求　　预防性货币需求　　投机性货币需求　　网络虚拟货币
法定数字货币　　货币供给　　货币均衡　　社会总供求均衡　　IS-LM-FM 模型

本章复习思考题

1. 近年来，第三方支付逐步取代传统的支付系统，影响到传统理论框架下的货币供给和货币需求，从而对超额货币供给产生影响。一方面，第三方支付对流通中的货币具有较强的替代作用，货币结构稳定性减弱，影响了商业银行的货币创造能力。另一方面，第三方支付可以快速实现各个货币层次之间的转化，改变了各层次的货币流通速度，货币政策的有效性受到了质疑。请说明什么是超额货币供给现象，中国目前是否存在超额货币供给现象，以及超额货币供给一定会引起通货膨胀吗？

2. 中国已经成为全球移动支付第一大市场。2021 年，我国移动支付业务笔数高达 1512.28 亿笔，金额超过 526.98 万亿元。传统电子化支付工具在一定程度上满足了数字经济发展的需求，但基于账户紧耦合模式的特点，其在普惠金融、支付效率和用户隐私保护等方面存在较大的改进空间。请从零售支付、货币流通速度和货币政策执行效率的角度论述数字货币存在的必要性和可行性。

3. 从安全性和使用范围的角度分析数字货币和电子货币之间是否存在替代关系，如果存在，那么替代规模和程度是由哪些因素决定的？

第14章 金融科技与货币政策

近年来，随着全球经济的快速发展和互联网的广泛普及，科技正以惊人的力量推动人类社会的变革，其与金融融合的步伐也在不断加快，而且科技已经深度渗透到金融的每个行业。当前科技更新换代加快，金融科技不断发展进步，各种新型金融产品层出不穷，炙手可热的金融科技给金融业注入新活力的同时，也会对我国货币政策造成影响，但影响的程度到底怎样，是否会改变我国货币政策调控方式，本章将对这些问题进行探讨。本章的主要内容包括：货币政策的基本框架、金融科技对货币政策的影响、金融科技影响下的货币政策调控。

14.1 货币政策的基本框架

14.1.1 货币政策理论内涵与分析框架

1. 货币政策理论

（1）剑桥学派的货币政策理论。马歇尔是剑桥学派的创始人，该学派的货币政策理论包括货币的价值决定、汇率、利息、货币政策等内容。马歇尔的现金余额说认为，货币只是一种便利交换的媒介，人们手中持有的超过交易需要的现金余额都是不必要的，因此人们取得货币后就会用于购买，即任何卖都意味着买，所以供给可以自动创造需求。货币的价值取决于全国居民希望以通货保持的实物价值与该国货币单位数（货币数量）的比例。如果货币单位数不变而实物价值变动，货币的价值就会随之做正比例的变动。就长期而言，马歇尔并不看重货币和价格对经济生活的影响，他认为货币是使资本得以流通的助溶剂，使经济得以顺利运行的润滑剂。就短期而言，信贷扩张和紧缩引起的短期内价格水平的波动是中断生产或中断劳动的主因，是一切经济祸害的根源。

（2）凯恩斯的货币政策理论。凯恩斯主义的理论体系是以解决就业问题为中心的，认为社会的就业量取决于有效需求。有效需求由消费需求与投资需求构成，消费需求取决于消费倾向，投资需求取决于资本边际效率，同时这两者都取决于流动性偏好。所以有效需求的大小既取决于消费倾向和流动性偏好这两种基本心理因素，又取决于资本边际效率，也与货币数量有关。当消费需求和投资需求不足时，社会就会出现人们大量失业的现象，形成生产过剩的经济危机。解决经济危机中失业问题的最好办法就是政府干预，采用赤字财政政策和膨胀性货币政策扩大政府开支，降低利率，刺激消费，增加投资，提高有效需求，实现充分就业。

（3）货币学派的货币政策理论。现代货币主义也叫货币学派，在针锋相对地反击凯恩斯的学派中，代表人物是弗里德曼。其理论同样以微观主体行为作为始点对货币需求进行分析，在对影响货币需求量的各种因素进行分析的基础上，建立了独具特色的货币需求函数：

$$M = f(p, r_e, r_b, \Delta p/p, w, Y, u) \tag{14-1}$$

其中，p 为价格水平；r_e、r_b 分别为影响货币需求量的名义收益率和预期收益率；$\Delta p/p$ 为通货膨胀率；w 为非人力财富对人力财富的比例；Y 为恒久性收入；u 为其他因素。起决定性作用的是恒久性收入，恒久性收入具有高度稳定性，长期不会发生大的变动，而其他因素对货币需求的作用有限。

（4）新古典综合派的货币政策理论。新古典综合派认为，货币供应量主要是一个受经济体系内诸多因素影响而自行变化的内生变量。货币供应量主要由银行和企业的行为决定，而银行和企业的行为又取决于经济体系内的许多变量，中央银行无法有效限制银行和企业的支出，更不可能支配他们的行动。因此货币供应量由经济体系内部诸多变量决定并影响着经济运行的内生变量，其数量由中央银行、金融机构、企业和公众的行为共同决定。

（5）新凯恩斯主义经济学派的货币政策理论。在货币政策最终目标的确定和中介指标的选取上，新凯恩斯主义经济学派认为，在市场长期非均衡的状态下，政府有必要以利率和信贷配给量为中介指标，运用货币政策实现物价稳定和经济增长。同时，政府应加强信贷政策的作用，运用信贷补贴政策干预信贷市场，修正信贷市场的失灵，实现信贷市场的效率最优。

（6）合理预期学派的货币政策理论。合理预期学派强硬反对凯恩斯主义政府干预的经济理论和政策，力主经济自由主义，主张政府应该制定并公开宣布永恒不变的政策规则，如固定不变的货币供应增长率和利率等，取得公众信赖，消除公众的防范心理，使公众在合理预期的基础上顺利做出切实的调整。合理预期学派认为货币是中性的，不可能对经济生活中的就业量、实际产量或实际收入产生实质性的影响，货币唯一能影响的是名义变量，只要存在合理预期，货币就不会对经济产生实际性的作用。在利率上，由于合理预期的存在，人们不会受名义利率变化的支配而改变经济行为，只会依据实际利率进行经济活动。因此只有实际利率的变动才能影响经济，名义利率随货币量的变化同方向变动，而实际利率却保持不变。

2. 货币政策目标

货币政策的基本目标主要有以下几个。

（1）物价稳定。稳定物价是中央银行货币政策的首要目标，而物价稳定的实质是币值的稳定。币值是指在一定条件下单位货币购买商品的能力，通常以一揽子商品的物价指数或综合物价指数来表示。各国政府和经济学家通常采用综合物价指数来衡量币值是否稳定。物价指数上升，表示货币贬值；物价指数下降，则表示货币升值。稳定物价是一个相对概念，就是要控制通货膨胀，使一般物价水平在短期内不发生急剧的波动。

（2）经济增长。经济增长就是指国民生产总值的增长必须保持合理的、较高的速度。衡量指标一般采用人均实际国民生产总值年增长率，即用人均名义国民生产总值年增长率剔除物价上涨后的人均实际国民生产总值年增长率来衡量。政府一般会事先确定计划期的实际国民生产总值增长指标,用百分比表示,中央银行即以此作为货币政策的目标。

（3）充分就业。充分就业是针对所有可利用资源的利用程度而言的。但要测定各种经济资源的利用程度是非常困难的，一般以劳动力的就业程度为基准，即以失业率指标来衡量劳动力的就业程度。充分就业，就是将经济体的就业率保持在一个较高的、稳定的水平。在充分就业的情况下，有能力并自愿参加工作者，都能在较合理的条件下随时找到适当的工作。失业率是指社会的失业人数与愿意就业的劳动力之比。失业率的大小，代表了社会的充分就业程度。失业表示生产资源的浪费，失业率越高，对社会经济增长越是不利，因此，各国都力图把失业率降到最低的水平，以实现其经济增长目标。

（4）国际收支平衡。保持国际收支平衡是保证国民经济持续稳定增长和经济安全的重要条件。巨额国际收支逆差可能导致外汇市场对本币信心急剧下降，资本大量外流，外汇储备急剧减少，本币大幅度贬值，并导致严重的货币和金融危机。长期的巨额国际收支顺差，使得大量外汇储备闲置，资源浪费，同时中央银行为购买大量外汇而增发本国货币，导致或加剧国内通货膨胀。相比之下，逆差的危害大于顺差，因此各国调节国际收支主要是为了减少甚至消除国际收支逆差。货币政策在调节国际收支方面的作用主要是调节利率和汇率。在资本项目自由兑换的情况下，提高利率能吸引国际资本流入本国，降低资本项目逆差或增加其盈余；反之则相反。

14.1.2　货币政策工具

1. 一般性货币政策工具

一般性货币政策工具包括法定存款准备金、再贴现政策和公开市场操作，俗称三大法宝，是中央银行调控经济的常规手段，主要是对社会货币供应量、信用量进行总量的调控。

1）法定存款准备金

法定存款准备金是指中央银行在法律赋予的权利范围内，通过规定或调整商业银行等存款机构缴存中央银行的法定存款准备金率，以改变商业银行等存款机构的准备金数量及货币乘数，从而达到间接控制商业银行等存款机构的信用创造能力和货币供应量的目的。

根据货币供给模型 $M_S = m \times B$（式中 M_S 表示货币供给量，m 表示货币乘数，B 表示基础货币），货币供给量取决于货币乘数与基础货币，而法定存款准备金率直接影响货币乘数，二者成反比变化。中央银行通过调节法定存款准备金率可以使信用规模和货币供应量成倍收缩或扩张。

但是，法定存款准备金作为一种强有力的政策工具具有很大的局限性，主要表现在以下几个方面。一是如果中央银行经常提高法定存款准备金率，会使商业银行等存款机构难以迅速调整准备金以符合提高的法定限额，甚至可能极大地影响银行的利润；二是由于法定存款准备金率产生的效果和影响巨大，使其不具备充分的伸缩性，因此不能作为日常的调节工具供中央银行使用。

2）再贴现政策

再贴现率是中央银行对商业银行请求再贴现的票据规定的应付借款成本率。再贴现政策是指中央银行通过提高或降低再贴现率的办法，影响商业银行等存款货币机构从中央银行获得再贴现贷款的能力，进而达到调节货币供应量和利率水平的一种政策措施。再贴现率的升降会影响商业银行持有的准备金或借入资金的成本，从而影响它的贷款量和货币供给量。中央银行通过调节再贴现率，达到控制信贷需求和货币供应量的效果。再贴现政策对调整信贷结构有一定的效果。其方法主要是两种：一是中央银行可以规定并及时调整可用于贴现票据的种类，从而影响商业银行的资金运动方向。二是对再贴现票据进行分类，实行差别再贴现率，从而使货币供给结构与中央银行的政策意图相符合。

再贴现政策具有告示效应和货币政策的导向作用。再贴现率的变动会产生预告效果，使金融机构和社会公众知道中央银行货币政策的变化意图，从而在某种程度上影响人们的预期。同时中央银行的再贴现率作为基准利率，能表明国家利率政策动向，对短期市场利率起到导向作用。在实施再贴现政策的过程中，中央银行处于被动地位，这是因为再贴现率的变动对商业银行准备金的增减只能产生间接效果，效果如何取决于商业银行的反应与配合。当准备金充足或可以通过同业拆借活动、发行存单等途径获得准备金时，商业银行无须向中央银行再贴现，此时，中央银行就无法达到增加货币供应量的目的。由于再贴现政策具有告示效应，再贴现率不易经常调整，否则会引起市场利率的经常性波动，使商业银行与公众无法适从。此外，改变再贴现率并不会自动、立即引起货币存量和其他利率的变动，而是存在一定的时滞，且需要其他政策手段配合。

3）公开市场操作

公开市场操作是指中央银行在金融市场公开买进或卖出有价证券，借以改变商业银行等存款货币机构的准备金，从而起到调节货币供应量的一种政策手段，是货币政策最灵活的工具也是最重要的工具。

一般情况下，中央银行利用公开市场操作要达到两个目的：一是"积极性的"调节目的，即通过公开买卖证券来影响货币供应量和市场利率；二是"防御性的"中和目的，即利用证券买卖来稳定商业银行的准备金数量，抵消市场自发波动因素的影响，进而达到稳定货币供给量或市场利率的目的。

2. 选择性货币政策工具

在对某些特殊领域进行专门调控时，中央银行就会采用下列选择性货币政策工具。

（1）证券市场信用控制。证券市场信用控制是中央银行以信用方式购买股票和证券所实施的一种管理措施。中央银行通过规定法定保证金比率来控制以信用方式购买股票或证券的交易规模。在证券市场上，证券交易绝大部分是由商业银行向证券购买商或经理人提供贷款来进行的。法定保证金比率越高，商业银行向他们提供的贷款就越少；反之，提供的贷款越多。其公式为

$$最高放款额 = (1-法定保证金比率) \times 交易金额 \qquad (14\text{-}2)$$

（2）消费信用控制。消费信用控制是指中央银行对不动产以外的各种耐用消费品的

消费融资予以控制。其内容包括：一是规定分期付款购买耐用消费品时首次付现的最低金额；二是规定消费信用的最长期限；三是规定可用消费信用购买耐用消费品的种类。消费信用控制，可以起到抑制消费需求和消费品价格上涨的目的。

（3）不动产信用控制。不动产信用控制是中央银行对金融机构在不动产方面进行贷款限制，以抑制房地产投机的一种管理措施。例如，对金融机构的不动产贷款规定最高限额、最长贷款期限以及首次付现最低额和分期付款的最长期限等。

（4）优惠利率。优惠利率是指中央银行对国家产业政策重点扶持和发展的部门、行业和产品信贷规定较低的利率，以鼓励其发展的一种管理措施。实行优惠利率有两种方式：制定较低的贴现率和规定较低的贷款利率。

3. 其他货币政策工具

其他货币政策工具是指中央银行直接针对商业银行等金融机构的信贷活动进行调节的政策工具，具体包括直接信用控制工具和间接信用控制工具两类。

（1）直接信用控制工具。直接信用控制工具是指中央银行依据有关法令，对商业银行信用创造活动施以各种直接的干扰，主要有信用分配、利率最高限额、流动性比率等。

（2）间接信用控制工具。间接信用控制工具包括道义劝告和窗口指导。道义劝告指中央银行运用自己在金融体系中的特殊地位和威望，通过对各个银行和金融机构实施劝告，影响其贷款数量和投资方向，以达到控制信用的目的。窗口指导是指中央银行通过劝告和建议来影响商业银行信贷行为的一种温和的、非强制性的货币政策工具，是一种劝谕式监管手段，是监管机构向金融机构解释说明相关政策意图、提出指导性意见，或者根据监管信息向金融机构提示风险的一种监管行为。

14.1.3　货币政策传导机制

货币政策传导机制是中央银行运用货币政策工具通过一系列的路径最终实现货币政策目标、调控宏观经济的过程。其作用的路径可以表示为货币政策工具→中介目标→最终目标。中央银行运用各类货币政策工具作用于货币量及利率等中介目标，并通过这类中介目标最终影响到物价水平、经济增长等指标，最终目标就是维持物价稳定、促进经济发展。传导机制主要包括以下三个基本环节。一是从中央银行到商业银行等金融机构。中央银行通过运用法定存款准备金、再贴现政策、公开市场操作等影响商业银行等金融机构的融资成本、准备金水平，从而影响其信贷能力和规模。二是从商业银行等金融机构到企业、居民等各类微观经济主体。各类金融机构根据中央银行的货币政策调整自己的信贷投向及规模，从而影响到企业、居民等各类经济主体的消费、投融资等活动。三是从微观经济主体到整体社会经济。企业、居民等微观经济主体的经济行为的改变聚集到一起，最终会影响到整体社会的产出、物价水平等。

1. 货币政策传导机制的货币渠道

货币渠道理论认为金融市场在信息传递方面没有摩擦，并且从对市场中金融产品的需求来看，贷款、债券、股票等是需求者的相互替代品，需求者对它们的需求偏好是无差异的。货币政策的变化引致利率变化，并通过货币运动对实体经济产生影响。货币渠道是指中央银行货币政策通过作用于货币量进而影响利率，进一步引致经济中投资总量和总产出发生变化。根据货币供应量变化后传导机制中不同资产的价格敏感性不同，货币渠道可以细分为以下三种表现形式。

（1）利率传导渠道。该理论认为利率是货币政策传导的核心环节。当货币政策发生变化导致货币供应量改变之后，公众的流动性偏好会影响利率水平，从而刺激投资，进而通过乘数效应导致宏观经济产生变化。一般来说，利率传导渠道的有效性基于两个基本传导过程：一是由货币供应量的变化引致了利率变化的传导，二是利率变化导致总需求变化的传导。利率传导渠道的传导机制如下：货币政策→货币供应量→利率→投资→支出→产出。

（2）金融资产价格传导渠道。该理论认为，货币只是一类特殊资产，货币外的其他金融资产在货币政策传导中也发挥着作用，因此应将股票等金融资产价格变动效应引进来。股票市场对货币政策的传导主要是通过资产结构调整效应和财富变动效应起作用的。其中，最具影响力的两种传导渠道分别由托宾的 q 理论和莫迪利安尼的生命周期理论引申而来。托宾认为，货币政策通过影响股票价格进而影响投资支出。他把 q 定义为企业的市值与其资本的重置成本的比率，q 的高低决定了企业的投资愿望。托宾认为，当中央银行实行扩张性货币政策时，货币供应量（M）增加导致利率（i）下降，股票与债券的相对收益上升，从而引导社会公众对金融资产的适当需求，最终促使股价（Pe）上升，q 相应上升，带动企业的投资支出（I）增加，从而刺激产出（Y）增长。这一传导机制可表示为：货币供应量→利率→股价→q→投资→产出。

通过财富变动影响居民消费的传导渠道被莫迪利安尼大力推崇。由莫迪利安尼的生命周期理论可知，居民消费行为受其一生全部可支配资源的制约，这些资源由人力资本、真实资本与金融财富构成。股票是金融财富的一个主要组成部分，因而一旦股价上升，居民财富（W）随着增加，其消费需求乃至产出均将上升。货币政策的这一传导机制如下：货币供应量→利率→股价→居民财富→消费→产出。

（3）汇率传导渠道。在开放经济中，外汇可以当作资产，外汇行情变化反映了资产价格变化。汇率是一国货币对外价格的表现形式，汇率传导渠道有效发挥作用的关键是利率对汇率的决定。当货币当局进行宏观调控时会影响利率，即若实施宽松货币政策时，利率下降，在浮动汇率制度下，本国货币的汇率上升，本国货币贬值，导致净出口增加，需求扩大，总产出增加。该传导机制可以描述为：货币供应量→利率→汇率→净出口→总产出。

总括以上货币政策传导机制的几种渠道，可以看出每一种渠道都是通过相应的金融市场的相关指标的变动来体现的。其中，利率是个非常重要的变量，无论哪种渠道，都是中央银行以货币政策引起利率变动，从而影响金融市场上相关指标来作用于实体经济的。当然，每种渠道各自的侧重点不同。利率传导渠道把货币政策变动的影响直接通过债券市场传递到实体经济；金融资产价格传导渠道通过股票市场对实体经济产生影响；汇率传导渠道通过外汇市场对实体经济产生影响。

2. 货币政策传导机制的信贷渠道

货币渠道的成立需要完美假设，即金融市场是完全有效的。事实上，信息完全的金融市场是不存在的，信贷渠道理论应运而生。信贷渠道突出了商业银行在货币政策传导中的主导地位，该理论认为商业银行是货币政策传导中中央银行和经济主体"沟通"的纽带。具体地，信贷渠道指货币供给量的变化会通过银行资产负债的变化而影响到其信贷投放，最终作用于实体经济的货币政策传导机制。

（1）银行信贷渠道。该理论认为，中央银行货币政策的改变会影响金融机构的信贷投放量，进而使得借款人的经济行为发生变化，从而引起宏观经济的变化。由于信息不完全，银行贷款、债券、货币等金融资产之间不可相互替代，其中，特定类型融资者只能通过银行来满足其资金需求。在这种情况下，若中央银行实施紧缩货币政策，商业银行的可投放信贷将减少，"银行依赖者"必然会放慢和缩减其投资行为，最终使产出下降。该传导机制可以描述为：货币供应量→银行体系的准备金→贷款→投资→产出。

（2）企业资产负债表渠道。该理论也被称作"金融加速器"机制。该理论认为，货币政策的变动不仅会使利率发生变化，也会使借款者的资产负债结构发生改变，进而对其经济活动产生影响。若中央银行实施紧缩货币政策，一方面，借款者的未到期债务利息支出增加，使得企业的净现金流量减少，其财务状况恶化；另一方面，紧缩货币政策引起的利率上升通常会导致企业的资产价格下降，从而使借款者的抵押资产及担保品价格下降，在金融市场存在摩擦的情况下影响企业的投资和支出活动。该传导机制可以描述为：货币供应量→股价→净值→贷款→投资→产出。

14.2 金融科技对货币政策的影响

14.2.1 金融科技对货币政策目标的影响

1. 金融科技对货币政策最终目标的影响

一般而言，货币政策的最终目标包括经济增长、物价稳定、充分就业和国际收支平衡，但制度和宏观经济环境不同决定了各国具有不同的货币政策最终目标，中央银行与政府的关系主导着货币政策最终目标的演进方向。早期，中央银行从属于政府，实现充分就业与经济增长是货币政策的最终目标。随着国际贸易兴起，对抗通货膨胀和保持国际收支平衡成为一些国家货币政策的最终目标。此后，由于持续性的通货膨胀与就业低迷，中央银行与政府的关系被重新审视，加之货币政策多目标之间表现出冲突与动态不一致问题，从 20 世纪 90 年代初开始，以加拿大、新西兰、英国为首的 20 多个国家先后放弃了货币政策的多目标制，基于货币中性论为理论基础的单一目标——"通货膨胀目标制"成为货币政策的最终目标。

由于市场化发展程度、经济转轨体制机制、国际收支不平衡等因素的限制，中国实行多目标制的货币政策。货币政策的多目标制与单一目标制会出现相离相近的调控效果，经济在平稳发展中会自动协调多目标制之间的均衡，即低通货膨胀率的经济发展状态会促进投资的增长，从而更有利于稳定公众对市场的信心与预期，最终使得多目标制调控效果维持与单一目标制相统一的调控效果。在经济发展速度较快抑或经济发展波动程度较大时期，多目标之间的协调出现冲突，为了提高货币政策的有效性，央行面对一个多目标的优化问题，关键在于如何确定目标函数中各个目标对应的权重系数，几个货币政策目标均存在容忍区间，在区间之内目标权重会随不同时期调控侧重点变化进行某种动态调整变动。金融科技颠覆了传统的金融模式，提高了金融资源配置的效率与金融的普惠性，但金融科技也增加了金融系统的脆弱性，叠加当前经济发展速度放缓和结构性失衡的局面，预防系统性风险成为经济发展过程中需要兼顾的重要目标，这对货币政策调控目标提出了新的要求。货币政策调控目标应该根据经济形势调高金融稳定和金融机构健康化的权重，将首要目标从重点服务经济增长向同时强调服务经济增长与维护金融稳定的共同目标转变。

2. 金融科技对货币政策目标名义锚的影响

货币政策目标的名义锚特指盯住货币政策最终目标的可测、可控的经济变量，货币当局采用货币政策工具来保障名义锚处于目标范围内，从而实现货币政策的最终目标。

金融科技发展导致金融市场环境发生了巨大变化，对中国而言，充当货币政策目标名义锚的货币供应量对货币政策最终目标盯住的表现越来越乏力。货币政策最终目标的有效实现需要名义锚满足可控性、可控性和相关性等特点，具体对货币供应量这一名义锚来说，货币产出与货币需求之间需要存在稳定联系，金融科技的发展使货币产出与货币需求之间的联系不再稳定。基于大数据和深度学习算法技术的商品和服务价格更容易精确调整，价格变化更为频繁。另外数字货币的发展会替代消费者对通货的需求。当数字支付形式的货币尚未被纳入央行货币层次 M_0 的范围进行统计时，它作为基础货币很难影响公众的货币需求，从而中央银行难以利用货币乘数来调节公众货币需求，货币政策与经济主体的关联失去效力。金融科技的发展拓展了非银行金融机构的业务，从而加速了非银行金融机构的发展，金融衍生产品等部分金融科技业务具备一定的货币创造功能，模糊了货币层次的界限，并使得中央银行对货币供给的管控减弱，货币供应量的可测性与可控性减弱。基于解决信息不对称问题的金融科技发展会降低交易成本，提高市场对利率的敏感程度，提高价格型货币政策工具的有效性，间接弱化货币供应量作为名义锚的效果。

14.2.2　金融科技对货币政策工具有效性的影响

1. 金融科技对一般性货币政策工具的效果

1）金融科技削弱了法定存款准备金政策的作用力

法定存款准备金，是指金融机构为满足客户提取存款和资金清算的需要而准备的在中央银行的存款，中央银行要求的法定存款准备金占其存款总额的比例就是存款准备金率。有研究结果表明：金融科技在改进金融服务、鼓励直接融资和减轻间接融资压力的同时，削弱了法定存款准备金的功效。金融科技使融资证券化趋势日益增强。大量资金从存款性金融机构流向非存款性金融机构和金融市场，绕开了法定存款准备金率的约束。金融科技改变了金融机构的负债结构比例，尤其是商业银行、外资金融机构、政策性金融机构，存款在其负债中所占的比重不断下降。商业银行通过创造出介于活期存款、定期存款之间或逃避计提法定存款准备金的新型负债种类来减少实际提缴额。并且，法定存款准备金实际提缴额与金融机构负债总额不对称，使事实准备金率低于法定存款准备金率，随着金融科技的不断发展，该缺口不断扩大，使法定存款准备金的效果被削弱。

金融科技促使货币市场不断发展，使超额存款准备金率不断下降。银行调整超额准备的途径有很多，银行保持超额准备的机会成本不断上升，从而使银行尽可能调低超额准备的愿望加强，使银行超额准备金率的刚性减小而弹性加大。除此之外，货币市场金融产品不断创新，增强了商业银行等金融机构的资金流动性，各商业银行才可以尽量压缩超额存款准备金的数量，扩大贷款投放，同时又可以把大量闲置资金投放到货币市场，获取高于中央银行存款的利率，一旦头寸吃紧可以随时通过回购业务来筹集资金。另外，支付结算方式的不断创新，大额实时支付系统、小额批量支付系统在全国的推广应用，转账结算的速度大幅度提高，可以有效降低超额准备金的比例。

2）金融科技削弱了再贴现政策的效果

再贴现政策通常包括规定再贴现条件和调整再贴现率两项内容，金融科技对这两项内容都有影响。

首先，金融科技使再贴现条件的规定向自由化方向发展。目前大多数国家的中央银行不再对再贴现条件做出严格的规定。一是因为金融科技使真实票据说的理论影响逐渐消失，活跃的金融工具创新力使新型票据都能符合中央银行的规定；二是因为金融机构"以政府债券作抵押向中央银行借入准备金"是再贷款的一种方式，这两个原因使有关合规性票据的规定逐渐丧失作用。

其次，金融科技削弱了调整再贴现率的效果。在调整再贴现率的操作中，中央银行本就处于被动的地位，金融科技使这种被动性更为明显。中央银行调整再贴现率后，只能等待金融机构来申请再贴现才可以发挥再贴现率的作用。所以，金融机构对再贴现的依赖程度与其作用大小成正比。金融机构对再贴现的依赖程度，取决于从其他途径借入准备金的难易程度。再贴现只是金融机构弥补流动性的众多途径之一，金融机构可以通过出售证券、贷款证券化、同业拆借、发行短期存单、从国际金融市场上借款等多种方式满足其流动性需要。除了拓展多种借入途径外，金融科技还可以通过降低借入成本、提高借入便利度来满足其流动性需要，其结果是金融机构对再贴现的依赖程度下降。这就削弱了中央银行再贴现窗口的重要性，调整再贴现率的作用因此被打了折扣。

3）金融科技强化了公开市场操作的作用

金融科技带来的融资证券化和金融市场的高度发达，有利于中央银行公开市场操作，并扩大了这一工具的影响面，增强了其力度。

首先，金融科技为政府融资证券化铺平道路，为政府债券市场注入活力，不仅满足了政府投融资的需要，而且为公开市场操作提供了大量可供买卖的工具，使中央银行吞吐基础货币的能力大增；同时，也改变了过去直截了当的买卖方式，使中央银行能够在金融市场上主动地按既定的时间和数量注入或收缩基础货币。

其次，金融科技引起了金融机构资产负债结构的变化，政府债券因兼备流动性、安全性、盈利性而成为各金融机构举足轻重的二级准备，也是主要的流动性资产。金融机构在补充流动性资产或进行资产组合调整中日益依赖公开市场，它们积极参与市场买卖不仅在客观上配合了中央银行的操作，而且有利于增强货币政策效果。

最后，金融科技使证券日益成为社会公众和金融机构持有的重要资产形式，人们对各种经济信息动态和金融市场行情十分关注，并据此做出预期，采取经济行动。由于政府债券是最标准的债券，其收益率和价格在整个金融市场中起着基准性和领头羊的作用，其他证券的收益率和价格都以此为参照，并在价格变动中保持着相对距离，这就等于加强了公开市场操作的告示效应，扩大了影响范围，使这一工具不仅可以调控货币供应量，而且可以调控信用总量，还可以通过公开市场操作发布明确的信息，对经济活动进行有效的引导与微调。

2. 金融科技对选择性货币政策工具的影响

证券市场信用控制指的是中央银行通过规定保证金比率来控制以信用方式购买股票或证券的交易规模。中央银行根据经济形势和金融市场的变化，随时调整保证金比率，以此来控制在证券市场的信贷资金需求，稳定证券市场价格，及时调节信贷供给结构，通过限制大量资金流入证券市场，使较多的资金用于生产和流通领域。金融科技的不断发展，使得中央银行对于信息的接受速度、能力等方面有了显著提高，经济形势以及金融市场的变化更容易被中央银行掌控，证券市场资金流入以及流出情况会以数据的形式反馈给中央银行，中央银行能够及时针对当前形势调整保证金比率。除此之外，金融科技对于证券购买商以及经纪人的信用情况可以进行更好的评估，通过分析购买商以及经纪人的信用情况，来提高或者降低保证金的标准，对整个市场的资金情况进行精准调控。

消费信用控制的内容包括以下三个方面：一是规定分期付款购买耐用消费品时首次付现的最低金额；二是规定消费信用的最长期限；三是规定可用消费信用购买耐用消费品的种类。金融科技的不断发展可以更好地服务于消费信用控制，不同群体的经济能力、信用等级以及违约风险都不尽相同，传统商业银行由于风控成本等原因对消费信用采取较为严格的限制，并没有考虑到长尾客群的需求，金融科技可以更好地服务长尾客群，对于长尾客群的信用控制可以更好地进行监管。例如，收入稳定、信用等级良好、违约风险较小的长尾客群可以降低其首次付现的最低金额，延长消费信用的期限，以及增加消费信用购买耐用消费品的种类。通过金融科技在监管方面的优势来对消费信用进行更好的把控。

14.2.3　金融科技对货币政策中介目标可控性的影响

金融科技削弱了货币政策中介目标的可控性。这一点要借助货币供给方程式进行分析，如式（14-3）所示：

$$M_1 = B \times m = B \times (1+c) / (r_d + r_t \times t + e + c) \tag{14-3}$$

其中，M_1、B、m、r_d、r_t、e、t、c 分别为狭义货币供应量、基础货币、货币乘数、活期存款准备金率、定期存款法定准备金率、超额存款准备金占活期存款的比率、定期存款比率以及流通中现金与活期存款的比例（通货比率）。式（14-3）中各组成因素在金融科技背景下产生的新变化，影响了中介目标的可控性。

第一，金融科技对经济生活的重要影响主要体现为支付工具的多样化和人们对现金需求的减少，因此通货比率 c（流通中现金与活期存款的比例）变小。影响 c 大小的主要因素有社会公众的流动性偏好、财富变动的效应、其他金融资产的预期收益率、流动性的变动效应等。金融科技影响了公众的流动性偏好。从日常生活中就可以看出，公众消费直接利用现金结算的越来越少而利用转账支付的则越来越多，金融科技深刻改变了支付方式和交易习惯。

第二，金融科技通过影响金融机构定期与活期存款数量间接影响中央银行对定期存款准备金率 r_t 和活期存款准备金率 r_d 的决定和调整。在决定货币乘数的因素中，货币当局能够施加控制的就是这两个准备金率。利用这两个准备金率的不相等特性，商业银行通过金融科技开发出了规避高额准备金率的创新产品，如自动转账服务（automatic transfer service，ATS）账户使得储户资金可以在定期存款和活期存款之间按照约定自动转换，既方便了客户和银行，也降低了银行缴纳的准备金，从而降低了整个货币乘数。

第三，金融科技降低了定期存款的比率 t，增大了货币乘数。定期存款利率、其他金融资产收益率、收入或财富水平的变动是影响 t 的关键因素。金融科技的一大表现就是金融创新产品的涌现，高收益率产品逐渐取代收益平平的银行定期存款，成为公众投资理财的新宠，这自然使得定期存款比率下降。

第四，金融科技降低了超额准备金率 e（即超额存款准备金占活期存款的比率）。超额准备金率 e 主要取决于市场利率、借入资金的难易程度及资金成本的高低、社会公众的资产偏好、社会公众对资金的需求程度等因素。通览国内外的实践经验，本书发现公众对于现金的偏好与金融市场的发达程度呈负相关关系。同时，金融市场越发达，商业银行借贷资本的成本更低，则超额准备金率更低。

综上可知，金融科技使得货币供给方程式的各个组成因素变得不再稳定，货币供应量中介目标的可控性受到削弱。

14.2.4 金融科技对货币政策时滞的影响

货币政策时滞，也称货币政策的作用时滞或货币政策时差。它是指货币政策从研究、制定到实施后发挥实际作用的全部时间过程。按发生源和性质分类，货币政策时滞可以分为内部时滞和外部时滞两大类。

1. 内部时滞

内部时滞是指中央银行从制定政策到采取行动需要的时间。内部时滞可以细分为认识时滞和决策时滞两个阶段。前者是指从确实有实行某种政策的需要到货币管理当局认识到存在这种需要耗费的时间。这段时滞的存在，一是因为收集各种信息资料需要耗费一定的时间；二是对各种复杂的经济现象进行综合分析，做出客观的、符合实际的判断需要耗费一定的时间。

2. 外部时滞

外部时滞是指从中央银行采取行动到这一政策对经济过程发生作用需要的时间。外部时滞可细分为操作时滞和市场时滞两个阶段。前者是指从调整政策工具到其对货币政策中介目标发生作用需要的时间。这段时滞的存在，是因为货币政策需要通过影响货币政策中介目标才能起作用。后者是指从货币政策中介目标发生反应到其对最终目标产生作用需要的时间。这是因为企业部门对货币政策中介目标变动的反应有一个滞后过程，且投资或消费的实现有一个滞后过程。

外部时滞与内部时滞不同，内部时滞可由中央银行掌握，而外部时滞的长短主要取决于政策的操作力度和金融部门、企业部门对政策工具的反应大小，它是一个由多种因素综合决定的复杂变量。因此，中央银行对外部时滞很难进行实质性的控制。

在传统状态下，内部时滞的长短主要取决于中央银行占有的各种信息资料和对经济形势发展的预见能力，如果中央银行能够很好地利用金融科技带来的便利，那么搜集各种资料耗费的时间将会被大大缩短，认识时滞变短。对于经济形势发展的预见能力，主要取决于中央银行对于当前经济形势的判断，金融科技的不断发展，可能并不会对决策时滞产生较大的影响。综合而言，如果中央银行能够抓住金融科技发展带来的便利，那么内部时滞将会大大缩短。由于外部时滞是一个由多种因素综合决定的复杂变量，在金融科技的影响下，中央银行对货币政策的外部时滞依旧很难有实质性的控制。

14.3 金融科技影响下的货币政策调控

14.3.1 金融科技影响下的货币政策传导机制

金融科技颠覆了传统的金融模式，提高了金融资源配置的效率与金融的普惠性，从货币政策传导机制的一般模式来看，货币供给量发生改变，会对市场上的利率产生影响，进而影响投资与消费，最终影响到国民生产总值。

首先从利率的角度进行分析。汪可和吴青（2018）通过理论模型分析金融科技对利率市场化的影响，实证研究结果表明，金融科技可以有效地加快利率市场化的进程。利率市场化是指金融机构在货币市场经营融资的利率水平由市场供求来决定。它包括利率决定、利率传导、利率结构和利率管理的市场化。实际上，它就是将利率的决策权交给金融机构，由金融机构自己根据资金状况和对金融市场动向来自主调节利率水平，最终形成以中央银行基准利率为基础，以货币市场利率为中介，由市场供求决定金融机构存贷款利率的市场利率体系和利率形成机制。或者说，在利率市场化条件下，货币当局将利率的决定权交给市场，由市场主体自主决定利率，货币当局则通过运用货币政策工具，间接影响和决定市场利率水平，以实现货币政策目标。在金融科技的影响下，利率市场化水平不断上升，中央银行通过公开市场操作等手段直接进行货币政策调控的效率会上升，提高了整体的货币政策传导效率。

金融科技降低了商业银行在金融业中的地位与作用，而非银行金融机构却异军突起，地位迅速上升。商业银行为了在激烈的竞争中求得生存和发展，被迫向非中介化方向发展，从传统的以存贷款业务为主转向多种业务并重，尤其加大了证券业务、表外业务以及服务业务的比重。商业银行地位和业务活动的变化，削弱了它在货币政策传导中的重要性，特别是随着中央银行以公开市场操作为主进行货币政策操作，非银行金融机构在传导过程中的中介角色日益明显。

14.3.2　金融科技影响下的货币政策调控机制

1. 数量型调控中介目标与机制被弱化，政策有效性降低

1）货币供应量作为中间目标有效性进一步降低

在金融科技不断发展的过程中，货币供应量等数量型中间指标的可测性、可控性与宏观经济指标的相关性明显减弱，政策作用效果也被削弱，数量型货币调控政策的有效性大为降低。

以货币供应量为中介目标实际上隐含着外生货币的假设，即中央银行可以通过货币政策工具控制货币供应量。外生货币的观点主要来自货币数量论，其前提是货币流通速度和货币乘数是稳定的。但各国实践都表明，货币供应往往具有内生性，货币乘数不稳定导致货币供应量可控性差，而货币流通速度的不稳定则削弱了货币供应量与货币政策最终目标（物价稳定和经济增长）的相关性。在金融科技的推动下，货币供应量的内生性特征会进一步增强，货币供应量变得愈加不可测、不可控，与最终目标的相关性变差，从而无法满足货币政策中间目标的"三性"（可测性、可控性和相关性）原则，最终将会失去作为中间目标的功能。

银行理财资金等与表外融资的对接产生了类似于发放贷款的作用，影响了货币乘数，造成中央银行对货币供应量越来越不可控。根据货币银行学理论，货币乘数由活期存款比率、现金漏损率、定期存款比率、超额准备金率等来决定。金融科技的一大表现就是金融创新产品的涌现，高收益率产品逐渐取代收益平平的银行定期存款，成为公众投资理财的新宠，这自然使得定期存款比率下降。同业业务发展使银行可通过货币市场获取短期资金，使其倾向于降低超额准备金的持有，从而影响超额准备金率。上述因素均会对货币乘数产生影响，使货币乘数变得不稳定，从而增强货币供应的内生性，降低货币供应量的可控性。

金融科技使虚拟经济对货币需求的影响增大，货币流通速度变得不稳定，货币供应量与实体经济指标间的相关性变弱。根据货币数量论，货币需求是由货币流通速度和名义国民收入决定的，而货币流通速度是稳定的，因此，货币需求只由名义国民收入决定。但是，货币流通速度的稳定需要货币需求和名义国民收入保持稳定的比例关系。如果公众的货币需求来自金融投资，货币需求和名义国民收入之间的比例关系就会受到影响，

货币流通速度就不再稳定，货币供应量和实体经济间的相关性就会降低。

2）信贷渠道传导效用被削弱

货币政策通过信贷渠道有效地进行传导有两个重要的前提条件。一是商业银行主要经营存贷款业务，不能通过调整自身的资产负债结构来有效地抵消中央银行对其可贷资金量的影响，中央银行从而可以运用货币政策工具有效控制商业银行的可贷资金量，进而影响到贷款发放量。二是银行贷款很难被其他的融资方式取代，资金的需求方除了向银行贷款外很难通过其他渠道融得资金，这样银行贷款发放量就决定了社会资金的整体供应状况。

金融科技的发展使银行信贷渠道有效传导的两个前提条件发生变化，从而限制了货币政策传导效力的发挥。对于第一个前提，商业银行同业及理财业务的快速扩张使其资产配置多元化，债券资产与同业资产的占比上升，贷款占比下降，银行可以通过增加或减少债券资产与同业资产的持有来缓解中央银行政策调整对银行可贷资金带来的影响。对于第二个前提，非信贷融资的快速发展改变了我国微观经济主体对银行贷款严重依赖的状况，非信贷融资成为独立于银行体系之外的"额外的信用创造"，可对冲货币政策通过信贷渠道施加的影响。

2. 以利率为核心和主要手段的价格型中介目标调控作用与机制得到改善和提升

1）货币市场利率作为操作目标的地位和作用更为突出

作为操作目标，超额准备金和货币市场利率都用于衡量银行体系的流动性状况。超额准备金水平的高低是对银行体系流动性"量"的衡量，货币市场利率则是对银行体系流动性"价"的衡量。金融科技的推进使货币市场利率作为操作目标的地位和作用更为突出。

货币市场利率的涉及面日益广泛，金融科技的发展带来货币市场、债券市场及资本市场等的发展和"跨市场运营"日益增多，货币市场与债券市场等金融子市场间的资金联系更为紧密，货币市场利率波动对其他金融子市场利率变动的传递性和引导作用也进一步增强。

2）利率渠道传导效用被强化

利率渠道的有效传导需要满足以下条件：微观经济主体对利率变动反应灵敏、金融市场较为发达、利率市场化程度较高、各类利率具有良好的联动关系。上述条件的满足取决于微观经济主体参与金融市场活动的广度和深度以及利率的市场化程度。从经验来看，一国金融体系中，金融市场在投融资中的主导性地位越突出，多层次金融市场越能为微观经济主体提供多样的投融资金融产品，微观经济主体参与金融市场活动的积极性越高，利率的市场化程度越高，利率渠道在货币政策传导机制中的作用越突出，传导效应就越强。

金融科技的发展改善了利率渠道的传导条件，有利于提升利率渠道的传导效用。首先，广大居民和企业通过购买理财产品等和市场化的非信贷融资增强了利率敏感度和风险意识。微观经济主体的资金价格意识得以形成，投融资行为的价格导向日趋显著，利率敏感性逐渐增强。其次，货币市场、信贷市场等不同金融子市场之间的相互作用和联系增强，各种金融产品相互间的可替代性增强，各种利率间的联系也更为紧密。最后，随着非信贷融资地位的提升，表外融资、债券融资等市场化利率变动对投资的影响也相应增强，金融科技改变了投资和利率并不明显相关的现象，使利率传导渠道对投资发挥出更大的效果。

本章重要概念

货币政策　　货币政策最终目标　　货币政策中介目标　　货币政策工具　　货币政策传导机制　　货币政策时滞

本章复习思考题

1. 凯恩斯的货币政策理论是什么？
2. 货币政策中介目标是什么？金融科技如何影响货币政策中介目标？
3. 如何理解金融科技影响下的货币政策传导机制？
4. 数量型货币政策工具与价格型货币政策工具分别是什么？
5. 法定数字货币流通对货币政策有何影响？

第 15 章 金融科技风险及其管理

金融科技是科技与金融创新融合的产物，它仍然有着传统金融具有的风险和功能属性。当金融创新产品贴上金融科技的标签时，会导致金融风险变得更加隐蔽和复杂。因此，加强对金融科技风险的管理具有重要的现实意义。本章着重介绍金融科技风险概述、金融科技风险的影响与评估、金融科技风险管理等内容。

15.1 金融科技风险概述

15.1.1 金融科技风险的内涵

经济学领域中对于风险概念的界定主要从以下几个方面考虑：第一，可衡量的不确定性；第二，可能造成的损失；第三，损失发生过程中时间因素的不确定性；第四，关于未来发展可能出现多种不确定结果的思考；第五，未来发生的实际情况与预计的效果存在差异；第六，在发展过程中可能出现的损失频率；第七，潜在的损失程度。据此推论，金融科技风险是指由于金融资产价格的非预期波动给收益带来的不确定性，或者大量金融机构背负巨额债务以及其资产负债结构恶化使得它们在经济冲击下极为脆弱，并可能严重地影响宏观经济的正常运行。金融科技风险，一方面，是传统金融风险在互联网金融中的体现，包括流动性风险、信用风险、操作风险、经营风险等；另一方面，是在互联网、新技术环境下的新风险。具体来看，包括大数据、云计算、人工智能、区块链在内的新技术会给金融运行带来怎样的影响，需要从风险的影响程度来加以区分。

金融稳定理事会根据金融科技风险的特征，从微观和宏观两个层面对金融科技风险进行了归纳。微观层面的风险主要包括金融和运营方面的风险。其中，金融方面的风险包括期限错配、流动性错配、高杠杆风险等；运营方面的风险包括治理或流程控制风险、网络风险、依赖第三方的风险、法律和监管风险、重要金融市场基础设施的经营风险等。宏观层面的风险包括风险传染、顺周期风险、超常波动性、系统性风险等。金融科技并没有改变金融的本质功能和风险属性，而且在移动互联网的条件下，金融科技活动更容易产生业务、技术、网络、数据等多重风险的叠加效应，以及风险扩散的"多米诺骨牌效应"，从而增大了风险防控和安全保障的难度。同时，由于数字技术的深度应用，金融科技还可能带来第三方依赖、算法黑箱、责任主体模糊等传统金融风险之外的一些新型风险，提升了金融科技风险构成的复杂度。

15.1.2 金融科技风险的类型

金融科技可能引发的风险主要体现在以下八个方面。

1. 系统性风险

从金融功能角度来说，金融的核心是跨时间、跨空间的价值交换，所有涉及的价值或者收入在不同时间、不同空间进行配置的交易都是金融交易。以人工智能、区块链、大数据和云计算为基础的金融科技，在时间和空间上加速了金融交易速度，推动了金融的发展。但是，金融风险具有隐蔽性，又以信息技术为载体，使得金融风险和科技风险相互叠加，可能产生更大的系统性风险。一是金融机构和企业容易受到利率波动的影响，利率风险是金融科技企业面临的主要市场风险，金融科技企业的高收益率会促使传统金融机构为提升自身竞争力而降低贷款利率，但大部分成立时间较短的金融科技企业没有足够完善的应对机制与较高的应对能力，容易受到利率波动的冲击，进而引发系统性风险。二是金融科技公司在开展业务时，可能会给一部分传统银行业务带来一些挑战。为提高金融科技公司业务的竞争力，金融科技公司可能会降低客户门槛、高息吸收社会资金、盲目放贷等，增加金融体系的不稳定性。三是传统金融机构如商业银行因为资本充足率和存款保险制度的约束，大大减少了商业银行从事金融业务的风险，其经营具有内在的稳定性。但是，引入金融科技的金融市场，作为连接资金供给方与需求方的网贷平台，可能会因为未受传统金融机构的严格资本监管，以及缺乏充分的风险保障机制，在经济下行期的风险抵御能力更弱，此时一家平台的倒闭可能会引发市场连锁反应，引发系统性风险。另外，在风险承担能力上，P2P 网络借贷等领域投资者的风险承担能力较小，在经济下行时期可能会更快地收缩投资，从而放大金融的顺周期性，引发更大的系统性风险。

2. 信用风险

信用风险是金融业最为普遍的风险之一。金融科技的广泛应用虽然提高了金融服务的便捷性和可得性，使得更多的人可以接触到金融科技带来的便利，但是这些用户却是参差不齐的，许多用户信用差，收入不稳定，却能够借助金融科技较为容易地获得信贷产品，使得信用风险更加突出。金融科技因采用不同的技术，使得信用风险具有多种表现形式，但是其本质仍然是信息披露缺失或者市场参与者违约导致的风险。从机构层面来看，虽然我国总体的信用环境在不断完善，但是仍然存在信用数据录入不完整的情况。从个人层面来看，支付、信贷和个人理财在手机和其他互联网终端上服务的对象大多是低收入人群或年轻人群，这些群体在经济欠发达地区数量更为庞大。当经济形势下滑时，如果出现大规模不能按时还款甚至无法还款的情形，就会影响到银行等金融机构，进而引发大规模的信用问题。

3. 流动性风险

流动性风险是指企业在某一特定的时期业务过于集中而产生资金流量缺口，导致无法偿付到期债务和满足业务发展需求的风险。金融科技的运用，加速了信息传导和产品交付频率，提升了金融市场反馈的速度，金融产品随时兑付的要求明显提高，这对金融科技平台的流动性风险管理能力提出了更高要求。在金融科技的广泛运用下，新型流动性风险主要源于资金错配、网络故障、金融科技企业不自律以及投资者的非理性投资。

传统金融机构与金融科技公司等新型金融企业合作时，由于风险的放大效应，更容易引发流动性风险。一方面，受监管程度较低的 P2P、互联网理财等金融科技平台可能违规采取拆标的手段对机构或个人投资者许以高收益保本、集中兑付等承诺，但是一旦资金链条断裂，就容易导致流动性风险；另一方面，进入金融科技领域活跃度较高的第三方账户，存在资金期限错配的潜在风险，一旦货币市场出现大的波动，就可能出现大规模资金挤兑现象，从而引发金融科技平台的流动性风险。

4. 法律合规风险

由于金融科技兴起时间较短、发展速度较快，而相应法律的制定和通过需要相对较长的时间周期，存在一定的滞后性，因此会存在着一定的法律合规风险。金融科技法律合规风险是指金融科技在创新发展的过程中可能出现市场主体进行危及社会利益、违反法律规定的行为，从而引起国家立法机关和执法机关迅速调整和治理的可能性。当前集资诈骗、传销等披着传统金融外衣的违法犯罪行为随着互联网和手机 APP 的发展而更为猖獗，在新技术外衣包装下的诱骗手段更是让人防不胜防。例如，P2P 平台理财以保本高收益为诱饵，利用部分人的贪婪本性，骗取其本金然后跑路的事件不断曝出。此外，部分金融机构与第三方支付、众筹和互联网理财等机构的合作，也有可能逾越法律红线。例如，正规金融机构在利用自身优势大力发展保险类理财和指数基金等项目时，第三方支付机构容易采取违规操作，套取账户里托管的巨额资金，从而使客户兑现困难，造成损失。

另外，从数据层面来看，数据的积累和可持续性是金融机构运用技术手段进行风险控制的基础。如果金融机构获取的外部数据在收集、存储、使用等程序中不符合国家法律法规要求；或者符合法规要求，但是由于数据源不稳定导致数据收集和存储成本高、可使用率低，那么市场将面临数据合规风险。从技术层面来看，技术合规是指金融机构使用的金融科技与监管法规相符合。在金融科技环境下，诸如大数据、区块链、人工智能等技术的发展重塑了金融交易的模式和习惯，现有的法律框架将难以对新型金融交易和金融业态做到有效监管。因此，金融机构应用科技赋能业务与业务合规的创新发展之间的矛盾往往难以调和。

5. 操作风险

操作风险是金融科技发展中面临的重大风险之一。首先是客户操作风险，由于金融科技业务的专业性较强，而普通客户往往不具备相应的金融知识，在金融市场中可能操作超过其风险承担能力的业务，因而容易遭受由于市场非预期波动造成的重大损失。其次是员工操作风险，一方面由于金融科技企业内部治理体系不健全，组织机构和规章制度不完善，当风险事件发生时可能出现无法及时有效纠正和处理的情况；另一方面由于部分操作人员安全意识淡薄、不按照安全操作标准进行交易或者管理不规范，可能导致指令出现差错的风险。由于金融科技的深度应用，系统的复杂度越来越高，无论软件还是硬件，出现缺陷的概率越来越大。如果金融机构业务操作人员不能及时充分地掌握新技术，不了解自身存在的缺陷和漏洞，并且及时进行修正，将会大幅增加信息系统出现故障或者受到外部攻击的风险。

6. 技术风险

技术风险是指人工智能、区块链、云计算、大数据、移动支付、物联网等技术在开发、测试、应用等各阶段可能出现的基础错误、开发环境、业务逻辑等造成的技术或信息安全风险。金融科技作为传统金融与新型技术结合的产物，具有较强的创新性和抽象性，部分金融机构可能为了创新技术在自身业务中的运用，在未对新研发的金融技术予以充分了解和实验的基础上就加以使用。金融科技是人类运用技术进行金融产品和服务改造或创新的结果，在其设计过程中就必然会存在技术失误的可能性，且金融科技业务发展有赖于先进的技术和交易平台系统，新技术使用到的软硬件会有出现问题的可能性，如果这些风险在交易过程中暴露，就会使得相关的市场主体蒙受利益损失，甚至影响金融市场的正常秩序。另外，金融科技的发展和应用加深了金融业、金融科技企业和市场技术基础设施运营企业之间的融合，使数据资源成为各方竞相追逐的宝藏。在金融科技的环境中，由于信息不对称，监管方难以接触到大量的相关数据，大数据的应用边界变得模糊，可能会出现数据造假、数据伪报、数据泄露等一系列安全问题，软件和硬件等信息技术基础设施不完善以及系统漏洞、设备故障和计算机病毒等，也会导致客户个人隐私、账户信息泄露，存在资金损失风险。随着信息技术的进步，网络攻击的手段更加多样和隐蔽，数据泄露的可能性也随之上升。

7. 管理风险

目前，中国银行领域金融科技在建设的过程中过度依赖银行技术与金融科技。银行的设备规模正在逐步扩大、技术水平正在逐渐提高，但对于金融科技的风险管理能力却仍然相对薄弱。银行对于信息系统管理的重视程度还没有上升到贷款等业务的高度，目前仍不能满足组织、人员配备以及内部控制方面的需求。另外，我国很多银行在金融科技治理方面仍处于概念层面，金融科技风险管理委员会等高层组织尚未建立，一直是大而泛地进行安全管理，而非金融科技治理。金融科技管理风险主要包括以下几种表现形式。一是金融科技随时随地、无人值守、无纸化、快捷的特点加大了客户身份识别难度，再加上金融科技管理尚存一定弊端，一旦发生违法犯罪案件，难以及时准确地进行案件的追查。二是新兴金融科技公司对洗钱风险的防范意识相对薄弱，投资资源和实力有限，银行等金融机构不仅在资金监控和预警方面缺乏专业的风险分析、管理和防控水平，而且在大额交易及可疑交易报告上也缺乏管理。

8. 声誉风险

每个行业在发展的不同阶段都可能面临声誉风险，金融科技更是如此。虽然金融科技的应用极大地提高了获取风险信息的速度，但声誉风险的本质决定了其难以事先有效防范，因此传统的声誉风险控制主要集中在事后处理上。但与传统金融市场不同的是，在金融科技的特殊作用下，声誉风险的迅速蔓延会给其监管和处置带来更大的困难。在金融科技的助推下，金融主体的声誉风险会快速传播，从而给风险处置造成更大困难。例如，互联网金融在迅猛发展之初，社会各界均普遍看好互联网金融的发展，并给予高度评价。但是随着互联网金融风险专项整治工作的推进，各方舆论一时间又对互联网金融创新中的失控现象进行揭发，诸多争议和分歧助推了互联网金融的风险传播，即使是合规的互联网金融平台也陷入了一定的声誉困境。

15.1.3　金融科技风险的特征

总体而言，金融科技风险具有以下七个方面的特征。

1. 隐蔽性

金融科技的发展并未消除金融风险。一方面，金融科技虽然侧重于技术应用，但本质仍是金融，不仅继承了传统金融风险，而且在新技术的推动下放大了传统金融风险的表现形式和传播方式。另一方面，金融科技是用于提升金融服务效率的应用创新，金融风险的属性与类型并未因金融科技的运用而发生实质性的变化。在金融科技时代，系统性风险、信用风险、流动性风险、法律合规风险、操作风险、声誉风险等传统金融风险仍然存在，但发生了一些新的变化，金融业务经过复杂程序编码后，各类传统金融风险在信息科技环境下以更加隐蔽与复杂的形式展现。另外，与传统金融市场相比，金融科技应用可能引发的金融风险突破了传统的金融服务边界，金融风险的爆发原因和风险扩散途径更多，金融风险交叉感染的概率和外溢效应也更大，风险识别变得更加困难。此外，金融科技在金融市场的应用，使市场主体更加多元化，部分新业务的保密性和隐蔽性提高，过度包装的新金融技术产品不容易被正确识别，增加了系统性金融风险的识别难度。

2. 高技术性

金融科技的发展离不开互联网技术，而互联网技术运用不当则可能引发技术风险，主要体现在以下三个方面。一是金融科技的高技术性往往意味着金融产品的技术先进性，一般需要专业的机构投资者或者是受过专业训练并有一定知识的个人投资者来参与，但是金融科技的尾部效应引入了大量的一般投资者，他们的风险偏好相对较高，抵御风险的能力又相对较弱，很难适应金融科技高技术性的要求。二是计算机的整个防御体系较弱，容易被病毒攻击，客户的相关资料容易被窃取，使客户遭受经济损失。三是互联网金融软件程序本身存在设计上的漏洞和隐患，容易被黑客利用，窃取私人信息。如果没有掌握一定的技术，非专业人士是很难化解这些风险的。而且，技术在不断更新，如果没有及时更新技术，那么防御互联网金融科技风险将成为空谈。

3. 内生性

金融科技通过大数据、云计算、人工智能和区块链等技术可以有效提高资源配置效率，提升风险管理能力，降低风险集中度。但是风险是任何金融市场必须面对的问题，金融科技的发展只能改变风险的传播速度和途径，却不能改变金融风险的内在本质。金融科技没有改变金融业务的风险属性，其开放性、互联互通性、科技含量高的特征，使得金融风险更加隐蔽，信息科技风险和操作风险更加突出，潜在的系统性风险、周期性风险更加复杂。虽然现代科技成果在原有金融市场中的运用降低了金融交易双方的成本，但是传统金融交易中的信用风险、市场风险、声誉风险以及流动性风险等并未消失。

4. 易变性

金融监管的更新速度往往滞后于金融的发展速度，金融科技创新更是放大了这种滞后性。随着不同金融参与主体的界限日益模糊，不同金融创新产品和业务的关联度日益提升，之后的金融监管措施将很难准确监测数据流，也很难精确判别风险本质，现有的监管制度或将遭遇重大挑战。尽管随着科研水平的提高，专业人士能够通过一定的手段检测到科技风险并加以预防，但进入大数据时代后，由于对大数据的利用程度和人为操控性越来越高，技术不仅仅是技术，它和各方利益有所牵连，导致科技风险的规律更加难以把握，因此对科技风险的预测和防范变得越来越难。而且，在互联网金融领域，相关法律尚不健全，法律上存在诸多空白地带，如果出现一款钻法律漏洞的互联网金融产品，会给整个金融业带来无法预测的风险。

5. 复杂性

在传统社会，风险往往发生在局部范围内，危害程度较小。金融科技的发展降低了金融交易成本，提升了金融交易效率。同时，金融交易的远程化、网络化、实时化等特点突破了以往的跨界壁垒，打破了金融风险传播的范围限制，加快了金融风险的传播速度，使金融风险变得更加复杂难控。相比传统金融风险，金融科技风险的破坏程度明显要深得多。一旦发生较大规模的信用危机，后果不堪设想。而且金融科技风险具有连锁性，冲击面广，这会导致危害影响范围进一步扩大，从经济领域蔓延到社会的其他领域。

6. 传染性

在现代科技社会，互联网金融的各参与主体之间互相渗透，往往有或多或少的合作关系，风险一旦发生，不仅会使参与主体受到牵连，还会迅速扩散到其他行业。而且，互联网金融由于依托强大的互联网信息技术，数据传输摆脱了时空的限制，数据传输的速度非常快，促进了金融资源的传播效率，使得互联网金融业务的办理更加方便快捷，但同时也加快了互联网金融科技风险的传播速度。一旦互联网金融企业产生金融科技风险，就会在市场上迅速传播，像"多米诺骨牌"一样产生连锁效应，难以管控。而且，一个领域的风险还能转化为其他领域的风险，造成风险的叠加。在现代社会中，科技的高度发达使风险的范围、幅度和深度都不断加剧，并以其传染的整体性、复合性和深远性特征影响着整个人类的生存和发展。

7. 非平衡性

金融科技风险的非平衡性往往体现在以下几个方面：首先，金融科技发展在前，监管在后，监管总是滞后于金融科技的快速发展，很难有效防范金融科技风险；其次，科技创新和金融产品创新也存在着一定的时滞，金融科技是金融和科技共同发展的产物，有时候会出现金融产品与金融科技不相适宜的情况；最后，众多异质性的市场主体增加了金融市场的竞争强度，在市场优胜劣汰的作用机制下，两极分化现象在金融业中出现，部分竞争能力强的企业进化成为金融科技寡头，垄断操控金融市场交易，从而对金融市场的公平和运行效率产生不利影响。

15.1.4　金融科技风险的成因

金融科技风险的成因是多方面的，归纳起来，主要有以下四个方面。

1. 信息不对称

根据 KYC 原则，市场参与者在进行交易时需要获得多方位更详细的信息，然而在金融科技时代，传统的信息披露很难发挥其解决信息不对称问题的作用。其一，市场主体会选择披露对自己有益的信息，而将风险转嫁给交易对手，从而产生道德风险。其二，部分资质较低的市场参与者忽视高收益背后隐藏的高风险，进行超过其风险承担范围的金融交易，容易产生逆向选择风险，一旦经济形势下滑，则会发生"跑路""关门"等现象。其三，金融科技的网络化及数字化特征可能会强化金融风险的负外部性，风险一旦出现，市场参与的各方不能准确评估交易对手的风险状况，就容易在最坏的假设情况下进行风险处理，从而导致一系列不利的连锁反应。此外，由于市场交易者的认知能力不足或者存在差异，即使面对正常披露的信息也可能无法准确理解，因此可能会做出错误的决策。

2. 金融科技的便捷性

金融科技企业凭借着金融科技的便捷性，其业务经营的范围和规模越来越大，一些金融科技企业虽然明面上是科技公司，其经营的产品却更多的是金融产品。比如，2013 年阿里巴巴推出的线上货币基金"余额宝"，其收益高，风险较小，而且用户通过手机就可以直接购买，一经推出就成为中国规模最大的线上货币基金之一。但是过于便捷的金融交易往往会放大风险，当金融产品的价格非正常波动时，投资者可能因为"羊群效应"争先恐后地抛售金融资产，使损失进一步扩大。另外，金融科技往往意味着较多的金融衍生产品，而金融衍生产品又具有杠杆效应，一些非专业投资者可能会造成无法承担的损失。

3. 长尾效应

现代科技在金融领域的广泛运用拓宽了传统金融服务的范围，使普惠金融得以快速发展，金融机构在为长尾客户提供基本服务的同时，也产生了新的长尾风险。相对而言，传统的金融机构和市场具备较为成熟的风险管理机制，投资者基本只能投资与其风险等级相匹配的金融产品，适当性管理机制也相对成熟。然而，系统完善的适当性管理机制和风险管理机制在金融科技领域仍然相对缺乏，分散、小额的经营模式使金融风险管理面临较大的挑战。此外，长尾客户的专业投资决策能力相对欠缺，个人的非理性投资决策会因从众心理而导致群体的非理性投资，当整体经济形势恶化时，长尾风险快速传播，容易诱发系统性的金融风险。

4. 金融科技内在的不稳定性

金融科技的创新本身存在一定的脆弱性，对技术的过度依赖也会导致风险发生。金融科技企业本身存在一定的脆弱性，原因在其自身经营模式以及金融服务对互联网的高度依赖，比如，与支付宝类似的电子钱包同时具备支付功能、储值功能和转账功能，功能的实用性让其市场份额逐步扩大，余额宝作为一种投资理财产品也成为客户投资的主要选择。如果支付宝在金融危机中破产，所有对其高度依赖的重要金融服务也会戛然而止。另外，金融科技带来的金融服务更依赖网络，一旦遭受黑客攻击则会形成恐慌并极速传播。另外，金融科技公司在飞速发展中，也面临着各种问题。首先，金融科技发展与现有法律法规不匹配。目前我国的法律法规难以跟上金融科技快速发展的节奏，当有新的金融创新产品出现时，法律法规不能及时调整以适应新的监管环境。其次，金融科技创新产品与服务管理部门发展不适应。数字化、移动化和智能化的技术手段在银行、保险和证券及其他互联网机构的广泛运用，在提升金融体系效率的同时也导致不同金融业的界限逐渐模糊，若金融监管服务体制难以适应金融产品的创新，当监管出现空隙时可能导致金融领域存在系统性风险的可能。最后，金融科技创新发展与金融制度不相宜。在创新发展与监管之间，监管永远都是滞后的。当前金融科技监管部门和金融机构内部组织仍然存在一系列体制机制不完善之处，科技在金融领域的不当运用和监管滞后等问题突出，金融制度不能适应金融科技创新的快速发展。

15.2　金融科技风险的影响与评估

15.2.1　金融科技风险给金融监管带来的挑战

随着金融科技企业的快速发展，金融科技逐渐呈现出跨界化、去中心化等趋势，不仅存在一定的系统性风险，也给我国金融监管体系带来了极大挑战。另外，金融科技具有诱发金融系统性风险的潜能：这些企业极易受到不利冲击的影响，并且在遭受冲击后，有多种途径将这种不利影响传播到其他市场主体，一些金融科技企业游离于监管之外不受信息披露约束或者因为算法黑箱而呈现出不透明性，并且其市场规模在不断膨胀。这种外部性和相关市场失灵的可能性表明，金融监管对于防范金融科技风险至关重要。然而，金融科技给现有金融监管带来了一系列特殊的监管难题，亟须监管变革予以应对。

1. 监管信息滞后

金融监管受制于科技的发展，需要技术的辅助。在传统的金融业中，监管者可以通过银行等金融机构提交数据的方式进行监管。但科技驱动的金融服务在交易效率、交易量、交易模式、涉及的金融消费节点数量上，都远远超过传统的金融模式。这也导致在新的金融业态下，监管者和被监管者之间信息不对称程度加剧，监管法规滞后性弊端凸显，从而使金融风险快速传播，更易发生系统性风险。另外，近年来备受关注的区块链技术，具有明显的去中心化的特征，我国传统的集中监管理念已无法适应专业化的发展趋势。当前，金融科技进入快速发展期，传统的先发现问题再制定对策的监管思路、监管体制偏离了金融科技的发展特点。在政策规则制定、监管实施等环节上，金融监管部门缺乏有效的沟通和互动，无法及时有效发现和解决金融科技带来的新风险、新问题。同时，金融监管部门没有及时了解企业的真实情况，直到情况恶化才会介入，此种方式极易造成严重的不良后果。

2. 被监管对象识别困难

有效监管的前提是被监管对象及其行为的可识别，而金融科技的技术特性使监管机构很难确定被监管对象和应受监管的行为。对去中心化技术的监管依然套用传统的金融监管路径，势必带来监管的混乱和不确定性，挫败金融创新。因此，摆在监管者、金融消费者和创业者面前的紧迫任务是找到与主流法律监管理论不相悖的金融监管路径。

3. 监管法律法规匮乏

一是我国尚未出台相关法律法规和政策文件，各监管部门在认定具体业务过程中缺乏参考规范，未形成有效的监管一体化运营平台。同时，我国也尚未针对金融科技进行专门的监管安排，存在明显的真空地带。一些监管规则与现行法律存在冲突，滞后性明显，无法适应甚至直接制约金融创新的发展。二是没有明确且细化的法律规范约束，缺乏金融用户权益保护和互联网金融的基本立法，以及数据信息保护方面的法律法规。一旦数据泄露，不仅会侵害消费者的信息和财产权益，也无法保障互联网用户的金融权益，而且对网络金融诈骗等相关违法犯罪行为的定罪量刑也存在一定难度。三是随着金融科技公司的快速发展，其业务逐渐渗透到各个领域，跨境金融业务涉及多个子公司和部门，综合经营更为复杂，相关法律法规的制定也是需要考虑的重点。

4. 分业监管体系缺陷

混业经营是金融体系规模经济和科技发展的必然结果，是顺应历史发展趋势和时代产物的必然选择，是金融深化和效率提高的集中体现。当前，受我国市场体制机制有待完善等限制，我国分业监管体系与混业经营发展趋势极不适应。具体来说，我国监管部门受计划经济思维影响，"重发展、轻监管"，引发市场分割、监管套利等现象，已影响到金融市场秩序和资源配置效率。同时，在缺乏统一规制的前提下对同样金融产品的监管竞争，容易演变成竞相降低监管标准，导致"劣币驱逐良币"现象，损害监管有效性和金融稳定，容易在不同行业之间产生监管套利行为。虽然我国已颁布了一系列与监管相关的制度，设立了国家金融监督管理总局、中国证券监督管理委员会等监管职能机构，但此种分业监管体系与我国金融机构混业经营模式明显不相适应，容易滋生监管套利，也成为我国金融监管体系中最大的结构性风险。如何由相关监管机构同步对金融科技综合平台企业进行监管仍是一个悬而未决的问题。

5. 监管方法单一

由于各项金融科技的创新性和成熟度不同，当前我国对金融科技的监管主要考虑并实施的是对网络融资和电子货币的监管。在监管实践中，监管的主体、责任和标准等不够明确，监管手段、监管科技发展力度等方面落后于金融，应对措施还不够全面、针对性不强，监管配合机制不健全，监管机构协调配合不力，导致监管真空和盲区不断扩大。现行监管体系评价、监管方法和风险评估与金融科技创新不相适应，存在滞后现象。同时，我国金融监管模式较为单一，不够灵活，以资本充足率为主导的监管体系特征与金融科技行业不相匹配。

15.2.2　金融科技风险对现有风险防范体系的影响

金融科技在提高金融市场运行效率的同时，也带来了一系列金融风险。因此，掌握金融科技冲击原有金融风险防范体系的路径，有助于从技术和制度层面进一步完善我国的金融风险监管体系。归纳起来，金融科技主要通过创新金融产品和服务方式的创新性路径、提升市场主体关联度的关联性路径、强化规避金融监管行为的规避性路径、技术基础算法可能引致市场交易价格波动的技术黑箱路径和催生多元化的金融市场风险的风险管理路径对当前的金融监管和金融风险防范体系产生冲击。

1. 创新性路径：创新金融产品和服务方式

当前我国的金融监管仍然滞后于金融科技创新的发展，金融科技可能通过创新产品和服务方式等创新性路径冲击原有的金融风险防范体系。第一，金融科技的创新性会促进信用风险累积，进而可能引发系统性金融风险。这主要是由于信用周期的完整数据记录较难获取，导致以现有算法和数据为基础设定的信用风险模型不够精确，因此在运用这些模型进行金融产品开发时就会带来潜在的信用风险。在信用风险的具体控制方面，如果在对客户群体进行筛选时同时符合风险报酬率和信用等级要求的客户群体有限，此时严格限制信用等级不足的客户进行借贷，就会给金融科技企业开展零售金融业务带来困难。第二，"羊群效应"在金融科技领域表现得更明显，这主要源于金融科技在创新金融服务方式和提升服务效率方面的作用。当市场参与者的交易行为趋于相同时，科技的发展将加剧金融市场的波动。例如，金融机构运用智能化系统如智能投顾（机器人理财）为客户提供个人理财服务或进行资产管理时，运用了类似的投资组合模型，那么不同交易者采用的风险参考指标和投资策略会趋于相同，此时共振现象会随着金融市场交易者增多而日益明显。当经济处于下行通道时，风险承担能力较小的投资者可能会更快地收缩投资，从而加剧金融市场的波动。

2. 关联性路径：提升市场主体关联度

经典的金融发展理论认为，金融中介机构可以缓解市场交易对象之间由于信息不对称导致的逆向选择和道德风险问题，降低金融交易成本。当金融市场不发达时，银行执行金融中介机构融通资金这一主要职能。随着市场化进程的推动，将产生融通资金效率更高的非银行中介组织模式，金融"脱媒"开始在银行层面出现。当市场化程度更高时，直接融资变成资金配置效率更高的形式，金融"脱媒"现象将发生于整个金融部门。金融科技在金融中介动态创新的过程中应运而生，并催生了更加高效的金融组织形式，与传统金融中介机构形成补充。金融产品多样化的需求和金融业的竞争拓展了金融科技运用于金融中介的模式和范围，导致科技企业涌入金融市场。科技的进步缩短了科技企业、金融企业及其他相关企业之间的距离，使这三者的关联度上升，而科技企业和其他非金融机构在风险管理上的局限性增大了三类企业交叉感染风险的可能性。相比于传统金融机构而言，金融科技企业在风险监管、日常运营方面更加依赖信息技术，所以其信息技术风险也会相对较高。例如，金融科技企业采用同样的数字加密技术或区块链技术，一旦系统遭受攻击或被黑客破译，就可能使采用这些技术的金融机构的业务体系瘫痪，严重时会导致众多客户信息数据泄露。此外，不同金融市场主体在薄弱环节的系统关联程度越紧密，金融交易对外部网络攻击的敏感程度越高。由此可见，金融科技可能通过关联性路径对金融体系产生风险威胁。

3. 规避性路径：强化规避金融监管行为

规避性金融创新理论认为，在经济理性人这一假设前提下，金融机构进行创新的动力来源于避开各种金融监管以获得相应的收益（监管套利），即严格的金融监管是金融创新发展的重要驱动因素之一。相较于传统的金融创新模式，科技支撑背景下的金融创新速度明显提升，科技的发展缩短了金融创新产品的开发周期，如果监管者不能对监管手段进行同步更新，那么金融科技的监管规避性问题将更为突出。金融科技通过规避性路径冲击原有的金融风险防范体系主要表现在法律风险、信息技术风险、系统性风险等方面。从法律风险来看，如果现有法律法规难以适用于金融科技领域的监管，就容易导致市场交易主体权责不明确，从而出现法律运用风险。如果提供金融服务的机构不在受监管的范围或者受监管的程度较低，就会导致法律监管空白的风险。从信息技术风险来看，金融企业运用人工智能、机器学习等科技手段分析和处理金融数据，不仅加大了对信息安全防范能力的考验，而且加剧了金融机构和监管机构之间的信息不对称程度，使监管机构无法快速准确识别和应对金融机构的信息技术风险。从系统性风险来看，金融科技的监管规避性使金融交易更倾向于发生在风险识别和防范措施尚不健全的领域。例如，金融机构运用现代技术对支付清算等业务进行了革新，如果这些业务既与运用科技的金融机构相关，又与银行等金融机构相关，即便对运用科技的金融机构进行监管，对如银行流动性等其他方面的风险也很难全面监控，这类潜在的风险也会冲击金融风险防范体系。

4. 技术黑箱路径：技术基础算法可能引致市场交易价格波动

科技在金融领域的广泛应用拓展了传统金融风险的传导路径。在金融科技市场中，单个市场主体往往具有明显的脆弱性，而各个市场主体又具有高度的关联性，因此某一市场主体的风险事件容易被市场误判为整个行业的风险问题。传统金融企业在监管机构规定的风险控制指标体系的监督下，即使面临经济下行的市场环境，也具备较强的抗风险能力。然而，以互联网金融为代表的金融科技平台，不仅没有明确规定执行的净资本监管指标，而且也没有相应的风险保障机制。一旦宏观经济下行，就可能引发客户违约甚至平台挤兑风险，部分平台出现的流动性危机可能导致整个行业陷入流动性危机，同时金融科技企业的流动性风险会传导到传统金融企业，并进一步向实体经济部门蔓延，导致实体经济中市场主体信用违约行为增加，进而引发系统性金融风险。以人工智能和大数据等技术为支撑的金融科技，虽然在很大程度上提高了金融市场的透明度，但是这些技术的基础算法仍然是一个黑箱，尚未经过相关的科学验证与审核，一旦基础算法出现差错，严重时将导致系统性风险。例如，运用人工智能技术进行量化交易时，标的资产价格的波动可能与基础算法存在高度相关性，基础算法设计的不合理性将加剧市场交易价格的波动性，在经济下行时容易导致流动性风险，进而诱发实体经济信用风险，最终冲击整个金融风险防范体系。

5. 风险管理路径：催生多元化的金融市场风险

金融科技在提升金融交易效率、降低交易成本、加快信息传播速度的同时，也使金融产品供给、金融服务模式以及金融机构的风险管理发生了深刻变化。科技的进步不断地冲击着传统金融业的组织结构和金融生态，使全社会出现了金融泛化和泛金融化现象。同时，随着金融"脱媒"（金融非中介化）的趋势愈加明显，金融科技具有的跨界和混业属性正重塑传统金融机构和金融风险管理的运行模式，使金融市场交易中的各类风险变得更加复杂和隐蔽，对现有金融市场体系的风险防范造成了较大冲击。已有研究表明，互联网金融的发展通过抬高付息成本和恶化存款结构显著加重了商业银行的风险承担水平，其中，互联网支付清算、互联网财富管理和互联网资源配置等新兴金融模式对银行存款结构和付息成本的不利冲击更为明显。同时，金融科技的发展也冲击了现有银行业务，一定程度上加重了我国银行业的系统性风险。

15.2.3 金融科技风险的评估方法

金融科技风险评估是金融科技风险防范的前提，一般可以采用以下几种方法进行评估。

1. 在险价值与预期亏空

在险价值和预期亏空两项指标都试图以一个数字来度量金融机构的资产组合面临的整体风险。

1）在险价值

1993 年，G30 集团在《衍生产品的实践和原则》中提出风险价值（value at risk，VaR）模型，用 VaR 来表示在给定时间段和置信区间内可能发生的最大损失，可以将其定义为

$$\text{Prob}(R \leqslant \text{VaR}) = 1 - a \tag{15-1}$$

其中，R 为预期损失；VaR 为风险价值；$1-a$ 为置信区间。VaR 是度量一项投资或投资组合可能产生下跌风险的方法，描述的是在给定的置信水平，在一定的时间内，资产组合可能遭受的最大损失（实际损失可能超过该最大损失）。当使用 VaR 度量风险时，我们希

望能够做出陈述："我们有 X% 的把握，在 T 时间段内，我们的损失不会大于 VaR。"因此，VaR 是包含时间展望期（T 时间段）和置信度（X%）两个参数的函数。VaR 可以由交易组合在 T 时间段内收益的概率分布得出，也可以由损失的概率分布得出。由于 VaR 没有涉及损失超过给定置信区间 1–a 最大损失后的情况，研究者提出了条件风险价值 CVaR（conditional VaR，CVaR）概念，CVaR 是指当风险损失大于 VaR，概率超出了给定的置信区间条件下的风险损失值。VaR 和 CVaR 的基本思想是通过对资产价值的统计，分析出未来资产价值变化的概率分布。

2）预期亏空

与 VaR 相比，预期亏空是一种能给予交易员更多动机合理地控制风险的风险测度指标。这一测度有时也被称为条件在险价值或条件尾部期望或尾部损失。VaR 测度的目的是回答"情况能坏到什么样子"这样的问题，而预期亏空则要回答"当糟糕的情况发生时，损失的期望值为多大"。像 VaR 一样，预期亏空也是两个变量的函数，即展望期的时间段 T 以及置信区间的水平 X，预期亏空是指在 T 时间段的损失超出了第 X 分位数的条件下损失的期望值。

2. GARCH[①]-VaR 模型

以技术驱动型的理念指导监管，运用 GARCH-VaR 模型去评估风险，同时将 GARCH-VaR 模型植入到大数据风险监测系统，可以通过风险量化的形式辅助金融监管部门进行风险识别、风险预警、风险排查工作，同时向公众发布风险警示与提供风险提示服务。

互联网金融市场中既包括传统金融的互联网模式，也包括新兴互联网金融模式，想要尽可能全面和准确地衡量互联网金融风险，选取单一的如第三方支付行业、各类互联网基金或 P2P 网络贷款等数据来衡量互联网金融风险是非常片面的，并且逐个分析的工作量是烦琐的。因此，我们可以选择互联金融指数来衡量互联网金融上市企业面临的风险。互联网金融指数具有较强的全面性，反映了互联网金融市场业态发展的总体情况，并为衡量互联网金融风险提供了数据基础。互联网金融指数的初始基准为 1000 点。以下是互联网金融指数日收益率的对数一阶差分形式：

$$r_t = \left(S_{pt} / S_{pt-1} \right) = \ln S_{pt} - \ln S_{pt-1} \tag{15-2}$$

其中，S_{pt} 和 r_t 分别为第 t 个交易日的互联网金融指数的日收盘价和它的日收益率。在参数方法下，VaR 的计算原理如下：在 GARCH 模型的基础上，在 Eviews 中可以迭代计算出第 t 天的条件方差 σ_t^2，并将其代入式（15-1），这样根据第 t–1 天的互联网金融资产价格 W_{t-1} 可以预测到第 t 天的 VaR。其中，R^* 为最低收益率，当显著性水平为 α，且在互联网金融指数日收益率满足正态分布的前提假设下，在置信水平 $1-\alpha$ 下，有

$$R^* = \mu - Z_{1-\alpha} \sigma_t \sqrt{\Delta t} \tag{15-3}$$

$$\text{VaR} = W_{t-1} Z_{1-\alpha} \sigma_t \sqrt{\Delta t} \tag{15-4}$$

其中，σ_t 为条件标准差，其数值是对 GARCH 模型的条件方差进行标准化处理得出的；μ

---

① GARCH 为 generalized autoregressive conditional heteroskedasticity，广义自回归条件异方差。

为均值；$Z_{1-\alpha}$ 为分位数值；Δt 为观测数据的时间间隔，将式（15-3）代入式（15-4），即可计算出每一个收盘日的 VaR。

3. 历史模拟法与模型构建法

1）历史模拟法

历史模拟法是采用市场变量日间变化的历史数据来直接估计交易组合从今天到明天的价值变化的概率分布，以历史数据为依据来预测将来的一种方法。假设我们采用过去501 天的历史数据来计算 1 天展望期对应于 99%置信水平的 VaR（这里选择的展望期及置信水平是市场风险管理过程中一种典型的选择，在实际计算中常常采用 501 天的历史数据，并由此产生 500 个情景）。

历史模拟法的第一步是选定影响交易组合的风险源，这些风险源可能是汇率、股价、利率等，然后我们需要收集这些风险源在过去最近的 501 天的数据，通过这些数据我们可以得出从今天到明天市场变量的不同变化情景。我们将数据开始的第 1 天记为 D0（day 0），数据开始的第 2 天记为 D1（day 1），并以此类推。情景 1 是指由 D0 到D1 对应数据的变化比率；情景 2 是指由 D1 到 D2 对应数据的变化比率，并以此类推。对于每一个情景，我们可以计算从今天到明天的交易组合的价值变化，由此可以得出交易组合日损失（即收益为负）的概率分布图，分布图中对应的 99%的分位数排在 500 个计算数值中第 5 个最坏损失的位置，VaR 估计值对应于损失分布的第 99%分位数。假如市场变量的变化从过去 500 天的数据中提取，这些变量的变化表示过去 500 天内市场的变化和风险情况，可以预估从今天到明天变化的不同可能，那么我们有 99%的把握肯定，交易组合对应的损失会小于 VaR 的估计值。

采用代数符号描述这一过程，我们将某市场变量在第 i 天对应的数值记为 v_i，假定今天为第 n 天，历史模拟法产生的市场变量在明天对应的第 i 个情景为 $v_n \dfrac{v_i}{v_{i-1}}$。

2）模型构建法

除了历史模拟法之外，另外一种计算市场风险指标如 VaR 和预期亏空的方法被称为模型构建法，在这一方法中，我们需要对市场变量的联合分布做出一定的假设，并采用历史数据来估计模型中的参数。

模型构建法对由股票、债券、商品和其他产品的空头和多头组成的资产组合十分适用，其基础是马科维茨关于资产组合管理的先驱性理论。通过对资产组合中标的资产的均值、方差以及产品回报之间的相关性分析，我们可以计算出资产组合的均值和方差。假设多个市场变量每天的投资收益率服从正态分布，那么资产组合价值每天的变化也服从正态分布，由此我们可以很容易地计算出资产组合的 VaR。

但模型构建法难以被应用于包含期权等非线性产品的资产组合。另外，如果不大幅度地增加计算时间，我们将很难放宽回报服从正态分布这一假设。

4. 其他方法

风险评估是从风险管理的角度，通过对系统的资产、面临的威胁、系统存在的脆弱性进行分析，针对威胁提出相应的对策和防护措施，从而最大限度地降低风险。金融科技风险评估基于风险评估的理论，更偏重技术创新的过程、结果对现有系统和应用带来的风险。风险评估是科学分析并确定风险的过程，它遵照了科学规范的评估流程，评估流程包括风险评估准备、资产识别过程、威胁识别过程、脆弱性识别过程、已有安全措施确认及风险分析过程等。

1）层次分析法

层次分析法是美国运筹学专家 Saaty（萨蒂）在 20 世纪 70 年代初期最先提出的，层次分析法是将评价目标分为若干层次和若干指标，构建形成多层次分析评价模型，将决策的经验判断进行量化，把一个复杂的问题表示为一个有序的递阶层次结构，并通过主观判断和科学计算给出备选方案的优劣顺序（或权重），是一种定性和定量相结合的多目标决策分析方法。层次分析法大致可以分为四个步骤。

一是进行系统分解，然后建立层次结构模型，将复杂的系统逐层分解为小一级的系统，构建目标层、准则层、指标层，层次结构可以清晰地体现出系统中各因素之间的层次关系，如图 15-1 所示。

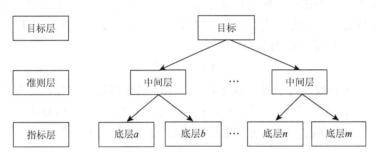

图 15-1　层次结构模型

二是构建判断矩阵，判断矩阵是在以上一层某一元素为条件的基础上，对比同一层次元素之间的相对重要性。判断矩阵中元素 a_{ij} 表示评估指标 A_i 与评估指标 A_j 相对重要程度的比较值，由此可以得到在同一层次中单个评估指标的相对重要性，如表 15-1 所示。

表 15-1　判断矩阵

指标	A_1	...	A_j
A_1	a_{11}		
⋮			
A_i			a_{ij}

三是赋值，通过两两比较的方式，确定层次中各元素的相对重要性，对不同的元素赋予不同的权重，同一层次下的所有指标的权重之和等于 1，求解判断矩阵最大特征根及其对应的特征向量，并进行一致性检验，这一计算过程比较复杂。

四是计算出各层元素的权重后，逐层计算组合权重，得出对风险的综合判断。

2）模糊综合评判法

模糊理论产生于 1965 年，由美国自动控制专家扎德（Zadeh）首次提出，并进行了相关论证，模糊理论是数学理论的一个研究方法，它主要用于研究和处理模糊、不确定的现象。

模糊分析法是运用模糊数学的隶属度理论分析复杂模糊系统的一种重要方法，模糊评价多用于多目标决策问题，其目的是通过对大量复杂影响因素的分析和模糊评价，对问题做出综合性决策。假设存在一个二层结构，其中，W_1 为一级权重，W_2 为二级权重，P 为一级二级的模糊关系，那么模糊综合评价模型为

$$R = W_1 \times (W_2 \times P) \tag{15-5}$$

3）灰色系统理论

灰色系统理论是邓聚龙教授 1982 年提出的，研究"外延明确，内涵不明确"的"小样本""贫信息"不确定性问题的方法，通过对部分已知信息的生成、开发，提取有价值的信息，实现对系统运行行为、演化规律的正确描述和有效监控。

在灰色系统理论中，常用颜色来表示对系统的认识，黑色表示完全未知，白色表示完全已知，灰色表示不充分，既有已知又有未知。灰色只能是一个大致的范围，而不能被赋予具体的数值，一般用灰数表示一个集合，可以记为 Y，假设灰变量为 x，其值在区间 $[n, m]$ 内变动，则函数可以表示为

$$Y(x) = [n, m] \tag{15-6}$$

灰数是一个区间数，为了进行量化处理，需要对灰数进行白化，将取不确定值的灰数，按照白化权函数取一个确定值，灰变量 x 的白化权函数可以用 $f(x)$ 表示。金融科技风险一般都不是完全确定的，可以将灰色系统理论运用于科技风险的评估中。

15.3　金融科技风险管理

15.3.1　金融科技风险管理的国际经验

巴塞尔银行监管委员会、国际证监会组织和国际保险监督官协会三大国际组织均密切关注金融科技发展，时刻关注金融科技发展的最新动态。美国、英国、日本、新加坡等国家纷纷采取不同的监管措施，鼓励并支持金融科技行业的发展。世界金融科技发达的国家在支持金融科技发展的同时，也陆续出台了相应的风险管理政策，以维护金融科技健康发展及社会金融秩序的稳定。

1. 美国智能监管

美国目前对金融科技采取特别许可和智能监管的模式，以满足金融科技的发展，适应风险管理认知体系的演变。美国的监管部门较为复杂且权限分工界限明显，当前无法在国家层面上出台统一的监管法律法规，只能依靠各州的金融监管部门不断实践与创新，主要采取功能性监管模式。美国采用针对金融行为的混业监管，按照金融创新业务的功能纳入相关的金融监管体系，灵活执行监管政策，有效避免了分业监管产生的监管

空白。美国货币监理署 2016 年 3 月发布《支持联邦银行系统负责任的创新》白皮书，考虑成立金融创新办公室，在银行或非银行金融机构发布新产品前，对这些新产品进行专门审核，评估新产品的运营流程，评价新产品在规划、产品模式、经营风险、网络安全等方面是否符合监管要求。美国消费者金融保护局在 2016 年初正式声明，对于提高消费者满意度的创新性金融产品，采取"无异议函"政策，创造包容的监管环境，激发金融科技创新活力。这种政策为金融科技的创新提供了更多的空间，同时也确保了消费者的权益。

2. 英国"监管沙盒"

英国负责金融科技监管的机构是金融行为监管局，该局成立于 2013 年 4 月，英国金融行为监管局对快速发展的 P2P 和众筹业务等金融创新制定了详细的监管规则和相应的制度，将网络银行、第三方支付等纳入法律监管范围内等。2016 年，英国金融监管当局首创"监管沙盒"，其最大的优点是进行集中适度监管，主要监管现行制度中不确定是否安全的金融创新产品或服务。"监管沙盒"的理念来源于科技产业软件的测试并被运用到金融领域当中。试点时会采取统一准入标准，参与试点的企业具有较大的自由进行创新，同时被监管部门惩治的风险也很小。因为规模和范围有限，其风险完全是人为可控的。"监管沙盒"的主要做法是进行小规模小范围试点，试点成功后再在全国推广开来。

3. 日本整合与灵活监管

日本的金融科技风险监管模式注重整合和灵活性，旨在与金融科技公司合作，推动金融创新的同时防范风险，保护消费者权益，并注重国际合作。日本在支持金融科技发展方面，不仅具有相对完善的法律法规，而且设置了专门机构进行业务监管，通过增设配套政策性金融机构，与日本民间金融科技资本一起搭建相对宽松的投资环境、多层次的资本市场、较为完善的担保体系，共同营造支持日本金融科技发展的环境。随着金融科技的发展，日本金融监管机构也在不断调整和完善监管策略。它们致力于与金融科技公司建立合作关系，推动金融科技的创新和发展，同时也注重金融风险的防范和管理。日本金融监管机构注重保护消费者权益，增加金融市场的透明度。它们强调金融科技公司的责任和义务，要求它们提供清晰、准确的信息，以便消费者做出明智的金融决策。

4. 新加坡动态监管

新加坡的金融科技监管是一种动态性的监管方式，紧跟创新的过程，紧盯金融风险的发生，从而能够有效地预防与治理金融科技带来的系统性风险。另外，这种动态性的监管方式不仅体现在监管与创新的"步速"上，在监管的尺度上，也很好地运用了适配性原则，即旧爱难关的尺度始终与金融科技风险相一致。MAS 认为，过早引入监管可能会扼杀创新，并可能阻碍前沿新科技的使用，因此 MAS 始终确保监管不能领先于创新，不能过度强调"防患于未然"，同时监管应注重防范的是影响金融稳定与一般投资者利益相关的重大风险，而不是因为科技发展可能带来营业/业务模式的"颠覆"或利益分配的重新洗牌，MAS 认为监管部门不但要跟上新科技，对创新秉持相对宽容（不是纵容）、鼓励的态度，也要做好监管工作，务必当机立断采取执法行动。在这个理念上，MAS 采用了实质性和适配性原则，这意味着当新科技带来了显著与重要风险时，监管就要到位。以众筹为例，MAS 降低了对这些平台的监管要求，因为一般情况下众筹平台不允许吸收资金，投资者仅限于合格投资者，当一些众筹平台开始帮助企业从散户投资者手中筹集资金时，MAS 采取措施，要求这些平台事先也应获得 MAS 的牌照，并遵守最低资本和信息披露相关要求。

15.3.2　金融科技风险管理的宏观建设思路

从宏观层面来看，金融科技风险管理需要采取以下几个方面的建设思路。

1. 更新监管理念

长期以来，我国的监管模式总体上呈现出较为被动的监管模式。然而，金融科技的多元混业发展和多层次体系的业务属性导致原来被动型的监管模式已经越来越不满足金融业革新的需要。因此，金融管理机构需要与时俱进地调整金融监管模式，转变金融监管理念，树立主动性、前瞻性、包容性、适应性和穿透性的金融科技时代监管理念。

（1）主动性监管。对于金融科技创新产品，需要在其投向市场之前展开备案分析，对其金融实质以及创新点进行评估，选定或商讨针对性的监管法规。当然，在金融科技产品正式开始运营后，还要进行跟踪监管，确保其发展方向保持正规而不会发生偏离。

（2）前瞻性监管。不仅要对金融科技领域的传统金融风险进行分析，还要对科技等方面的全新金融风险进行判定，进而从类别、层次等方面去制定金融科技风险的监管法规，防范系统性风险的发生。

（3）包容性监管。不仅要对金融科技创新给固有金融体系、金融规则带来的冲击有所包容，还要杜绝"一刀切"的监管做法，以更加灵活的监管手段去维护金融科技的创新力。

（4）适应性监管。适应性监管倡导监管策略根据市场变化、在权责范围内进行适应性调整，是一个反复决策和适应的过程，具体实施过程可划分为界定问题、确定监管目标和规则、开发测试模型、实施测试、监控与评估等步骤，也可称为试点性监管模式。传统的监管制度是对技术创新的事后弥补，而适应性监管能够基于试错机制展开先行先试，实现监管方式与技术创新的同步迭代。同时，区别于行政性、强制性的刚性监管，适应性监管能够达到保护科技创新、保证风险底线的目的，从而防范系统性风险的发生。为了提升金融监管的灵活性，一方面，立法机构需要把握好基本框架，赋予金融监管机构在监管、规则等方面的裁量权，同时依据金融科技发展实情动态调整监管手段与力度；另一方面，结合金融监管机构提出的监管要求，被监督机构需要对审慎标准予以明晰，确保在金融科技发展中对暗藏风险因素进行有效识别与应对。

（5）穿透性监管。穿透性监管是一种广泛的金融监管方法，其目标是监督金融市场中的所有参与者，包括金融机构、市场参与者和投资者，以确保市场的公平、透明和合规运作。这种监管旨在将中间环节、资金来源和最终投向全过程连接起来，以便识别潜在的风险和不当行为，并采取相应措施来维护市场秩序和保护投资者利益，对金融机构的创新行为、具体业务和产品进行全过程监管。穿透性监管透过金融创新表象全方位、自动化分析金融业务的本质和法律关系，有助于精准识别、防范和化解金融风险，强化监管渗透的深度和广度。遵循穿透性监管理念，透过表象厘清资金流向、产品风险和法律关系等要素，可以加强跨部门、跨市场的统筹协调，避免监管套利与监管真空。

2. 推动协同式监管体系建设

随着金融科技的发展，越来越多的金融机构采取跨区域、跨行业的经营模式，传统的"一元多头"监管模式协调成本高、效率低下问题的日渐显现，许多国家开始推进协同监管来进行监管体系改革。协同监管的理念是扩大监管主体范围，调动社会资源，形成多元主体共同发挥作用的监管体系。简言之，协同监管的主体包含政府之外的其他非政府主体，以治理理念引导不同市场监管主体之间的协同行动，注重企业、市场、社会、国家多主体之间的协同行动。其基本原则是，保持政府监管的核心地位，加强政府主体监管机构的内部协调，强化社会、企业、行业协会等非政府主体的互动，以多元主体合作的协同式监管推进金融科技监管体系建设。

首先，需要加强金融科技各类监管机构之间的协同合作，避免监管套利。金融科技公司有着金融属性和高科技属性，其业务经营又有着交叉性和复杂性，因此需要各监管机构协同展开风险监控，加强政策协同和监管合作。跨部门监管既有利于提升监管的效率，又能有效保护消费者权益，避免金融科技公司监管套利。要实现对金融科技的有效监管，需要改善当前监管不力的局面，需要认清金融科技的本质，对金融监管资源进行整合。在建设全方位、系统性的金融监管体系之前，面对金融科技带来的监管挑战，要透过表象探究本质，金融业在科技加持下新的发展空间被开辟，将金融科技的金融本质按照业态、属性等划分至目前现有的监管模式之下，发展成全面、成熟的金融监管模式。

其次，金融科技监管需要不同国家和地区的监管者加强合作，共同防范金融科技风险。金融科技活动的范围不仅仅限于一国之内，通常是跨国境活动，存在复杂的管辖权问题，而且一国的监管活动会对其他国家产生影响，比如，监管竞争可能带来"朝底竞争"，其他国家的监管机构或许已建立关于特定类型金融科技监管的有效措施，值得借鉴。因此，金融科技监管领域的国际合作非常必要。一方面，国际合作可以改善网络安全监管方面的割裂现状，并增强防范网络风险的意识。制定应对网络袭击的预防计划、强化信息共享和监测，在系统设计之初就将网络安全内嵌其中。金融和科技理论的发展都会降低影响金融稳定的网络袭击事件发生概率。另一方面，金融科技对金融稳定评价的影响受限于有限数据带来的信息不对称，监管者可以通过国际合作的信息共享机制来提升信息获取能力，从而提高监管合规效率。

3. 积极建设和完善"监管沙盒"模式

积极借鉴其他国家实施"监管沙盒"模式的成功经验，使其适用于我国的金融科技监管体系。"监管沙盒"为金融科技创新提供了一个真实的微型试验场，获准进入市场的金融企业可以不受当前监管体系的约束，对自身的金融创新服务、产品和模式等进行试验，进而寻求相应的解决方案。同时，监管者可以对测试的金融产品进行风险评估，以决定是否准许将这些创新运用至金融市场交易，是否需要修正甚至改变现有的监管规则。作为一种创新型的监管模式，"监管沙盒"融合了规则监管和原则监管协调的包容性监管理念，以达到保护金融交易者、鼓励创新和维护金融稳定的监管目标。当然，在引进"监管沙盒"模式时，需要对各监管部门的职责和权利加以明确，落实"监管沙盒"的具体实施，并在具体的专业架构设计上，监管者可以根据以往的监管经验和现代科技专业知识，对国外的监管实施经验加以借鉴，探索建立适合我国国情的监管模式。

4. 优化金融科技监管与政策

积极建设良好的监管科技生态圈，能为金融科技的良性发展保驾护航。加强金融机构、监管部门、研究机构和行业协会的交流合作，共同打造监管科技和金融科技发展生态圈，需要从三个方面着手。一是针对目前我国监管部门的管理机制和人员的知识结构难以适应技术和市场变化的情况，监管部门需要加强与业界等其他市场参与者的沟通和合作，借助外力对危害市场的金融创新产品或模式进行及时有效的监管。二是将正规金融监管与行业自律结合起来，促进金融机构与市场良性发展。在信息化时代，金融科技公司和运用科技的金融企业的思维理念将影响到诸如人工智能等技术的运用方向和质量。因此，必须加强行业自律并配合部门监管，强调科技企业的企业社会责任，引导规则的制定标准朝着科技既利己又利他的方向发展。三是加强研究的协同攻关，完善金融科技的理论基础。金融科技作为金融与科技交叉融合的新型技术，技术和业务模式更迭速度快，相关研究机构必须深入分析新技术运用的现状、潜在风险和发展前景，科学剖析规律和趋势，梳理金融科技发展的内在逻辑。要加强基础技术和理论研究成果的转化，推动相关部门和企业的跨领域合作，共同构建一个良性的"政产学研用金"（以政府为指导、企业为主体、教育为支撑、研究为来源、金融为助推、成果转化为效益）的金融科技监管生态环境。

5. 建立完善的金融科技监管基本规则体系

借鉴国外先进的监管经验，结合我国金融科技的发展趋势，系统梳理现行金融监管规则，强化金融科技监管顶层设计，围绕技术应用、基础通用和风险安全控制等方面，建立和完善互为支撑、结构严密的金融科技监管基本规则体系。具体来说，一要根据不同金融机构、业务模式和技术应用的共同特征，规定金融科技运用必须遵守的普适性和基础性监管要求，设立金融科技创新产品的市场准入门槛。二要根据专业技术的风险和本质特征，制定针对性、差异化和专业性的监管措施，提高监管的匹配度和精确性。三要根据金融科技创新在交易安全、业务连续性和信息保护等方面的共性风险，从金融交易智能风险控制、安全可控身份认证和敏感数据全生命周期保护等安全性要求着手，划定不可突破的安全底线，提高金融创新产品的全生命周期风险防控能力。

15.3.3　金融科技风险管理的微观措施

金融科技风险的防控需要技术与制度并重。从技术角度来看，一方面需要加强金融科技基础设施建设，具体包括金融科技平台和基地建设、合规科技运用、金融安全与反欺诈技术运用；另一方面，大力发展监管科技，具体包括风险监测预警体系、"监管沙盒"模式、科技生态环境优化。从制度角度来看，要从法律、人才、政策、规则和信用体系等方面构建全面的风险管理体系，既要做到监管到位，又要为金融科技创新留下发展空间。

1. 完善金融科技的法律法规制度体系

法律法规是金融科技健康发展的重要保障和安全网，面对金融科技的挑战，各国都试图在法律层面进行适应性调整。例如，在支付清算领域，我国现有规则大多停留在部门规章层面，缺乏上位法的支撑，难以满足金融科技快速发展的需要。再如，各类融资、投资和类金融活动，都需考虑现有法律法规的不足和新技术的冲击，除了立法之外，在司法、执法层面也需要进行深入分析，为健康的金融科技创新保驾护航。

随着金融科技的深入发展，新风险、新矛盾、新问题不断出现，这就需要政府及有关监管部门根据当前科技在金融创新领域运用的新趋势和新特征，探索建立适应我国需要的金融法治体系，要及时修订完善不适应金融业新技术应用的现行法律法规，并进一步推出适应金融科技发展新要求的相关法律法规。厘清不同监管部门的相应职能和金融部门的义务和权利，梳理法律界限，打破信息互通等层面的政策壁垒，建立规范公平的市场环境，通过金融法律法规制度防范金融科技法律风险。

2. 着力培育金融科技专业人才，推动金融科技底层技术研发

建立具有专业素养的金融科技人才队伍，是现代金融科技创新的必备条件。目前多数国家监管机构不能满足针对金融科技监管的条件，其主要原因是金融科技专业性人才缺乏。为此，一方面，国家需要依托高等院校或科研机构，在现有课程学习的基础上，根据金融市场发展的需求变化，增设相关金融与科技交叉融合的专业课程，深化校企合作，培养既懂现代科技又熟悉金融业务的复合型人才；另一方面，金融机构和监管机构要通过加大内部培训力度和拓宽人才引进渠道等方式，提升监管人员和金融从业人员的专业能力和综合素质，建立激励人才发展的薪酬和考核制度，激发人才创新创造活力，使其更好地适应现代金融科技发展的要求。

未来的金融监管人员不仅需要懂金融业务、风险管理，还要懂数据挖掘、数据治理、数据分析和信息系统，更要掌握金融科技的前沿技术和发展趋势，以确保在金融创新与金融业态的更新迭代进程中快速精准地理解金融属性与潜在金融风险的本质，灵活运用监管科技改进监管方法，优化监管工具，提升监管效率。监管部门应注重监管人员的技术知识培训与更新，确保监管人员准确掌握必需的金融科技知识，为实现金融监管效率提升与金融稳定可持续发展提供基础的知识保障。

3. 务实金融科技的重大基础设施

2008 年国际金融危机后，世界主要国家认识到金融基础设施对防范系统性金融风险的重要作用。2012 年国际清算银行支付结算体系委员会和国际证监会组织共同发布的《金融市场基础设施原则》成为各国金融市场基础设施建设的纲领性文件。

目前我国在操作系统、芯片等金融关键核心领域仍然存在一些发展的技术瓶颈需要突破。从国家金融体系数据安全和金融主权安全着眼，我们必须掌握主动权，从技术上提出规范标准和架构设计，更好地维护国家金融安全。事实上，近年来北京已有一批金融科技领域的基础设施落户，如专门从事法定数字货币技术应用研究的中国人民银行数字货币研究所。在国际开放的环境背景下，监管当局需要进一步大力推动诸如支付清算、业务运行指导窗口、金融科技运行平台、项目融资平台、征信与信用基础设施，以及适应金融科技多样需求的会计、税收、律师、反洗钱、经济鉴证类中介服务体系等基础设施的建设，以适应金融科技的多样化需求，助力金融基础设施的国际化布局。

4. 重视对金融消费者的保护与教育

要明确"保护谁"，不同金融科技产品与服务，面对的消费者偏好与风险容忍度截然不同，还需要辨别弱势、普通和高端金融消费者，以及"正常"与"恶意"金融消费者，进一步明确"保护什么""由谁保护"以及"怎样保护"的三个重要问题。而且，理性的金融消费与投资文化、专业知识的普及教育，都是实现金融科技健康发展的"土壤"。除此之外，还要通过加强理论研究，改善信息数据治理与价值发掘模式，引领金融科技场景与功能创新，进一步促进金融科技的标准化建设，进而实现促进金融科技健康发展的目的。

5. 开发金融安全和反欺诈技术

在金融安全技术开发方面，建立金融安全示范产业园，聚集一批从事金融安全技术开发的龙头企业，发挥产业集聚优势，协同进行金融科技安全应用项目的试点。例如，北京市金融安全产业园正在试点的金融风险分析技术平台，通过搜集个人信用及行为信息，运用半监督学习模式的人工智能技术，对危害金融安全的诈骗活动进行预防和监控。在反欺诈技术应用方面，可以采用无监管机器学习建模方式，结合大数据和人工智能技术，在没有历史欺诈样本和训练标签的情况下有效自动检测各种新型攻击，帮助金融企业应对申请欺诈、交易欺诈和账号侵权等问题，可以有效降低金融企业的合规成本，助力监管机构进行微观审慎监管，防范未知的系统性金融风险。

6. 建立完善的金融科技信用体系

作为现代金融体系中最重要的制度安排之一，信用体系建设对金融业的安全运行至关重要。一是依靠科技创新合规推进社会信用信息互联互通、共享共用。建立和完善金融信用信息数据库，引导第三方征信机构依法合规开展征信业务，打造具有较大影响力和社会公信力的信用评级机构，为金融市场主体提供专业化、多层次和全方位的征信服

务。同时，将市场化征信机构纳入国家统一的征信系统，实现信用信息共享共用。二是
依靠科技创新建设和完善守信与失信奖惩机制。对于守信的客户或者市场主体可以采取
发放资质证明、实行利率优惠、提高信贷额度、给予财政补贴和税收减免等激励措施；
而失信惩戒可以采用披露失信黑名单、市场准入限制、投融资限制、取消资质以及限制
信贷高消费等措施，提高失信主体成本。通过运用现代金融科技加快建立和完善金融市
场守信激励和失信惩戒机制。

本章重要概念

　　金融科技风险　　条件在险价值　　预期亏空　　系统风险　　监管沙盒

本章复习思考题

　　1. 金融科技风险有哪些类型，它们分别有什么特征？
　　2. 金融科技风险是由哪些因素造成的？
　　3. 金融科技风险给金融监管带来了哪些挑战？
　　4. 金融科技风险有哪些评估方法？
　　5. 金融监管机构应该如何加强金融科技风险的监管？

第16章 金融科技创新与金融监管

本章主要讲述金融科技创新的内涵、特点、影响、主要表现、动因，金融科技监管的必要性、基本原则、主要内容及实践探索，监管科技的主要类型和在金融监管中的应用场景及应用缺陷，要求学生重点掌握金融科技创新的利弊及如何处理好创新与监管的关系。

16.1 金融科技创新

16.1.1 金融科技创新的内涵、特点及影响

1. 金融科技创新的内涵

每一次金融创新的背后，必然伴随着科技的进步，技术创新是金融发展极其重要的助推器。当科技进入到金融领域，与金融深度融合，便出现了以大数据、人工智能、区块链、云计算和移动互联网等为代表的金融科技。2016 年 3 月，金融稳定理事会发布了《金融科技的描述与分析框架报告》，第一次在国际组织层面对金融科技做出了初步定义：金融科技是指由大数据、区块链、云计算、人工智能等新兴前沿技术带来的金融创新，它能创造新兴业务模式、新技术应用、流程或新产品服务，从而对金融市场、金融机构以及金融服务的提供方式造成重大影响。

金融稳定委员会从经济功能视角出发，将金融科技创新归纳为五大类，即支付结算类（如移动支付和数字货币）、存贷款与资本筹集类（如 P2P 融资和众筹融资）、保险类（如 P2P 保险）、投资管理类（如智能投顾）以及市场设施类（如分布式账本和大数据计算）。当前，关于金融科技创新的理解大体上可以分为两类：一类从技术层面出发，将其视为各种基于创新型技术所衍生的金融产品和服务模式以及其对传统金融的冲击；另一类则从风险和监管的视角，侧重金融科技创新可能对金融体系产生的影响。

2. 金融科技创新的特点及影响

金融科技创新是创新要素投入与产出及金融技术运用的过程，其特点及影响表现在以下几个方面。

1）金融智能化

金融科技创新迎来了新的金融时代，这个时代显著的特点就是金融智能化。随着我国数据储量规模越来越庞大，多元化、宽泛化的数据需要进行与时俱进的模型创新。通过大数据、人工智能、区块链、移动互联网等技术在金融领域的创新运用，从收集海量用户数据、优化整合数据、数据化处理到数据可视化，金融机构可以通过更新软硬件，在市场上寻求合作，获得用户数据，不断创新多元化、针对性服务，解决存在的信息不对称、道德

风险等问题，提高金融市场运行效率，提供更好的客户服务，实现业务的智能化。

智能投顾就是金融科技创新的一大代表，又称机器人理财，利用人工智能的优势，结合投资人的风险水平、期望收益以及市场动态，通过算法和模型完成以往人工提供的理财顾问服务。传统的投资咨询需要较多的服务人员，不同服务人员之间存在信息的不对称，咨询意见的准确度不一、存在时间和地域限制。投资咨询者通过线上金融服务软件，设定个人投资需求、KYC、过往投资经历、风险承受度等，通过计算机程序算法，能够在较短的时间获取自动化的投资组合建议。当然，智能投顾还处于初始发展阶段，存在投资标的不全面、难以预测突发事件等问题，有较大的发展空间，各模型对于复杂多变的金融环境的适用性还有待提高。

金融科技创新促进金融智能化还体现在无人银行、智能客服等方面，影响着每个人生活的各个方面。中国银保监会披露的数据显示，2020 年上半年，全国共有 1318 家商业银行分支机构关停，仅北京一地就有 27 家。银行业务离柜率越高，客户对柜面业务的依赖越低。大量的金融业务服务在线上都能得到实现，服务更智能、更高效。

2）金融服务平台化

与传统金融运营模式不同，在金融科技赋能金融之后，平台化运营模式即将成为金融机构主要的运营模式。目前，各个行业都有平台化的趋势。例如，房地产行业，贝壳、58 同城、房天下等都在往平台化经营模式方向发展。当今社会不缺乏数据，而是缺乏获取数据的能力。平台化是指一家机构提供基本设施，多家机构在开放式平台上共享数据、资源、服务，构造成一个稳固的多边生态共享系统，大大提高经营效率。金融科技创新助推金融机构实现平台化，很多地方互联网金融公司成为平台公司，提升了金融服务效率。平台公司自然地与互联网结合，诞生出金融科技平台公司，根据分工不同，再分化为不同的平台型组织服务社会。金融科技创新的平台化合作，将有效地降低金融活动参与者的门槛，更多的中小型金融机构能够积极参与进来，减少信息不对称带来的损失。

3）金融创新动态化

移动支付也是金融科技创新的表现形式之一，金融科技创新推动着电子支付方式的发展，中央银行数字货币将逐渐进入社会生活之中。中国的电子支付领域已经成为金融科技创新应用中较为成熟的领域，高度发达的互联网是良好的金融科技创新的基石，同时也为金融科技进一步创新创造了良好的技术场景。以往的传统金融创新存在着地域限制和相对静态化的服务场景，现在金融科技公司开始在动态化的技术场景进行创新实践。一个明显的感受就是，以往证券账号的开户需要到特定的金融服务场所，进行一系列的资格认定及留档，而现在随着生物识别、扫码、动态识别等辅助认证手段的创新运用，金融的交易场景不再受到较多的技术限制，人们的金融服务需求的满足更加便捷化。同时，在区块链技术赋能金融后，基于去中心分布式网络技术，金融交易双方不再需要依赖中央银行系统来实现资金结算，有效地减少了金融中介成本。

4）金融技术普惠化

金融机构只有一如既往地加大科技创新，坚持合规化经营，才能助力金融业更好地服务实体经济，为更多弱势群体提供更加优质的金融服务，实现数字普惠金融高质量发展。无论是个人还是机构，在金融科技创新与运用的影响下，需求端的长尾效应日益凸显，越来越多的人享受金融服务。一方面，在传统金融市场上，存在信息不对称、风险控制手段单一等问题，很难提供给需求者满意的金融服务。金融科技创新与运用重塑了金融市场，通过技术创新降低了金融服务门槛，同时还能降低一定的交易成本，让更多的人享受高效的金融服务。另一方面，互联网的发展助推了很多互联网企业进入到金融领域，阿里金融在金融创新上打破了物理交易原则和货币支付规则，支付宝通过担保交易让电子商务快速发展，余额宝又动了银行和第三方财富管理的"奶酪"。高昂的经营成本使得传统金融机构的利润变得相当微薄，金融科技创新能够使金融机构改变经营现状，更有动力为中小企业和低净值客户提供金融服务。

5）金融科技创新风险较大

事物都有两面性，金融科技在重塑金融业的过程中，有正面影响，也有负面影响。金融科技创新在给金融市场参与者带来便利性的同时，创新的交易场景会在技术、操作和法律上带来更多的风险。一是风险的复杂性加大。金融科技以信息技术为核心，背后是庞大、复杂、相互关联的信息系统，客观上造成了比传统银行更大、更复杂的风险。二是风险的跨界传染性增加。金融科技创新使得银行等市场主体可以跨越时空限制，在不同领域、不同市场、不同国别开展多元化、国际化的金融业务，跨界混业更加明显，同时使得风险的跨界传染性提升、风险的交叉感染并发症传播范围更广、杀伤力更大。三是风险捕获的难度增大。基于云计算、大数据等金融科技的金融服务，具有高度依赖线上渠道、全时在线运营和持续积累多种类用户行为及金融交易数据等特点，容易引发操作风险、运行风险和信息安全风险等。

6）金融科技创新的风险监管面临缺位

金融科技风险的监管一直以来都是金融监管部门的核心问题，在未来，需要建立一套系统化的科技赋能金融监管的方法和系统，运用监管科技自动实时地识别和防范金融风险。金融科技的创新发展不断改变着金融发展格局及运营模式，金融市场出现了 P2P 网络借贷、股权众筹和区域金融资产交易中心等非传统金融业态，但在国家层面缺乏明确的制度安排，各地监管的个性化特征凸显，因此，适应金融科技创新的监管制度还需要不断完善，在金融科技创新与风险防范之间寻求平衡。

16.1.2　金融科技创新的主要表现

1. 金融科技创新在银行业中的表现

随着社会进步和科技发展，金融科技在银行业中的创新和应用呈现出智能化、动态化、平台化的特点。商业银行是社会信贷行业的重要组成部分，互联网技术的金融创新运用，给商业银行既带来了机遇也带来了挑战。首先，互联网技术创新运用，银行的业务呈现出多元化的特点，能够满足金融需求者的更多要求，可以实现跨时间、跨空间的资产与财富的转移，金融服务能力可以得到较大提升，在市场激烈竞争下寻找到新的盈利增长点。其次，互联网技术的普及和各类智能移动设备的运用，带来大数据技术的兴起，布局大数据是银行和其他市场竞争者未来取胜的路径之一。大数据技术在银行风险管理以及银行客户拓展与维护中都有很好的应用。

当然，银行线上金融服务的运用还需要不断地创新，从移动支付和财务管理到保险、融资、征信等金融服务，将更多的服务产品、应用及业务不断融入人们的生活之中，实现投资者的财富再创造。同时，大数据、人工智能、物联网、移动互联网等前沿技术会更多地融入金融领域中，银行需要不断学习创新，打造智能网点，建设智慧银行，以银行的智能化降低银行运营成本，使得更广大的群体享受到优质金融服务。在进行线上服务创新的同时，积极探索线下和线上相结合的新模式，打造场景金融服务，提高金融服务质量。

2. 金融科技创新在保险业中的表现

从我国保险业的发展来看，大数据、云计算、区块链等一系列新技术、新产品的开发和应用正在从经营理念、商业模式、技术手段等多个方面改变着整个保险业，支付结算、风险评估、信用识别等模式都发生了改变。近些年来，技术的创新与快速进步改变了人们对保险的认识。首先，保险业的参与主体更加多元化，行业规则将被改变。数字化对保险业的运营模式产生了较大的影响，同时保险产品变得更加丰富。从保险业的发展形势来看，由传统保险公司、大型互联网公司、保险科技创业企业以及监管机构等多元主体共同参与的新系统——保险科技生态系统正在形成。其次，大数据是保险科技的发展助推器。大数据技术是保险业科技化的核心要素，很多业务都是通过数据来源的扩展、数据储存、数据处理等方法来开展的。最后，金融科技正在改变保险业的格局。近些年，我国互联网保险发展迅速，如水滴筹、支付宝保险等，基于线上场景的扩展和新技术的应用提高了保险业务的互联网化程度。未来保险业通过数字化转型，根据不同的客户需求，基于大数据、云计算、人工智能等前沿技术，建立用户账户体系数字化保险运营模式的组织架构，以满足客户不断增长的保险需求。

3. 金融科技创新在财富管理行业中的表现

财富管理是指服务提供者以服务客户为核心，根据客户的财务状况、投资需求、风险偏好及现金流等，为其提供一套关于资产、负债、流动性管理的财富计划。我国的财富管理需求端潜力巨大、前景广阔，但很少有专业的金融机构能够满足。我们处于一个比以往变化更快的时代，变化速度主要是由技术创新来衡量的。新技术、新模式的创新运用，正在蚕食着传统金融机构的"蛋糕"，如何在金融科技创新运用中脱颖而出是所有金融机构需要探讨的问题。我国的财富管理市场存在发展不充分、不平衡的问题，人们的财富管理方式主要是储蓄和房地产投资，而银行和券商的服务对象主要是高净值人群。

近年来，随着互联网技术的快速发展与运用，大数据、云计算、人工智能等技术在投资者分析、资产配置、风险计量中的作用越来越大。举例来说，摩根士丹利非常注重利用金融科技创新与运用的力量帮助财富管理转型，在财富管理领域构筑了强大的护城河。摩根士丹利每年投入近 40 亿美元用于科技创新。金融科技创新给券商财富管理转型提供的帮助之一就是科学地做产品的筛选。通过借助人工智能、云计算、算法技术等，可以对数据进行快速分析、整理、归类，帮助理财顾问进行投资和分析，进而提升他们的服务。

4. 金融科技创新在新兴金融业态的表现

近些年，随着金融科技的创新运用，金融市场上诞生了一些新兴金融业态，如 P2P 网络贷款、网络小额贷款、股权众筹等。P2P 网络贷款属于民间小额借贷，它借助互联网、移动互联网技术开展网络信贷及相关理财行为和金融服务。小额贷款公司是近年来中央针对农村地区的金融需求，鼓励探索建立的一种新型贷款组织。小额贷款公司将社会上的民间资金集中在一起，主要用于解决"三农"，小微企业融资难、融资贵的问题，也起到规范民间借贷市场的作用。新兴金融业态经历了从高速扩张到明显放缓的过程，风险防控不足，交易中介成本较高。目前，国内的征信体系还未完全成熟，新兴贷款公司很难充分获取借款人的信用信息和资金使用情况，即存在信息不对称和道德风险，缺少抵押担保，坏账风险高，也亟待金融科技创新赋能。

16.1.3 金融科技创新的动因分析

金融科技创新的动因主要有以下几个方面。

1. 需求驱动

当今，传统银行已经很难充分满足中国经济发展的潜在金融需求。传统银行注重于服务大型企业，而忽视了广大中小企业和弱势群体的金融需求，特别是金融需求多元化程度不断提高，不仅包括支付方式，还有消费信贷、财富管理等。传统银行具有较高的利润率，这一方面极大地吸引着互联网公司等来自行业以外的新参与者加入金融业，另一方面也使得传统银行有条件和有动力投资于金融科技创新活动。

消费者对金融需求的改变主要体现在三个方面：一是消费者对金融的认识不断完善，二是消费者的金融服务需求更加多样化和复杂化，三是消费者对金融服务的选择面更加宽广。这三个方面的变化趋势，给传统的金融服务模式带来了显著的冲击和挑战，同时也为金融服务业的转型发展提供了最重要的外部动力。无论是个人、企业还是政府都需要高质量的金融服务，以银行业为代表的传统金融机构需要进行从内部到外部、从客户到金融服务的全方位电子化革命，在满足金融消费者需求的同时，也推动着金融服务业的进步。因此，加强金融科技创新，从微观层面来看，有利于金融机构建立良好的客户关系、提升金融服务功能；从中观层面看，有利于促进金融业的稳健经营、实现可持续发展；从宏观层面看，有利于防范系统性风险、提升金融体系的稳定性。

2. 供给驱动

人们富裕起来后，对投资、理财、资管、保险等金融产品和服务有了更多的需求，而不仅仅满足于银行储蓄。但目前我国金融市场提供的金融产品和服务种类偏少、结构不合理、质量良莠不齐，还不能满足人们对多元化、高质量金融产品和服务的需求。这也导致非法集资等现象频发，不仅扰乱金融秩序，而且弱化金融服务实体经济的能力和效率。传统金融机构一般都是服务于大中型企业、高净值的客户，个人和规模小、资产轻、管理规范程度弱、财务制度不健全的小微企业常常被拒之门外。因此，金融科技的机会就来了，因为有大量本应该被银行等金融机构服务的优质客群，尚未被纳入服务范畴，所以，这些客户就会寻求金融科技企业的帮助。

3. 技术驱动

互联网公司都在开始应用人工智能技术和机器学习算法，其实很多算法在 20 世纪 70 年代就被创造出来了，但直到最近的几年，伴随着数据的积累、算力的增长，这些算法才被更好地部署，产生更多的价值，技术是推进整个行业发展非常重要的一个原动力。近年来，我国融资结构有所优化，但直接融资占比仍然偏低，以银行信贷为主的间接融资占主导地位。间接融资要通过银行等媒介，存在信息不对称及交易成本高等问题。以间接融资为主的融资结构难以满足经济动能转换对金融服务的需求，是造成实体经济高杠杆的原因之一。随着移动互联网、云计算、大数据以及区块链等技术的不断发展，应用成本逐步降低，金融科技在金融领域中的应用潜力开始逐步凸显，加快了金融科技创新的步伐。

4. 监管驱动

近年来，金融创新从根本上改变了整个金融业的面貌。但是随着新市场和新技术的不断开发，许多传统风险和新增加的风险往往被各种现象掩盖，给金融体系的安全稳定带来了一系列的问题。金融创新实际上掩盖了日益增长的金融脆弱，是一种金融上的围堵政策，最终激励市场主体进行基于难以实现的未来收入流和资产价格预期之上的投机性融资。因此，金融创新在整体上有增加金融体系脆弱性的倾向。

金融危机后，全球主要经济体普遍都加大了金融监管的力度。传统金融机构的运营成本与合规成本显著提高，风险偏好降低。面对经济体中大量的金融服务需求，金融供给明显不足，给暂时未被纳入监管框架的金融科技企业以及一些创新业务模式，提供了极为有利的发展机遇。解决这些金融发展存在的问题，不仅需要充分发挥市场参与者的自律作用，提供更加多元、更加规范、更高质量的金融产品和服务的同时，也需要金融市场在发展中注重监管与科技创新融合，充分利用大数据、云计算、人工智能等先进技术，从而改善金融服务的结构，防范金融市场风险。

5. 高效配给驱动

金融是一门研究如何将资产和财富跨时间、跨空间转移的学科，降低金融中介成本是金融活动的目标。金融体系把资金从富余者手中转移到稀缺者手中，可以起到资源优化配置的作用。金融体系的有效供给意味着投资者对市场信息能够进行正确识别，从而发现投资项目的真实价值，而投资者能够以合理的价格为资金需求者提供融资服务。借贷双方能够以适当的方式分摊项目风险，从而形成有效的激励与约束。

然而，金融体系在信息的传播、合理价格的形成、风险分摊等方面总会遇到一定障碍，导致金融供给无法实现对企业的正确选择和资金运用的合理引导。金融科技可以通过海量大数据和收集、整理、处理数据，来减少信息不对称，能够使供给和需求实现动态平衡，并以此为动力，不断驱动着金融科技的创新和应用。

16.2 金融科技监管

16.2.1 金融科技监管的必要性

金融科技推动了金融产品、金融交易、金融服务的改变，使金融机构呈现出了智能化、平台化、动态化的特点。金融科技和监管科技就像是一个球的两半，监管理念应当适时而变。加强金融科技的监管有其客观必要性。

1. 应对金融风险新形势的需要

金融科技会使得服务方式虚拟化、业务边界模糊化、经营环境开放化进而产生更多的新风险，面对新风险，金融科技监管显得格外重要。一是风险传播更快，金融科技通过信息技术将业务流转变为信息流，在提升资金融通效率的同时，打破了风险传导的时空限制，使得风险传播得更快。二是风险传染性更强，随着互联网技术的发展，有很多跨行业、跨市场的新型金融服务，不同的业务相互渗透，风险监管更难。三是风险隐藏得更深，金融产品的交叉性和关联性不断增强，传统监管措施难以对风险进行识别和度量。

在此背景下，金融管理部门通过监管科技手段构建现代金融监管框架，研发基于人工智能、大数据、API 等金融监管平台和工具，采取系统嵌入、应用对接等方式建立数字化监管协议，有效增强金融监管信息的实时性、准确性、可追溯性和不可抵赖性，可以为及时有效识别和化解金融风险、整治金融乱象提供支撑。

2. 解决金融监管瓶颈的需要

随着我国金融业的快速发展，金融管理部门在规范、管理和监督金融机构、金融市场等过程中面临新的挑战。在时效性方面，传统监管模式大多采用统计报表、现场检查等方式，依赖金融机构报送监管数据和合规报告，这种监管模式存在明显的时滞性。在穿透性方面，部分金融创新产品过度包装，业务本质被其表象掩盖，准确识别跨界嵌套创新产品的底层资产和最终责任人存在一定难度。在统一性方面，金融机构合规人员在业务经营范围、数据报送口径、信息披露内容与准则、金融消费者权益保护等方面存在理解偏差，监管标准难以一致。监管科技借助技术手段对金融机构进行主动监管，基于监管政策、合规性要求等的数字化表达，采用实时采集风险信息、抓取业务特征数据等方式，推动监管模式由事后监管向事中监管转变，有效解决信息不对称问题、消除信息壁垒，有利于缓解监管时滞性、提升监管穿透性、增强监管统一性。

3. 降低机构合规成本的需要

自 2008 年金融危机爆发以来，各国纷纷进行以宏观审慎政策为核心的金融监管体制改革，对金融机构合规管理、创新管理提出了更高要求。一方面，监管要求趋于严格，监管新政策推出的速度明显加快,金融机构需要投入更多的人力、物力、财力等资源去理解和执行监管新规,从而增加了合规成本。另一方面,金融创新日新月异,金融机构对监管要求的了解不深入、不及时,可能导致创新滞后而贻误商机、丢失市场,也可能因忽视监管、拔苗助长而面临规范整治,增加了创新管理的成本。为此,金融机构迫切希望借助数字化、自动化手段增强合规能力,减少合规工作的资源支出,在加快金融创新的同时及时跟进监管要求,提高自身的合规效率和市场竞争力。

4. 顺应大数据时代变革的需要

随着大数据时代的到来,金融业作为典型的数据密集型行业,每天都在生成和处理海量数据,对以数据为基础的金融监管产生了深刻影响。一方面,数据已经成为金融服务的重要生产资源,金融机构需要在 KYC 基础上进一步了解你的数据(know your data,KYD),将尽职调查的对象由每一家机构、每一位客户扩大到每一个字节、每一个比特,甚至可以实现对每笔交易的精细化、精准化风险管理。另一方面,数量巨大、来源分散、格式多样的金融数据超出了传统监管手段的处理能力。监管科技有助于风险管理理念的转变和风险态势感知能力的提升,运用大数据技术及时、有效地挖掘出隐藏在金融海量数据中的经营规律与风险变化趋势,实现金融风险早识别、早预警、早发现、早处置。

16.2.2　金融科技监管基本原则

我国金融科技监管需要遵循以下基本原则。

1. 监管依法原则

从全球经验看,按照业务实质和法律关系,将金融科技活动纳入相匹配的法律制度框架,是各国普遍的做法。从我国的情况看,应该充分利用和严格执行现有的法律法规,并且按照实质重于形式的原则,明确金融科技业务的规则和监管分工,将金融科技全面纳入法治化的发展轨道,在法律不够明确或不适用的领域,应该遵循金融基本规律,结合金融活动创新的实际,对相关的规定进行适应性的调整,减少合法与非法之间的灰色地带。在法律确有空白的领域,应该抓紧法律法规和配套细则的制定和建设,补齐制度短板。在依法监管方面,可以通过大数据等技术手段,使监管更加准确和客观,减少人为因素造成的监管权利滥用,牢牢把握住"有法可依、有法必依、执法必严、违法必究"的方针,使金融科技监管在法律框架下运行。

2. 监管协同原则

随着互联网技术的发展,金融机构之间的关联性越来越紧密,出现了很多跨行业、跨市场的新型金融服务,不同的业务相互渗透,风险监管更难。在面对跨行业、跨市场的金融业务时,监管机构、金融机构、金融科技公司及监管科技公司之间需要进行协同监管,完善中央和地方的监管分工,推动审慎监管和行为监管并行互补,实现多方位、立体式监管,有效地降低交叉性风险的影响。2018 年 7 月,金融稳定发展委员会成立,之后一系列政策大都涉及多个部门，进一步搭建整个金融体系的监管框架，利用监管科技手段，有利于实现高效监管。

3. 监管适度原则

当前，政府和市场之间的关系并没有达到动态平衡，传统监管普遍存在"一放就乱，一管就死"的现象。监管适度是指监管行为应当兼顾监管目标的实现和相对人权益的保护，找到政府与市场关系的动态平衡。监管者与被监管者普遍存在这样的矛盾心态，被监管者既想要享受监管带来的红利，又想要跳出监管规则的条条框框。监管者既希望监管行为受到市场的尊重，受监管者谨慎遵守，又不想仅创造出麻木于监管规则的被监管者，僵化市场发展，压制市场创新的活力。当矛盾无法调解时，市场就会出现各种乱象，加剧政府和市场之间的不平衡性。如果监管过于宽松，必然会产生大量的风险，而过于严苛的监管又会失去创新活力。因此，在风险监管和创新发展之间做好权衡极其重要，既能防控好风险，又能使市场保持一定的活力。

4. 分类监管原则

不同的金融业务在经营管理、服务对象等方面存在较大差异，监管机构应该根据不同金融业务的属性，按照风险特征、业务属性进行分类监管。分类监管可以提升监管的准确性，更好地促使从业金融机构加强合规化管理、提高风控水平、培养核心竞争力，使金融更好地服务实体经济，实现长期稳定发展。金融科技创新并没有改变金融的本质功能、风险的本质特征、监管的本质要求，因此可以通过大数据、人工智能等监管科技实现穿透式监督，实现各业态业务边界界定的合理化。金融机构监管画像就是从真实的金融业务数据中抽象出来的监管模型，基于机构风险管理能力，结合公司市场竞争力和持续合规状况对被监管对象进行精确刻画和描述，客观体现其潜在的流动性风险、合规风险、市场风险、信用风险、技术风险、操作风险等。监管部门能够据此精确施策，实现对不同机构在业务准入、业务创新等方面采取分级分类的监管方式，以提高监管效率。

5. 积极管理原则

在金融发展历程中，金融危机一般发生在一个机构、一个部门或者是一个岗位，然后开始蔓延。金融科技创新给金融监管带来了新的挑战，如果金融监管不能及时跟进，实现监管上的创新，金融市场就可能会出现危机，使局部风险演变为系统性风险。信息技术的快速发展使各行业之间的界定越来越模糊，特别是金融业与非金融业，大量的互联网企业进入到金融领域，甚至改变了金融业务及监管的运行模式。因此，金融监管必须要改变传统的金融监管模式，根据金融科技创新发展对监管规则做出及时调整，提升监管效率。

16.2.3　金融科技监管的主要内容

目前，我国金融科技监管的主要内容集中在以下几个方面。

1. 第三方支付监管

中国人民银行负责对第三方支付的监管,制定了相应的规章和规范性文件,《非银行支付机构监督管理条例》已经于 2023 年 11 月 24 日国务院第 19 次常务会议通过,自 2024 年 5 月 1 日起施行。在准入要求方面,中国人民银行主要实施支付业务许可证管理,申请许可证需要具备如下条件:一是在中华人民共和国境内依法设立的有限责任公司或股份有限公司,且为非金融机构法人;二是有符合《非银行支付机构网络支付业务管理办法》规定的注册资本最低限额;三是有符合本办法规定的出资人;四是有五名以上熟悉支付业务的高级管理人员;五是有符合要求的反洗钱措施;六是有符合要求的支付业务设施;七是有健全的组织机构、内部控制制度和风险管理措施;八是有符合要求的营业场所和安全保障措施;九是申请人及其高级管理人员最近三年内未因利用支付业务实施违法犯罪活动或为违法犯罪活动办理支付业务等受过处罚。在监督与管理方面,支付机构应当按照"支付业务许可证"核准的业务范围从事经营活动,不得从事核准范围之外的业务,不得将业务外包。支付机构应当按照审慎经营的要求,制定支付业务办法及客户权益保障措施,建立健全风险管理和内部控制制度,并报所在地中国人民银行分支机构备案。支付机构应当公开披露收费项目和收费标准,定期向中国人民银行及其分支机构报送各类支付统计表、财务报告,实缴货币资本与客户备付金日均余额的比例不低于 10%。在惩罚机制方面,第三方支付机构接受由中国人民银行的及其分支机构进行的现场检查和非现场监管,若存在违反相关规定、泄露相关秘密、滥用职权、未按要求信息披露等行为,根据严重程度进行处罚,中国人民银行及其分支机构还有权责令终止业务。

2. 互联网保险监管

互联网保险的监管主体为国家金融监督管理总局,监管对象主要是经国家金融监督管理总局批准,依法登记注册的保险公司和保险专业中介公司。监管的主要业务是上述公司通过自营网络平台或第三方网络平台签订保险合同并提供保险服务的业务。2020 年 12 月 14 日,中国银保监会发布《互联网保险业务监管办法》(简称《办法》)。《办法》明确规定,同时满足以下三个条件的保险业务,即为互联网保险业务:一是保险机构通过互联网和自助终端设备销售保险产品或提供保险经纪服务;二是消费者能够通过保险机构自营网络平台的销售页面独立了解产品信息;三是消费者能够自主完成投保行为。《办法》共 5 章 83 条,具体包括总则、基本业务规则、特别业务规则、监督管理和附则。其中,《办法》重点规范内容包括:一是厘清互联网保险业务本质,明确制度适用和衔接政策;二是规定互联网保险业务经营要求,强化持牌经营原则,定义持牌机构自营网络平台,规定持牌机构经营条件,明确非持牌机构禁止行为;三是规范互联网保险营销宣传,规定管理要求和业务行为标准;四是全流程规范互联网保险售后服务,改善消费体验;五是按经营主体分类监管,在规定"基本业务规则"的基础上,针对互联网保险公司、保险公司、保险中介机构、互联网企业代理保险业务,分别规定了"特别业务规则";六是创新完善监管政策和制度措施,做好政策实施过渡安排。

3. 股权众筹融资监管

2015 年 3 月，国务院办公厅印发《关于发展众创空间推进大众创新创业的指导意见》，鼓励股权众筹发展，帮助中小科技型创新创业企业发展；中国人民银行等十部委发布的《关于促进互联网金融健康发展的指导意见》（简称《指导意见》）正式明确股权众筹的概念，随后中国证券业协会发布《关于调整〈场外证券业务备案管理办法〉个别条款的通知》，将之前广泛发展的私募股权众筹更名为互联网非公开股权融资。

2018 年 12 月 25 日，中国互联网金融协会发布《互联网金融信息披露互联网非公开股权融资》的团体标准公告，因该标准相关内容是以互联网融资项目需要披露信息的表格形式列示"信息内容""说明"等，较为分散，此处为对分散信息的整合归纳。

为拓展中小微企业直接融资的渠道，促进创新创业和互联网金融健康发展，提升资本市场服务实体经济的能力，保护投资者合法权益，防范金融风险，中国证券业协会起草了《私募股权众筹融资管理办法（试行）（征求意见稿）》（简称《管理办法》），提出了以下相关规定：一是投资者必须为特定对象，即经股权众筹平台核实的符合《管理办法》中规定条件的实名注册用户；二是投资者累计不得超过 200 人；三是股权众筹平台只能向实名注册用户推荐项目信息，股权众筹平台和融资者均不得进行公开宣传、推介或劝诱。

4. 互联网基金销售监管

互联网基金销售指在互联网平台上进行证券投资基金销售，是互联网与基金业跨业合作的产物，它与传统基金业最大不同就是在商业银行、保险公司、证券公司、基金公司等传统基金销售主体外进行互联网基金直销。

为规范基金销售业务、维护投资者合法权益，中国证监会先后制定完善了《证券投资基金销售管理办法》《证券投资基金销售结算资金管理暂行规定》《证券投资基金销售机构内部控制指导意见》《证券投资基金销售适用性指导意见》《证券投资基金销售业务信息管理平台管理规定》和《开放式证券投资基金销售费用管理规定》等法规体系。就互联网基金销售业务而言，还有《证券投资基金销售机构通过第三方电子商务平台开展业务管理暂行规定》和《网上基金销售信息系统技术指引》等规范，确立了基金销售业务的相关规范和监管要求。整体上看，基金销售业务监管的相关法律法规和机制已基本建立健全，投资人权益可以得到有效保护。互联网基金销售属于基金销售业务的一种业态类型，应遵循现有基金销售业务规范，中国证监会将根据已有基金销售业务监管法律法规对其予以监督和规范。

5. 其他互联网金融模式的监管

主流的互联网金融模式包括互联网信托和互联网消费金融，这两类互联网金融模式是在《指导意见》中提出的。根据该《指导意见》，互联网信托业务和互联网消费金融业务由中国银保监会负责。该《指导意见》充分肯定了这两类新型金融业务模式，并提出了以下意见。一是鼓励创新，支持互联网金融稳步发展。二是分类指导，明确互联网金融监管责任。三是健全制度，规范互联网金融市场秩序。

中国人民银行、中国银监会印发《关于加大对新消费领域金融支持的指导意见》，鼓励银行业金融机构在风险可控并符合监管要求的前提下，探索运用互联网等技术手段开展远程客户授权，实现消费贷款线上申请、审批和放贷，鼓励银行业金融机构运用大数据分析等技术，研发标准化网络小额信用贷款，但该指导意见缺乏对互联网消费金融公司单独的监管规定。

16.2.4　金融科技监管实践探索

近年来，各国金融监管部门积极进行金融科技监管实践探索，在以下五个方面积累了一些实践经验。

1. 监管报告

监管报告是金融科技监管实践探索的重要方面，目前有大量的监管报告解决方案。以色列 Cappitech 公司帮助金融机构更容易和更有效地遵守市场规则。利用 Cappitech 的技术，经纪人、银行、资产管理公司等金融机构每天在 Capptivate 交叉监管平台上报告数百万笔交易，该平台对错误信息进行验证，并利用相关数据对其加以丰富，并重新编排其格式以满足管理规范。随后报告被提交给监管机构数据库或交易存储库，以便与监管机构共享。

2. 欺诈预防

近年来，随着金融业的发展，金融市场逐渐呈现出产品多元化、交易线上化等特点，在金融领域的欺诈活动普遍增加，金融欺诈活动会严重影响到金融活动的正常运行。因此，欺诈预防对于金融的健康发展来说相当重要。美国 Identity Mind Global 公司提供了一个用于识别和减少欺诈的分析平台，为商家、金融服务公司和支付服务提供商提供更好的防欺诈措施，力图在最好的经营和最少的欺诈之间找到平衡，因为二者经常是鱼和熊掌的关系。客户能根据平台交易监控减少欺诈风险，在风险和收益中获得更多的安全性和满意度。太多的风险意味着会损害客户的底线。

3. 身份验证

在技术的加持下，作为反欺诈的一部分，银行和金融机构的 KYC 或确认个人信息流程在效率上有了极大的提高。例如，美国 Tradle 公司利用区块链技术来加速 KYC 流程。监管机构一般很难进行 KYC 检查，因此反洗钱成为一个重要的技术难题。区块链技术的核心特点是去中心化、匿名性，参与区块链交易的真实主体难以追踪，犯罪分子在链上自由交易，打击区块链犯罪异常困难。Tradle 公司的目标是验证 KYC 数据，然后这些数据可以安全地转发给其他公司，无须重复数据录入或身份验证过程。Tradle 公司创建了一个简单易用的智能手机界面，可以直接向银行发送文档。

4. 网络安全

网络安全包括两方面内容：一是网络系统安全，二是网络的信息数据安全。市场上有大量为金融机构提供网络安全服务的公司。英国 Passfort 公司于 2015 年创立，提供基于云的解决方案，可自动化金融犯罪和合规流程。Passfort 开发了一个统包合规平台，旨在自动收集、验证和安全存储客户尽职调查数据和文档，设计开发了可以随身携带的钥匙链。Passfort 完全脱机管理用户的密码，而不必担心安全性受到损害，支持所有移动设备或终端计算机，旨在通过允许团队之间安全可靠地共享密码来提高生产力，并结合多种机制，在数据丢失或被盗窃时保护数据安全。

5. 风险分析

随着金融创新的不断深入，金融机构产品、经营工具、制度不断创新，金融市场交易活跃，但衍生出了新的风险。监管机构需要积极做好风险防范，市场上出现了很多风险分析公司。英国 Algo Dynamix 是一家风险分析公司，它通过算法来扫描实时来源，分析市场行为，然后预测价格以管理风险。

16.3　监管科技与金融监管

要加强对金融的有效监管，就需要创新和运用监管科技，使之与金融科技发展和运用相适应。

16.3.1　监管科技的主要类型

2015 年，英国政府科学办公室指出监管科技（RegTech）是金融监管的未来，应着力推动监管科技的发展，以形成透明、高效的金融监管新机制。国际金融协会（Institute of International Finance，IIF）将监管科技定义为能够高效和有效解决监管和合规性要求的新技术，这些新技术主要包括机器学习、自然语言处理、生物识别技术、数字加密技术以及云计算等。2016 年，英国金融行为监管局将监管科技定义为金融科技的子集，即采用新型技术手段，帮助金融机构更有效、更高效地满足多样化的金融监管合规要求的技术及应用。

国际上的定义主要是从金融机构的角度来研究监管科技，而我国政府从更高的角度定义监管科技，将监管科技与防控金融风险结合起来，不仅考虑了微观层面还考虑了宏观层面。例如，原中国人民银行金融研究所所长孙国峰认为，监管科技是基于大数据、云计算、人工智能、区块链等技术的新兴科技，主要用于维护金融体系的安全稳定、实现金融机构的稳健经营以及保护金融消费者权利，同时指出监管科技包含"合规"和"监管"两个方面。一方面是"合规科技"，金融机构将监管科技作为降低合规成本、适应监管的重要手段和工具；另一方面是"监管科技"，帮助金融监管机构丰富监管手段、提升监管效率、降低监管压力，是维护金融体系安全稳定、防范系统性金融风险以及保护金融消费者权益的重要途径。

参考《中国监管科技体系研究》《监管科技的内涵、运用与发展趋势》《技术驱动背景下监管科技发展与监管创新》等，我们认为，监管科技是在金融与科技更加紧密结合的背景下，以数字化管理为核心，以云计算、人工智能、区块链等新技术为依托，以更高效的合规和更有效的监管为价值导向的解决方案。在具体表现形态上，监管科技有两大分支：运用于监管端的监管科技（SupTech）和运用于金融机构合规端的监管科技（CompTech）。

1. SupTech

SupTech 可以分为数据收集和数据分析等两个方面（图 16-1）。数据收集过程中可以自动形成报告（自动化报告、实时监控报告），进行全面数据管理（数据验证、数据整合、数据可视化、云计算），以及通过智能虚拟助手采集被监管企业、消费者的相关信息并进行交流。数据分析具体运用于四个方面，包括实时市场监管、不端行为监测、微观审慎监管和宏观审慎监管。

下面我们参考京东金融研究院发布的《SupTech：监管科技在监管端的运用》等报告，简单介绍运用于数据收集与数据分析的监管科技。

1）自动形成报告

一是自动化报告。在自动化报告中，SupTech 要解决的一个关键问题是数据推送方式。例如，奥地利中央银行搭建起了一个报告平台，这一报告平台成为连通被监管单位系统与监管机构之间的桥梁。目前，几乎所有统计和财务稳定性报告以及一些监管报告都是根据奥地利报告服务有限公司（AuRep）的基础数据立方运行的。这种方法不仅通过基础数据立方中的数据进行统计监测，还可以实现金融业的风险分担。自动化报告要解决的另一个关键问题是"数据进栈"。例如，卢旺达国家银行（National Bank of Rwanda，NBR）是最早运用"数据进栈"方法的监管机构之一，它通过电子数据仓库直接从被监管金融机构的信息技术系统中抓取数据，其范围涵盖商业银行、保险公司、小微金融企业、养老基金、外汇机构、电信运营商等。"数据进栈"每 24 小时自动完成一次，或者在某些情况下每 15 分钟自动完成一次，还有一些数据是每月完成一次。结合 NBR 的内部数据系统，报告能够流线性地生成，为监管者和决策者提供重要信息。

二是实时监控报告。监管科技的运用能够实现实时监控。澳大利亚证券和投资委员会的市场分析和情报系统能够实时监控澳大利亚一级和二级市场。市场分析和情报系统从所有股权和股权衍生的产品和交易中提取实时数据，提供实时警报，识别执行调查时检测到的市场中的异常。

2）全面数据管理

一是数据验证。数据验证主要包括：检查数据接收，以及接收数据的完整性、正确性、合理性以及一致性。新加坡运用科技进行数据验证，包括数据清理和数据质量检查。这能够提升效率、节省时间，使监管机构将更多的精力集中于调查。数据质量相当重要，一个好的数据模型会被劣质数据毁掉，因此优质数据比海量数据更重要。机器学习可以自动标记异常数据，为统计者或数据源指出潜在错误来提高数据质量。奥地利中央银行基于机器学习和非监督学习建立了数据验证模型。

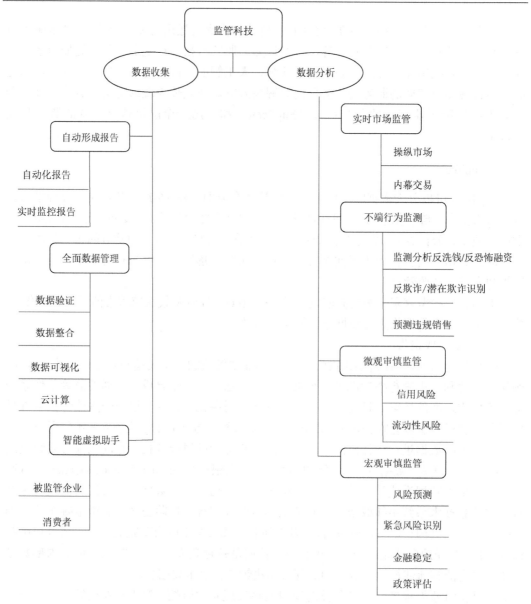

图 16-1　监管科技在监管端的运用

资料来源：根据京东金融研究院发布的《SupTech：监管科技在监管端的运用》整理

　　二是数据整合。监管科技将微观零散数据汇集成宏观庞大数据，最终形成报告。监管科技应用程序能够组合多个数据源以支持分析工作，数据源通常包括结构化数据和非结构化数据。例如，意大利银行将可疑交易举报（结构化数据）与新闻评论（非结构化数据）整合起来进行反洗钱调查。NBR 将监管数据与内部系统数据整合起来为监管者和决策者提供更有意义的信息。

　　三是数据可视化。数据并不直接等同于信息，因此运用数据可视化工具将大量的、密集的、复杂的数据以容易理解的方式呈现给监管者意义重大。例如，澳大利亚证券和投资委员会使用的数据和网络可视化分析应用程序，可以用于表示结构化数据源的时间、关联和因果关系。MAS 使用交互式仪表板和网络图来呈现成像化数据。

四是云计算。云计算能够为大数据处理提供强大、灵活的计算能力和存储能力。例如，英国金融行为监管局、墨西哥国家银行和证券委员会、荷兰银行、MAS 等都在使用云计算处理大量数据。

3）智能虚拟助手

一是监管机构使用聊天机器人在线解答消费者的各种问题。例如，菲律宾中央银行开发了一个聊天机器人来答复消费者投诉。该系统能够对收到的问题进行分类，回答简单的问题，并且技术可以将规范文本转换为机器可读格式。二是监管机构使用聊天机器人向被监管机构提供帮助。英国金融行为监管局正在进行概念验证，以便使用聊天机器人与被监管机构进行交流，从而有效地回答简单的日常问题，还可以帮助被监督机构更好地理解特别规则手册或法律条款的要求。三是通过机器解读法规以促进合规性建设。英国金融行为监管局正在探索使用机器解读法规的可能性。使用自然语言处理技术可以将规范文本转化为机器可读格式，可以提高一致性和合规性，帮助缩小监管目的和法条释义之间的差距。机器解读还可以帮助监管机构有效评估监管变化带来的影响，审视监管改革，降低监管复杂性。

4）实时市场监管

通过 SupTech 分析大量数据，可以进行市场监管和检测可疑交易。金融市场每个交易日都会产生大量数据，因此，证券监管机构通常在处理巨大的交易数据方面经验丰富。澳大利亚证券和投资委员会、英国金融行为监管局和美国证券交易委员会都采用创新技术将大量数据集转换为市场监管和可疑交易检测的可用模式。例如，证券交易委员会使用分析技术，利用大数据的力量来推动其监控计划，并促进市场风险评估计划的创新。

内幕交易和操纵市场等可疑交易行为都可以通过 SupTech 检测到。为发现内幕交易，英国金融行为监管局每天接收超过 2000 万笔市场交易的详细信息。监督学习工具机器学习分析这些数据并发出市场操纵信号。英国金融行为监管局市场监督团队可以监控交易者的正常行为，并监测、标记任何可能形成内部交易的偏差。澳大利亚证券和投资委员会的市场分析和情报系统通过历史浏览可以提供量化的指标来表示内幕交易活动的规模，这是通过对危害市场的损益分析或市场操纵影响的评估来完成的。

5）不端行为监测

一是监测分析反洗钱/反恐怖融资。智能技术可以检测到人工监测不易发现的异常交易、关系和网络。诸多监管机构如意大利银行、NBR、菲律宾中央银行、MAS 及墨西哥国家银行和证券委员会等都正在或计划运用创新技术来监控反洗钱和恐怖主义融资能力。MAS 用自然语言处理和机器学习来分析可疑交易报告，以便发现潜在的洗钱网。英国金融行为监管局正在试验图像学习，以根据订单和执行数据识别市场参与者潜在的或正在进行的网络共谋行为。

二是反欺诈/潜在欺诈识别。美国证券交易委员会运用了一种序列方式来监测违法行为。首先，采用非监督学习来分析数据的模式和结构，进行异常检测，例如，通过该技术识别美国证券交易委员会文件,生成"类似"文档组,以识别市场参与者之间的共同和异常行为;其次,它引入人工指引和判断,帮助解释机器学习模型的输出结果。

三是预测违规销售。英国金融行为监管局正在试验使用监督学习和"随机森林"算法来预测顾问违规销售金融产品的可能性。这种算法能够创建数百、数千个不同的"树",并且将这些预测结合给出一个整体、综合的预测,使整体预测对特定变量的敏感性降低。为了防止违规销售金融产品,英国金融行为监管局尤其关注这些行为最常出现的情形。

6)微观审慎监管

一是将机器学习运用于信用风险评估。意大利银行开始探索如何将机器学习算法运用于贷款违约预测,通过混合不同的数据来源来实现此目的(例如,中央信用登记册、非金融企业的资产负债表数据以及其他公司级数据)。通过这样的混合将数据交到机器学习工具,该工具生成对贷款违约的预测。

二是运用神经网络分析流动性风险。荷兰银行正在研究一种自动编码器,以检测来自实时结算系统支付数据中的异常,即流动性流量异常。自动编码器是一种神经网络,是从数据中抓取主要特征的无监督学习方法。实时结算系统支付数据的实验结果表明,自动编码器可以检测银行的流动性问题,以应对银行挤兑。

7)宏观审慎监管

一是识别宏观金融风险。意大利银行研究人员运用多样化的技术来预测房价和通货膨胀。首先,在常用的房地产服务在线门户网站上,研究人员通过机器学习技术监测针对同一房产的广告数量之后,通过网络反映的对某个地区的兴趣度来预测未来房价的走势。此外,意大利银行从即时推送消息中提取的信息为预测通货膨胀提供了重要信号。

二是识别金融市场中新出现的风险信号。结合技术,可以运用来自金融市场基础设施的大量数据(如支付系统)来识别风险信号。为了实现这一目的,荷兰银行研究人员将 TARGET2 系统中处理的大量交易数据转换为风险指标。他们通过将传统的计量经济学方法运用于处理数据、开发算法获取交易类型、识别出异常的交易模式来实现这一目标(如银行间无担保货币市场贷款)。

三是运用自然语言处理进行情感分析。意大利银行研究即时推文中的情绪表达来预测小额零星存款,一般负面情绪多时零星存款增长率较低。此外,意大利银行还根据同一条信息中两家银行的出现来衡量银行之间的相互关联性。

四是维护金融稳定和进行政策评估。美联储、欧洲中央银行、英格兰银行都使用热图(heat map)来突出潜在的金融稳定性问题。热图形成于对被监督机构的日常数据和其他数据(如压力测试)的自动分析。

2. CompTech

从 CompTech 来看,2008 年金融危机以来,金融监管风险防范意识不断加强,同时金融机构的合规成本也越来越高。监管科技在合规端的运用形成了合规科技,合规科技从而成为监管科技的一个分支。CompTech 可以分为数字化、数据识别与分析应用、数据加密和传输技术等三个方面(图 16-2)。CompTech 的基本路径是,金融机构端与监管端以数字化的方式互相连通；金融机构端可以从监管端获取数字化的监管要求并将其准确转化为内部约束，确保机构和业务实时合规；金融机构端能够实时向监管端传输数据，动态形成各种合规报告，减少人工干预，提高准确度。

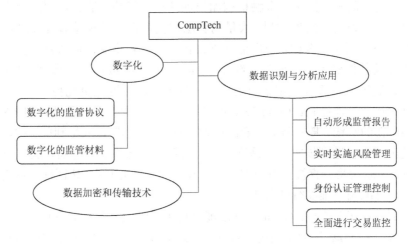

图 16-2　合规科技的运用

资料来源：根据京东金融研究院发布的《CompTech：监管科技在合规端的运用》整理

　　下面我们参考京东金融研究院发布的《CompTech：监管科技在合规端的运用》等报告，简单介绍一下运用于数字化的监管科技、运用于数字识别与分析应用的监管科技以及运用于数据加密和传输技术的监管科技。

　　一是数字化的监管协议。数字化的监管协议是对监管规则进行数字化的解读，并嵌入机构和各类业务中，根据监管规则变化保持更新。随着市场愈加复杂、变化多端，监管规则也不断更新和更加周密，这使得金融机构受到的监管压力持续增长，合规成本激增，商业风险扩大，同时也对公司创新造成阻碍。通过 CompTech 对监管规则进行数字化解读并嵌入机构和各类业务中能够使监管规则更及时、充分地被理解，有效提升合规效率、降低合规成本。

　　二是数字化的监管材料。CompTech 的数字化运用能够将所有与监管相关的资料，包括数据、文件、图像、音视频等都进行数字化处理，并以数字格式存储。例如，卢森堡的监管科技公司 AssetLogic 建立了投资数据、文档在线中央存储库，它能够使所有有权查看特定数据的成员看到相同的数据，减少错误，并且所有的数据文档都是可审核和可追踪的，可以确切地看到谁在何时输入了什么信息以及任何后续的更改。

　　三是自动形成监管报告。CompTech 可以通过识别和分析数据形成监管报告。具体而言是通过大数据、即时报告、云计算等技术实现数据的自动分布并形成监管报告。例如，英国监管科技公司 NEX Regulatory Reporting 就定位于为企业提供监管报告。其基于集线器技术的云端，能够实现对海量数据的连续处理，灵活形成跨部门、跨资产类别的报告，使其最终能够为银行、经纪公司、对冲基金和资产管理公司提供解决方案。除了立足于为企业提供监管报告，监管科技公司还致力于为监管机构提供报告。例如，爱尔兰监管科技公司 Vizor 主要业务为向监管机构提供监管报告。

四是实时实施风险管理。CompTech 可以检测合规性和监管风险并预测未来的风险。随着监管规则越来越复杂，出现了规则实施不一致、监管要求不具有可比性、监管有效性降低等一系列新问题，如传统金融机构如何保持竞争优势。监管规则的变化使得各方成本不断增加，资源竞争更加激烈。大量的新法规使得银行的风险管理和融资管理比以往任何时候都更加复杂。例如，在严监管下银行需要重新定义风险表现，信贷风险和预期信贷损失以及其他资本比率成为一线业务的有价值的决策辅助工具。此时合规科技可以发挥作用，通过风险管理决定必要的投资，将风险转化为竞争优势。

五是身份认证管理控制。CompTech 可以帮助服务对象完成尽职调查和 KYC 程序，筛查和检测潜在的洗钱、欺诈行为。金融机构违反 KYC 程序，未尽到反洗钱、反恐怖融资义务将使公司声誉遭到损害，或是遭到重大罚款甚至面临刑事惩罚。公司内部的反洗钱、反恐怖融资政策将会直接影响公司的收益和利润。人工 KYC 认证程序将耗费大量的时间和费用，且准确性难以得到保证。

六是全面进行交易监控。CompTech 还能够提供实时交易监控和审查的解决方案。美国监管科技公司 Feedzai 致力于通过大数据、机器学习、人工智能来监控风险并提供反欺诈的解决方案，服务于银行、收购方、商人，可以改善用户体验，同时通过交易监控来发现滥用的行为，以阻止欺诈行为的发生。

七是数据加密传输技术。CompTech 在数据加密和数据传输中的运用，主要是基于区块链和云计算等先进技术，确保数据的安全性、完整性、有效性，防止数据被篡改。例如，德国监管科技公司 Drooms 致力于改变管理和共享机密业务文档数据的方式，其产品 Drooms NXG 是一个可视化的数据室，具有方便、快捷、自动化的特征。Drooms NXG 可以设置高级权限，为用户提供不同类型的访问权限，例如，查看、下载、打印的权限，可以通过自动化工具分析大量的文档，自动过滤信息的权限，可以启动审核日志监视数据室的使用情况的权限。数据室还能为企业提供安全的服务器位置以防止黑客入侵。此外，所有管理员都能够直接访问到数据仪表板，创建重要数据分析并通过网络安全协议技术高级加密标准算法进行加密。

总之，通过 CompTech，可以架起金融机构和监管机构间的桥梁，实现监管与金融机构在数据收集、整合和共享上的实时性，有效监测金融机构违规操作和高风险交易等潜在问题，满足监管机构的监管需求；同时，提前感知和预测金融风险态势，提升风险预警的能力，这样既满足了降低合规成本的需求，也提升了合规能力。

16.3.2　监管科技在金融监管的应用场景

参考亿欧智库发布的《2018 年监管科技发展研究报告》、德勤 2017 年发布的《监管科技正在崛起》等报告，将监管科技运用于五大服务场景：客户身份识别、法律法规跟踪、交易行为监控、合规数据报送、金融压力测试。五大服务领域之间的关系如图 16-3 所示。

图 16-3　监管科技五大服务场景之间的关系

资料来源：根据亿欧智库发布的《2018 年监管科技发展研究报告》整理

1. 客户身份识别

客户身份识别是金融监管中识别风险、防控风险工作的重要环节。传统的客户身份识别主要靠人工，借助机器学习、自然语言处理、生物识别等技术，可以提高客户识别效率，预警一切可疑客户与可疑交易行为。

客户身份识别是金融监管中识别风险、防控风险工作的重要环节。同时，客户身份识别也是我国反洗钱法律制度的强制性要求，是金融机构及其工作人员必须履行的法律义务。随着金融科技的发展，越来越多的金融业务向线上转移，这一变化使客户身份识别在金融监管中的作用越发重要。

金融机构和监管机构可以成立区块链联盟监管平台（图 16-4），金融机构通过区块链技术实现客户身份识别分布式存储和认证共享，任何一个加入区块链联盟监管平台的金融机构只要将经过认证的客户身份识别信息存储到区块链，其他节点上的金融机构和监管机构即可同步得到一致的信息，监管机构可以对交易行为进行事中或事后监管。入链的客户身份识别信息在每次被写入或修改时，需要被执行机构签名确认，实现安全可控的客户身份识别信息共享，避免重复进行客户身份识别，降低监管成本。

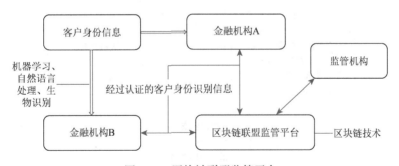

图 16-4　区块链联盟监管平台

资料来源：根据亿欧智库发布的《2018 年监管科技发展研究报告》整理

金融机构可以通过机器学习实现对客户身份合规性的识别。金融机构在审查和评估客户申请资料时，可以通过机器学习预判客户行为。传统的客户身份合规性识别主要靠问卷调查，现在可以基于大数据分析客户的客观、主观数据，基于自然语言处理技术，洞察客户需求，牢牢把握实际和潜在需求，实现精准客户画像，匹配需要的产品和服务。而且金融机构可以根据风险得分对客户进行分级，确定哪类用户或产品需要进行额外的监督，从而对风险进行精确控制。

将指纹识别、虹膜识别、人脸识别等生物识别技术应用于客户身份识别合规过程，可准确验明与识别客户身份，提高客户身份识别效率，满足"了解你的客户"的法规要求，预警一切可疑客户与可疑行为。

2. 法律法规跟踪

随着监管法律法规的增加，监管形势趋严，传统应用专业合规人员的成本上升。通过人工智能和大数据技术对海量的法律法规实现自然语言处理，帮助金融机构进行法律法规跟踪，改变传统的人工合规方式，降低合规成本，提高合规效率。

2018 年 3 月以来，中国银监会在政策上的力度明显加大，政策集中发布期再次来临。面对众多金融监管法律法规，传统的人工合规方式已经难以适应现在的监管需求。运用基于人工智能、大数据、云计算等新兴技术的监管科技，进行法律法规追踪是必然趋势。

人工智能是近年来的热点话题，也是发展最为迅速的新兴技术之一。通过自然语言处理和机器学习技术，可以快速处理和学习最新的法律法规和监管案例，进行案例分析推理，比较不同案例的差异，进行全局化计算，评估金融风险，及时提醒金融机构调整合规操作。除此之外，人工智能和大数据技术分析还可以比较不同国家监管文件之间的关联性和差异性，帮助金融机构合法地开展跨境业务，人工智能法律法规跟踪示意图如图 16-5 所示。

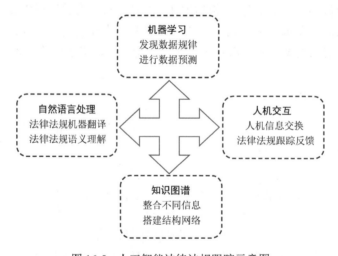

图 16-5　人工智能法律法规跟踪示意图

资料来源：参考亿欧智库发布的《2018 年监管科技发展研究报告》整理

目前应用最广泛的技术有机器学习、自然语言处理、人机交互和知识图谱，这四项技术在法律法规跟踪中都有应用：①人工智能可以基于数据进行机器学习，从观测数据（样本）的法律法规出发寻找内在规律，利用这些规律对未来数据或无法观测的数据进行预测；②对于金融相关法律法规条文，可以通过自然语言处理，根据语境进行机器翻译、语义理解等操作；③人机交互主要包括人与计算机之间的信息交换，对法律法规的跟踪必须及时跟进反馈，监测其准确程度；④通过知识图谱的建构，可以整合不同种类的信息，搭建结构网络，更加全面、精准。

3. 交易行为监控

在纷繁复杂的互联网数字金融时代，为维护消费者利益和维持金融体系稳定，需要在交易过程中进行反洗钱、内部交易等可疑交易行为的监控。监管机构和金融机构可以借助大数据、云计算等技术进行实时监控，完整覆盖交易前、交易中、交易后全过程，最终以可视化的呈现方式提供指导意见。近年来，互联网金融快速发展，移动支付随处可见，技术进步改变了我们的日常消费生活。但在发展的同时，金融机构和广大消费者也面临金融诈骗高发的威胁。反洗钱、反欺诈是交易行为监控的重要内容，运用大数据和人工智能技术，可以更好地防范潜在风险。

交易行为监控系统覆盖交易前、交易中、交易后三个阶段，实时反馈跟进。利用大数据、云计算等新兴技术，可以简化监管业务流程，降低成本，提高金融机构的运营效益。交易行为监控示意图如图 16-6 所示。

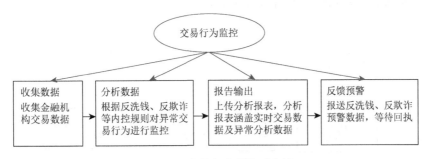

图 16-6 交易行为监控示意图

资料来源：根据亿欧智库发布的《2018 年监管科技发展研究报告》整理

（1）交易前。金融机构将合规条文和风险评估工具嵌入实时监测系统，采用大数据技术和软件集成工具建立数据仓库。

（2）交易中。金融机构进行交易数据的挖掘、分析，自动生成合规报告并上传至实时监测系统，由此简化了传统的数据搜集、整理过程，降低人力成本。而且可以从中获得常规统计手段难以获取的数据，对金融犯罪风险、客户行为风险进行监测分析，有效提高了监管报告的准确性和及时性。

（3）交易后。通过可视化工具对多维度数据进行图表化处理，简明有效地呈现数据，改善了人机交互体验。同时，基于实时传送的风险监测分析，金融机构可获得更加有效、快捷的监管建议和指导，更好地了解监管法规和合规责任，在后续经营活动中不断改进自身工作。

4. 合规数据报送

监管科技在五大场景的应用导致金融数据统计的维度和口径存在不一致，但在监管合规性要求下，合规数据的标准化和数字化成本较高。此时，监管科技可以在合规数据的标准化流程中，利用多种新技术帮助金融机构清洗加工数据，自动生成合规报告。

合规报告是监管机构进行非现场监管的重要手段。2008 年金融危机后，监管机构对金融机构数据报送内容的要求逐渐提高，金融机构需要面向多个监管机构报送不同结构、不同统计维度的数据，合规成本不断上升。随着新一轮监管合规政策的实施，金融机构和金融科技企业需要借助新技术对现行的操作系统进行调整、改进，以满足合规要求。

统一的数据报送口径制定，使合规数据的处理与报送流程标准化。金融机构可以对自有交易数据进行加工清洗，提高内部数据的整合效率及数据质量，从而简化合规报告生成流程，降低合规成本。

监管 API 是监管机构向金融机构提供的监管科技接口，将各种监管政策、规定和合规性要求进行数字化（工具化和标准化），构建数据程序以优化监管数据的生成机制，使其具备"机器可读"或者"可编程"的要求，方便金融机构对其内部流程和数据进行编程，并通过统一的协议交换数据和生成报告。监管机构可以针对不同的监管业务定制 API，API 包括各种需要输入的数据和计算函数，以及输出的数据等，金融机构通过调用 API 对其内部流程、数据进行编程，并通过统一的协议交换数据，自动完成计算和报告等事项，合规数据报送流程示意图如图 16-7 所示。

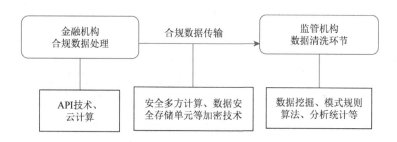

图 16-7 合规数据报送流程示意图

资料来源：根据亿欧智库发布的《2018 年监管科技发展研究报告》整理

（1）在合规数据处理阶段，金融监管部门与金融机构利用 API 技术、云计算等方式，完成数据的实时交互，减少人工干预，提高金融机构报送数据的能力，降低金融机构合规成本。在数据标准化方面，云计算能对不同维度、不同类型和不同形态的数据进行集中处理分析，增强不同金融机构之间数据的通用性。同时，平台各方基于云计算技术可以制定统一的 API、数据交互标准，加强数据综合利用，实现监管合规要求的自动化处理。

（2）在合规数据传输过程中，可以利用安全多方计算、数据安全存储单元等加密技术保证数据传输过程中数据不被窃取、篡改、破坏等，通过属性、对象和访问类型标记元数据，增强监管数据采集过程的安全性和可靠性。

（3）在数据清洗环节，针对海量异构金融数据，特别是由于数据来源广、关联系统多等产生的低质量数据，综合运用数据挖掘、模式规则算法、分析统计等手段进行多层清洗，使获得的数据具有高精度、低重复、高可用的优势，为风险态势分析等提供更为科学合理的数据支持。

5．金融压力测试

跨界金融增加了金融风险，为了及时发现潜在风险并采用相应的应对措施，金融机构可以借助人工智能、大数据等手段，更加精准地模拟真实情境下的金融状况，对金融机构进行极端情境下的压力测试，在多元化的模拟环境中进行金融新模式、新产品的创新实验。

良好的金融发展离不开严格的监管，同时也离不开自身不断的创新。从英国到新加坡，越来越多国家已经开始了"监管沙盒"的探索实践，如何利用虚拟的环境减少探索实践的风险，并通过技术手段提前检测金融压力，寻找更好的发展道路，正成为一个越来越热门的话题。

20 世纪 90 年代以来，金融压力测试已经逐渐被国际银行和各种金融机构采用，进行风险管理。测试人员将金融机构或资产组合置于某一特定的极端情境下（如经济增长骤减、股价暴跌等），观察其压力下的表现，测试其承受能力。经过多年的实践，目前的金融压力测试已经形成一套较为系统科学的测试流程。金融压力测试过程示意图如图 16-8 所示。

图 16-8　金融压力测试过程示意图

资料来源：根据亿欧智库发布的《2018 年监管科技发展研究报告》整理

总的来说，一个金融压力测试分为三个阶段，包括选取测试范围、设定测试情境、信息披露反馈。以欧美常见的金融压力测试为例，通常选取信用良好、对金融安全影响力大的金融机构进行测试；设定测试情境时一般选择历史情境或者极端情境，即已发生过的情况或者专家预想的极端金融情况，历史情境或极端情境设定根据市场情况和自身业务特点决定；信息披露反馈阶段，测试机构会对整个测试过程实时监控、实时检测，实时披露相关信息，透露给金融机构更改的信号。

16.3.3　监管科技在金融监管的应用缺陷

金融监管为了匹配金融市场的发展，将监管科技引入监管已是大势所趋。监管科技的应用使得监管更加有效，但是毕竟还处于发展的初始阶段，监管科技在金融监管中存在着一定的应用缺陷。监管的目的是维护市场发展的稳定，监管水平的高低直接决定了抗风险能力。监管水平落后会导致监管无效，市场将充满各种风险，成为一个脆弱的市场。监管风险可能因主客观原因使得监管人员判断失误，做出偏离实际的监管行为，对市场运行造成风险阻碍。监管科技在金融监管的过程中主要有以下应用缺陷。

1. 结构设置缺陷

我国在金融科技领域是全球发展较快的国家之一，但是存在监管机构单一的问题。在研发上，虽然有金融监管机构和其他监管科技公司参与，但主要是金融监管机构在研发。如果只是金融监管机构研发，可能就会出现专业化不足的问题，缺乏专业的技术人才。还有一个问题就是资金短缺，因为没有通过市场化运作，很难通过市场化融资，就会影响到技术开发和监管科技的应用质量。因此，有必要将监管科技市场化，让更多的机构和公司参与进来，共同研发、优势互补，提升监管科技的效能。

2. 算法设计缺陷

目前监管科技主要运用于人工报告和合规程序数字化，未来发展的方向是金融风险的即时识别和提出解决方案。《监管科技：金融科技的监管挑战与维度建构》认为智能化的动态监管机制依赖于金融监管规则的代码化或者说让机器可识别，即通过代码来进行自动化监管，一方面监管机构可以将其监管文件、政策和合规要求数字化嵌入金融机构的内部系统，规则要求采用数据形式加以记录存储，这种数据形式可以被金融机构直接获取处理，监管机构也可以即时追踪金融机构的执行情况；另一方面，代码化的监管规则可以自动修改金融机构内部设置，自动更新规章制度和报告机制。

但是，准确地将"法律"转换为计算机代码是个难题，监管数字化具有很高的不透明度和一定的解释成本，一方面监管科技的编码是不公开的，另一方面即使公开也很难理解，很难掌握金融机构上报的数据中到底何种数据被集合，这些数据之间的联系是怎样的，以及在算法预测中有哪些因素被考虑进去，监管数字化不透明可能隐藏技术人员的偏见、歧视或者其他不好的结果。因此需要采取措施来保证所有的自动化系统都是可信可控的，但是进一步深化监管体制框架的趋同和监管灵活性是一项技术难题。

3. 政策解读缺陷

近年来，随着金融科技的迅速发展，监管机构出台了很多监管政策，导致监管科技供应商很难为市场上金融机构提供符合全体利益的技术支持。而且，监管机构之间还存在目标不一致、运营模式不同等问题。因此，在监管实施的过程中就会出现冲突。解决这一问题只有通过加强利益相关者的合作，在金融监管合规化框架下，通过对合规义务的解读，缩小政策理论与实践的差距，让技术供应商为金融机构和监管机构提供合理的解决方案。

本章重要概念

金融科技创新　金融科技监管　　监管科技　合规科技　金融压力测试

本章复习思考题

1. 请简述监管科技一词的由来、定义及类型。

2. 监管科技与合规科技有什么区别和联系?

3. 金融科技创新有何特点及对金融领域的发展有什么影响?

4. 在面临金融与科技深度融合的市场背景下,监管机构如何与金融机构、金融科技公司及监管科技公司更好地提供优质的金融监管服务?金融科技监管需要遵循什么原则?

5. 为什么传统的金融监管模式需要转变?

6. 监管科技的应用已涉及哪些重要领域?

7. 监管科技的应用虽然使得监管更加有效,但毕竟处于发展的初始阶段,还存在着一定的应用缺陷,具体有哪些应用缺陷?

参考文献

阿尔琼瓦德卡尔 P Y. 2019. 金融科技：技术驱动服务业变革. 李庆，王垚，译. 北京：机械工业出版社.

贾圣林，张瑞东. 2017. 互联网金融理论与实务. 北京：清华大学出版社.

陈红，郭亮. 2020. 金融科技风险产生缘由、负面效应及其防范体系构建. 改革，（3）：63-73.

陈辉. 2019. 监管科技：框架与实践. 北京：中国经济出版社.

陈柳钦. 2007. 金融、金融制度和金融制度创新. 南通大学学报（社会科学版），（1）：117-125.

陈柳钦. 2010. 美国金融监管体系改革新框架. 美国问题研究，（1）：52-72，205，209.

陈涛，刘鑫，李长银. 2018. 金融基础设施发展的国际经验研究. 现代管理科学，（6）：42-44.

程军，何军，袁慧萍，等. 2017. 金融科技风险与监管对策. 中国金融，（24）：70-71.

邓辛. 2020. 金融科技概论. 北京：高等教育出版社.

迪尔 M，亚历山德罗娃-卡巴乔娃 B，赫韦 R，等. 2019. 金融基础设施的经济学分析. 中央国债登记结算有限责任公司，译. 北京：中国金融出版社.

丁华明. 2018. 金融科技助推支付清算行业升级. 中国金融，（16）：59-61.

丁晓蔚. 2020. 金融大数据情报分析：以量化投资为例. 江苏社会科学，（3）：121-128.

杜宁，王志峰，沈筱彦，等. 2018. 监管科技：人工智能与区块链应用之大道. 北京：中国金融出版社.

冯菊平. 2009. 支付体系与国际金融中心. 上海：上海人民出版社.

弗里德曼 M. 2001. 货币数量论研究. 瞿强，杜丽群，译. 北京：中国社会科学出版社.

付泽宇. 2006. 中国现代化支付清算系统的发展及思考. 金融与经济，（2）：56-59.

高洪民，李刚. 2020. 金融科技、数字货币与全球金融体系重构. 学术论坛，（2）：102-108.

高鸿业. 2007. 西方经济学（宏观部分）. 4 版. 北京：中国人民大学出版社.

管同伟. 2020. 金融科技概论. 北京：中国金融出版社.

郭勤贵，程华，赵永新，等. 2017. 互联网金融原理与实务. 北京：机械工业出版社.

何德旭，余晶晶，韩阳阳. 2019. 金融科技对货币政策的影响. 中国金融，（24）：62-63.

何平平，车云月. 2017. 互联网金融. 北京：清华大学出版社.

胡再勇. 2014. 虚拟货币对货币供求影响的理论研究. 南方金融，（10）：9-16.

黄达. 2000. 货币银行学. 北京：中国人民大学出版社.

黄燕君，陈鑫云. 2006. 电子货币：需求、影响和中央银行角色转换. 浙江大学学报（人文社会科学版），（6）：74-80.

黄益平，王海明，沈艳，等. 2016. 互联网金融 12 讲. 北京：中国人民大学出版社.

黄卓，王海明，沈艳，等. 2017. 金融科技的中国时代：数字金融 12 讲. 北京：中国人民大学出版社.

霍学文. 2013. 关于云金融的思考. 经济学动态，（6）：33-38.

贾丽平. 2009. 网络虚拟货币对货币供求的影响及效应分析. 国际金融研究，（8）：38-46.

贾丽平，张晶，贺之瑶. 2019. 电子货币影响货币政策有效性的内在机理：基于第三方支付视角. 国际金融研究，（9）：20-31.

贾焱. 2018. 互联网金融. 北京：北京理工大学出版社.

蒋辉宇. 2019. 论智能投顾技术性风险的制度防范. 暨南学报（哲学社会科学版），41（9）：48-58.

焦瑾璞. 2019. 中国金融基础设施功能与建设研究. 北京：社会科学文献出版社.

焦瑾璞，孙天琦，黄亭亭，等. 2015. 数字货币与普惠金融发展：理论框架、国际实践与监管体系. 金融监管研究，（7）：19-35.

金洪飞，李弘基，刘音露. 2020. 金融科技、银行风险与市场挤出效应. 财经研究，（5）：52-65.

凯恩斯 J M. 2009. 就业、利息和货币通论. 陆梦龙，译. 北京：中国社会科学出版社.

黎四奇，李牧翰. 2021. 金融科技监管的反思与前瞻：以"沙盒监管"为例. 甘肃社会科学，（3）：112-119.

李翀. 2001. 论证券交易所无形化的发展趋势. 世界经济，（3）：77-80.

李翀. 2003. 虚拟货币的发展与货币理论和政策的重构. 世界经济，（8）：75-79.

李广子. 2020. 金融与科技的融合：含义、动因与风险. 国际经济评论，（3）：91-106，6.

李建军，罗明雄. 2018. 互联网金融. 北京：高等教育出版社.

李建军，彭俞超. 2021. 金融科技学. 北京：高等教育出版社.

李俊霞，温小霓. 2019. 中国科技金融资源配置效率与影响因素关系研究. 中国软科学，（1）：164-174.

李礼辉，肖翔，刘绪光，等. 2019. 区块链技术在金融领域应用调查研究. 清华金融评论，（11）：95-99.

李敏. 2017. 金融科技的监管模式选择与优化路径研究：兼对监管沙箱模式的反思. 金融监管研究，（11）：
　　21-37.

李敏. 2019. 金融科技的系统性风险：监管挑战及应对. 证券市场导报，（2）：69-78.

李琼，刘庆，吴兴刚. 2015. 互联网对我国保险营销渠道影响分析. 保险研究，（3）：24-35.

李瑞雪，闫正欣. 2019. 数字普惠金融下智能投顾发展与监管问题研究. 价格理论与实践，（9）：112-115.

刘斌，邓述慧，王雪坤. 1999. 货币供求的分析方法与实证研究. 北京：科学出版社.

刘斌，赵云德. 2019. 金融科技：人工智能与机器学习卷. 北京：机械工业出版社.

刘孟飞. 2020. 金融科技的潜在风险与监管应对. 南方金融，（6）：45-55.

刘锡良. 1993. 论货币均衡. 经济学家，（1）：49-55，127.

罗明雄，侯少开，全忠伟. 2018. 金融科技三大支柱：一本书读懂大数据金融、区块链与智能投顾. 北京：
　　中国财政经济出版社.

罗威. 2018. 区块链技术在金融领域的创新及应用. 技术经济与管理研究，（8）：90-95.

吕慧. 2016. 后金融危机时代金融监管体系改革的探讨：基于国际经验的比较与借鉴. 现代管理科学，（12）：
　　40-42.

马媛，姜腾腾，钟炜. 2015. 基于信息链的高校产学研协同发展机制研究. 科技进步与对策，32（6）：35-38.

孟小峰，慈祥. 2013. 大数据管理：概念、技术与挑战. 计算机研究与发展，50（1）：146-169.

米什金 F S. 1990. 货币银行金融市场学. 李杨，贝多广，等译. 北京：中国财政经济出版社.

米什金 F S. 2006. 货币金融学. 7 版. 郑艳文，译. 北京：中国人民大学出版社.

米什金 F S. 2011. 货币金融学. 9 版. 郑艳文，荆国勇，译. 北京：中国人民大学出版社.

倪建明，崔宇清. 2001. 网上银行：风险识别与监管框架. 国际金融研究，（3）：72-79.

裴平，印文. 2017. 互联网+金融：金融业的创新与重塑. 南京：江苏凤凰科学技术出版社.

奇斯蒂 S，巴伯斯 J. 2017. Fintech：全球金融科技权威指南. 邹敏，李艳敏，译. 北京：中国人民大学
　　出版社.

沈伟. 2018. 金融科技的去中心化和中心化的金融监管：金融创新的规制逻辑及分析维度. 现代法学，40（3）：
　　70-93.

史新鹭，周政宁. 2018. 电子支付发展、电子货币替代对货币需求的影响研究. 中央财经大学学报，（12）：
　　77-86.

宋寒凝，郭敏，尹学超. 2020. 基于金融科技视角下我国货币政策中介目标的选择研究. 河北经贸大学学
　　报，41（1）：49-57.

宋首文，代芊，柴若琪. 2015. 互联网+银行：我国传统商业银行风险管理新变革. 财经科学，（7）：10-18.

苏宁，十国集团中央银行支付结算体系委员会. 2005. 发达经济体支付结算体系. 北京：中国金融出版社.

孙国峰. 2017. 共建金融科技新生态. 中国金融，（13）：24-26.

孙国峰. 2019. 监管科技研究与实践：中国支付清算协会监管科技研究组优秀课题成果集. 北京：中国金融出版社.

孙国峰. 2019. 金融科技时代的地方金融监管. 北京：中国金融出版社.

汤凌冰. 2015. 互联网金融：技术与应用. 北京：电子工业出版社.

唐金成, 杜先培. 2018. 论区块链技术在保险行业的应用. 西南金融, (9)：58-64.

唐勇, 赵涤非, 陈江城. 2017. 互联网金融概论. 北京：清华大学出版社.

田汉卿. 2016. 量化投资与程序化交易. 清华金融评论, (2)：31-33.

汪可, 吴青. 2018. 金融科技对我国银行业系统性风险影响研究. 管理现代化, 38 (3)：112-116.

汪泉, 曹阳. 2014. 科技金融信用风险的识别、度量与控制. 金融论坛, (4)：60-64.

王念, 王海军. 2014. "中国式"互联网金融：技术基础与基本模式. 西南金融, (6)：43-46.

王思轩. 2020. 区块链技术对支付结算的挑战与对策：以"技术治理"为视角. 现代经济探讨, (1)：93-100.

王潇颖, 冯科. 2011. 电子货币对我国货币政策的影响：基于微观主体持币动机的研究. 南方金融, (3)：14-19.

王晔, 张铭洪. 1970. 网络经济学. 北京：高等教育出版社.

王媛媛. 2019. 保险科技如何重塑保险业发展. 金融经济学研究, 34 (6)：29-41.

王峥. 2018. 第三方支付视角下电子货币对现金替代作用的实证研究. 上海金融, (6)：87-92.

吴彩霞. 2018. 金融领域生物识别技术应用探析. 金融理论与实践, (12)：61-66.

吴晓求. 2014. 中国金融的深度变革与互联网金融. 财贸经济, (1)：14-23.

吴晓求. 2015. 互联网金融：成长的逻辑. 财贸经济, (2)：5-15.

夏诗园, 汤柳. 2020. 监管科技的理论框架与完善路径研究. 西南金融, (11)：86-96.

谢康, 肖静华. 2019. 信息经济学. 4 版. 北京：高等教育出版社.

谢平, 刘海二. 2013. ICT、移动支付与电子货币. 金融研究, (10)：1-14.

谢平, 吕雯, 夏玉洁, 等. 2017. 金融互联网化：新趋势与新案例. 北京：中信出版集团.

谢平, 尹龙. 2001. 网络经济下的金融理论与金融治理. 经济研究, (4)：24-31, 95.

谢平, 邹传伟. 2012. 互联网金融模式研究. 金融研究, (12)：11-22.

谢世清. 2010. 论云计算及其在金融领域中的应用. 金融与经济, (11)：9-11, 57.

谢纬, 柳波, 袁东阳. 2019. 金融科技破解中小微企业融资难. 中国金融, (21)：96-97.

谢星, 封思贤. 2019. 法定数字货币对我国货币政策影响的理论研究. 经济学家, (9)：54-63.

徐理红, 林玮, 钱小鸿, 等. 2018. 智慧金融. 2 版. 北京：清华大学出版社.

徐敏. 2016. 从阿里金融云的实践看金融上云的意义和路径. 清华金融评论, (11)：104-106.

徐士敏. 2006. 证券结算. 北京：中国人民大学出版社.

徐忠, 孙国峰, 姚前. 2017. 金融科技：发展趋势与监管. 北京：中国金融出版社.

许多奇. 2018. 金融科技的"破坏性创新"本质与监管科技新思路. 东方法学, (2)：4-13.

许伟, 王明明, 李倩. 2016. 互联网金融概论. 北京：中国人民大学出版社.

许闲. 2017. 保险科技的框架与趋势. 中国金融, (10)：88-90.

薛然巍. 2019. 大数据时代互联网保险消费者权益保护问题研究. 上海金融, (1)：78-83.

杨德才. 2019. 新制度经济学. 2 版. 北京：中国人民大学出版社.

杨德勇, 贾奇珍. 1998. 金融监管论. 呼和浩特：内蒙古人民出版社.

杨蓬勃. 2017. 互联网金融. 西安：西安电子科技大学出版社.

杨涛, 程炼. 2019. 中国支付清算发展报告（2019）. 北京：社会科学文献出版社.

杨望, 徐慧琳, 谭小芬, 等. 2020. 金融科技与商业银行效率：基于 DEA-Malmquist 模型的实证研究. 国际金融研究, (7)：56-65.

姚前. 2019. 法定数字货币的经济效应分析：理论与实证. 国际金融研究, (1)：16-27.

姚前，陈华. 2018. 数字货币经济分析. 北京：中国金融出版社.

伊特伟尔 J，米尔盖特 M，纽曼 P. 1996. 新帕尔格雷夫经济学大辞典. 陈岱孙，译. 北京：经济科学出版社.

易纲. 1995. 中国的货币供求与通货膨胀. 经济研究，（5）：51-58.

易宪容. 2009. "影子银行体系"信贷危机的金融分析. 江海学刊，（3）：70-76，238.

殷立春，陈治国. 2004. 金融自由化与金融监管体制改革：以日本为实例的分析. 现代日本经济，（2）：6-10.

印文，裴平. 2015. 中国的货币电子化与货币政策有效性. 经济学家，（3）：39-46.

于波，周宁，霍永强. 2020. 金融科技对商业银行盈利能力的影响：基于动态面板 GMM 模型的实证检验. 南方金融，（3）：30-39.

余丰慧. 2018. 金融科技：大数据、区块链和人工智能的应用与未来. 杭州：浙江大学出版社.

俞勇. 2019. 金融科技与金融机构风险管理. 上海金融，（7）：73-78.

曾楚宏，朱仁宏，李孔岳. 2008. 基于价值链理论的商业模式分类及其演化规律. 财经科学，（6）：102-110.

詹志辉. 2014. 兴业银行金融云实践初探. 中国金融电脑，（8）：10-14.

张洪伟. 2018. 我国银行科技金融内控管理的主要问题及建议. 科学管理研究，（1）：89-91.

张杰. 2011. 制度金融理论的新发展：文献述评. 经济研究，46（3）：145-159.

张军. 2009. 网络信息链的动力与动态演化. 图书馆学研究，（4）：2-4.

张留禄，陈福根. 2008. 金融危机背景下德国金融监管体制对我国的启示. 南方金融，（12）：33-35.

张明喜，郭滕达，张俊芳. 2019. 科技金融发展 40 年：基于演化视角的分析. 中国软科学，（3）：20-33.

张炜. 2004. 中国金融制度结构与制度创新. 北京：中国金融出版社.

张翔. 2018. 量化投资与 Python 语言. 北京：清华大学出版社.

赵昌文，陈春发，唐英凯. 2009. 科技金融. 北京：科学出版社.

郑联盛. 2014. 中国互联网金融：模式、影响、本质与风险. 国际经济评论，（5）：6，103-118.

郑凌云. 2006. 德国金融监管体制演变. 德国研究，（4）：26-29，78.

中国人民银行金融稳定分析小组. 2020. 中国金融稳定报告：2020. 北京：中国金融出版社.

中国信息通信研究院. 2022. 中国金融科技生态白皮书（2022）. 北京：中国信息通信研究院.

周佰成，刘毅男. 2019. 量化投资策略. 北京：清华大学出版社.

周光友. 2010. 电子货币对货币流动性影响的实证研究. 财贸经济，（7）：13-18，88，136.

周光友，施怡波. 2015. 互联网金融发展、电子货币替代与预防性货币需求. 金融研究，（5）：67-82.

周光友，张逸佳. 2018. 持币动机、电子货币替代与货币供给. 金融研究，（11）：172-187.

周雷. 2019. 互联网金融理论与应用：微课版. 2 版. 北京：人民邮电出版社.

周伟，张健，梁国忠. 2017. 金融科技. 北京：中信出版社.

周治平. 1981. 货币和贵金属. 学术研究，（2）：35-37.

邹晓梅，张明，高蓓. 2014. 美国资产证券化的实践：起因、类型、问题与启示. 国际金融研究，（12）：15-24.

Al-Laham M，Al-Tarwneh H，Abdallat N. 2009. Development of electronic money and its impact on the central bank role and monetary policy. Issues in Informing Science and Information Technology，6：339-349.

Armstrong M. 2006. Competition in two-sided markets. The RAND Journal of Economics，37（3）：668-691.

Arner D W，Barberis J N，Buckley R P. 2015. The evolution of fintech: a new post-crisis paradigm?. SSRN Electronic Journal，47（4）：1271-1319.

Fung B，Molico M，Stuber G. 2014. Electronic money and payments: recent developments and issues. Discussion Papers.

Goodhart C A E. 2000. Can central banking survive the IT revolution?. International Finance，3（2）：189-209.

Guo J Z，Chow A. 2008. Virtual money systems：a phenomenal analysis. 2008 10th IEEE Conference on E-Commerce Technology and the Fifth IEEE Conference on Enterprise Computing，E-Commerce and E-Services.

Jones M A，Mothersbaugh D L，Beatty S E. 2000. Switching barriers and repurchase intentions in services. Journal of Retailing，76（2）：259-274.

Katz M，Shapiro C. 1985. Network externalities，competition，and compatibility. American Economic Review，75（3），424-440.

Kercheval A N，Zhang Y. 2015. Modelling high-frequency limit order book dynamics with support vector machines. Quantitative Finance，15（8）：1315-1329.

Lea G，Hall P. 2004. Standards and intellectual property rights：an economic and legal perspective. Information Economics and Policy，16（1）：67-89.

Perez C. 2002. Technological Revolutions and Financial Capital. Cheltenham：Edward Elgar Publishing.

Prinz A. 1999. Money in the real and the virtual world：e-money，c-money and the demand for cb-money. Netnomics，1（1）：11-35.

Rochet J C，Tirole J. 2003. Platform competition in two-sided markets. Journal of the European Economic Association，1（4）：990-1029.

Shy O. 2002. A quick-and-easy method for estimating switching costs. International Journal of Industrial Organization，20（1）：71-87.

Simpson Prescott E，Weinberg J A. 2003. Incentives，communication，and payment instruments. Journal of Monetary Economics，50（2）：433-454.

Spelta A. 2017. Financial market predictability with tensor decomposition and links forecast. Applied Network Science，2（1）：7-24.

van Dijk J，Hacker K. 2003. The digital divide as a complex and dynamic phenomenon. The Information Society，19（4）：315-326.